NomosEinführung

VRiVG PD Dr. Andreas Dietz,
Vorsitzender Richter am Verwaltungsgericht Augsburg,
Universität Augsburg

Ausländer- und Asylrecht

Einführung

2. Auflage

Nomos

Die Deutsche Nationalbibliothek verzeichnet diese Publikation in der Deutschen Nationalbibliografie; detaillierte bibliografische Daten sind im Internet über http://dnb.d-nb.de abrufbar.

ISBN 978-3-8487-3898-4 (Print)

ISBN 978-3-8452-8227-5 (ePDF)

2. Auflage 2017

Vorwort

Dieses Lehrbuch ging aus dem Vorlesungsskript für die Refugee Law Clinic an der Universität Augsburg hervor, in der sich Studentinnen und Studenten außerhalb ihres regulären Curriculums ehrenamtlich für Flüchtlinge engagieren. Mein Anliegen ist die Darstellung der Grundlinien des Ausländer- und Asylrechts in ihren wechselseitigen Bezügen, tragenden Prinzipien und Strukturen unter Einbeziehung meiner Erfahrungen aus der verwaltungsgerichtlichen Praxis. Mit Blick auf studentische Leser werden für die folgende Darstellung keine Vorkenntnisse des Ausländer- und Asylrechts vorausgesetzt, dafür erfolgt häufig der Rückgriff auf die ihnen bereits bekannten Rechtsinstitute des allgemeinen Verwaltungsrechts und des Verwaltungsprozessrechts. Der zu Grunde liegende Rechtsstand ist jener des Jahresendes 2016 nach den tiefgreifenden Novellierungen des Ausländer- und Asylrechts (u.a. „Asylpaket II", „Integrationsgesetz"); das „Gesetz zur besseren Durchsetzung der Ausreisepflicht" ist in der Entwurfsfassung (BR-Drs. 179/17 v. 23.2.2017) berücksichtigt.

Um auch Rechtsreferendaren in ihrer Ausbildungsstation und in ihrer Berufspraxis erstmals mit Ausländer- und Asylrecht befassten Richterinnen und Richtern auf Probe an den Verwaltungsgerichten sowie Rechtsanwältinnen und Rechtsanwälten die Einarbeitung zu erleichtern, werden in den Nachweisen vorwiegend Entscheidungen der Bundesgerichte und des Europäischen Gerichtshofs zitiert, um einen Überblick über die gefestigte Rechtsprechung zu geben. Zur Vertiefung wird auf die zu Einzelthemen einschlägige Aufsatz- und die themenübergreifende Hand- und Lehrbuch- sowie Kommentarliteratur verwiesen, die hier aus Platzgründen nicht im Einzelnen berücksichtigt werden konnte.

Die Verwendung der gesetzlich vorgegebenen Begriffe „Ausländer" oder „Asylbewerber" erfolgt geschlechtsneutral und umfasst männliche und weibliche Personen. Die Tenorierungsmuster für Bescheide, Eilanträge und Klagen dienen der praxisorientierten Veranschaulichung, nicht der einzelfallbezogenen Rechtsberatung. Auf Leserwunsch wurde die zweite Auflage um grafische Übersichten ergänzt.

Für Berichtigungs- und Verbesserungsvorschläge (auslr-asylr-lehrbuch@web.de) bin ich stets dankbar.

Augsburg, im März 2017 *PD Dr. Andreas Dietz*

Inhaltsübersicht

Grafische Darstellungen und Schemata 21
Wichtige Texte und Quellen 22
Verzeichnis spezifischer Abkürzungen 23
Literaturempfehlungen zur Vertiefung 25

1. Teil
Die Bedeutung des Ausländer- und Asylrechts in Deutschland

§ 1 Die Ein- und Auswanderung in der deutschen Geschichte 27
§ 2 Die normative Verflechtung von Ausländer- und Asylrecht 29
I. Der Staatsbegriff als Grundlage des Ausländerrechts 30
II. Der Regelungsbereich des Ausländerrechts 31
III. Der Regelungsbereich des Asylrechts 33

2. Teil
Die Grundlinien des Ausländerrechts in Deutschland

§ 3 Der Aufbau, der Geltungsbereich und die Ziele des Aufenthaltsgesetzes ... 35
I. Der Aufbau des Aufenthaltsgesetzes 35
II. Der Geltungsbereich des Aufenthaltsgesetzes 35
§ 4 Die Regelungen für die Einreise und den Aufenthalt eines Ausländers 37
I. Die Bedeutung von Visum und Aufenthaltserlaubnis 38
II. Die Erteilungsvoraussetzungen für Visum und Aufenthaltserlaubnis 40
III. Die Aufenthaltszwecke für Visum und Aufenthaltserlaubnis 43
IV. Das Verwaltungsverfahren zur Erteilung von Visum und Aufenthaltserlaubnis 62
V. Der Rechtsschutz im Visums- oder Aufenthaltserlaubniserteilungsverfahren 67
VI. Die Integration von Ausländern im Bundesgebiet 73
VII. Die weiteren Pflichten von Ausländern im Bundesgebiet 75
§ 5 Die Regelungen für die Beendigung des Aufenthalts eines Ausländers 78
I. Die Ausreisepflicht nach § 50 Abs. 1 AufenthG 78
II. Das Erlöschen des Aufenthaltstitels nach § 51 Abs. 1 AufenthG 78
III. Die Ausweisung nach §§ 53 ff. AufenthG 83
IV. Die Überwachung der Ausreise nach § 56 AufenthG 91
V. Die Durchsetzung der Ausreise nach §§ 57 ff. AufenthG 92

VI. Die Verhinderung der Wiedereinreise nach § 11 AufenthG 105
VII. Der Rechtsschutz gegen Ausweisungen mit Nebenentscheidungen 108

§ 6 Die Sonderregelungen für freizügigkeitsberechtigte Unionsbürger 111

I. Die Einreise und der Aufenthalt von Unionsbürgern 112
II. Die Aufenthaltsbeendigung von Unionsbürgern und Familienangehörigen 117

§ 7 Die Sonderregelungen für assoziationsberechtigte türkische Staatsbürger 119

I. Die Einreise und der Aufenthalt von Assoziationsberechtigten 119
II. Die Aufenthaltsbeendigung von Assoziationsberechtigten 124

3. Teil
Die Grundlinien des Asylrechts in Deutschland

§ 8 Das Asylrecht i.w.S. im Vergleich zum Ausländerrecht 127

I. Die Enttäuschungen durch das Asylrecht i.w.S. 127
II. Die Begriffe des Asylbewerbers, des Asylverfahrens und des Asylrechts 130

§ 9 Der vierteilige Asylantrag i.w.S. nach § 13 AsylG 131

I. Die Anerkennung als Asylberechtigter nach Art. 16a GG 133
II. Die Zuerkennung der Flüchtlingseigenschaft nach §§ 3 ff. AsylG ... 146
III. Die Zuerkennung subsidiären Schutzes nach § 4 AsylG 152
IV. Die Feststellung von Abschiebungsverboten nach § 60 Abs. 5 und Abs. 7 AufenthG 161
V. Die ablehnende Asylentscheidung und der Rechtsschutz hiergegen 165
VI. Die Berücksichtigung von Veränderungen der Sach- oder Rechtslage 173

§ 10 Das formelle Asylverfahren 181

I. Die Einreise und der Aufenthalt zum Asylverfahren 182
II. Der Ablauf des Asylverfahrens 196
III. Die Besonderheiten des verwaltungsgerichtlichen Verfahrens in Asylsachen 217

§ 11 Die Perspektiven des deutschen und europäischen Asylsystems 225

Literaturverzeichnis 231

Stichwortverzeichnis 235

Inhaltsverzeichnis

Grafische Darstellungen und Schemata 21

Wichtige Texte und Quellen 22

Verzeichnis spezifischer Abkürzungen 23

Literaturempfehlungen zur Vertiefung 25

1. Teil
Die Bedeutung des Ausländer- und Asylrechts in Deutschland

§ 1 Die Ein- und Auswanderung in der deutschen Geschichte 27

§ 2 Die normative Verflechtung von Ausländer- und Asylrecht 29

I. Der Staatsbegriff als Grundlage des Ausländerrechts 30
II. Der Regelungsbereich des Ausländerrechts 31
III. Der Regelungsbereich des Asylrechts 33

2. Teil
Die Grundlinien des Ausländerrechts in Deutschland

§ 3 Der Aufbau, der Geltungsbereich und die Ziele des Aufenthaltsgesetzes 35

I. Der Aufbau des Aufenthaltsgesetzes 35
II. Der Geltungsbereich des Aufenthaltsgesetzes 35
1. Der sachliche Geltungsbereich des Aufenthaltsgesetzes 35
2. Der personelle Geltungsbereich des Aufenthaltsgesetzes 36

§ 4 Die Regelungen für die Einreise und den Aufenthalt eines Ausländers 37

I. Die Bedeutung von Visum und Aufenthaltserlaubnis 38
1. Die Rechtsnatur von Visum und Aufenthaltserlaubnis 38
2. Die Arten von Visum und Aufenthaltserlaubnis 38
a) Der räumliche Geltungsbereich von nationalem Visum und Schengen-Visum 38
b) Die zeitliche Geltungsdauer von Visum und Aufenthaltserlaubnis 39
c) Die Beschränkung von Visum und Aufenthaltserlaubnis durch Nebenbestimmungen 39

d) Die europarechtlichen Sonderformen der Aufenthaltserlaubnis 40
II. Die Erteilungsvoraussetzungen für Visum und Aufenthaltserlaubnis 40
1. Die Voraussetzung eines gesicherten Lebensunterhalts 41
2. Die Voraussetzungen der geklärten Identität und des Passbesitzes 41
3. Der Ausschluss einer Erteilung wegen eines Ausweisungs- oder sonst entgegenstehenden öffentlichen Interesses 42
4. Die Einreise mit dem erforderlichen Visum 42
III. Die Aufenthaltszwecke für Visum und Aufenthaltserlaubnis 43
1. Der Aufenthaltszweck der Aus- und Fortbildung 43
a) Der Aufenthalt zum Studium nach § 16 AufenthG 43
aa) Die studienbezogenen Beschränkungen 43
bb) Die arbeitsmarktbezogenen Beschränkungen 44
b) Der Aufenthalt zur betrieblichen Aus- und Fortbildung nach § 17 AufenthG 44
c) Der Aufenthalt zur Anerkennung ausländischer Berufsqualifikationen nach § 17a AufenthG 44
2. Der Aufenthaltszweck zur Erwerbstätigkeit nach §§ 18 ff. AufenthG 45
a) Die Aufenthaltserlaubnis zur unselbständigen Erwerbstätigkeit nach § 18 AufenthG 46
b) Die Aufenthaltserlaubnis für qualifizierte Geduldete zur unselbständigen Erwerbstätigkeit nach § 18a AufenthG ... 47
c) Die Niederlassungserlaubnis für Absolventen deutscher Hochschulen nach § 18b und § 19 AufenthG 48
d) Die Aufenthaltserlaubnis zur Arbeitsplatzsuche für qualifizierte Fachkräfte nach § 18c AufenthG 48
e) Die Blaue Karte EU nach § 19a AufenthG 48
f) Die Aufenthaltserlaubnis für ausländische Forscher nach § 20 AufenthG 49
g) Die Aufenthaltserlaubnis zur Ausübung einer selbständigen Tätigkeit nach § 21 AufenthG 49
3. Der völkerrechtliche, humanitäre oder politische Aufenthaltszweck 50
a) Die humanitäre Aufnahme von Ausländern nach § 22, § 23 und § 24 AufenthG 51
b) Die Aufenthaltserlaubnis in Härtefällen nach § 23a AufenthG 51

c) Die ausländerrechtliche Umsetzung asylrechtlicher Entscheidungen und besonderer Härtefälle nach § 25 AufenthG ... 52
aa) Die Aufenthaltserlaubnis für Asyl- und international Schutzberechtigte ... 53
bb) Die Aufenthaltserlaubnis bei Vorliegen eines nationalen Abschiebungsverbots ... 53
cc) Die Aufenthaltserlaubnis bei besonderen Interessenlagen und für Opfer von Straftaten ... 53
dd) Die Aufenthaltserlaubnis für geduldete Ausländer ... 54
d) Die Altfallregelungen nach § 25a, § 25b und § 104a AufenthG ... 55
4. Der Aufenthaltszweck des Ehegatten- und Familiennachzugs ... 56
a) Die Begriffe von Ehe und Familie in § 27 AufenthG ... 57
b) Der Ehegatten- und Familiennachzug zu Deutschen nach § 28 AufenthG ... 58
c) Der Familiennachzug zu Ausländern nach § 29 AufenthG ... 59
d) Der Ehegattennachzug zu Ausländern nach § 30 und § 31 AufenthG ... 59
e) Der Kindesnachzug zu Ausländern nach §§ 32 ff. AufenthG ... 60
f) Der Nachzug sonstiger ausländischer Familienangehöriger nach § 36 AufenthG ... 61
IV. Das Verwaltungsverfahren zur Erteilung von Visum und Aufenthaltserlaubnis ... 62
1. Die Zuständigkeit der Ausländerbehörden ... 62
a) Die sachliche Zuständigkeit der Ausländerbehörden ... 63
b) Die örtliche und instanzielle Zuständigkeit der Ausländerbehörden ... 64
2. Die Besonderheiten des ausländerrechtlichen Verwaltungsverfahrens ... 64
a) Das Antragserfordernis ... 64
b) Die behördliche Amtsermittlungspflicht und die persönliche Mitwirkungspflicht ... 65
c) Die Anhörung des Ausländers ... 66
3. Die Form der Erteilung von Visum und Aufenthaltserlaubnis ... 66

V. Der Rechtsschutz im Visums- oder Aufenthaltserlaubniserteilungsverfahren 67
1. Die Besonderheiten der Verpflichtungsklage zur Durchsetzung eines Visums- oder Aufenthaltserlaubnisanspruchs 67
a) Die Zulässigkeit dieser Verpflichtungsklage 67
b) Die Begründetheit dieser Verpflichtungsklage 68
c) Das Kostenrisiko dieser Verpflichtungsklage 70
d) Der Klageantrag dieser Verpflichtungsklage 71
e) Der Eilrechtsschutz zur Durchsetzung eines Visums- oder Aufenthaltserlaubnisanspruchs 71
2. Die Anfechtungsklage gegen eine belastende und abtrennbare Nebenbestimmung zu Visum oder Aufenthaltserlaubnis 72
a) Die Zulässigkeit dieser Anfechtungsklage 72
b) Die Begründetheit dieser Anfechtungsklage 72
c) Das Kostenrisiko dieser Anfechtungsklage 73
d) Der Klageantrag dieser Anfechtungsklage 73
e) Der Eilrechtsschutz gegen eine belastende und abtrennbare Nebenbestimmung zu Visum oder Aufenthaltserlaubnis 73
VI. Die Integration von Ausländern im Bundesgebiet 73
1. Der Integrationskurs nach § 43 AufenthG 74
2. Die Berechtigung und die Verpflichtung zur Teilnahme am Integrationskurs nach § 44 und § 44a AufenthG 74
VII. Die weiteren Pflichten von Ausländern im Bundesgebiet 75
1. Die Verpflichtung zur Passbeschaffung nach § 48 Abs. 3 AufenthG 75
a) Das Problem des fehlenden Passes 76
b) Die Verpflichtung zur Passbeschaffung 76
2. Die Verpflichtung zur Identitätsklärung nach § 49 AufenthG 77

§ 5 Die Regelungen für die Beendigung des Aufenthalts eines Ausländers 78
I. Die Ausreisepflicht nach § 50 Abs. 1 AufenthG 78
II. Das Erlöschen des Aufenthaltstitels nach § 51 Abs. 1 AufenthG 78
1. Das Erlöschen in Folge einer Nebenbestimmung nach § 51 Abs. 1 Nr. 1 und Nr. 2 AufenthG 79
2. Das Erlöschen in Folge einer Rücknahme, eines Widerrufs oder einer Ausweisung nach § 51 Abs. 1 Nr. 3, Nr. 4 oder Nr. 5 AufenthG 79

3. Das Erlöschen in Folge einer Ausreise nach § 51 Abs. 1 Nr. 6 und Nr. 7 AufenthG 80
4. Die Erledigung aus anderen Gründen 81
5. Die Form der Erlöschenswirkung 81
6. Der Rechtsschutz gegen ein Erlöschen 81
a) Die Zulässigkeit dieser Feststellungsklage 82
b) Die Begründetheit dieser Feststellungsklage 82
c) Das Kostenrisiko dieser Feststellungsklage 82
d) Der Eilrechtsschutz gegen eine Erlöschensfeststellung 83
III. Die Ausweisung nach §§ 53 ff. AufenthG 83
1. Die Ausweisung als sicherheitsrechtliche Präventivmaßnahme 83
2. Der Systemwechsel der Ausweisung 84
3. Die neue Ausweisungsregelung des § 53 AufenthG 84
a) Der Ausweisungsanlass nach § 53 Abs. 1 AufenthG 85
b) Die Abwägung nach § 53 Abs. 1 und Abs. 2 AufenthG 86
c) Die Einschränkungen der Ausweisung nach § 53 Abs. 3 und Abs. 4 AufenthG 86
d) Die Struktur und die gerichtliche Überprüfung der Ausweisungsentscheidung 87
4. Das öffentliche Ausweisungsinteresse nach § 54 AufenthG 88
a) Die besonders schwer wiegenden öffentlichen Belange nach § 54 Abs. 1 AufenthG 88
b) Die schwer wiegenden öffentlichen Belange nach § 54 Abs. 2 AufenthG 89
5. Das private Verbleibeinteresse des Ausländers nach § 55 AufenthG 89
a) Die besonders schwer wiegenden privaten Belange nach § 55 Abs. 1 AufenthG 90
b) Die schwer wiegenden privaten Belange nach § 55 Abs. 2 AufenthG 90
IV. Die Überwachung der Ausreise nach § 56 AufenthG 91
V. Die Durchsetzung der Ausreise nach §§ 57 ff. AufenthG 92
1. Die Zurückschiebung nach § 57 AufenthG 92
2. Die Abschiebung nach § 58 AufenthG 92
a) Die allgemeinen Abschiebungsvoraussetzungen des § 58 AufenthG 93
aa) Die Vollziehbarkeit der Ausreisepflicht nach § 58 Abs. 2 AufenthG 94
bb) Die Überwachung der Ausreise nach § 58 Abs. 3 AufenthG 95

b) Die Abschiebungsbeschränkungen des § 58 Abs. 1a und Abs. 1b AufenthG 96
3. Die Abschiebungsanordnung nach § 58a AufenthG 96
4. Die Abschiebungsandrohung nach § 59 AufenthG 97
5. Die Abschiebungsverbote und Abschiebungshindernisse nach § 60 AufenthG 98
a) Die Arten von Abschiebungshindernissen 98
b) Die Regelung von Abschiebungsverboten in § 60 AufenthG 100
6. Die Duldung nach § 60a AufenthG 101
a) Die Funktion der Duldung nach § 60a Abs. 2 AufenthG 101
b) Die Voraussetzungen einer Duldung nach § 60a Abs. 1 bis Abs. 2b AufenthG 102
c) Die weiteren Folgen einer Duldung nach § 61 AufenthG 103
d) Die Abschiebungshaft nach § 62 und § 62a AufenthG 104
e) Der Ausreisegewahrsam nach § 62b AufenthG 105
VI. Die Verhinderung der Wiedereinreise nach § 11 AufenthG 105
1. Das gesetzliche Einreise- und Aufenthaltsverbot nach § 11 Abs. 1 bis Abs. 4 AufenthG 105
2. Das gewillkürte Einreise- und Aufenthaltsverbot nach § 11 Abs. 6 und Abs. 7 AufenthG 107
VII. Der Rechtsschutz gegen Ausweisungen mit Nebenentscheidungen 108
1. Die Anfechtungsklage gegen Ausweisung und Ausreiseaufforderung 108
a) Die Zulässigkeit dieser Anfechtungsklage 109
b) Die Begründetheit dieser Anfechtungsklage 109
c) Das Kostenrisiko dieser Anfechtungsklage 110
d) Der Klageantrag dieser Anfechtungsklage 110
2. Die Verpflichtungsklage auf Verkürzung der Wirkungen des Einreise- und Aufenthaltsverbots 110
a) Die Zulässigkeit dieser Verpflichtungsklage 110
b) Die Begründetheit dieser Verpflichtungsklage 110
c) Das Kostenrisiko dieser Verpflichtungsklage 111
3. Der Eilrechtsschutz gegen den Sofortvollzug der Ausweisung 111

§ 6 **Die Sonderregelungen für freizügigkeitsberechtigte Unionsbürger** 111

I. Die Einreise und der Aufenthalt von Unionsbürgern 112
1. Die Freizügigkeit von Unionsbürgern 112
a) Die materielle Freizügigkeit 112
b) Die formellen Regelungen für die Freizügigkeit 113
2. Die Rechtsstellung der Familienangehörigen von Unionsbürgern 113
a) Die materielle Rechtsstellung der Familienangehörigen 113
b) Die formellen Regelungen für Familienangehörige 115
3. Die Überprüfung einer Freizügigkeit nach § 5 FreizügG/EU 115
4. Die Anfechtungsklage gegen die Feststellung des Freizügigkeitsverlusts 116
a) Die Zulässigkeit dieser Anfechtungsklage 116
b) Die Begründetheit dieser Anfechtungsklage 117
c) Das Kostenrisiko dieser Anfechtungsklage 117
d) Der Klageantrag dieser Anfechtungsklage 117
II. Die Aufenthaltsbeendigung von Unionsbürgern und Familienangehörigen 117

§ 7 **Die Sonderregelungen für assoziationsberechtigte türkische Staatsbürger** 119

I. Die Einreise und der Aufenthalt von Assoziationsberechtigten 119
1. Die Rechtsstellung des Arbeitnehmers nach Art. 6 ARB 1/80 120
2. Die Rechtsstellung der Familienangehörigen nach Art. 7 ARB 1/80 121
3. Die Besonderheiten des „Stand Still" nach Art. 13 ARB 1/80 und Art. 41 ZP 122
II. Die Aufenthaltsbeendigung von Assoziationsberechtigten 124
1. Die Besonderheiten einer Ausweisung Assoziationsberechtigter 124
2. Der Verlust des assoziationsrechtlichen Aufenthaltsrechts durch Erlöschen 125

3. Teil
Die Grundlinien des Asylrechts in Deutschland

§ 8 **Das Asylrecht i.w.S. im Vergleich zum Ausländerrecht** 127

I. Die Enttäuschungen durch das Asylrecht i.w.S. 127

II. Die Begriffe des Asylbewerbers, des Asylverfahrens und des Asylrechts ... 130

§ 9 Der vierteilige Asylantrag i.w.S. nach § 13 AsylG ... 131

I. Die Anerkennung als Asylberechtigter nach Art. 16a GG ... 133
1. Der Schutzbereich des Grundrechts auf Asyl ... 133
a) Die geschichtliche Dimension des Asyls ... 133
b) Der Anspruch auf Asylanerkennung ... 134
2. Der Begriff des politisch Verfolgten ... 134
a) Die von Verfolgung bedrohten Rechtsgüter ... 135
b) Die zurechenbare Verfolgungshandlung ... 136
c) Das Politische einer Verfolgung ... 137
d) Der Begriff des Verfolgers ... 137
e) Der Zeitpunkt der Verfolgung – die Vor- oder Nachfluchtgründe ... 138
f) Der Ort der Verfolgung – die innerstaatliche Fluchtalternative ... 139
g) Die Einzel- oder Gruppenverfolgung ... 139
h) Die prozessuale Durchsetzung des Asylgrundrechts ... 139
3. Die Schranken des Asylgrundrechts nach Art. 16a Abs. 2 und Abs. 3 GG ... 140
a) Das Konzept der normativen Vergewisserung ... 140
b) Die sicheren Drittstaaten nach Art. 16a Abs. 2 GG i.V.m. § 26a AsylG ... 141
aa) Die tatsächlichen Grenzen der Drittstaatenregelung ... 141
bb) Der Sonderfall der Einreise auf unbekanntem Weg ... 142
cc) Die Antragsablehnung nach § 26a Abs. 1 Satz 1 AsylG ... 143
c) Die sicheren Herkunftsstaaten nach Art. 16a Abs. 3 GG ... 143
4. Die Rechtsfolgen der Asylanerkennung ... 145
II. Die Zuerkennung der Flüchtlingseigenschaft nach §§ 3 ff. AsylG ... 146
1. Der Begriff des Flüchtlings ... 146
2. Die Elemente einer flüchtlingsrelevanten Verfolgung ... 147
a) Der Begriff der Verfolgung ... 147
b) Die Verfolgungsgründe und die Verfolgungsintensität ... 148
c) Der Zeitpunkt und die Wahrscheinlichkeit der Verfolgung ... 149
d) Die Besonderheiten der Gruppenverfolgung ... 150
e) Der Begriff des Verfolgers ... 150
f) Der Ort der Verfolgung ... 151

3. Die prozessuale Durchsetzung der Zuerkennung der Flüchtlingseigenschaft ... 151
4. Die Rechtsfolgen der Zuerkennung der Flüchtlingseigenschaft ... 151
III. Die Zuerkennung subsidiären Schutzes nach § 4 AsylG ... 152
1. Die Gefahr eines ernsthaften Schadens ... 152
2. Der Schutz vor einer Verhängung oder Vollstreckung der Todesstrafe ... 153
3. Der Schutz vor Folter, unmenschlicher oder erniedrigender Behandlung ... 154
a) Die Formen einer geächteten Misshandlung ... 154
b) Die Zielgerichtetheit und die Zurechenbarkeit einer Misshandlung ... 155
4. Der Schutz vor Gefahren für Leib oder Leben im bewaffneten Konflikt ... 156
a) Die Begriffe des internationalen oder innerstaatlichen bewaffneten Konflikts ... 157
b) Die erhöhte allgemeine oder individuelle Gefahrenlage für Zivilisten ... 157
c) Die Gefährdung durch „willkürliche Gewalt“ ... 159
5. Die prozessuale Durchsetzung der Zuerkennung subsidiären Schutzes ... 160
6. Die Rechtsfolgen der Zuerkennung subsidiären Schutzes ... 161
IV. Die Feststellung von Abschiebungsverboten nach § 60 Abs. 5 und Abs. 7 AufenthG ... 161
1. Der Schutz vor sonstigen Verletzungen der EMRK nach § 60 Abs. 5 AufenthG ... 161
2. Der Schutz vor sonstigen erheblichen Gefahren nach § 60 Abs. 7 AufenthG ... 162
a) Die zur Extremgefahr gesteigerte generelle Gefahrenlage .. 162
b) Die zur Extremgefahr gesteigerte individuelle Gefahr ... 163
3. Die prozessuale Durchsetzung der Feststellung von Abschiebungsverboten ... 164
4. Die Rechtsfolgen der Feststellung von Abschiebungsverboten ... 164
V. Die ablehnende Asylentscheidung und der Rechtsschutz hiergegen ... 165
1. Die vollständige Antragsablehnung ... 166
a) Die Zulässigkeit der kombinierten Verpflichtungs- und Anfechtungsklage ... 166

b) Die Begründetheit der kombinierten Verpflichtungs- und Anfechtungsklage 167
c) Das Kostenrisiko der kombinierten Verpflichtungs- und Anfechtungsklage 168
d) Der Klageantrag der kombinierten Verpflichtungs- und Anfechtungsklage 169
e) Das Rechtsmittel und der Eilrechtsschutz 169
2. Die Ablehnung als offensichtlich unzulässig oder als offensichtlich unbegründet 170
3. Die teilweise Antragsablehnung 173
VI. Die Berücksichtigung von Veränderungen der Sach- oder Rechtslage 173
1. Das Erlöschen der Schutzberechtigung nach § 72 und § 73a AsylG 174
2. Die Rücknahme oder der Widerruf der Schutzberechtigung ... 175
a) Der Widerruf der Asylberechtigung oder der Flüchtlingseigenschaft 175
b) Die Rücknahme der Asylberechtigung oder der Flüchtlingseigenschaft 177
c) Der Widerruf und die Rücknahme des subsidiären Schutzes 177
d) Der Widerruf und die Rücknahme der Feststellung von Abschiebungsverboten 178
e) Die Widerrufs- oder Rücknahmeentscheidung des BAMF 178
3. Der Folgeantrag nach § 71 AsylG 179

§ 10 Das formelle Asylverfahren 181

I. Die Einreise und der Aufenthalt zum Asylverfahren 182
1. Die Einreise auf dem Land- oder Luftweg 182
a) Der verfahrensabhängige Aufenthalt 183
b) Die Einreise auf dem Landweg 184
c) Die Einreise auf dem Luftweg 185
2. Der Aufenthalt während des Asylverfahrens 188
a) Die Unterbringung in einer Aufnahmeeinrichtung 188
b) Die Änderung der räumlichen Zuweisung durch Umverteilung 190
c) Die räumliche Beschränkung während des Asylverfahrens 190

3. Der Lebensunterhalt während des Asylverfahrens ... 192
a) Das general-präventive Erwerbstätigkeitsverbot für Asylbewerber ... 192
b) Die Leistungen nach dem AsylbLG ... 193
II. Der Ablauf des Asylverfahrens ... 196
1. Die Vorprüfung der Zuständigkeit Deutschlands im Dublin-III-Verfahren ... 197
a) Die Funktionsprinzipien des Dublin-III-Systems ... 197
b) Der Rechtsschutz gegen eine Überstellungsentscheidung ... 200
c) Die Funktionsgrenzen des Dublin-III-Systems ... 202
d) Die innerstaatliche Zuständigkeit des BAMF ... 204
2. Die sachliche Prüfung des Asylantrags im Asylverfahren ... 204
a) Die Identitätsprüfung nach §§ 15 f. AsylG ... 204
b) Die Antragstellung nach § 23 AsylG ... 207
c) Die Anhörung nach § 25 AsylG ... 208
d) Die Aufenthaltsgestattung nach § 55 AsylG und die BÜMA nach § 63a Abs. 1 AsylG ... 209
3. Die Sonderregelungen für besonders Schutzbedürftige ... 210
a) Die besondere Problematik von Eheleuten und Familien ... 210
b) Die Handlungsfähigkeit und Vertretung Minderjähriger nach § 12 AsylG ... 210
c) Die Wahrung der Familieneinheit nach § 14a AsylG ... 211
d) Das Familienasyl und der Familienflüchtlingsschutz nach § 26 AsylG ... 212
e) Die Rechtsstellung unbegleiteter minderjähriger Flüchtlinge ... 213
aa) Das Phänomen unbegleiteter minderjähriger Flüchtlinge ... 213
bb) Die Sondersituation unbegleiteter minderjähriger Flüchtlinge ... 214
cc) Die amtliche Altersfeststellung bei Zweifeln an der Minderjährigkeit ... 216
III. Die Besonderheiten des verwaltungsgerichtlichen Verfahrens in Asylsachen ... 217
1. Die Abweichungen in Verfahren vor den Verwaltungsgerichten ... 217
a) Die verkürzte Klagefrist nach § 74 Abs. 1 AsylG ... 218
b) Der einheitliche entscheidungserhebliche Zeitpunkt nach § 77 Abs. 1 AsylG ... 218
c) Der weitgehende Ausschluss der aufschiebenden Wirkung in § 75 AsylG ... 218

d) Der erweiterte Einsatz von Einzelrichtern nach § 76 Abs. 1 AsylG 219
2. Die Beschränkungen der Rechtsmittel im Asylrecht 220
a) Der Ausschluss der Berufung nach § 78 Abs. 1 AsylG 220
b) Die Beschränkung der Berufungszulassungsgründe nach § 78 Abs. 3 AsylG 220
c) Der Ausschluss der Beschwerde nach § 80 AsylG 221
3. Das Beschleunigungsinstrument der Betreibensaufforderung nach § 81 AsylG 221
4. Der Ablauf eines asylrechtlichen Verfahrens vor dem Verwaltungsgericht 222
a) Die Vorbereitung 222
b) Die mündliche Verhandlung 224
c) Die Nacharbeit 224

§ 11 Die Perspektiven des deutschen und europäischen Asylsystems 225

Literaturverzeichnis 231

Stichwortverzeichnis 235

Grafische Darstellungen und Schemata

Ausländer- und Asylrecht im Vergleich	nach Rn. 12
Der Status von Ausländern im Überblick	nach Rn. 20
Voraussetzungen einer Ausweisung	nach Rn. 180
Voraussetzungen einer Abschiebung	nach Rn. 204
Entscheidungsmöglichkeiten des BAMF	nach Rn. 303
Beschäftigung und Sozialleistungen im und nach dem Asylverfahren	nach Rn. 463
Ablauf eines Asylverfahrens	nach Rn. 464

Wichtige Texte und Quellen

Ausländerrecht dtv-Text	Sammlung wichtiger nationaler, europäischer und völkerrechtlicher Vorschriften zum Ausländer- und Asylrecht
www.amnesty.de	deutsche Homepage der Hilfsorganisation mit Informationen zu ihrer Arbeit
www.bamf.de	Homepage des BAMF mit Informationen zu Zuwanderung, Asyl und Flüchtlingsschutz sowie aktuellen Statistiken und Forschungsergebnissen
www.bverfg.de	Homepage des Bundesverfassungsgerichts mit Entscheidungssammlung
www.bverwg.de	Homepage des Bundesvewaltungsgerichts mit Entscheidungssammlung
www.eur-lex.europa.eu	von der Europäischen Union kostenfrei zur Verfügung gestellte Texte von Verträgen, Richtlinien und Verordnungen
www.gesetze-im-internet.de	vom Bundesministerium der Justiz kostenfrei zur Verfügung gestellte Gesetzes- und Verordnungstexte
www.unhcr.de	deutsche Homepage des Hohen Flüchtlingskommissars der Vereinten Nationen

Verzeichnis spezifischer Abkürzungen

AEUV	Vertrag über die Arbeitsweise der Europäischen Union i.d.F. der Bek. v. 9.5.2008, ABl. Nr. C 115 S. 47.
AsylbLG	Asylbewerberleistungsgesetz v. 5.8.1997 i.d. F. v. 31.7.2016, BGBl. I S. 1940.
AsylG	Asylgesetz v. 2.9.2008 i.d.F. v. 31.7.2016, BGBl. I S. 1946.
AsylVfG	Asylverfahrensgesetz v. 26.6.1992 i.d.F. v. 23.12.2014, BGBl. I S. 2439; ersetzt durch das AsylG.
AufenthG	Aufenthaltsgesetz i.d.F. der Bek. v. 25.2.2008 i.d.F. v. 31.7.2016, BGBl. I S. 1942.
AufenthG a.F.	Aufenthaltsgesetz i.d.F. der Bek. v. 25.2.2008 i.d.F. v. 23.12.2014, BGBl. I S. 2439.
BAMF	Bundesamt für Migration und Flüchtlinge
BayVwVfG	Bayer. Verwaltungsverfahrensgesetz v. 29.12.1976 i.d.F. v. 22.12.2015, GVBl. S. 458.
BVerfG, BVerfGE	Bundesverfassungsgericht, amtliche Entscheidungssammlung
BVerwG, BVerwGE	Bundesverwaltungsgericht, amtliche Entscheidungssammlung
EGMR	Europäischer Gerichtshof für Menschenrechte
EuGH	Europäischer Gerichtshof
EUV	Vertrag über die Europäische Union i.d.F. des Vertrages von Lissabon v. 13.12.2007, ABl. Nr. C 306 S. 1 mit Berichtigungen, zuletzt ABl. 2011 Nr. C 378 S. 3.
FreizügG/EU	Gesetz über die allgemeine Freizügigkeit von Unionsbürgern v. 30.7.2004 i.d.F. v. 20.10.2015, BGBl. I S. 1722.
GFK	Abkommen über die Rechtsstellung der Flüchtlinge v. 28.7.1951, BGBl. II 1953, S. 560 ff. (sog. Genfer Flüchtlingskonvention).
GRCh	Charta der Grundrechte der Europäischen Union v. 12.12.2007, ABl. C 303, S. 1.
RL 2011/95/EU	Richtlinie 2011/95/EU des Europäischen Parlaments und des Rates über Normen für die Anerkennung von Drittstaatsangehörigen oder Staatenlosen als Personen mit Anspruch auf internationalen Schutz, für einen einheitlichen Status für Flüchtlinge oder für Personen mit Anrecht auf subsidiären Schutz und für den Inhalt des zu gewährenden Schutzes v. 13.12.2011, ABl. EU L 337, S. 9 (sog. Qualifikationsrichtlinie).
RL 2013/32/EU	Richtlinie 2013/32/EU des Europäischen Parlaments und des Rates zu gemeinsamen Verfahren für die Zuerkennung und Aberkennung internationalen Schutzes (Neufassung) v. 26.6.2013, ABl. EU L 180, S. 60 (sog. Asylverfahrensrichtlinie).

RL 2013/33/EU	Richtlinie 2013/33/EU des Europäischen Parlaments und des Rates zur Festlegung von Normen für die Aufnahme von Personen, die internationalen Schutz beantragen (Neufassung) v. 26.6.2013, ABl. EU L 180, S. 96 (sog. Aufnahmerichtlinie).
StAG	Staatsangehörigkeitsgesetz v. 22.7.1913 i.d.F. v. 28.10.2015, BGBl. I S. 1802.
SGB II	Zweites Buch Sozialgesetzbuch – Grundsicherung für Arbeitsuchende – v. 13.5.2011 i.d.F. 31.7.2016, BGBl. I S. 1940.
SGB III	Drittes Buch Sozialgesetzbuch – Arbeitsförderung – v. 24.3.1997 i.d.F. 31.7.2016, BGBl. I S. 1939.
SGB XII	Zwölfes Buch Sozialgesetzbuch – Sozialhilfe – v. 27.12.2003 i.d.F. 31.7.2016, BGBl. I S. 1940.
VO 343/2003/EG	Verordnung 343/2003/EG v. 18.2.2003 i.d.F. v. 22.10.2008, ABl. Nr. L 304, S. 80 (sog. Dublin-II-Verordnung).
VO 604/2013/EU	Verordnung 604/2013/EG v. 26.6.2013, ABl. Nr. L 180/31 (sog. Dublin-III-Verordnung).
VwVfG	Verwaltungsverfahrensgesetz i.d.F.d. Bek. v. 23.1.2003, geändert durch G. v. 18.7.2016, BGBl. I S. 1679.

Literaturempfehlungen zur Vertiefung

1. Aktuelle Lehr- und Handbücher:

Hailbronner, Kay: Asyl- und Ausländerrecht, 4. Aufl. 2016.

Heinhold, Hubert: Recht für Flüchtlinge, 7. Aufl. 2015.

Hofmann, Rainer M. / Oberhäuser, Thomas / Keßler, Stefan: Das neue Migrationsrecht, 1. Aufl. 2017.

Kluth, Winfried / Hund, Michael (Hrsg.): Handbuch Zuwanderungsrecht, 2. Aufl. 2017.

Marx, Reinhard: Ausländer- und Asylrecht, 3. Aufl. 2016.

– : Aufenthalts-, Asyl- und Flüchtlingsrecht, 6. Aufl. 2016.

2. Einbändige Kommentare:

Bergmann, Jan M. / Dienelt, Klaus (Hrsg.): Ausländerrecht, 11. Aufl. 2016.

Hofmann, Rainer M. (Hrsg.), Ausländerrecht, 2. Aufl. 2016.

Huber, Bertold: AufenthG, 2. Aufl. 2016.

Kluth, Winfried / Heusch, Andreas: Ausländerrecht, 1. Aufl. 2016.

1. Teil
Die Bedeutung des Ausländer- und Asylrechts in Deutschland

1 „Deutschland ist ein Einwanderungsland." Dieser lange politisch umstrittene Satz hat sich spätestens mit der Flüchtlingswelle[1] des Jahres 2015 bestätigt: Über eine Million Menschen vorwiegend aus dem Nahen Osten, aus Afrika und aus dem Westbalkan kamen nach Deutschland. Gerade die syrischen Bürgerkriegsflüchtlinge haben gute Chancen wenn nicht auf Asyl, so doch auf internationalen oder subsidiären Schutz und damit auf ein langfristiges Bleiberecht. Sie werden also in Deutschland bleiben und versuchen, ihre Ehegatten und Kinder nachzuholen. Das wird die Zusammensetzung der Bevölkerung in Deutschland erheblich verändern. Die soziale und berufliche Integration der Zuwanderer ist eine Herausforderung für unser Land und für unser Volk.[2] Hoffnung gibt, dass vergleichbare Situationen schon in der Vergangenheit bewältigt wurden und wir aus den früheren Fehlern versäumter Integration gelernt haben sollten.

§ 1 Die Ein- und Auswanderung in der deutschen Geschichte

2 Deutschland ist nicht erst seit dem Jahr 2015 ein Einwanderungsland. Vielmehr prägten **Ein- und Auswanderung** seine Geschichte bis in die Gegenwart. Das Phänomen einer Massenflucht aus dem Nahen Osten nach Deutschland ist zwar neu, aber die dahinter stehenden Motive und Zwänge sind es nicht:

3 So erfasste jene **Völkerwanderung** germanischer Stämme in der Spätantike, die Druck auf die Ostgrenze des Römischen Reichs ausübten und schließlich mit Billigung der römischen Kaiser diesseits des Grenzwalls (Limes) angesiedelt wurden, das Gebiet des heutigen Deutschland. Mit dem römischen Sammelnamen Germanen bezeichnete Zuwanderer dienten in der römischen Armee, stiegen zu Heerführern auf und setzten schließlich sogar den letzten weströmischen Kaiser ab. Ihre Stämme zogen mit dem Zerfall des römischen Reichs über Donau und Rhein nach Westen und Süden, durchquerten Frankreich und Italien, siedelten sich dort und im heutigen Spanien und Nordafrika an. Aus der Vermischung der ansässigen und der zuwan-

1 Die Wellenform der Asylerstantragszahl mit einer Spitze im Sommer und einem Rückgang im Winter zeigt sich im Jahresvergleich der Jahre 2013 bis 2014 mit 2016, nur im Jahr 2015 schob sich die Spitze auf den November, vgl. BAMF (Hrsg.), Aktuelle Zahlen zu AsylStand: Dezember 2016, S. 6. www.bamf.de, Abruf v. 20.1.2017.

2 Ausführlich zu den Herausforderungen Uwe Berlit, Flüchtlingsrecht, S. 101 ff.

dernden Stämme entstand die Bevölkerung Europas. Bevölkerungswachstum, Bodenknappheit, Hunger und Eroberungswille waren Motive dieser Wanderung.[3]

4 Ganz andere Motive prägten die Zuwanderung aus Frankreich im 17. Jahrhundert: Mit dem **Edikt von Potsdam** im Jahr 1685 erlaubte der preußische Kurfürst vor der religiösen Unterdrückung durch den katholischen König von Frankreich fliehenden Protestanten aus Frankreich (Hugenotten) die Ansiedlung gemäß der preußischen Staatslogik: „Jeder soll nach seiner façon selig werden." Diese Zuwanderer ermöglichten mit ihrer hohen Bildung, ihren industriellen Fertigkeiten und ihrer Staatstreue den Aufstieg des rückständigen Preußen zu einer europäischen Großmacht.[4]

5 Nach der Gründung des deutschen Kaiserreichs 1871 nahm die Wirtschaft einen solchen Aufschwung, dass im aufstrebenden Ruhrgebiet Arbeitskräfte fehlten.[5] Daher wurden **polnische Arbeitskräfte** für Bergbau und Stahlindustrie angeworben und im Ruhrgebiet angesiedelt. Polnischstämmige Namen in den späteren deutschen Fußball-Nationalmannschaften deuten auf diese Ansiedlung zur Behebung des Arbeitskräftemangels hin.

6 Als die aus der Kreditfinanzierung des Ersten Weltkriegs resultierende **Wirtschaftskrise** von 1923 eine Hyperinflation auslöste, Betriebe, Arbeitsplätze und Vermögen vernichtete, wanderten viele Deutsche – wie schon im Jahrhundert zuvor – in die Vereinigten Staaten aus[6] und siedelten sich dort als neue Arbeitskräfte an. Wirtschaftliche Not und die Hoffnung auf eine bessere Zukunft waren hier die Motive.

7 Eine Auswanderungswelle löste auch die n**ationalsozialistische Unterdrückungs- und später Vernichtungspolitik** gegen politische Gegner aus der Weimarer Republik, gegen Künstler und Schriftsteller und vor allem gegen die jüdische Bevölkerung 1933 bis 1945 aus. Ab 1944 floh dann die deutschstämmige Bevölkerung aus den Siedlungsgebieten im Osten vor der vorrückenden Roten Armee nach Westen. Vertreibungsmaßnahmen mit Duldung der Siegermächte lösten eine weitere Massenflucht aus. Insgesamt etwa 12 Mio. deutschstämmige **Flüchtlinge und Vertriebene** fanden in der späteren Bundesrepublik und in der DDR eine neue Heimat, hatten vielfach aber mit Ablehnung durch die ansässige Bevölkerung zu kämpfen – trotz gleicher Sprache, Geschichte und Religion und obwohl sie großen Anteil am Wiederaufbau Deutschlands hatten![7] Auch bis zum Ausbau des „Eisernen Vorhangs" 1961 sowie vor und nach der **Grenzöffnung 1989** kehrten viele Bürger der DDR den Rücken.

3 Vgl. Hagen Schulze, Kleine deutsche Geschichte, S. 10 f.

4 Vgl. Dagmar Golly-Junk, in: Kurt G. A. Jeserich/ Hans Pohl/ Georg-Christoph v. Unruh, Deutsche Verwaltungsgeschichte, Band 6, S. 13; ausführlich zu ihren Fluchtgründen, Zielstaatsauswahl und Integrationsproblemen Barbara Dölemeyer, Die Hugenotten, S. 81 ff.

5 Vgl. Hagen Schulze, Kleine deutsche Geschichte, S. 89 ff. Zahlen zur Zuwanderung von Ausländern im 19. und 20. Jhd. vgl. Udo Sautter, Deutsche Geschichte seit 1815, Band I, Tabellen 28 f.

6 Zahlen zur Auswanderung von Deutschen im 19. und 20. Jhd. vgl. Udo Sautter, Deutsche Geschichte seit 1815, Band I, Tabellen 26 f.

7 Erst ihre Aufnahme führte zu einer konfessionellen Durchmischung des seit der frühen Neuzeit in evangelische und katholische Siedlungsgebiete gespaltenen Deutschland („cuius regio – eius religio").

Die Motive für diese Fluchtwellen waren politische, rassische und religiöse Verfolgung, Krieg und Vertreibung.

Das „Wirtschaftswunder" in der Bundesrepublik führte schon in den 50er Jahren zu einem Arbeitskräftemangel, dem durch die gezielte Anwerbung von „**Gastarbeitern**" aus Italien, Spanien, Portugal, Griechenland, Türkei abgeholfen werden sollte. Als der Wirtschaftsaufschwung abflaute, wurde 1973 ein „**Anwerbestopp**" verhängt. Bis dahin waren etwa 4 Mio. Arbeitskräfte nach Deutschland eingewandert. Seit dem Ende dieser Erwerbseinwanderung wurde der Familiennachzug zum wichtigsten Tor nach Deutschland, denn die „Gastarbeiter" blieben keine „Gäste", sondern wurden hier sesshaft und holten Ehegatten und Kinder nach. 8

Vor und nach dem Zusammenbruch des Ostblocks wanderten etwa 4,5 Mio. **Aussiedler und Spätaussiedler** (Deutschstämmige und ihre Abkömmlinge) nach Deutschland ein.[8] 9

1992 wanderten rund 1,2 Mio. Menschen, darunter 440.000 **Asylbewerber**, nach Deutschland ein. Um diesen Zuzug zu begrenzen, wurde das Asylrecht durch Änderungen u.a. des Art. 16a Abs. 2 und Abs. 3 GG n.F. im Rahmen des „**Asylkompromisses**" stark eingeschränkt. Die Zahl der Asylbewerber sank allmählich bis auf einen Tiefstand von rund 20.000 Erstantragstellern im Jahr 2007. Ab dem Jahr 2012 allerdings stieg ihre Zahl sprunghaft an und erreicht im Jahr 2016 mit über 700.000 Menschen einen nie erwarteten Höchststand.[9] Die Motive für die Flucht sind politische und religiöse Verfolgung sowie Krieg und Bürgerkrieg vor allem im Nahen Osten, aber auch die Hoffnung auf eine wirtschaftlich bessere Zukunft. 10

Heute leben insgesamt rund 7,6 Mio. **Ausländer** in Deutschland; etwa 9 Mio. Deutsche haben einen **Migrationshintergrund**, d.h. sie oder ihre Eltern sind aus dem Ausland zugewandert.[10] Dies verdeutlicht, dass Ein- und Auswanderung unser Land, seine Geschichte und Gesellschaft prägen. Die Ursachen hierfür – politische, rassische, religiöse Verfolgung, Krieg, wirtschaftliche Not – waren dieselben, die heute viele Menschen zur Wanderung nach Deutschland bewegen. 11

§ 2 Die normative Verflechtung von Ausländer- und Asylrecht

Ausländer- und Asylrecht stehen in engem Zusammenhang mit dem Staatsbegriff und dem Staatsangehörigkeitsrecht. Der Begriff des **Ausländerrechts** erfasst alle 12

8 Vgl. BAMF (Hrsg.), Spätaussiedler, Stand: 3.12.2013, www.bamf.de, Abruf v. 3.10.2015.

9 Vgl. BAMF (Hrsg.), Aktuelle Zahlen zu Asyl, Stand: Dezember 2016, S. 4, www.bamf.de, Abruf v. 20.1.2017, wobei viele Antragsteller aus dem Jahr 2015 erst im Jahr 2016 registriert worden sind, vgl. BAMF (Hrsg.), Migrationsbericht 2015, S. 10, www.bamf.de

10 Vgl. BAMF (Hrsg.), Migrationsatlas, 6. Auflage 2014, S. 15, www.bamf.de. Zur regulären, irregulären und humanitären Migration Winfried Kluth, DVBl 2016, 1081 ff.

Nichtdeutschen; jener des **Asylrechts** i.w.S. (Rn. 302) das gesamte formelle und materielle auf einen Asylantrag hin maßgebliche Recht.

Ausländer- und Asylrecht im Vergleich

	Ausländerrecht (Rn 12 ff.)	**Asylrecht i.w.S.** (Rn. 302)
personelle Geltung	Nichtdeutsche natürliche Personen soweit nicht privilegiert (Rn. 26)	Nichtdeutsche natürliche Personen (Rn. 300)
räumliche Geltung	gesamtes Bundesgebiet	gesamtes Bundesgebiet
zeitliche Geltung	für Einreise in das und Aufenthalt im Bundesgebiet, Befristung auf die voraussichtliche Dauer des Aufenthaltszwecks, ggf. Verlängerung	für Dauer des Asylverfahrens (Rn. 301) vorrangig, nach dessen Abschluss Überleitung in das Ausländerrecht
rechtlicher Gehalt	erlaubte Einreise und erlaubter Aufenthalt (Rn. 28) durch Erteilung eines Aufenthaltstitels (Rn. 38) mit Perspektive einer Verfestigung	bloß gestatteter Aufenthalt (Rn. 488) ohne Verfestigungsmöglichkeit
Erwerbstätigkeit	im Regelfall vom Aufenthaltszweck umfasst und daher erlaubt (Rn. 56)	widerspricht dem Aufenthaltszweck und ist daher grundsätzlich verboten (Rn. 459)

I. Der Staatsbegriff als Grundlage des Ausländerrechts

13 Ausgangspunkt ist der dreigliedrige Begriff des **Staates** mit der Trias der Staatsmerkmale von **Staatsgebiet, Staatsvolk und Staatsgewalt**, wie sie *Georg Jellinek* in seiner „Drei-Elemente-Lehre" grundlegend formuliert hat. Für ihn war der Staat die höchste, aus der Sesshaftigkeit des Menschen entwickelte Form eines territorialen Verbandes, „die mit ursprünglicher Herrschermacht ausgestattete Gebietskörperschaft".[11] In der Herrschaftsmacht findet der politische Wille seinen inhaltlichen Ausdruck, im Herrschaftsgebiet seine räumliche Ausdehnung und in der Hoheit über die Herrschaftsunterworfenen seine personale Verbundenheit.

14 Theoretisch decken sich die drei Elemente in ihrer Reichweite, d.h. auf dem Staatsgebiet lebt nur das **Staatsvolk**. Die Staatsgewalt reicht bis zu den Staatsgrenzen und erfasst alle Staatsangehörigen. Praktisch aber kommt diese Deckungsgleichheit nur in abgeschotteten Staaten vor. In einem von der Globalisierung geprägten Land wie unserem sind die drei Elemente nicht mehr deckungsgleich. Erstens leben deutsche Staatsangehörige auch außerhalb der Staatsgrenzen, also unter der Staatsgewalt an-

11 Vgl. Georg Jellinek, System der subjektiven öffentlichen Rechte, Nachdruck der 2. Auflage, 1963, S. 180 f., 183, 267; ihm folgend BVerfG, U.v. 30.6.2009, Az. 2 BvE 2/08 u.a., NJW 2009, 2267/2286 Rn. 344 ff. Zu Akzentverschiebungen des Staatsbegriffs durch die Integration in supranationale Organisationsformen Walter Schmitt Glaeser, Der freiheitliche Staat des Grundgesetzes, S. 20 ff., 31, 172 ff.

derer Staaten. Zweitens leben **fremde Staatsangehörige** in unserem Land und unter hiesiger Staatsgewalt.

Beispiel: Ein Deutscher unterliegt auch im Ausland der deutschen Staatsgewalt, wenn er z.B. im Urlaub seinen Pass verliert und bei der dortigen deutschen Botschaft einen Ersatz beantragt, um die Heimreise antreten zu können. Umgekehrt unterliegt ein Ausländer in Deutschland der deutschen Staatsgewalt, wenn er z.B. einen Verkehrsverstoß begeht und wegen Überschreitens der Höchstgeschwindigkeit ein Bußgeld zahlen muss.

Deutsche Staatsangehörige genießen nach Art. 11 Abs. 1 GG **Freizügigkeit** im gesamten Bundesgebiet, wozu auch das Recht auf Einreise gehört, sowie ein Recht auf Ausreise als Teil der allgemeinen Handlungsfreiheit nach Art. 2 Abs. 1 GG.[12] Das **Staatsangehörigkeitsrecht** regelt, wer Deutscher im Sinne von Art. 116 Abs. 1 GG ist und wie die deutsche Staatsangehörigkeit z.B. durch Geburt oder Einbürgerung nach § 3 StAG erworben wird.[13] Das Staatsgebiet steht grundsätzlich den eigenen Staatsangehörigen in ihrer Verbundenheit als Staatsvolk zur Verfügung. Dieses Staatsvolk lässt sich an Hand gemeinsamer Merkmale wie in Art. 116 Abs. 1 GG positiv (wer „wir" sind) oder an Hand Fremden fehlender Merkmale negativ (wer „die Anderen" sind) beschreiben wie in § 2 Abs. 1 AufenthG. In beiden Fällen geht es um die Identitätsstiftung für die „wir"-Gruppe. Die Gesetzgebungskompetenz für diese den Gesamtstaat charakterisierenden Merkmale liegt notwendigerweise nur bei diesem und nicht bei den Gliedstaaten. Daher weist Art. 73 Abs. 1 Nr. 2 und Nr. 3 GG die Gesetzgebungskompetenz für die Staatsangehörigkeit im Bund, die Freizügigkeit, das Pass- und Ausweiswesen sowie die Ein- und Auswanderung ausschließlich dem Bund zu. 15

II. Der Regelungsbereich des Ausländerrechts

Der **Status eines Ausländers** ist ein anderer als jener des Staatsangehörigen: Der Staatsangehörige gehört dem Staatsvolk an und hat ein dauerhaftes Aufenthaltsrecht auf dem Staatsgebiet seines Staates; der Ausländer hingegen hält sich (zunächst) vorübergehend auf und kann die Beziehung zum Gaststaat dadurch lösen, dass er ggf. in seinen Heimatstaat ausreist, zu dem seine Bindung als Staatsbürger fortbesteht.[14] Das Grundgesetz gewährt einem Ausländer daher **kein** dem Art. 11 GG vergleichbares originäres **Recht auf Einreise,**[15] allenfalls erlangt er einen Anspruch – mit Ausnahme des Schutzes nach Art. 16 Abs. 1 GG (Rn. 307) – auf einfachgesetzlicher Basis. Erst wenn er sich erlaubt im Bundesgebiet aufhält, genießt er hier alle Grund- 16

12 Vgl. BVerfG, U.v. 16.1.1957, Az. 1 BvR 253/56, BVerfGE 6, 32/34 ff.; zur Kritik Friedhelm Hufen, Staatsrecht II, § 18 Rn. 5 f.

13 Die Staatsangehörigkeit kann auf mehreren Wegen erlangt werden, vgl. BVerwG, U.v. 28.5.2015, Az. 1 C 24.14, NVwZ-RR 18/2015, V.

14 Vgl. Josef Isensee, VVDStRL 32 (1974), 49/58 f.

15 Vgl. BVerwG, U.v. 10.4.1956, Az. I C 31.55, BVerwGE 3, 235/236; Josef Isensee, VVDStRL 32 (1974), 49/62.

rechte, soweit sie nicht deutschen Staatsangehörigen vorbehalten sind.[16] Diese verfassungsrechtliche Selbstbescheidung des Grundgesetzes, einem Ausländer nur Grundrechte zuzumessen, wenn er sich im Bundesgebiet und damit im Einflussbereich der deutschen Staatsgewalt aufhält, vermeidet, die eigenen grundrechtlichen Maßstäbe mittelbar anderen Staaten aufzuzwingen. Nur so ist auch eine Steuerung der Einwanderung rechtlich möglich,[17] die bei einem generellen grundrechtlich verbürgten Anspruch auf Einreise und Aufenthalt[18] ausgeschlossen wäre. Wer nicht die deutsche Staatsangehörigkeit besitzt und daher Ausländer im Sinne von § 2 Abs. 1 AufenthG ist, bedarf für Einreise und Aufenthalt im Bundesgebiet daher grundsätzlich einer Erlaubnis. Es besteht ein **Einreise- und Aufenthaltsverbot mit Erlaubnisvorbehalt** als Kern des allgemeinen Ausländerrechts.[19]

Beispiel: Will ein chinesischer Geschäftsmann nach Deutschland zu einer Messe einreisen, gilt für ihn das allgemeine Ausländerrecht und er bedarf nach § 4 Abs. 1 Satz 1, Satz 2 Nr. 1, § 6 AufenthG eines Visums, das er bei der Deutschen Botschaft in Peking beantragen muss. Wird es erteilt, kann er einreisen. Ansonsten verstößt er gegen das Einreiseverbot für Ausländer und macht sich strafbar (§ 14 Abs. 1 Nr. 2, § 95 Abs. 1 Nr. 3 AufenthG). Solange das Visum gilt, darf er sich erlaubt im Bundesgebiet aufhalten.

17 Auch die Gesetzgebungskompetenz für das Ausländerrecht liegt sachnotwendig beim Gesamtstaat. Allerdings weist Art. 74 Abs. 1 Nr. 4 i.V.m. Art. 72 Abs. 2 GG dem Bund das Aufenthalts- und Niederlassungsrecht für Ausländer nur als konkurrierende **Gesetzgebungskompetenz** zu, von welcher nur Gebrauch gemacht werden darf, wenn und soweit im gesamtstaatlichen Interesse eine bundeseinheitliche Regelung erforderlich ist. Dies ist für das Ausländerrecht zu bejahen, denn es wäre im Zuge der europäischen Integration und der damit verbundenen Vereinheitlichung des Ausländerrechts in Europa nach Art. 3 Abs. 2 EUV i.V.m. Art. 67 Abs. 2 AEUV schlicht nicht vermittelbar, würde Deutschland in die seit 1871 überwundene Kleinstaaterei zurückfallen und länderspezifische Regelungen gelten lassen.

18 Die **Europäische Union** nimmt ebenfalls **Regelungskompetenzen** auf dem Gebiet des Ausländer- und Flüchtlingsrechts wahr. Zum Einen schuf sie für Staatsangehörige ihrer Mitgliedstaaten die Unionsbürgerschaft nach Art. 9 Satz 2 und Satz 3 EUV i.V.m. Art. 20 AEUV neben der nationalen Staatsbürgerschaft. Zum Anderen handelt sie nach Art. 4 Abs. 2 Buchst. j AEUV durch Kompetenzen für den Raum der Freiheit, der Sicherheit und des Rechts, zu dem nach Art. 67 ff. AEUV auch das für

16 Zur allgemeinen Handlungsfreiheit nach Art. 2 Abs. 1 GG BVerfG, B.v. 26.9.1978, Az. 1 BvR 525/77, BVerfGE 49, 168/180 f.; zum Gleichheitssatz des Art. 3 Abs. 1 GG BVerwG, U.v. 27.10.1987, Az. 1 C 19.85, BVerwGE 78, 192/204 f.; zum Schutz von Ehe und Familie nach Art. 6 Abs. 1 GG BVerwG, U.v. 27.9.1978, Az. 1 C 48.77, BVerwGE 56, 254/260.

17 Vgl. BVerwG, U.v. 27.10.1987, Az. 1 C 19.85, BVerwGE 78, 192/201 f.

18 Dafür plädiert Thomas Groß, AöR 139 (2014), 420/437 ff. Welche Folgen eine unregulierte Einwanderung aber hätte, zeigt die alle staatliche Organisation überfordernde Flüchtlingswelle des Jahres 2015.

19 Zur ausländerpolizeilichen Herkunft des Ausländerrechts BVerwG, U.v. 15.12.1955, Az. I C 1.54, BVerwGE 3, 58 f.; zu den heute in den Vordergrund getretenen wirtschaftlichen, sozialen und politischen Belangen BVerwG, U.v. 27.9.1978, Az. 1 C 48.77, BVerwGE 56, 254/259 m.w.N.

Drittstaater – also Ausländer, die keine Deutschen und keine Unionsbürger sind – geltende Ausländerrecht u.a. unter dem Begriff des Einwanderungsrechts sowie nach Art. 78 AEUV die Asylpolitik gehören. Auf der Grundlage dieses Primärrechts erlässt die Europäische Union Sekundärrecht u.a. nach Art. 288 Abs. 2 und Abs. 3 AEUV in Gestalt von Verordnungen und Richtlinien.[20]

Beispiel: Eine Verordnung wie die Dublin-III-Verordnung VO 604/2013/EU besitzt ab ihrem Inkrafttreten allgemeine und unmittelbare Geltung in jedem Mitgliedstaat, auf die sich ein Begünstigter auch berufen kann und wegen der Behörden und Gerichte entgegenstehendes nationales Recht unangewendet lassen müssen. Demgegenüber bedarf eine Richtlinie wie die Qualifikations-Richtlinie RL 2011/95/EU grundsätzlich ihrer Umsetzung in nationales Recht, damit sich ein Begünstigter auf sie berufen kann. Ist die Umsetzungsfrist zwar abgelaufen, aber der Mitgliedstaat seiner Umsetzungspflicht nicht, nicht rechtzeitig oder nicht vollständig nachgekommen, so kann sich ein Einzelner gegenüber dem Mitgliedstaat auf die Richtlinie berufen, soweit sie hinreichend bestimmt ist und Rechte gegenüber dem Staat vorsieht (quasi selbst ausführend ist).[21]

III. Der Regelungsbereich des Asylrechts

Das **Asylrecht** i.w.S. (Rn. 302) ist ein Sonderrecht für Ausländer, die einen Asylantrag oder internationalen Schutz beantragt haben (vgl. § 1 Abs. 1, § 13 AsylG) für die Dauer des Prüfverfahrens. Davor und danach gilt für sie das allgemeine Ausländerrecht. 19

Beispiel: Muss ein Syrer wegen des Bürgerkriegs fliehen und gelangt zu Fuß an die deutsche Grenze bei Passau, darf er wegen des Einreiseverbots nicht einreisen. Da er aber einen Asylantrag stellen möchte und dies nur im Bundesgebiet kann (vgl. § 14 Abs. 1 Satz 1 AsylG), muss er gegen das Einreiseverbot für Ausländer verstoßen. Da sein Aufenthalt sonst strafbar ist, erhält er mit Stellung des Asylantrags kraft Gesetzes eine Gestattung nach § 55 Abs. 1 Satz 1 AsylG. Solange sein Asylverfahren läuft, darf er im Bundesgebiet bleiben. Endet sein Asylverfahren, gilt wieder das allgemeine Ausländerrecht: Wird ihm Flüchtlingsschutz zuerkannt, erhält er nach § 25 Abs. 2 AufenthG eine Aufenthaltserlaubnis; wird sein Antrag vollständig abgelehnt, muss er Deutschland verlassen und ihm wird nach § 34 AsylG die zwangsweise Rückführung angedroht.

Aus diesem wechselseitigen Bezug ergibt sich der **Aufbau dieses Buches**: Zunächst wird das Ausländerrecht mit Sonderregelungen für Unionsbürger und Assoziationsberechtigte dargestellt, anschließend das Asylrecht i.w.S. 20

20 Ein Überblick bei Uwe Berlit, Flüchtlingsrecht, S. 23 ff.
21 Näher dazu Rudolf Streinz, Europarecht, Rn. 466, 470 ff..

Der Status von Ausländern im Überblick

Status	Inhalt	Besonderheiten
I. Aufenthaltstitel nach § 4 Abs. 1 AufenthG:		werden behördlich durch VA erteilt
Schengen-Visum (§ 6 Abs. 1 AufenthG)	zeitlich befristete Erlaubnis zur Einreise und zum Kurzaufenthalt im Schengen-Gebiet (Rn. 33)	
nationales Visum (§ 6 Abs. 3 AufenthG)	zeitlich befristete Erlaubnis zur Einreise und zum Kurzaufenthalt im Bundesgebiet (Rn. 32)	
Aufenthaltserlaubnis (§ 7 AufenthG)	zeitlich befristete Erlaubnis zum Aufenthalt im Bundesgebiet (Rn. 28)	
Niederlassungserlaubnis (§ 9 AufenthG)	zeitlich unbefristete Erlaubnis zum Aufenthalt im Bundesgebiet (Rn. 34)	
Blaue Karte EU (§ 19 AufenthG)	zeitlich befristete Erlaubnis zum Aufenthalt im Bundesgebiet (Rn. 37)	Erteilung auf Grund national umgesetzten EU-Rechts
Erlaubnis zum Daueraufenthalt EU (§ 9a AufenthG)	zeitlich unbefristete Erlaubnis zum Aufenthalt im Bundesgebiet (Rn. 37)	Erteilung auf Grund national umgesetzten EU-Rechts
II. Sonstiger Status:		
Duldung (§ 60a AufenthG)	zeitlich befristete Aussetzung der Abschiebung bis zur Beseitigung des Abschiebungshindernisses (Rn. 222)	wird behördlich durch VA erteilt, begründet keinen erlaubten Aufenthalt, ändert nichts an der Ausreisepflicht
Freizügigkeitsstatus (§ 2 und § 3 FreizügG/EU)	erlaubte Einreise und erlaubter Aufenthalt für Angehörige der EU-Mitgliedstaaten und Familienangehörige (Rn. 253 ff.)	originärer Sonderstatus bei Erfüllung der Freizügigkeitsvoraussetzungen, tritt kraft Gesetzes ein, verdrängt nationales Ausländerrecht
Assoziationsberechtigung (Art. 6 und Art. 7 ARB 1/80)	erlaubter Aufenthalt für Angehörige der assoziierten Staaten der EU und Familienangehörige (Rn. 277 ff.)	originärer Sonderstatus bei Erfüllung der Assoziationsvoraussetzungen, tritt kraft Gesetzes ein, besteht neben nationalem Aufenthaltstitel
Aufenthaltsgestattung (§ 55 AsylG)	Status sui generis für Asylbewerber für die Dauer ihres Asylerfahrens (Rn. 488)	originärer Sonderstatus ab Schutzantragstellung, tritt kraft Gesetzes ein, wird behördlich nur bestätigt, beinhaltet keinen erlaubten Aufenthalt, verdrängt Ausländerrecht (vgl. § 10 AufenthG)

2. Teil
Die Grundlinien des Ausländerrechts in Deutschland

Das **Ausländerrecht** beinhaltet – grob vereinfacht – Regelungen für Einreise, Aufenthalt und Aufenthaltsbeendigung von Ausländern. Dieser Gliederung folgen sowohl der Aufbau des Aufenthaltsgesetzes als auch die folgende Darstellung. 21

§ 3 Der Aufbau, der Geltungsbereich und die Ziele des Aufenthaltsgesetzes

Das Aufenthaltsgesetz ist die zentrale Regelung des deutschen Ausländerrechts. In den Jahren 2015 und 2016 wurde es mehrfach novelliert, um es dem Zuwanderungsgeschehen, der Rechtsentwicklung und den Anforderungen im Vollzug anzupassen. 22

I. Der Aufbau des Aufenthaltsgesetzes

Die Struktur des **Aufenthaltsgesetzes** folgt dem Prinzip „vom Allgemeinen zum Besonderen“. Es ist in zehn Kapitel gegliedert: Im ersten Kapitel finden sich allgemeine Regelungen zum Anwendungsbereich des Gesetzes und grundlegende Definitionen. Daran schließen sich besondere materielle Regelungen im zweiten Kapitel (mit Ergänzung durch das dritte und vierte Kapitel) zu Einreise und Aufenthalt von Ausländern in etwa chronologischer Abfolge der Lebenslagen und im fünften Kapitel zur Aufenthaltsbeendigung an. Wichtige Verfahrensvorschriften finden sich im siebten Kapitel. Für die Handhabung bedeutet das: Enthält eine Norm im „Besonderen Teil“ einen Begriff, aber keine Definition, ist auf den „Allgemeinen Teil“ zurückzugreifen (z. B. für den Begriff des „Ausländers“ in § 2 Abs. 1 AufenthG). 23

II. Der Geltungsbereich des Aufenthaltsgesetzes

Der **Geltungsbereich** des Aufenthaltsgesetzes erstreckt sich sachlich insbesondere auf die Steuerung und Begrenzung des Zuzugs und personell auf alle Ausländer, die keiner dort genannten Ausnahme unterfallen: 24

1. Der sachliche Geltungsbereich des Aufenthaltsgesetzes

In seinem sachlichen Geltungsbereich verfolgt das deutsche Ausländerrecht ein Bündel an Zielen (vgl. § 1 Abs. 1 AufenthG), wobei sich ihre Gewichtung in den letzten Jahrzehnten verschoben hat. Dominierten früher die Begrenzung und Steuerung der 25

Zuwanderung,[22] ist seit dem Jahrtausendwechsel die Integration der Zugewanderten in den Vordergrund getreten. Dahinter steht die Einsicht, dass die Steuerungsmöglichkeiten des Ausländerrechts sachlich (Familiennachzug unter dem Schutz des Art. 6 Abs. 1 GG, Flüchtlingsströme) und rechtlich (Vorrang EU-Recht etc.) sehr begrenzt sind, sich andererseits aber auch Mängel der **Integration** von bestimmten Zuwanderern zeigten. Es geht heute auch darum, die hier lebenden Ausländer in die deutsche Gesellschaft einzubinden und ihnen eine neue Heimat zu geben, letztlich also die Grundlagen für eine gemeinsame Identität zu legen, die über äußere Aspekte wie eigenständige Lebensunterhaltssicherung, Gesetzesgehorsam, Rechtstreue und Sprachkenntnis hinaus in eine innere Identifikation mit dem Gaststaat mündet. Das Leben von Ausländern in Deutschland soll kein bloßes Nebeneinander oder gar Gegeneinander sein, sondern ein Miteinander von Deutschen und Ausländern. Trennendes soll überwunden und Gemeinsames entwickelt und gestärkt werden. Eine solche Bejahung der sozialen Lebensweise und des staatlichen Rahmens aber kann nicht behördlich erzwungen werden, sondern muss von selbst aus der Überzeugung wachsen, dass das in Deutschland gelebte Wertesystem etwas „wert" ist, weil es die Grundlage für ein friedliches Miteinander verschiedener Volks-, Sprach- und Religionsgruppen bildet. Nur so entsteht auch die Bereitschaft, um des gemeinsamen Ganzen willen auch auf einzelne eigene Traditionen zu verzichten, die damit nicht vereinbar sind.

Beispiel: Eine typische Begrenzungsregelung beinhaltet § 16 Abs. 1 AufenthG, wonach ausländische Schulabgänger zwar zum Zweck des Studiums nach Deutschland kommen dürfen, aber nach § 16 Abs. 2 Satz 1 AufenthG so lange keine Aufenthaltserlaubnis zu einem anderen Aufenthaltszweck erhalten sollen. Dieses Verbot soll einem möglichen Missbrauch des Studienaufenthalts zu anderen Zielen wie dem einer Arbeitsaufnahme vorbeugen (keine Umgehung des Anwerbestopps, Rn. 8). Der Zuwanderungssteuerung dienen §§ 18 ff. AufenthG mit dem Ziel, vorzugsweise hochqualifizierte Zuwanderer ins Land zu holen, aber nicht Personen ohne Bildung und Ausbildung, die auf dem deutschen Arbeitsmarkt keine Chance haben. Zunächst nur einzelne Integrationsregelungen wurden durch das Integrationsgesetz – freilich ohne ein umfassendes inhaltliches Integrationsprogramm, aber immerhin mit einem inhaltlichen Anspruch – nun durch weitere Novellen im Bereich der Arbeitsförderung, der Beschäftigung und der Wohnsitznahme über die hieran angepassten §§ 43 ff. AufenthG hinaus geschaffen.[23]

2. Der personelle Geltungsbereich des Aufenthaltsgesetzes

26 Der personelle Geltungsbereich des deutschen Ausländerrechts folgt dem Regel-Ausnahme-Prinzip. Er erfasst regelmäßig als „**Ausländer**" alle Personen ohne deutsche Staatsangehörigkeit (Rn. 15), also Personen, die entweder positiv nur eine ausländi-

22 Kritisch zur Einwanderungssteuerung Thomas Groß, AöR 139 (2014), 420/425.

23 Vgl. Integrationsgesetz vom 31.7.2016, BGBl. I S. 1939 ff.; dazu BT-Drs. 18/8615, 18/8829 und 18/9090 m.w.N.

sche Staatsangehörigkeit besitzen[24] oder als Staatenlose gar keine.[25] Vom personellen Geltungsbereich werden aber privilegierte Ausländer nach § 1 Abs. 2 AufenthG ausgenommen wie freizügigkeitsberechtigte Unionsbürger mit ihren Familienangehörigen, nach §§ 18 bis 20 GVG nicht der deutschen Gerichtsbarkeit unterliegende Personen sowie nach Maßgabe völkerrechtlicher Verträge vom Erlaubnisvorbehalt befreite Personen. Die zweite und die dritte Ausnahme lassen sich ohne Weiteres mit dem Staatsbegriff erklären: Die Staatsgewalt eines Staates erstreckt sich zwar grundsätzlich auf alle im Staat lebenden Ausländer (vgl. Rn. 14). Um aber die Funktionsfähigkeit des diplomatischen und konsularischen Verkehrs zu gewährleisten, gelten ausländische Vertretungen im Inland nach §§ 18 ff. GVG als extraterritorial und genießen die dort tätigen Botschafts- oder Konsulatsangehörigen diplomatische Immunität.

Beispiel: Begeht ein ausländischer Botschafter einen erheblichen Rechtsverstoß im Inland, kann ihn die Ausländerbehörde nicht ausweisen, da er nicht dem Ausländerrecht unterfällt. Die Bundesrepublik kann nur vom Entsendestaat seinen Abzug verlangen (persona non grata).

§ 4 Die Regelungen für die Einreise und den Aufenthalt eines Ausländers

Auch die Regelungen über Einreise und Aufenthalt im zweiten Kapitel des Aufent- 27
haltsgesetzes folgen dem Prinzip „vom Allgemeinen zum Besonderen“: § 3 bis § 12 AufenthG beinhalten die für beide Lebenslagen (Einreise und Aufenthalt) geltenden Regelungen, daran schließen sich in §§ 13 ff. AufenthG besondere Vorschriften für die Einreise an. Beginnend mit §§ 16 ff. AufenthG folgen die speziellen Regelungen über einzelne **Einreise- und Aufenthaltszwecke** (Ausbildung, Erwerbstätigkeit, humanitäre Gründe, familiäre Gründe u.a.). Das Gesetz unterscheidet also zwischen den allgemeinen Voraussetzungen, die grundsätzlich für jede Art von Einreise und Aufenthalt erfüllt sein müssen, sowie den besonderen Voraussetzungen, die sich aus dem jeweiligen Aufenthaltszweck ergeben. Auch innerhalb der Vorschriften für die Einreise- und Aufenthaltszwecke scheint das Ordnungsprinzip wieder auf, so regelt § 27 AufenthG die Grundsätze des Familiennachzugs, §§ 28 ff. AufenthG die Einzelheiten.

---

24 Deutsche mit einem weiteren Pass („Doppelstaater“) sind keine Ausländer, da sie ja (auch) die deutsche Staatsangehörigkeit besitzen.

25 Staatenlosigkeit entsteht z. B. durch Entzug der Staatsangehörigkeit (Ausbürgerung), Untergang des Herkunftsstaates (Annexion, Zerfall) oder Geburt in einer staatenlosen Personengruppe (Minderheiten). Zur Ausbürgerung BVerwG, U.v. 26.2.2009, Az. 10 C 50.07, BVerwGE 133, 203/209 f. Rn. 19 ff.

I. Die Bedeutung von Visum und Aufenthaltserlaubnis

28 Visum und Aufenthaltserlaubnis dienen der Aufhebung des nach § 4 Abs. 1 Satz 1 AufenthG bestehenden **Einreise- und Aufenthaltsverbots mit Erlaubnisvorbehalt** (Rn. 16). Diese Erlaubnis wird als Visum zur Einreise oder als Aufenthaltserlaubnis zum Aufenthalt erteilt.

1. Die Rechtsnatur von Visum und Aufenthaltserlaubnis

29 Beide Erlaubnisse sind **Verwaltungsakte** im Sinne von § 35 Satz 1 VwVfG bzw. Art. 35 Satz 1 BayVwVfG, denn die erteilende Behörde handelt auf dem Gebiet des öffentlichen Rechts (AufenthG) hoheitlich im Über-Unter-Ordnungsverhältnis gegenüber dem Ausländer zur Regelung eines konkret-individuellen Einzelfalls (nur ihm gegenüber) mit unmittelbarer Rechtswirkung nach außen.[26] Diese Verwaltungsakte sind **begünstigend**, weil sie den Rechtskreis des Ausländers gegenüber dem Status quo erweitern: Ab Erteilung darf er ins Bundesgebiet einreisen und sich darin aufhalten, vorher nicht.

30 Das **Visum** wurde früher als **Sichtvermerk** (lat. videre = sehen) erteilt, d.h. der Begünstigte erhielt einen Stempel in seinen Pass mit der Angabe: „berechtigt zur Einreise und zum Aufenthalt von [frühestes Einreisedatum] bis [letztes Ausreisedatum]“. An der Grenze musste er zur Einreise seinen Pass vorzeigen und der Grenzbeamte konnte die Einreiseberechtigung mit einem Blick überprüfen. Heute werden Visa und Aufenthaltserlaubnis als elektronisch lesbare Karten erteilt; allein im Jahr 2014 rund 2,3 Mio. Visa.[27]

2. Die Arten von Visum und Aufenthaltserlaubnis

31 Die Erteilung von Visum und Aufenthaltserlaubnis erfolgt auf verschiedene Arten, die sich nach räumlichem und zeitlichem Geltungsbereich unterscheiden:

a) Der räumliche Geltungsbereich von nationalem Visum und Schengen-Visum

32 Entsprechend dem staatlichen Interesse, die Einreise und den Aufenthalt von Ausländern im Staatsgebiet zu begrenzen und zu kontrollieren (Rn. 14), hebt ein Staat das grundsätzliche Einreise- und Aufenthaltsverbot durch Erteilung eines **Visums** auf. Da grundsätzlich kein Staat den anderen vertritt, kann jeder Staat nur für sein Staatsgebiet ein **nationales Visum** erteilen. Hiervon besteht für den innereuropäischen Raum nach § 12 Abs. 1 AufenthG eine wichtige Ausnahme: 1985 vereinbarten die Bundesrepublik Deutschland, Frankreich, Belgien, Luxemburg und die Niederlande in Schengen, einem Ort in Luxemburg, den Abbau der Personenkontrollen an den Binnengrenzen. Zur Förderung der innereuropäischen Personenverkehrsfreiheit sollten Personenkontrollen von den Binnengrenzen an die Außengrenzen des sogenannten Schengen-Raums verlagert werden. Jeder Vertragsstaat sollte die Verant-

26 Zur Definition des Verwaltungsakts Friedhelm Hufen, Verwaltungsprozessrecht, § 1 Rn. 32, § 14 Rn. 3 ff.
27 BT-Drs. 18/4765 S. 3.

wortung für seinen Teil der Außengrenzen tragen und illegale Einreisen unterbinden. Diesem Schengen-Abkommen schlossen sich immer mehr europäische Staaten an (§ 2 Abs. 5 AufenthG). Nach Transformation in europäisches Recht finden die Binnen-Personenkontrollen heute nur in Ausnahmefällen statt (bei Sportgroßereignissen zur Abwehr von gewalttätigen Hooligans, zur Flüchtlingsregistrierung); statt dessen führen die Länder der Bundesrepublik verdeckte Polizeiüberwachung im grenznahen Raum als sogenannte „Schleierfahndung“ durch.

Ohne Binnenkontrollen ist die Erteilung eines nationalen Visums nur für längerfristi- 33
ge Aufenthalte zur Wohnsitznahme im Inland sinnvoll (§ 6 Abs. 3 AufenthG). Für Aufenthalte von bis zu drei Monaten wird daher ein **Schengen-Visum** erteilt (§ 6 Abs. 1 und Abs. 2 AufenthG), das den Begünstigten zur Reise in den gesamten Schengen-Raum berechtigt.

Beispiel: Ein Geschäftsmann aus Russland will in Europa mehrere Messen besuchen, zunächst in Leipzig, anschließend in Paris und in Brüssel. Liegen diese alle innerhalb eines Zeitraums von drei Monaten, benötigt er hierzu nur ein Schengen-Visum, das ihm von der deutschen Auslandsvertretung – als Behörde des ersten Einreisestaats im Schengen-Raum – erteilt wird. Er benötigt keine gesonderten Visa für Frankreich und Belgien.

b) Die zeitliche Geltungsdauer von Visum und Aufenthaltserlaubnis

Da ein Visum nur zur Einreise und zum ersten (Kurz-)Aufenthalt berechtigt, wird es 34
befristet (§ 6 AufenthG), ebenso gibt es nur eine **befristete Aufenthaltserlaubnis** (§ 7 Abs. 1 Satz 1, Abs. 2 AufenthG). Die Befristung ist eine Form der **Nebenbestimmung**, um zu erproben, ob der Ausländer im Bundesgebiet den vorgesehenen Aufenthaltszweck auch tatsächlich erfüllt und nicht gegen geltendes Recht verstößt. Auch eine nachträgliche Befristung einer Aufenthaltserlaubnis ist nach § 7 Abs. 2 Satz 2 AufenthG möglich, wenn der Aufenthaltszweck vorzeitig entfallen ist, z.B. die eheliche Lebensgemeinschaft durch Trennung der Ehegatten vor Ablauf der zum Ehegattennachzug erteilten Aufenthaltserlaubnis beendet ist. Will der Ausländer längerfristig bleiben und integriert er sich, kann er durch Verlängerung der Aufenthaltserlaubnis quasi „belohnt“ werden. Die stärkste Stufe der Verfestigung seines Aufenthalts ist die **unbefristete Niederlassungserlaubnis** (§ 9 Abs. 1, Abs. 2 AufenthG).

c) Die Beschränkung von Visum und Aufenthaltserlaubnis durch Nebenbestimmungen

Als begünstigende Verwaltungsakte (Rn. 29) können Visum und Aufenthaltserlaub- 35
nis mit Nebenbestimmungen nach § 36 VwVfG bzw. Art. 36 BayVwVfG versehen werden. Die zwingende **Befristung** (Rn. 34), die fakultative **Bedingung** und die fakultative **Auflage** sind die wichtigsten Formen aus dem allgemeinen Verwaltungsrecht, die in § 12 Abs. 2 AufenthG ihre Sonderregelung finden.

Beispiel: Eine gesetzlich vorgesehene auflösende Bedingung ist die Bindung an den Studiengang nach § 16 Abs. 2 Satz 1 AufenthG (Rn. 48).

36 Will sich ein Ausländer gegen eine Nebenbestimmung gerichtlich wehren, hängt die statthafte Klageart von der **Abtrennbarkeit der Nebenbestimmung** vom Verwaltungsakt ab. Ob eine Abtrennbarkeit vorliegt, wird teils nach der Art der Nebenbestimmung, teils auch danach beurteilt, ob der restliche Verwaltungsakt ohne die Nebenbestimmung noch eine sinnvolle Regelung darstellt.[28] Im Ergebnis ist das bei Bedingung und Befristung nicht der Fall, weil der Verwaltungsakt mit ihnen „steht und fällt",[29] hingegen können Visum und Aufenthaltserlaubnis regelmäßig auch ohne eine Auflage bestehen bleiben. Daraus folgt, dass eine belastende Auflage isoliert mit der Anfechtungsklage angegriffen werden kann, während gegen Bedingung und Befristung nur eine Verpflichtungsklage auf Erteilung des beantragten Aufenthaltstitels ohne die Nebenbestimmung statthaft ist (Rn. 117 ff.).

d) Die europarechtlichen Sonderformen der Aufenthaltserlaubnis

37 Sonderformen der Aufenthaltserlaubnis sind die **Blaue Karte EU** nach § 19a AufenthG für besonders hochqualifizierte Drittstaatsangehörige und die **Erlaubnis zum Daueraufenthalt** EU nach § 9a AufenthG für besonders gut integrierte Drittstaatsangehörige. Ihre Erteilung erfolgt in Verwirklichung europäischen Rechts, aber an Drittstaatsangehörige. Hiervon strikt zu unterscheiden sind Unionsbürger, die im Rahmen der Freizügigkeit keiner Aufenthaltserlaubnis bedürfen und vom Regelungsbereich des Aufenthaltsgesetzes ausgenommen sind (Rn. 26, 254).

II. Die Erteilungsvoraussetzungen für Visum und Aufenthaltserlaubnis

38 Der Gesetzgeber unterscheidet zwischen den allgemeinen Voraussetzungen für die Erteilung eines **Aufenthaltstitels** (als Oberbegriff für Visa und Aufenthaltserlaubnisse) nach § 5 Abs. 1 AufenthG und den besonderen Voraussetzungen nach § 5 Abs. 2 AufenthG für Aufenthaltserlaubnisse. Hinzu kommen muss noch ein bestimmter Aufenthaltszweck nach §§ 16 ff. AufenthG (Rn. 45 ff.).

39 Als **allgemeine Anforderungen** gelten in der Regel die Sicherung des Lebensunterhalts, die Klarheit über die Identität und Staatsangehörigkeit des Ausländers, das Fehlen eines Ausweisungsinteresses, die Vereinbarkeit des Aufenthalts mit öffentlichen Interessen Deutschlands sowie die Erfüllung der Passpflicht. Hinter diesen Mindestanforderungen stehen ausländerpolitische Ziele, von denen – ausnahmsweise zwingend oder im Ermessensweg nach § 5 Abs. 3 AufenthG unter Abwägung aller für und gegen eine Aufenthaltslegalisierung[30] sprechenden Interessen – abgesehen wird bzw. werden kann:

---

28 Zur Auflage BVerwG, U.v. 27.9.1978, Az. 1 C 48.77, BVerwGE 56, 254/256; Friedhelm Hufen, Verwaltungsprozessrecht, § 14 Rn. 50.

29 Ohne Befristung könnte der Student „ewig studieren" und ohne Bedingung beliebig das Studienfach wechseln, was dem fachbezogenen Aufenthaltszweck zuwiderliefe.

30 Vgl. BVerwG, U.v. 14.5.2013, Az. 1 C 17.12, BVerwGE 146, 281/292 Rn. 29 ff.

1. Die Voraussetzung eines gesicherten Lebensunterhalts

Die Sicherung des **Lebensunterhalts**[31] nach § 5 Abs. 1 Nr. 1 AufenthG will einen Zuzug in das deutsche Sozialsystem verhindern. Wer nach Deutschland einreisen will, muss seinen Unterhalt aus eigenen Mitteln bestreiten können. Dazu zählen nach § 2 Abs. 3 AufenthG u.a. ausreichend Nahrung, Kleidung, Obdach und Krankenversicherungsschutz, wofür die Sozialhilfe-Regelsätze („Hartz IV") eine untere Grenze darstellen. Nicht zu den anspruchshindernden öffentlichen Leistungen zählen zweckgebundene öffentliche Mittel wie u.a. Kindergeld sowie Mittel der Ausbildungsförderung oder für den Aufenthalt selbst. 40

Beispiel: Ein einkommens- und vermögensloser Student aus Brasilien möchte ein Forschungssemester an einer deutschen Hochschule absolvieren. Mit Erfolg hat er sich um ein Stipendium einer deutschen öffentlich-rechtlichen Studienstiftung beworben. Da diese Mittel zwar öffentlich sind, aber zweckgebunden seinem Aufenthalt dienen, wäre es widersinnig, würden sie seinem Aufenthalt entgegenstehen – sie sollen ihn je gerade im Sinne von § 2 Abs. 3 Satz 2 Nr. 6 AufenthG ermöglichen.

2. Die Voraussetzungen der geklärten Identität und des Passbesitzes

Weiter müssen nach § 5 Abs. 1 Nr. 1a AufenthG die **Identität** des Ausländers (Name, Geburtsdatum) sowie seine **Staatsangehörigkeit** geklärt sein.[32] Auch dies ist ein Grundbedürfnis jedes Staates, der schon zum Schutz seiner eigenen Staatsbürger wissen will, wer sich auf seinem Staatsgebiet aufhält. Mit diesem Erfordernis hängt eng auch die Erfüllung der Passpflicht nach § 5 Abs. 1 Nr. 4 i.V.m. § 3 AufenthG zusammen. Grundsätzlich bedarf jede natürliche Person im Ausland eines **Reisepasses**, der sie identifiziert, ggf. in Verbindung mit einem Visum zum Grenzübertritt berechtigt (franz. passer = überqueren),[33] und ihre Rückübernahme durch den Staat sichert, der den Reisepass ausgestellt hat. Im Gegensatz dazu dient der **Personalausweis** der Identifizierung im Inland (vgl. § 1 Abs. 1 PAuswG[34]). 41

Beispiel: Einem Deutschen kann der Pass nach § 7 PassG versagt oder nach § 8 PassG entzogen und er so am Grenzübertritt und der Ausreise gehindert werden, wenn die Gefahr besteht, dass er ins Ausland reist, um sich Djihadisten im Nahen Osten anzuschließen.[35] Der Personalausweis hingegen darf als Identitätsnachweis nur in eng umgrenzten Fällen (z.B. Terrorismusverdacht)

31 Auch ein Dritter kann eine Verpflichtungserklärung nach § 68 AufenthG abgeben, vgl. BVerwG, U.v. 13.2.2014, Az. 1 C 4.13, BVerwGE 149, 65/67 ff. Rn. 8 ff. Zur Novelle des § 68 AufenthG durch das Integrationsgesetz vgl. BT-Drs. 18/8615 S. 48.

32 Darauf wird nur verzichtet, wenn der Ausländer zur Rückkehr in einen anderen Staat berechtigt ist, also notfalls aus Deutschland nicht in seinen unbekannten Herkunfts- sondern in einen Drittstaat abgeschoben werden kann.

33 Dies gilt sogar für deutsche Staatsangehörige bei der Ausreise aus und der Einreise ins Bundesgebiet nach § 1 Abs. 1 PassG (Passgesetz v. 19.4.1986 i.d.F. v. 20.6.2015, BGBl. I S .970). Auf innereuropäische Ausnahmen wird noch gesondert eingegangen.

34 Personalausweisgesetz v. 18.6.2009 i.d.F. v. 20.6.2015, BGBl. I S .970.

35 Der Passentzug wirkt nur, wenn ein Pass für den Grenzübertritt überhaupt nötig ist und der Transit- oder Zielstaat sich nicht mit dem Personalausweis begnügt. Er kann umgekehrt die Überstellung eines flüchtigen straffälligen Deutschen in seine Heimat zwecks Aburteilung erleichtern, vgl. BVerwG, B.v. 10.2.2015, Az. 6 B 3.15, NJW 2015, 2599 ff. Rn. 7 ff. Nach § 48 Abs. 1 AufenthG-E soll deutschen Doppelstaatern künftig nicht nur der deutsche sondern auch der ausländische Reisepass entzogen werden können, um ihre Ausreise als „Gefährder" zu unterbinden, vgl. BR-Drs. 179/17 S. 13 f.

versagt oder entzogen werden, es muss dann aber ein Ersatzpersonalausweis nach § 6a Abs. 3 PAuswG ausgestellt werden.

3. Der Ausschluss einer Erteilung wegen eines Ausweisungs- oder sonst entgegenstehenden öffentlichen Interesses

42 Wegen des Schutzes der inneren Sicherheit der Bundesrepublik sieht § 5 Abs. 1 Nr. 2, Abs. 4 AufenthG eine regelmäßige Versagung vor, wenn ein Ausweisungsinteresse im Sinne von § 54 Abs. 1 Nr. 2 oder Nr. 4 AufenthG vorliegt. Dies ist bei terroristischen, gewalttätigen oder gegen die freiheitlich-demokratische Grundordnung der Bundesrepublik gerichteten Bestrebungen der Fall, weil sie **elementare Interessen des Gaststaates** gefährden. An der Einreise solcher Personen hat Deutschland kein Interesse, sondern umgekehrt gerade ein Interesse, sie außer Landes zu halten bzw. zu schaffen.

Beispiel: Hat ein ausländischer Hassprediger auf Grund seiner Eheschließung mit einer deutschen Staatsangehörigen einen Anspruch auf Einreise im Ehegattennachzug, mag das die Beziehungen Deutschlands zu seinem Heimatstaat belasten. Aber sein Anspruch auf Ehegattennachzug geht dem öffentlichen Interesse an seiner Fernhaltung wegen des Schutzes der Ehe nach Art. 6 Abs. 1 GG vor. Hat sich der Hassprediger hingegen einer auch in Deutschland aktiven Terrororganisation angeschlossen, überwiegt das öffentliche Interesse an seiner Fernhaltung.

4. Die Einreise mit dem erforderlichen Visum

43 Für die Erteilung einer Aufenthaltserlaubnis als erste Stufe einer Verfestigung des Aufenthalts verlangen § 5 Abs. 2 Satz 1 Nr. 1 und Nr. 2 AufenthG die **Einreise mit dem erforderlichen Visum** und dass die für die Erteilung maßgeblichen Angaben bereits im Visumsantrag gemacht worden sind. Ist das erste Erfordernis noch einleuchtend, bedarf das zweite einer näheren Erklärung: Der Gesetzgeber will mit dieser Regelung verhindern, dass zwischen Visum und Aufenthaltserlaubnis ein sachlicher Bruch entsteht, also das Visum z.B. für berufliche Zwecke beantragt und erteilt wird, in Wirklichkeit aber ein Ehegattennachzug „durch die Hintertüre" mit Heirat in Deutschland stattfindet. Wer auf Dauer in Deutschland bleiben will, soll bereits im Visumsverfahren „mit offenen Karten spielen".

Beispiel: Reist eine junge Frau zwecks Au-Pair-Tätigkeit für ein Jahr ein, nimmt aber nach wenigen Wochen statt dessen eine hauptberufliche Stelle in einer Firma an, wie sie von Anfang an geplant hatte, handelt es sich um eine Verdeckung des Aufenthaltszwecks, der einer Aufenthaltserlaubniserteilung zwecks Erwerbstätigkeit nach § 18 AufenthG entgegensteht.

44 Aber das öffentliche Interesse an der Aufenthaltssteuerung tritt gegenüber dem privaten Aufenthaltsinteresse zurück, je stärker dieses von Grundrechten geschützt wird:

Beispiel: Erfüllt die junge Frau zwar ihre Au-Pair-Tätigkeit, verliebt sich aber während dieser Zeit in einen Deutschen, wird schwanger und schenkt einem Kind das Leben, das die deutsche Staatsangehörigkeit hat, und will nun bei Vater und Kind in Deutschland bleiben, handelt es sich zwar um einen Wechsel, aber nicht um eine Verdeckung des Aufenthaltszwecks. Die junge Dame konnte bei ihrer Visumsbeantragung die spätere Familiengründung nicht vorhersehen.

Daher greift für sie die Ausnahme des § 5 Abs. 2 Satz 2 AufenthG, weil sie einen Anspruch auf Familiennachzug nach § 28 Abs. 1 Satz 1 Nr. 3 AufenthG hat.

III. Die Aufenthaltszwecke für Visum und Aufenthaltserlaubnis

Die speziellen Regelungen über einzelne Einreise- und **Aufenthaltszwecke** folgen in 45
ihrer Reihung (Ausbildung, Erwerbstätigkeit, humanitäre Gründe, familiäre Gründe u.a.) keiner systematischen Abfolge. Zwischen den Gruppen von Aufenthaltszwecken ist allerdings ein Wechsel nur mit Zustimmung der Ausländerbehörde möglich, denn die **Aufenthaltserlaubnis** wird zweckbezogen erteilt. Ausnahmen bestehen, wenn der **Zweckwechsel** unumgänglich ist (vgl. die Darstellung zu § 16 Abs. 2 AufenthG). Unabhängig davon hat die Ausländerbehörde auf einen Antrag auf Visum oder Aufenthaltserlaubnis hin grundsätzlich alle Anspruchsgrundlagen dieses Aufenthaltszwecks zu prüfen, d.h. bei einem Studienbewerber ihm ggf. beratend eine studienvorbereitende Aufenthaltserlaubnis zu erteilen, damit er die Studienvoraussetzungen erfüllen kann.

1. Der Aufenthaltszweck der Aus- und Fortbildung

Die §§ 16 ff. AufenthG regeln **Ausbildungs- und Studienzwecke**, damit sich Gast- 46
schüler, Gaststudenten und Gastdozenten für die Dauer ihrer Ausbildung oder Tätigkeit im Bundesgebiet aufhalten können.

a) Der Aufenthalt zum Studium nach § 16 AufenthG

Studenten können nach § 16 Abs. 1 Satz 1 AufenthG zum Studium im Bundesgebiet 47
ein Visum und danach eine Aufenthaltserlaubnis erhalten. Oft wird der Student zunächst nur eine bedingte Zulassung zum **Studium** erhalten, wenn er z.B. noch an einem **studienvorbereitenden Sprachkurs** oder an einem studienspezifischen Vorpraktikum teilnehmen muss, um sich endgültig immatrikulieren zu können. Hierauf nimmt der Gesetzgeber Rücksicht, indem er auch diesen vorbereitenden Aufenthalt nach § 16 Abs. 1 Satz 2 AufenthG ermöglicht. Der künftige Student soll also möglichst gute Startbedingungen im Bundesgebiet erhalten.

aa) Die studienbezogenen Beschränkungen

Erfüllt er danach die Studienanforderungen, erhält er nach § 16 Abs. 1 Satz 5 und 48
Abs. 2 AufenthG eine zunächst auf ein Jahr befristete Aufenthaltserlaubnis zu einem bestimmten Studiengang einer bestimmten Hochschule, um zu erproben, ob er das Studium auch tatsächlich betreibt und die geforderten Studienfortschritte erzielt. Üblicherweise wird diese Aufenthaltserlaubnis weiter entsprechend dem **Studienfortschritt** befristet verlängert und von Anfang an unter die auflösende Bedingung einer Exmatrikulation nach § 12 Abs. 2 Satz 1 i.V.m. § 16 Abs. 1 Satz 1 AufenthG gestellt.

Beispiel: Üblicherweise wird die Aufenthaltserlaubnis zum Studium bedingt: „Gilt nur für das Studium des [gewähltes Fach]; erlischt mit dem Wechsel des Studienfachs oder der Exmatrikulation."

49 Will der Student nach Aufnahme seines Studiums das **Studienfach wechseln**, muss er sich vorher an die Ausländerbehörde wenden, um eine Änderung der Bedingung zu erreichen. Wechselt er ohne deren Zustimmung das Studienfach, erlischt deswegen seine Aufenthaltserlaubnis und er muss nach § 50 Abs. 1 und Abs. 2 AufenthG das Bundesgebiet unverzüglich verlassen, denn sein Aufenthalt ist unerlaubt im Sinne von § 4 Abs. 1 Satz 1 i.V.m. § 51 Abs. 1 Nr. 2 AufenthG und strafbar nach § 95 Abs. 1 Nr. 2 i.V.m. § 58 Abs. 2 Satz 2 AufenthG! Wird der Student wegen endgültigen Nichtbestehens einer zwingend zu absolvierenden Prüfung oder wegen Versäumnis der Rückmeldefristen exmatrikuliert, tritt die auflösende Bedingung ebenfalls ein.

bb) Die arbeitsmarktbezogenen Beschränkungen

50 Ziel der studienbezogenen Aufenthaltserlaubnis ist der Studienabschluss. Hier gilt die Faustregel: Was das Studium fördert, ist bzw. wird erlaubt, was es hindert, ist verboten. Dies zeigt sich bei den Möglichkeiten einer Erwerbstätigkeit: Eine **studienbegleitende Erwerbstätigkeit** von bis zu 120 Tagen im Jahr ist nach § 16 Abs. 3 Satz 1 AufenthG ebenso gestattet wie studienbegleitende Praktika; eine vollzeitige Erwerbstätigkeit hingegen ist im Umkehrschluss und nach § 16 Abs. 2 Satz 1 AufenthG ausgeschlossen. Dahinter steht das Ziel, das Studium nicht als Hintertüre zum Arbeitsmarkt missbrauchen zu lassen, zu dem der Zugang nach §§ 18 ff. AufenthG deutlich schwieriger ist.

51 Erst nach erfolgreichem **Studienabschluss** kann die Aufenthaltserlaubnis zur **Arbeitssuche** nach § 16 Abs. 4 AufenthG verlängert werden. Damit soll erfolgreichen Absolventen der weitere Verbleib im Bundesgebiet ermöglicht werden, um qualifizierte Arbeitskräfte nicht zu verlieren.

b) Der Aufenthalt zur betrieblichen Aus- und Fortbildung nach § 17 AufenthG

52 Einem vergleichbaren System wie der studienbezogenen Aufenthaltserlaubnis folgt auch die Aufenthaltserlaubnis zur **betrieblichen Aus- und Weiterbildung** nach § 17 Abs. 1 AufenthG. Da ihr Inhaber aber wegen des Betriebsbezugs dem Arbeitsmarkt zugeordnet ist, bedarf die Erteilung einer solchen Aufenthaltserlaubnis regelmäßig der Zustimmung der Bundesagentur für Arbeit. Das gilt auch für eine qualifizierte Berufsausbildung nach § 17 Abs. 2 AufenthG, nach deren erfolgreichem Abschluss ebenfalls der Zugang zum Arbeitsmarkt nach § 17 Abs. 3 AufenthG eröffnet wird.

c) Der Aufenthalt zur Anerkennung ausländischer Berufsqualifikationen nach § 17a AufenthG

53 Zwischen der (Hochschul-)Ausbildung nach § 16 AufenthG und der betrieblichen Aus- und Fortbildung nach § 17 AufenthG bestand eine Lücke, die durch § 17a AufenthG geschlossen wurde: Während § 16 AufenthG für jene Ausländer relevant ist, die noch gar nicht zum Arbeitsmarkt gehören, weil sie die hierfür erforderlichen Qualifikationen erst noch erwerben sollen, zur betrieblichen Aus- und Fortbildung

nach § 17 AufenthG aber nur jene Ausländer berechtigt sind, die bereits qualifiziert sind und eine entsprechende Stelle auf dem Arbeitsmarkt gefunden haben, fehlte eine Möglichkeit, Ausländern ohne hier anerkannte Qualifikation aber mit für den deutschen Arbeitsmarkt interessanter Berufsperspektive z.B. im Kranken- und Seniorenpflegebereich die Einreise zwecks Anerkennung ihres ausländischen Bildungsabschlusses bzw. zwecks **Nachqualifikation** im Bundesgebiet zu eröffnen.[36] Ihnen wird die Durchführung von Bildungsmaßnahmen ermöglicht, um fachliche, praktische und/oder sprachliche Defizite, die der Anerkennung des ausländischen Abschlusses bzw. dem Berufszugang entgegenstehen, auszugleichen.

§ 17a Abs. 1 AufenthG sieht die Erteilung einer auf bis zu 18 Monate befristeten Aufenthaltserlaubnis zu diesem Zweck vor, die nach § 17a Abs. 2 AufenthG zu einer geringfügigen Nebentätigkeit berechtigt, um auch die wirtschaftlichen Voraussetzungen für die Nachqualifikation im Bundesgebiet zu schaffen.[37] Besteht eine konkrete spätere Beschäftigungsperspektive kann die Beschäftigung nach § 17a Abs. 3 AufenthG auch ohne Beschränkung erteilt werden, weil das öffentliche Interesse am Arbeitsmarktzugang im Einzelfall das generelle Interesse an dessen Beschränkung überwiegt. 54

Beispiel: Begehrt ein Ausländer die Anerkennung als Krankenpfleger und fehlen noch die erforderlichen Deutschkenntnisse, kann er künftig während des nach § 17a Abs. 1 AufenthG ermöglichten Sprachkurses als Krankenpflegehelfer arbeiten[38] und nach Ablegung der erforderlichen Nachprüfungen als Krankenpfleger.

§ 17a Abs. 5 AufenthG sieht die Erteilung einer Aufenthaltserlaubnis lediglich für das Ablegen einer für die **Anerkennung der Vorqualifikation** erforderlichen Kenntnis- oder Eignungsprüfung ohne vorherigen Qualifikationsaufenthalt im Bundesgebiet vor. Das erfordert eine Einstellungszusage im Falle des Bestehens der Prüfung und umfasst den Zeitraum vom Ablegen der Prüfung bis zur Bekanntgabe des Prüfungsergebnisses. Zur Vermeidung von Missbrauch – Erwerbstätigkeit statt Nachqualifikation – berechtigt sie nicht zur Erwerbstätigkeit und zur Arbeitsplatzsuche. Auch hierin zeigt sich der politische Spagat im Ausländerrecht zwischen einer Beschränkung des Arbeitsmarktzugangs einerseits, um dessen Belastung durch zusätzliche Arbeitssuchende zu vermeiden, und der gewollten Öffnung in Berufen, in denen qualifizierte Beschäftigte fehlen. 55

2. Der Aufenthaltszweck zur Erwerbstätigkeit nach §§ 18 ff. AufenthG

Um die Einreise und den Aufenthalt mit Blick auf die Situation auf dem deutschen Arbeitsmarkt zu steuern, darf nach § 4 Abs. 2 und Abs. 3 AufenthG nur arbeiten, wer dazu die Berechtigung oder die Erlaubnis hat. Daraus resultiert ein Zielkonflikt, 56

36 BR-Drs. 642/14 S. 43; vgl. Bertold Huber, NVwZ 2015, 1178/1182.

37 Viele Ausländer werden ebenso wie (Gast-)Studenten darauf angewiesen sein, ihren Lebensunterhalt durch Nebentätigkeiten zu sichern, soweit sie nicht in einer dualen Bildungsmaßnahmen unter gleichzeitiger Beschäftigung lernen.

38 BR-Drs. 642/14 S. 44.

denn einerseits sollen ausländische Arbeitskräfte nur arbeiten, wenn der hiesige Arbeitsmarkt sie benötigt oder zwar nicht auf sie angewiesen ist, sie aber ohnehin zu anderen Zwecken (z.B. Familiennachzug nach § 27 Abs. 5 AufenthG) hier leben und die Erwerbstätigkeit eine Inanspruchnahme von Sozialhilfe vermeidet. Im Vordergrund steht also die **Nützlichkeit** für die deutsche Wirtschaft.[39] Andererseits will die Bundesrepublik Fachkräfte ins Land locken, an denen auf dem Arbeitsmarkt ein Mangel herrscht. Die **Fachkräfteanwerbung** hat bisher aber nicht den erhofften Erfolg erzielt. Offenbar sind die Hürden für einen Zuzug Hochqualifizierter zu hoch,[40] während gleichzeitig Flüchtlinge mit erheblichem (Nach-)Qualifizierungsbedarf ins Bundesgebiet strömen, ohne zeitnah dem Arbeitsmarkt zur Verfügung zu stehen.

57 § 18 AufenthG regelt die unselbständige Erwerbstätigkeit allgemein, § 18a, § 18b, § 18c und § 19 AufenthG jene für qualifizierte Ausländer, § 20 AufenthG den Aufenthalt zu Forschungszwecken und § 21 AufenthG die selbständige Erwerbstätigkeit. Zur leichteren Überprüfbarkeit und zur Bekämpfung von Schwarzarbeit muss nach § 4 Abs. 2 Satz 2 AufenthG aus jedem Aufenthaltstitel ersichtlich sein, ob eine Erwerbstätigkeit gestattet ist oder nicht.

a) Die Aufenthaltserlaubnis zur unselbständigen Erwerbstätigkeit nach § 18 AufenthG

58 Entsprechend dem o.g. Ziel richtet sich die Erteilung einer Aufenthaltserlaubnis zur Arbeitsaufnahme nach § 18 Abs. 1 AufenthG vorrangig nach den Erfordernissen des deutschen Arbeitsmarkts. Seit dem Anwerbestopp für „Gastarbeiter“ in den 70er Jahren (Rn. 8) wird dieser Aufenthaltszweck restriktiv gehandhabt, um die Zahl der Arbeitssuchenden im Bundesgebiet nicht noch durch Zuzug von außen zu erhöhen. Daher hat die Ausländerbehörde wirtschafts- und arbeitsmarktpolitische Gesichtspunkte dadurch zu berücksichtigen, dass für eine **Aufenthaltserlaubnis zur unselbständigen Erwerbstätigkeit** grundsätzlich eine Zustimmung der **Bundesagentur für Arbeit** und ein konkretes Arbeitsplatzangebot nach § 18 Abs. 2 und Abs. 5 AufenthG erforderlich sind. Nur soweit die Bundesagentur im Einzelfall oder generell ihre Zustimmung erteilt oder darauf verzichtet hat, was in der Beschäftigungsverordnung geregelt ist,[41] darf die Ausländerbehörde die Aufenthaltserlaubnis erteilen. Ebenso muss sie zeitliche oder inhaltliche Beschränkungen der Zustimmung, z.B. auf einen bestimmten Betrieb, nach § 18 Abs. 2 Satz 2 i.V.m. § 39 Abs. 4 AufenthG in die Aufenthaltserlaubnis übernehmen.

Beispiel: Will ein Bundesliga-Fußballverein einen südamerikanischen Spieler unter Vertrag nehmen, bedarf dieser eines Visums zur Einreise und einer Aufenthaltserlaubnis zur Tätigkeit im Bundesgebiet. Er wird den Antrag bei der deutschen Auslandsvertretung in seinem Heimat-

39 Kritisch Thomas Groß, AöR 139 (2014), 420/425.

40 Dazu zählen ein gefordertes hohes künftiges Einkommen im Bundesgebiet und vor allem die deutsche Sprache, die zu erlernen vielen Fachkräften schwierig erscheint, während sie sich in Englisch als Fach- und Alltagssprache verständigen können und daher den angloamerikanischen Raum bevorzugen.

41 Verordnung über die Beschäftigung von Ausländerinnen und Ausländern (BeschV) v. 6.6.2013 i.d.F.v. 31.7.2016, BGBl. I S. 1953.

staat stellen, die ihrerseits die Ausländerbehörde im Inland am Sitz des Vereins beteiligt. Diese wiederum wird den Verein auffordern, ihr die erforderlichen Unterlagen (Spielervertrag etc.) vorzulegen, damit sie die Erteilungsvoraussetzungen im Inland prüfen kann. Eine Beteiligung der Bundesagentur ist nach § 22 Nr. 4 BeschV entbehrlich, weil die Beschäftigung von Berufssportlern zustimmungsfrei ist.

Zustimmungsbedürftig, aber grundsätzlich gewollt sind nach §§ 15a ff. BeschV einfache und befristete Tätigkeiten als **Saisonarbeitskräfte** (Bsp.: Gastronomie, Landwirtschaft, Erntehelfer) und als Au-pair-Kräfte, während für sonstige Tätigkeiten, die keine qualifizierte Berufsausbildung voraussetzen, nach § 18 Abs. 3 AufenthG eine Aufenthaltserlaubnis nur in wenigen Fällen erteilt werden darf. Am dauerhaften Zuzug solcher Arbeitnehmer besteht kein arbeitsmarktpolitisches Interesse. 59

b) Die Aufenthaltserlaubnis für qualifizierte Geduldete zur unselbständigen Erwerbstätigkeit nach § 18a AufenthG

Gegenüber der Grundregel des § 4 Abs. 2 Satz 1 und Satz 2 AufenthG, dass nur Ausländer, die sich erlaubt im Bundesgebiet aufhalten, auch hier arbeiten dürfen, stellt die **Aufenthaltserlaubnis für Geduldete** (Rn. 222) zum **Zweck der Beschäftigung** nach § 18a Abs. 1 AufenthG eine **Ausnahme** dar. Grundsätzlich besteht an der Anwesenheit und Beschäftigung solcher Ausländer kein öffentliches Interesse, sondern – wie sich an ihrer nur ausgesetzten Abschiebung zeigt – nur an ihrer Rückführung. Eine Verfestigung ihres Aufenthalts durch ihre Integration in den Arbeitsmarkt würde ihre künftige Rückführung eher noch erschweren. 60

Tatsächlich aber lebt im Bundesgebiet eine erhebliche Zahl **ausreisepflichtiger Ausländer**,[42] die – so sie nicht arbeiten und selbst für ihren Lebensunterhalt sorgen können – auf Sozialleistungen angewiesen sind. Vielfach lässt sich das Ausreisehindernis nicht beseitigen, so dass eine nur vorübergehend gedachte Duldung zum Dauerzustand wird. Daher kann bzw. muss einem geduldeten und in bestimmter Weise (Ausbildungs- oder Hochschulabschluss) beruflich qualifizierten Ausländer nach § 18a Abs. 1 und Abs. 1a und Abs. 1b AufenthG eine Aufenthaltserlaubnis zur Ausübung einer entsprechenden Beschäftigung erteilt werden, wenn die Bundesagentur für Arbeit zugestimmt hat. Mit Blick auf den Arbeitskräftebedarf Deutschlands einerseits und die Chance, Geduldeten entweder den Zugang zum deutschen Arbeitsmarkt zu ermöglichen oder eine für ihre Rückkehr in den Herkunftsstaat wertvolle Berufsqualifikation zu eröffnen, wurde durch das Integrationsgesetz in § 60a Abs. 2 AufenthG ein Anspruch auf Duldungserteilung zur Berufsausbildung (Rn. 225) und in § 18a Abs. 1a AufenthG ein Anspruch auf anschließende Aufenthaltserlaubnis zur Berufstätigkeit neu geschaffen. Weitere Voraussetzungen für diese Vergünstigung sind u.a. ausreichende Kenntnisse der deutschen Sprache und ein ihm nicht vorwerfbares Abschiebungshindernis. 61

42 Zum 30.6.2015 waren es 50.861 Ausländer, vgl. BT-Drs. 18/5862, S. 32.

Beispiel: Täuscht der Geduldete seit langem die Ausländerbehörde über seine wahre Identität, indem er sich eines offensichtlichen Falschnamens bedient, oder schafft er selbst das Abschiebungshindernis, indem er keinen Pass besitzt und sich auch keinen beschafft, ist die Erteilung einer Aufenthaltserlaubnis nach § 18a Abs. 1 Nr. 4 und Nr. 5 AufenthG ausgeschlossen. Ist die Identität des Ausländers jedoch geklärt und scheitert eine Abschiebung nur daran, dass ihm sein Heimatstaat den längst beantragten Pass nicht ausstellt, trifft ihn hierfür keine Verantwortung und er kann bei Erfüllung der übrigen Voraussetzungen eine Aufenthaltserlaubnis nach § 18a Abs. 1 AufenthG erhalten.

62 Mit dieser Regelung weicht der Gesetzgeber von der weiteren Grundregel des § 25 AufenthG ab, wonach nur **humanitär Schutzbedürftige** eine Aufenthaltserlaubnis erhalten sollen. Demgegenüber stehen bei § 18a AufenthG nicht humanitäre sondern arbeitsmarktpolitische Gesichtspunkte im Vordergrund.

c) Die Niederlassungserlaubnis für Absolventen deutscher Hochschulen nach § 18b und § 19 AufenthG

63 Eine Begünstigung für **Hochqualifizierte**, an deren Beschäftigung und Verbleib im Bundesgebiet ein arbeitsmarktpolitisches Interesse besteht, sicht § 18b Abs. 1 AufenthG vor: Entgegen der Grundregel des § 9 Abs. 2 Satz 1 Nr. 1 und Nr. 3 AufenthG, wonach für den Erhalt einer Niederlassungserlaubnis ein fünfjähriger Besitz einer Aufenthaltserlaubnis und eine gleich lange Beschäftigung erforderlich sind, wird sie Absolventen deutscher Hochschulen bereits nach zwei Jahren erteilt. So soll die Attraktivität Deutschlands als Beschäftigungs- und Lebensmittelpunkt gestärkt werden. Erst recht gilt dies für die zu erteilende Niederlassungserlaubnis für Hochqualifizierte nach § 19 AufenthG.

d) Die Aufenthaltserlaubnis zur Arbeitsplatzsuche für qualifizierte Fachkräfte nach § 18c AufenthG

64 Auch diese Regelung soll **Absolventen** deutscher oder ausländischer Hochschulen im Bundesgebiet halten bzw. hierher locken, indem ihnen für bis zu sechs Monate die Arbeitsplatzsuche ermöglicht wird. Auch hier stehen arbeitsmarktpolitische Überlegungen im Vordergrund. Eine Verlängerung dieser Aufenthaltserlaubnis ist allerdings grundsätzlich ausgeschlossen und ihre Neuerteilung von einer zwischenzeitlich erfolgten Ausreise abhängig. So soll Kettenerlaubnissen zu einer – in Wirklichkeit aussichtslosen – Arbeitsplatzsuche vorgebeugt werden. Aus demselben Grund berechtigt diese Aufenthaltserlaubnis nicht zur Erwerbstätigkeit. Wird ein Arbeitsplatz gefunden, kommt dann eine Aufenthaltserlaubnis nach § 18 AufenthG in Betracht.

e) Die Blaue Karte EU nach § 19a AufenthG

65 Die **Blaue Karte EU** ist ein Aufenthaltstitel für Drittstaatsangehörige, der zwar im europäischen Recht wurzelt,[43] aber ein nationaler Titel bleibt. Er dient ebenfalls der

43 Richtlinie 2009/50/EG des Rates v. 25.5.2009 über die Bedingungen für die Einreise und den Aufenthalt von Drittstaatsangehörigen zur Ausübung einer hochqualifizierten Beschäftigung (ABl. L 155 v. 18.6.2009, S. 17).

Anwerbung qualifizierter Ausländer mit deutschem oder ausländischem Hochschulabschluss oder einer fünfjährigen vergleichbaren Berufserfahrung und setzt die Zustimmung der Bundesagentur für Arbeit und ein für den Lebensunterhalt ausreichendes Gehalt voraus. Die Blaue Karte EU wird wie eine Aufenthaltserlaubnis entsprechend der Dauer des Arbeitsvertrags befristet, zunächst auf höchstens vier Jahre. Ein Arbeitsplatzwechsel löst erneut die Erlaubnispflicht nach § 19a Abs. 4 AufenthG aus, um eine Missbrauchskontrolle zu haben.

Hat der Inhaber einer **Blauen Karte EU** mindestens 33 Monate eine sozialversiche- 66
rungspflichtige Beschäftigung ausgeübt, hat er Anspruch auf eine Niederlassungserlaubnis nach § 19a Abs. 6 AufenthG, wenn er über einfache Kenntnisse der deutschen Sprache verfügt. Wenn er sogar über ausreichende Kenntnisse der deutschen Sprache verfügt, verkürzt sich die Frist auf 21 Monate. Die Niederlassungserlaubnis wird damit deutlich großzügiger als nach § 9 Abs. 2 Satz 1 Nr. 1 und Nr. 3 AufenthG erteilt, um eine besonders gute berufliche und sprachliche Integration im Bundesgebiet zu belohnen. Da die Blaue Karte EU je nach Befristungsdauer noch gültig ist, verfügt der Ausländer dann über zwei Aufenthaltstitel, gleichwohl nur über ein Aufenthaltsrecht, wenn auch aus zwei verschiedenen Quellen.[44]

f) Die Aufenthaltserlaubnis für ausländische Forscher nach § 20 AufenthG

Eine weitere besondere Aufenthaltserlaubnis ist jene für **ausländische Forscher**, die 67
an einer deutschen Forschungseinrichtung tätig werden wollen. Auch an ihrer Zuwanderung besteht schon zwecks internationalen Wissens- und Erfahrungsaustauschs ein gesteigertes öffentliches Interesse. Gleichwohl wird die Aufenthaltserlaubnis nach § 20 Abs. 4 AufenthG auf die Dauer des Forschungsvorhabens, mindestens auf ein Jahr befristet. Die Forschungseinrichtung muss allerdings die Kostenhaftung übernehmen, sollte der Ausländer nach Ablauf der Aufenthaltserlaubnis noch im Bundesgebiet sein oder abgeschoben werden müssen. Damit sollen die Ernsthaftigkeit des Forschungsvorhabens und das echte Interesse der Einrichtung gesichert werden.

g) Die Aufenthaltserlaubnis zur Ausübung einer selbständigen Tätigkeit nach § 21 AufenthG

Während für die Erteilung einer Aufenthaltserlaubnis zur Ausübung einer abhängi- 68
gen Beschäftigung regelmäßig auf die Perspektiven auf dem deutschen Arbeitsmarkt, insbesondere ein konkretes Arbeitsplatzangebot, abgestellt werden kann, fehlt diese Möglichkeit bei **selbständig Tätigen**. In ihrem Fall muss ihre geplante Tätigkeit nach ihren Erfolgschancen und den wirtschaftlichen Interessen der Bundesrepublik bewertet werden. Dies sieht § 21 Abs. 1 AufenthG vor, der auf ein öffentliches wirtschaftliches Interesse oder ein regionales Bedürfnis an der Tätigkeit abstellt: Erstens kommt

44 Zur Zulässigkeit des parallelen Besitzes zweier verschiedener und damit auf unterschiedlichen Voraussetzungen beruhender Aufenthaltstitel BVerwG, U.v. 19.3.2013, Az. 1 C 12.12, BVerwGE 146, 117/121 ff. Rn. 19 ff.

es auf die Tragfähigkeit der zu Grunde liegenden Geschäftsidee an, d.h. je origineller und damit konkurrenzloser sie ist, desto eher verheißt sie Erfolg – also eher ein innovatives Start-up als der hundertste Döner-Stand. Zweitens spielen die unternehmerischen Erfahrungen des Ausländers eine gewichtige Rolle, d.h. wenn er bereits ein erfolgreiches Unternehmen gegründet und geführt hat, spricht dies für seinen Unternehmergeist. Drittens ist die Finanzierung des Unternehmens maßgeblich, d.h. ob in nennenswertem Umfang Eigenkapital eingesetzt und damit auch riskiert wird bzw. ob bei Fremdkapital eine Kreditzusage Dritter (z.B. einer Geschäftsbank) vorliegt, die das Projekt geprüft und als aussichtsreich bewertet haben. Viertens werden die Auswirkungen auf die Beschäftigungs- und Ausbildungssituation und der Beitrag an Innovation und Forschung berücksichtigt. Da eine solche Prüfung von der Ausländerbehörde nicht geleistet werden kann, hat sie fachkundige Körperschaften, die zuständigen Gewerbebehörden, die öffentlich-rechtlichen Berufsvertretungen und die für die Berufszulassung zuständigen Behörden zu beteiligen.

Beispiel: Möchte ein Ausländer in einem strukturschwachen Gebiet, in dem die einstige Keramikindustrie durch die Globalisierung zu Grunde gegangen ist, ein Unternehmen zur Entwicklung und Herstellung neuartiger Keramikwerkstoffe gründen, können die wirtschaftlichen Auswirkungen besonders positiv sein, wenn er für die Entwicklung hochqualifizierte Fachkräfte in die Region lockt und später für die Produktion arbeitslos gewordenen Facharbeitern aus der ehemaligen Keramikindustrie neue Arbeitsplätze bietet. Für die Prüfung der Erfolgsaussichten bietet sich eine Stellungnahme der örtlichen Industrie- und Handelskammer an, die – für ergänzende Hinweise auf frühere Unternehmungen des Ausländers im Ausland – die dortige Außenhandelskammer zu Rate zieht.

69 Auch diese Aufenthaltserlaubnis wird zur Erprobung der Ernsthaftigkeit der Geschäftsidee auf längstens drei Jahre befristet. Nach drei Jahren kann vorzeitig eine Niederlassungserlaubnis erteilt werden, wenn die weitere Fortsetzung der erfolgreichen Unternehmung gesichert werden soll und der Lebensunterhalt des Ausländers und seiner Familie gesichert ist. Erneut zeigt sich hier der Zielkonflikt zwischen dem öffentlichen Interesse, **Unternehmensgründungen** durch Ausländer zu erleichtern, andererseits aber auch einen Missbrauch durch vorzeitige Aufgabe des Unternehmens zu unterbinden.

3. Der völkerrechtliche, humanitäre oder politische Aufenthaltszweck

70 Die dritte Gruppe von Aufenthaltszwecken sind nach §§ 22 ff. AufenthG solche, bei denen – anders als bei den Aufenthaltszwecken zur Ausbildung und Beschäftigung – nicht die wirtschaftliche Nützlichkeit für die Bundesrepublik Deutschland im Vordergrund steht, sondern ein **ideelles Interesse** mit völkerrechtlichen, humanitären oder politischen Motiven.

a) Die humanitäre Aufnahme von Ausländern nach § 22, § 23 und § 24 AufenthG

§§ 22 f. AufenthG ermöglichen die Aufnahme von Ausländern aus völkerrechtlichen oder dringenden **humanitären Gründen.**[45] Hierfür wird zwischen den Bundesministerien ein zahlenmäßiges **Kontingent** der Personen und ein auf allgemeine Merkmale (z.B. Religion, Verfolgungsschicksal) abstellender Kriterienkatalog entwickelt und der Aufnahmeentscheidung zu Grunde gelegt. Schutzsuchende können im Ausland den Antrag stellen[46] und erhalten nach Prüfung eine Aufnahmezusage als begünstigender Verwaltungsakt; nach ihrer Einreise erhalten sie die Aufenthaltserlaubnis. So kann auch Ausländergruppen geholfen werden, nicht nur Einzelpersonen auf Grund einer individuellen Prüfung wie im Asylverfahren. Ebenso kann auch Staaten geholfen werden, die auf Grund einer regionalen Krise mit der Aufnahme von Flüchtlingen überfordert sind und deren Übernahme ins Bundesgebiet entlastet werden. § 23 Abs. 4 AufenthG enthält eine Rechtsgrundlage für die Neuansiedlung von Schutzsuchenden (**Resettlement**), um ein fest institutionalisiertes Programm zu schaffen. Es handelt sich um eine speziell auf diese Zuwanderung zugeschnittene Regelung unter Angleichung der Rechtsstellung an jene von Asylberechtigten und anerkannten Flüchtlingen.[47] 71

Beispiel: Die Bundesrepublik hat Flüchtlinge aus den syrischen Nachbarstaaten aufgenommen, die dort u.a. in Lagern des UNHCR lebten.[48]

In diesen Zusammenhang gehört auch die Aufenthaltsgewährung zum **vorübergehenden Schutz** nach § 24 Abs. 1 AufenthG. Hier allerdings trifft nicht Deutschland allein die Entscheidung über die Aufnahme, sondern setzt jeweils einen Beschluss des Rates der Europäischen Union um, bestimmten Personen vorübergehenden Schutz zu gewähren und ihnen dafür eine Aufenthaltserlaubnis zu erteilen. Die Verteilung der In-Schutz-Genommenen erfolgt unter den Bundesländern vergleichbar der Verteilung von Asylbewerbern. 72

b) Die Aufenthaltserlaubnis in Härtefällen nach § 23a AufenthG

Ist ein Ausländer vollziehbar ausreisepflichtig, hat er das Bundesgebiet zu verlassen; notfalls wird die Ausreisepflicht durch eine Abschiebung nach § 58 AufenthG durchgesetzt. (Rn. 202). Dennoch gibt es Fälle, in denen die Durchsetzung der **Ausreisepflicht** für den Ausländer eine besondere **Härte** bedeutet bzw. dies von ihm oder Unterstützern seines Anliegens so empfunden wird. Dann wird vielfach der Petitionsweg zu den Länderparlamenten beschritten, da die meisten Abschiebungen von Länderbehörden vollzogen werden. Um über die Abgeordneten hinaus auch außerparlamentarische Vertreter von karitativen Organisationen und Kirchen in die Entschei- 73

45 Vgl. BVerwG, U.v. 15.11.2014, Az. 1 C 21.10, BVerwGE 141, 151 ff.
46 Sie brauchen also – anders als für einen Asylantrag nach gegenwärtiger Rechtslage – nicht schon eingereist zu sein, sondern können sich z.B. in ihrer Heimatregion oder in einem Drittstaat in einem Flüchtlingslager aufhalten.
47 BR-Drs. 642/14 S. 24.
48 Nähere Daten und Zahlen in BT-Drs. 18/5799 S. 3 ff.

dung einzubeziehen, haben die Länder sog. **Härtefallkommissionen** eingerichtet, die speziell solche Begehren durch Selbstbefassung behandeln.[49] Allerdings fehlte bislang eine Rechtsgrundlage dafür, dass die Ausländerbehörden im Falle eines positiven Votums der Härtefallkommission auch den weiteren Aufenthalt gestatten durften.

74 Hier schafft § 23a AufenthG Abhilfe, indem einem Ausländer trotz seiner Ausreisepflicht und entgegen der in diesem Gesetz festgelegten Erteilungs- und Verlängerungsvoraussetzungen für einen Aufenthaltstitel sowie von §§ 10 ff. AufenthG allein deswegen eine Aufenthaltserlaubnis erteilt wird, weil eine Härtefallkommission darum ersucht, da dringende humanitäre oder persönliche Gründe die weitere Anwesenheit des Ausländers im Bundesgebiet rechtfertigten. Dass damit Bezugsfälle geschaffen werden, liegt auf der Hand. Daher begründet § 23a Abs. 1 Satz 4 AufenthG die Aufenthaltsgewährung ausschließlich mit öffentlichem Interesse und schließt weitergehende Rechte des Ausländers aus.

c) Die ausländerrechtliche Umsetzung asylrechtlicher Entscheidungen und besonderer Härtefälle nach § 25 AufenthG

75 § 25 Abs. 1, Abs. 2 und Abs. 3 AufenthG verzahnen das Ausländer- und Asylrecht miteinander: Da im **Asylrecht** nur die Entscheidung nach § 13 Abs. 1 und Abs. 2 AsylG getroffen wird, ob dem Asylbewerber **dem Grunde nach** ein **Schutzanspruch** zusteht, muss diese Entscheidung nach Abschluss des Asylverfahrens[50] **in das Ausländerrecht umgesetzt** werden: Der **Schutzberechtigte** erhält je nach Schutzstatus einen Aufenthaltstitel und der **nicht Schutzberechtigte** muss das Bundesgebiet verlassen. Für die erste Gruppe enthält § 25 i.V.m. § 10 Abs. 3 AufenthG die näheren Regelungen; für die zweite Gruppe sind die §§ 58 ff. AufenthG einschlägig. § 25 Abs. 4, Abs. 4a, Abs. 4b und Abs. 5 AufenthG regeln weitere besondere Interessenlagen und § 26 AufenthG die Verfestigung des Aufenthalts durch Verlängerung der Aufenthaltserlaubnis sowie durch Erteilung einer **Niederlassungserlaubnis**. Durch das Integrationsgesetz wurde die Erteilung der Niederlassungserlaubnis an Asylberechtigte oder international Schutzberechtigte erleichtert. § 26 Abs. 3 Satz 1 AufenthG verkürzt die Wartezeit auf fünf Jahre unter Anrechnung der Dauer des vorherigen Asylverfahrens u.a. nach Erwerb hinreichender Kenntnisse der deutschen Sprache; § 26 Abs. 3 Satz 3 AufenthG verkürzt die Wartezeit auf drei Jahre, wenn der Ausländer die deutsche Sprache sogar beherrscht und so seine Integrationsbereitschaft unter

49 Die Mitglieder der Härtefallkommission bringen dazu Fälle ein, die an sie herangetragen werden, z.B. von einzelnen Kirchengemeinden. Daten zu erteilten Aufenthaltserlaubnissen in Härtefällen vgl. BAMF (Hrsg.), Migrationsbericht 2015, S. 135, www.bamf.de

50 Solange das Asylverfahren noch andauert, ist die Erteilung einer Aufenthaltserlaubnis nach § 10 Abs. 1 AufenthG grundsätzlich ausgeschlossen (sog. **Titelerteilungssperre**), dazu BVerwG, U.v. 17.12.2015, Az. 1 C 31.14, BVerwGE 153, 353 ff. Rn. 12 ff.; BVerwG, U.v. 12.7.2016, Az. 1 C 23.15, NVwZ 2016, 1498 Rn. 11 ff.

Beweis gestellt hat. Damit wurden bisherige Privilegierungen zwar reduziert, andererseits aber neue Integrationsanreize geschaffen.[51]

aa) Die Aufenthaltserlaubnis für Asyl- und international Schutzberechtigte

Einem nach Art. 16a Abs. 1 GG **asylberechtigten** Ausländer ist nach § 25 Abs. 1 AufenthG **zwingend** eine Aufenthaltserlaubnis zu erteilen, soweit er nicht wegen schwerwiegender Gründe der öffentlichen Sicherheit und Ordnung ausgewiesen ist. Grundsätzlich überwiegt das private Schutzinteresse des Asylberechtigten am Verbleib im Inland, es sei denn, von ihm geht eine schwerwiegende Gefahr nach § 53 Abs. 3 AufenthG aus. Zögert sich die Erteilung z.B. wegen eines fehlenden Passes noch hin, gilt der Aufenthalt bis zur Erteilung als erlaubt[52] und eine Erwerbstätigkeit ist gestattet. Gleiches gilt nach § 25 Abs. 2 AufenthG für Ausländer, welche die **Flüchtlingseigenschaft** nach § 3 Abs. 1 AsylG oder **subsidiären Schutz** nach § 4 Abs. 1 AsylG zuerkannt erhalten haben. 76

bb) Die Aufenthaltserlaubnis bei Vorliegen eines nationalen Abschiebungsverbots

Demgegenüber soll einem Ausländer **regelmäßig** eine Aufenthaltserlaubnis erteilt werden, wenn ein **Abschiebungsverbot** nach § 60 Abs. 5 oder Abs. 7 AufenthG vorliegt. „Soll“ meint „ist“, es sei denn dem Ausländer ist ausnahmsweise entweder die Ausreise in einen anderen Staat möglich und zumutbar, er also nicht des Schutzes der Bundesrepublik bedarf, oder er verstößt wiederholt oder gröblich gegen Mitwirkungspflichten[53] oder schwerwiegende Gründe rechtfertigen die Annahme u.a. von Verstößen gegen das Völkerrecht. Deutschland will nicht den Tätern (z.B. Kriegsverbrechern) Schutz gewähren, sondern ausschließlich ihren Opfern. 77

Beispiel: Hat ein wegen Kriegsverbrechen in den jugoslawischen Bürgerkriegen gesuchter Ausländer in Deutschland Abschiebungsschutz zuerkannt erhalten, wird ihm dennoch keine Aufenthaltserlaubnis erteilt. Soweit ihm bei einer Abschiebung in seinem Heimatstaat die Todesstrafe droht[54], darf er nach § 60 Abs. 3 AufenthG aber nicht abgeschoben werden. Kann er nicht an den Internationalen Strafgerichtshof in Den Haag überstellt werden, damit ihm dort der Prozess gemacht wird, kann Deutschland unter Umständen kraft Völkerstrafrechts ein Strafverfahren durchführen und den Täter bestrafen.

cc) Die Aufenthaltserlaubnis bei besonderen Interessenlagen und für Opfer von Straftaten

§ 25 Abs. 4 AufenthG stellt einen **Auffangtatbestand** dar für Ausländer, solange dringende **humanitäre oder persönliche Gründe** oder erhebliche öffentliche Interessen ihre vorübergehende weitere Anwesenheit im Bundesgebiet erfordern. Die Aufenthaltserlaubnis kann abweichend vom mit § 25 AufenthG verfolgten Ziel bloß 78

---

51 Vgl. BT-Drs. 18/8615 S. 24 f., 42, 47 m.w.N. zum beabsichtigten Integrationsanreiz in Abweichung von den allgemeinen Voraussetzungen des § 5 und § 9 AufenthG Frederik von Harbou, NVwZ 2016, 1193/1197; ders., NJW 2016, 2700/2703 f.

52 Mit Abschluss des Asylverfahrens endet die Gestattung nach § 55 Abs. 1 AsylG.

53 Dazu zählen z.B. die Pflicht zur wahrheitsgemäßen Identitätsangabe und zur Passbeschaffung nach §§ 48 ff. AufenthG. Er soll hier nicht besser gestellt werden als andere Ausländer nach § 5 Abs. 1 AufenthG.

54 Frederik von Harbou, NVwZ 2016, 1193, 1194 f.; ders., NJW 2016, 2700/2701 f.

vorübergehender Anwesenheit nur verlängert werden, wenn auf Grund besonderer Umstände des Einzelfalls das Verlassen des Bundesgebiets für den Ausländer eine **außergewöhnliche Härte** bedeuten würde, also nochmals eine gegenüber der Ersterteilung gesteigert belastende Situation vorliegt.

79 In dieselbe Richtung weist § 25 Abs. 4a AufenthG, der **Opfer von Menschenhandel**, also insbesondere **Zwangsprostituierte**, schützen soll. Opfer einer Straftat nach § 232, § 233 oder § 233a StGB sollen eine Aufenthaltserlaubnis erhalten, wenn sie als Zeugen für ein Strafverfahren wegen dieser Straftat im Bundesgebiet bleiben sollen und jede Beziehung zu dem mutmaßlichen Täter abgebrochen haben. Nach Beendigung des Strafverfahrens soll die Aufenthaltserlaubnis verlängert werden, wenn humanitäre oder persönliche Gründe oder öffentliche Interessen die weitere Anwesenheit des Ausländers im Bundesgebiet erfordern.

Beispiel: Eine gerade volljährig gewordene Ukrainerin verliebt sich in ihrer Heimat in einen Landsmann, der ihr vom Leben in Deutschland und den Verdienstmöglichkeiten dort als Bardame vorschwärmt. Sie lässt sich überzeugen und reist mit einem Touristenvisum ins Bundesgebiet ein. Er nimmt sie in Empfang, entwendet ihr Pass und Geld und zwingt sie mit Drohungen, gegen ihren Willen für ihn „anschaffen" zu gehen. Die Tortur dauert Monate; ihr Visum läuft ab. Nach längerer Zeit führen polizeiliche Ermittlungen zum Zuhälter, die Ausländerin wird befreit und stellt sich als Opfer und einzige Tatzeugin der Staatsanwaltschaft zur Verfügung. Da ihr Visum abgelaufen, sie aber nicht ausgereist ist, ist sie nach § 58 Abs. 2 Satz 1 Nr. 2, § 51 Abs. 1 Nr. 1 AufenthG vollziehbar ausreisepflichtig. Würde sie ausreisen, stünde sie aber als Zeugin nicht mehr zur Verfügung und wäre in ihrer Heimat den Repressalien von „Freunden" ihres Zuhälters schutzlos ausgesetzt. Für sie kommt eine Aufenthaltserlaubnis nach § 25 Abs. 4a AufenthG in Betracht. § 25 Abs. 4a AufenthG ist novelliert und die ins Ermessen der Ausländerbehörde gestellte Erteilung der Aufenthaltserlaubnis („kann") in eine Regelerteilung („soll") umgewandelt worden, um die Opfer von Menschenhandel besser zu schützen, auch wenn ihre Zahl absolut gesehen eher klein ist.[55] Allerdings wird so die Aussagebereitschaft der Opfer gefördert und oft eine Strafverfolgung der Täter überhaupt erst möglich. § 25 Abs. 4b AufenthG enthält eine vergleichbare Regelung für **Opfer von Schwarzarbeit**, also u.a. illegal beschäftigte Ausländer, denen eine legale Beschäftigung vorgespiegelt worden war.

dd) Die Aufenthaltserlaubnis für geduldete Ausländer

80 Eine praktisch wichtige Regelung ist § 25 Abs. 5 AufenthG. Er bildet die Brücke vom nach § 60a AufenthG lediglich geduldeten (illegalen[56]) zum nach § 4 Abs. 1 Satz 1 AufenthG erlaubten Aufenthalt und ermöglicht den dauerhaften Verbleib im Bundesgebiet nach §§ 7 ff. AufenthG. Die **Duldung** ist **kein Aufenthaltstitel** und än-

55 BT-Drs. 642/14 S. 25, 29: Im Jahr 2012 wurden 27 und im Jahr 2013 40 solcher Aufenthaltserlaubnisse neu erteilt, künftig aber zum dauerhaften Verbleib im Bundesgebiet. Nach § 25 Abs. 4a AufenthG a.F. war nur ein vorübergehender Aufenthalt vorgesehen, so dass die Opfer/Zeuginnen letztlich doch in ihre Heimat zurückkehren mussten und dort schutzlos der Rache der wegen ihrer Aussage verurteilten Täter ausgesetzt waren.

56 Der Slogan „kein Mensch ist illegal" ist im Ausländerrecht belanglos, denn dieses kennt keine „Illegalität eines Menschen", sondern nur seines Aufenthalts. Steht dieser im Einklang mit geltendem Recht, ist er legal, sonst illegal, vgl. ausdrücklich EuGH, U.v. 7.6.2016, Az. C-47/15, Asylmagazin 2016, 238 Rn. 47 ff. zu Art. 2 RL 2008/115/EG.

dert nach § 60a Abs. 3 AufenthG nichts an der Ausreisepflicht (Rn. 222), mündet hier aber ausnahmsweise in einen Daueraufenthalt.

Ob dem Ausländer die **Brücke von der Duldung zur Aufenthaltserlaubnis** geöffnet 81
wird, hängt von seinem Verhalten ab: Eine Aufenthaltserlaubnis darf nur erteilt werden, wenn der Ausländer unverschuldet an der freiwilligen Ausreise gehindert ist.[57] Das ist nicht der Fall, wenn er falsche Angaben macht oder über seine Identität oder Staatsangehörigkeit täuscht oder zumutbare Anforderungen zur Beseitigung der Ausreisehindernisse nicht erfüllt.

Beispiel: Ein abgelehnter Asylbewerber hat eine falsche Herkunft vorgespiegelt. Woher er wirklich stammt, gibt er nicht preis. Ohne Zielstaat kann aber keine Abschiebung stattfinden, sondern nur die Abschiebung in den (unbekannten) Herkunftsstaat angedroht bzw. angeordnet werden (Rn. 213). Er verantwortet das Abschiebungshindernis.

Ist er hingegen für das Ausreisehindernis nicht verantwortlich, kann ihm eine Auf- 82
enthaltserlaubnis erteilt werden, wenn seine **Ausreise** aus rechtlichen oder tatsächlichen Gründen **unmöglich** ist und mit dem Wegfall der Ausreisehindernisse in absehbarer Zeit nicht zu rechnen ist. Sie soll erteilt werden, wenn die Abschiebung seit 18 Monaten ausgesetzt und er so lange geduldet ist, um die Unsicherheit um seinen Status zu beenden.

Beispiel: Ein abgelehnter afrikanischer Asylbewerber erleidet im Bundesgebiet einen Herzinfarkt und kann künftig wegen des jederzeitigen Infarktrisikos bei dünnerer Luft nicht mehr mit dem Flugzeug reisen. Seine Abschiebung auf dem Luftweg ist daher medizinisch ausgeschlossen, direkte Land- und Seeverbindungen bestehen nicht. Er ist unverschuldet an der Ausreise gehindert.

d) Die Altfallregelungen nach § 25a, § 25b und § 104a AufenthG

Mit § 25 Abs. 5 AufenthG stehen die sog. **Altfallregelungen** nach § 25a, § 25b und 83
§ 104a AufenthG in engem sachlichem Zusammenhang: Sie betreffen Fälle, in denen Ausländer schon jahrelang geduldet im Bundesgebiet leben („Altfall"), ihnen aber keine Aufenthaltserlaubnis erteilt werden konnte. Es liegt eine Pattsituation vor, da sie zwar vollziehbar ausreisepflichtig blieben, aber weder freiwillig ausgereist sind, noch abgeschoben werden konnten. Hierzu wurden in der Vergangenheit stichtagsbezogene „Amnestien" gewährt, wenn die Ausländer im Bundesgebiet beruflich und schulisch integriert sowie straffrei geblieben sind.

Beispiel: Die Altfallregelung im Jahr 2006 erfasste nach § 104a AufenthG Personen mit mindestens achtjährigem Aufenthalt.[58]

Solche „Schlussstriche" sind nicht unumstritten: Einerseits ist das humanitäre Anlie- 84
gen, langjährig aufhältigen und gut integrierten Ausländern durch eine Aufenthalt-

57 Eine freiwillige Ausreise kann zumutbar sein, auch wenn eine zwangsweise Abschiebung unmöglich ist, vgl. BVerwG, U.v. 27.6.2006, Az. 1 C 14.05, BVerwGE 126, 192/197 ff. Rn. 17 ff.,.

58 Bleiberechtsbeschluss der Innenministerkonferenz (IMK) vom 17.11.2006. Der Ausländer hat keinen Anspruch auf Erteilung eines Aufenthaltstitels, nur auf grundsätzliche Gleichbehandlung, so BVerwG, U.v. 19.9.2000, Az. 1 C 19.99, BVerwGE 112, 63/66 f.

serlaubnis eine legale Zukunftsperspektive zu eröffnen, zu begrüßen. Andererseits bietet diese Aussicht auch Fehlanreize, nach erfolglosem Abschluss eines Asylverfahrens behördliche Anstrengungen zur Rückführung in die Herkunftsländer zu unterlaufen.[59] Rechtstreue und ihre Rückkehrpflicht befolgende Ausländer werden dann gegenüber rückkehrunwilligen benachteiligt – erstere werden in ihr Herkunftsland gebracht oder reisen freiwillig aus; letztere hingegen werden für ihre mangelnde Kooperation geradezu „belohnt". Allerdings werden so auch im behördlichen Verwaltungsvollzug „unlösbare" Altfälle beendet, in denen eine Durchsetzung der Ausreisepflicht praktisch unmöglich ist (fehlende und nicht beschaffbare Reisepapiere,[60] gesundheitliche Ausreisehindernisse etc.).

85 Diesen Erwägungen folgend hat der Gesetzgeber in § 25a AufenthG eine stichtagsfreie und damit **dauerhaft anwendbare Regelung** für in Deutschland geborene oder hier aufgewachsene geduldete Ausländer und ihre Ehegatten, Lebenspartner oder Eltern sowie in § 25b AufenthG eine vergleichbare Regelung für erwachsene Ausländer geschaffen.[61] Die frühere Erteilung im Ermessensweg in § 25a AufenthG a.F. hat er nun zu einer Regelerteilung aufgewertet und den Voraufenthalt von sechs auf vier Jahre verkürzt.[62]

4. Der Aufenthaltszweck des Ehegatten- und Familiennachzugs

86 Der **Ehegatten- und Familiennachzug** ist heute – neben dem Asylrecht – das wichtigste Einwanderungstor in die Bundesrepublik Deutschland, indem er hier lebenden Deutschen und Ausländern ermöglicht, ausländische Ehegatten und Kinder in die Bundesrepublik nachzuholen. Art. 6 Abs. 1 GG gibt Ausländern zwar **kein Recht auf Einreise**, ist aber als wertentscheidende Grundsatznorm bei jedem beantragten Familiennachzug zu berücksichtigen und fällt insbesondere bei der Verlängerung einer Aufenthaltserlaubnis ins Gewicht, wenn die Ehe bzw. Familie als **Lebensgemeinschaft** bereits im Bundesgebiet gelebt wird.[63]

87 Die **Regelungssystematik** folgt auch hier dem Prinzip „vom Allgemeinen zum Besonderen", indem § 27 AufenthG allgemeine Regelungen quasi „vor die Klammer zieht" und §§ 28 ff. AufenthG gestuft nach dem **Grad der Nähebeziehung** zum Deutschen oder aufenthaltsberechtigten Ausländer („**Stammberechtigten**") die Einzelregelungen enthalten. Die Stufen gewichten die privaten Interessen der Betroffenen: Je enger das Band des nachzugswilligen Ausländers zum Stammberechtigten im Bundesgebiet ist, je stärker dessen Aufenthaltsrecht ist und je weniger ihm zuzumuten ist, zur Aufrechterhaltung der ehelichen oder familiären Lebensgemeinschaft dauer-

---

59 Wie hier zu Recht kritisch Kay Hailbronner, FAZ online v. 12.10.2015; Daniel Thym, NVwZ 2016, 409.
60 Vgl. nur Uwe Berlit, Flüchtlingsrecht, S. 14 m.Fn. 23.
61 Zu beiden Regelungen Bertold Huber, NVwZ 2015, 1178/1179 f.
62 Gerechnet wird für § 25a AufenthG mit ca. 1.000 Begünstigten und für § 25b AufenthG mit ca. 30.000 Begünstigten, vgl. BR-Drs. 642/14 S. 30.
63 Vgl. BVerwG, U.v. 27.9.1978, Az. 1 C 48.77, BVerwGE 56, 254/260; auch BVerfG, U.v. 12.5.1987, Az. 2 BvR 1226/83 u.a., BVerfGE 76, 1/41, 47; BVerfG, U.v. 18.4.1989, Az. 2 BvR 1169/84, BVerfGE 80, 81/92 f.

haft das Bundesgebiet zu verlassen, desto stärker ist der Anspruch des Nachzugswilligen.

a) Die Begriffe von Ehe und Familie in § 27 AufenthG

Das Ausländerrecht kennt keine eigenen Begriffe von Ehe und Familie, sondern ver- 88
weist auf das **verfassungsrechtliche Leitbild** des Art. 6 Abs. 1 GG: Die **Ehe** ist danach die Verbindung eines Mannes und einer Frau zur grundsätzlich unauflöslichen (lebenslangen) Lebensgemeinschaft;[64] Die **Familie** ist die umfassende Gemeinschaft von Eltern und ihren (minderjährigen) Kindern,[65] wozu auch alleinerziehende Elternteile und ihre Kinder gehören.[66] Zum Leitbild zählen also die zivilrechtlich und freiwillig geschlossene **Einehe** mit der Gleichberechtigung von Mann und Frau. **Mehrehen,** meist eines Mannes mit gleichzeitig mehr als einer Frau, widersprechen dem ordre public, also den tragenden deutschen Rechtsprinzipien und sind nicht in gleicher Weise vom Schutz des Art. 6 Abs. 1 GG erfasst.[67] Ebenso wenig sind dies **Zwangsehen,**[68] zu denen ein Ehegatte (meist die Frau) unter Ausnutzung von Geldzahlungen z.B. an die Brauteltern, Drohung oder Gewalt gezwungen wurde (vgl. § 27 Abs. 1a Nr. 2 AufenthG). **Kinderehen,** bei denen ein Ehegatte deutlich minderjährig ist, werden nur im Rahmen der deutschen Rechtsordnung akzeptiert, so dass Verheiratungen zweier Kinder dem ordre public widersprechen und Verheiratungen Minderjähriger mit Erwachsenen im Einzelfall zu prüfen sind. Daher wird eine Kindfrau nicht zu ihrem Ehemann nach Deutschland nachziehen dürfen, auch wenn ihre Ehe in ihrer Heimat voll gültig ist.[69] Nicht den Schutz des Ehegattennachzugs genießen auch **Scheinehen,** also Ehen, die nur zum Schein (vor der Ausländerbehörde) geschlossen werden, die nur auf dem Schein (der Trauurkunde) bestehen und oft nur aus Scheinen (Geldzahlung) bestehen (vgl. § 27 Abs. 1a Nr. 1 AufenthG). Schwierig ist allerdings ihr Nachweis, der meist erst im Nachhinein gelingt, wenn sich ein Beteiligter offenbart.

Eine **Aufenthaltserlaubnis** zum Ehegatten- und Familiennachzug ist **akzessorisch,** 89
d.h. sie steht (und fällt) mit dem Aufenthaltsrecht des **Stammberechtigten** und darf

64 Vgl. BVerfG, U.v. 29.7.1959, Az. 1 BvR 205/58 u.a., BVerfGE 10, 59/66; BVerfG, U.v. 12.5.1987, Az. 2 BvR 1226/83 u.a., BVerfGE 76, 1/41. Gleichgeschlechtliche Lebenspartner werden daher gesondert in §§ 28 ff. AufenthG erwähnt.

65 Vgl. BVerfG, U.v. 29.7.1959, Az. 1 BvR 205/58 u.a., BVerfGE 10, 59/66; BVerfG, U.v. 12.5.1987, Az. 2 BvR 1226/83 u.a., BVerfGE 76, 1/51; BVerfG, U.v. 18.4.1989, Az. 2 BvR 1169/84, BVerfGE 80, 81/90. Volljährige Kinder bedürfen regelmäßig nicht mehr des Beistands ihrer Eltern, so dass keine familiäre Lebensgemeinschaft mehr besteht, ebenda BVerfGE 80, 81/95; BVerwG, U.v. 30.4.1985, Az. 1 C 33.81, BVerwGE 71, 228/232.

66 Vgl. BVerfG, U.v. 8.6.1977, Az. 1 BvR 265/75, BVerfGE 45, 104/123.

67 Vgl. BVerwG, U.v. 30.4.1985, Az. 1 C 33.81, BVerwGE 71, 228/231, 233.

68 Der gesetzliche Ausschluss dient dem Schutz minderjähriger Frauen vor einer Zwangsverheiratung ins Bundesgebiet, vgl. BVerwG, U.v. 4.9.2012, Az. 10 C 12.12, BVerwGE 144, 141/148 ff. Rn. 23, 26.

69 Beispiele für nach deutschem Recht noch hinnehmbare Konstellationen bei Wolfgang Bock, Der Islam in der Entscheidungspraxis der Familiengerichte, NJW 2012, 122 ff.; zur Einklagbarkeit einer bei einer Eheschließung im Iran versprochenen Morgengabe in Deutschland OLG Köln, B.v. 5.11.2015, Az. 21 UF 32/15, NVwZ 2016, 649 f.

daher dessen Gültigkeitsdauer nach § 27 Abs. 4 AufenthG nicht überschreiten.[70] Sie berechtigt nach § 27 Abs. 5 AufenthG zur Ausübung einer **Erwerbstätigkeit**, so dass der Familiennachzug zugleich auch ein Nachzug in den deutschen Arbeitsmarkt ist. Dadurch soll die eigenständige Sicherung des Lebensunterhalts ermöglicht und ein Sozialhilfebezug im Sinne von § 27 Abs. 3 AufenthG vermieden werden.

b) Der Ehegatten- und Familiennachzug zu Deutschen nach § 28 AufenthG

90 Den stärksten Anspruch auf Erteilung eines Visums bzw. einer Aufenthaltserlaubnis haben der Ehegatte, das minderjährige Kind oder ein Elternteil eines sich gewöhnlich im Bundesgebiet aufhaltenden **Deutschen** nach § 28 Abs. 1 AufenthG, weil ihm schon wegen seines Aufenthaltsrechts nach Art. 11 GG regelmäßig nicht zugemutet werden kann, zur Herstellung der ehelichen oder familiären Lebensgemeinschaft mit dem Ausländer das Bundesgebiet auf Dauer zu verlassen,[71] also auszuwandern. Dafür regelt § 28 Abs. 1 Satz 2 AufenthG Ausnahmen von den Regelerteilungsvoraussetzungen des § 5 Abs. 1 Nr. 1 AufenthG, so dass der Lebensunterhalt vor einer Einreise nicht gesichert zu sein braucht. Sogar ein Zuzug in die Sozialsysteme wird so in Kauf genommen, um dem Deutschen das Zusammenleben mit seinen ausländischen Angehörigen im Inland zu ermöglichen, solange die Lebensgemeinschaft besteht. Diese aus Art. 6 Abs. 1 GG resultierende Akzessorietät zeigt sich auch in § 28 Abs. 2 Satz 3 und Abs. 3 Satz 2 AufenthG. § 28 Abs. 2 AufenthG privilegiert den ausländischen Angehörigen zudem durch eine Verkürzung der Wartefrist für eine Niederlassungserlaubnis von regulär fünf auf drei Jahre, sofern die Lebensgemeinschaft fortbesteht.

91 Dass die Lebensgemeinschaft tatsächlich beabsichtigt ist, wird vor der Einreise bei Nachweis der ehelichen oder engen familiären Beziehung durch Eheschließungs- oder Abstammungsurkunde unterstellt. Da die Beteiligten in diesem Zeitpunkt noch getrennt leben, kann sie in Zweifelsfällen nur z.B. durch getrennte Befragungen der Ehegatten bei der deutschen Auslandsvertretung und der inländischen Ausländerbehörde geprüft werden.[72] Auch für die Erteilung und Verlängerung der Aufenthaltserlaubnis des Ausländers wird die eheliche oder familiäre Lebensgemeinschaft unterstellt, solange die Ausländerbehörde keine gegenteiligen Indizien z.B. für eine **Scheinehe** hat.

Beispiel: Indizien für eine Lebensgemeinschaft können eine gemeinsame Wohnung und gemeinsame Aktivitäten sein, wobei ein ständiges Zusammenleben schon berufsbedingt schwierig sein kann (Reise-, Montage- oder Fernfahrertätigkeit). Gegenteilige Indizien können jene eines Getrenntlebens nach § 1567 Abs. 1 BGB sein.

---

70 Zur Ausnahme vgl. § 31 AufenthG.

71 Vgl. BVerwG, U.v. 4.9.2012, Az. 10 C 12.12, BVerwGE 144, 141/150 Rn. 26 f.

72 Die Beweislast für den Willen zur Lebensgemeinschaft trägt der Nachzugswillige, so BVerwG, U.v. 30.3.2010, Az. 1 C 7.09, BVerwGE 136, 222/228 Rn. 17 f.

c) Der Familiennachzug zu Ausländern nach § 29 AufenthG

Ebenfalls einen starken Anspruch auf Erteilung eines Visums bzw. einer Aufenthaltserlaubnis haben **Familienangehörige eines Ausländers** mit Niederlassungserlaubnis und ausreichendem Wohnraum nach § 29 Abs. 1 i.V.m. § 2 Abs. 4 AufenthG mit Rücksicht auf die Wertentscheidung des Art. 6 Abs. 1 GG. Für nach § 25 Abs. 1 und Abs. 2 AufenthG asyl- oder sonst schutzberechtigte Ausländer ermöglicht § 29 Abs. 2 AufenthG Ausnahmen von den Erfordernissen ausreichenden Wohnraums und eines gesicherten Lebensunterhalts[73] nach § 2 Abs. 2 AufenthG. Ebenso sieht § 29 Abs. 3 und Abs. 4 AufenthG Privilegierungen für Familienangehörige anderer aus humanitären Gründen in Deutschland aufgenommener Ausländer einschließlich der Resettlement-Flüchtlinge und der Opfer von Menschenhandel vor.[74] Dieser **Familiennachzug** wurde um der indirekten Begrenzung des Flüchtlingsstroms willen für subsidiär Schutzberechtigte zumindest befristet ausgesetzt (Rn. 372). 92

d) Der Ehegattennachzug zu Ausländern nach § 30 und § 31 AufenthG

Für den **Ehegattennachzug zu einem Ausländer** muss dieser eine Niederlassungserlaubnis innehaben oder eine ähnlich verfestigte Aufenthaltsposition.[75] Beide Ehegatten müssen (nach deutschem Recht) volljährig sein und der Ehegatte muss zumindest einfache **Deutschkenntnisse** im Sinne des § 2 Abs. 9 AufenthG besitzen.[76] Vom **Alterserfordernis** wird zum Schutz Minderjähriger nur in eng umgrenzten Ausnahmefällen zur Vermeidung einer besonderen Härte nach § 30 Abs. 2 Satz 1 AufenthG abgesehen. Vom **Spracherfordernis** werden großzügigere Ausnahmen für Ehegatten Hochqualifizierter nach § 30 Abs. 1 Satz 2 AufenthG gemacht, denn an ihrem weiteren Aufenthalt besteht ein weit überwiegendes öffentliches wirtschaftliches Interesse, so dass seinem Ehegatten ein fehlender Spracherwerb nicht schaden soll. Hingegen wird für nicht Hochqualifizierte grundsätzlich am Spracherfordernis festgehalten, insbesondere zur Erteilung einer Niederlassungserlaubnis als gewolltem Ergebnis einer erfolgreichen Integration im Bundesgebiet.[77] Ebenso werden Ausnahmen nach § 30 Abs. 1 Satz 3 AufenthG für Ehegatten von aus humanitären Gründen aufgenommenen Ausländern gemacht, denen ein Spracherwerb nicht möglich ist. Auf der anderen Seite wird bei einer Mehrehe weiteren Ehegatten nach § 30 Abs. 4 AufenthG keine Aufenthaltserlaubnis erteilt (Rn. 88). 93

73 Das Erfordernis eines gesicherten Lebensunterhalts ist mit Art. 7 Abs. 1 Buchst. c RL 2003/86/EG grundsätzlich vereinbar, vgl. EuGH, U.v. 21.4.2016, Az. C-558/14, NVwZ 2015, 836 ff. Es ist enorm wichtig als Voraussetzung für eine reguläre Migration Winfried Kluth, DVBl 2016, 1081/1082.

74 BR-Drs. 642/14 S. 51 f.

75 Nur zu einem erlaubten Aufenthalt kann auch ein Familiennachzug stattfinden, d.h. zu einem Asylbewerber, der lediglich nach § 55 AsylG eine Gestattung hat, ist er ausgeschlossen, während er zu einem Asylberechtigten nach § 25 Abs. 1 AufenthG möglich ist. Zur „Ankerkinderproblematik" Rn. 500.

76 Eine Sprach- und Gesellschaftskenntnisse umfassende Integrationsprüfung ist auch mit Art. 7 Abs. 2 RL 2003/86/EG vereinbar, sofern sie die Familienzusammenführung nicht unmöglich macht oder übermäßig erschwert, vgl. EuGH, U.v. 9.7.2015, Az. C-153/14, NVwZ 2015, 1359/1360 Rn. 51 ff.

77 Vgl. BVerwG, U.v. 28.4.2015, Az. 1 C 21.14, NVwZ 2015, 1448 Rn. 13 f.

94 An die Regelung des Ehegattennachzugs schließt § 31 AufenthG systematisch an und regelt, was passiert, wenn die eheliche Lebensgemeinschaft wegen **Trennung der Ehegatten** nach § 1565 Abs. 1 Satz 2, § 1566 BGB endet. Entsprechend der strengen **Akzessorietät** des § 27 Abs. 1 und § 30 Abs. 3 AufenthG ist der Grund für die Erteilung der Aufenthaltserlaubnis an den nachgezogenen Ehegatten entfallen. Spätestens nach Ablauf seiner befristeten Aufenthaltserlaubnis müsste er das Bundesgebiet verlassen. Das kann für den nachgezogenen Ehegatten eine Härte bedeuten, denn je länger er im Bundesgebiet lebt, desto stärker sind seine Bindungen hierher und desto schwächer sind seine Bindungen an den Herkunftsstaat geworden. § 31 Abs. 1 Satz 1 AufenthG gewährt dem Ehegatten daher ein **eigenständiges** und vom Aufenthaltszweck des Ehegatten- und Familiennachzugs unabhängiges **Aufenthaltsrecht** zunächst für ein Jahr, wenn die eheliche Lebensgemeinschaft im Bundesgebiet mehr als drei Jahre angedauert hatte oder der Stammberechtigte vor Ablauf der drei Jahre verstorben ist (eheliche Mindestbestandszeit). Als weitere Abweichung wird von der dreijährigen Ehebestandszeit abgesehen, wenn dies zur Vermeidung einer **besonderen Härte** nach § 31 Abs. 2 AufenthG erforderlich ist, weil die Rückkehr in den Herkunftsstaat oder das Festhalten an der Ehe nicht zumutbar ist bzw. war.

Beispiel: Stammen die Ehegatten aus einer sehr patriarchalischen Herkunftsgesellschaft und würde die dorthin allein zurückkehrende Frau als Geschiedene ausgegrenzt, gar misshandelt, weil ihr „Versagen" als „Schande für die Familie" betrachtet wird, kann ihr eine Rückkehr dorthin kaum zugemutet werden. Ein Festhalten an der Ehe zur Erfüllung der dreijährigen Ehebestandszeit ist ihr auch nicht zumutbar, wenn sie oder ihr Kind Opfer häuslicher Gewalt ihres Ehemanns wurde. In diesen Fällen überwiegen die privaten Belange der Ausländerin und das öffentliche Interesse am Schutz von Frauen vor Misshandlung die gegenläufigen einwanderungspolitischen Motive des § 31 Abs. 1 Satz 1 Nr. 1 AufenthG.

e) Der Kindesnachzug zu Ausländern nach §§ 32 ff. AufenthG

95 In den Regelungen zum **Kindernachzug zu einem Ausländer** zeigt sich ebenso eine gestufte Abwägung der widerstreitenden Belange: Je jünger das Kind ist, desto mehr ist es auf seine Eltern bzw. einen personensorgeberechtigten Elternteil[78] angewiesen und desto weniger können ihm einwanderungspolitische Belange entgegengehalten werden. Je älter und selbständiger das Kind ist, desto stärker wirken einwanderungspolitische Belange. Ist das Kind **jünger als 16 Jahre**, genügt nach § 32 Abs. 1 AufenthG für seinen Nachzug, dass der personensorgeberechtigte Elternteil mindestens eine Aufenthaltserlaubnis besitzt. Ist das Kind **zwischen 16 und 18 Jahre** alt und zieht es dem personensorgeberechtigten Elternteil nur nach (statt mit ihm einzureisen), muss es die deutsche Sprache im Sinne von § 2 Abs. 12 AufenthG beherrschen oder sonst eine gute Integrationsperspektive haben. Der Gesetzgeber geht also davon aus, dass ein Kind im schulpflichtigen Alter eher noch in Deutschland integriert werden kann als nach Verlassen der Schule, wenn es vom heimatlichen Umfeld sprach-

78 Bei gemeinsamem Sorgerecht gilt § 32 Abs. 3 AufenthG, um Familien nicht gegen den Willen des anderen Elternteils auseinanderzureißen.

lich, sozial und kulturell schon weitgehend vorgeprägt ist. Ausnahmen kommen nach § 32 Abs. 2 Satz 2 AufenthG u.a. für humanitär aufgenommene Ausländer in Betracht. Im Übrigen regelt § 32 Abs. 4 AufenthG alle anderen Fälle des Kindesnachzugs zur Vermeidung besonderer Härten und zur Wahrung des Kindeswohls. Ist das Kind **volljährig** und damit nicht mehr auf die Personensorge seiner Eltern angewiesen, wird es als erwachsener sonstiger Familienangehöriger nach § 36 Abs. 2 AufenthG behandelt.

Für **im Bundesgebiet geborene** ausländische Kinder regelt § 33 AufenthG die erst- 96
malige Erteilung einer Aufenthaltserlaubnis, § 34 Abs. 1 AufenthG ihre Verlängerung während der Minderjährigkeit und § 34 Abs. 2 AufenthG ihre Verselbständigung mit Eintritt der Volljährigkeit sowie § 35 Abs. 1 AufenthG ihre Verselbständigung durch Erteilung einer Niederlassungserlaubnis nach fünf Jahren erlaubten Aufenthalts in Deutschland. § 37 AufenthG regelt das Recht zur Wiederkehr eines ehemals im Bundesgebiet als Minderjähriger Aufenthaltsberechtigten.

f) Der Nachzug sonstiger ausländischer Familienangehöriger nach § 36 AufenthG

Der Nachzug von **Eltern minderjähriger** in Deutschland bereits lebender Ausländer 97
wird nur **ausnahmsweise** nach § 36 Abs. 1 AufenthG zugelassen. Im Übrigen wird der Familiennachzug für sonstige ausländische Familienangehörige grundsätzlich ausgeschlossen und nur zur Vermeidung einer außergewöhnlichen Härte nach § 36 Abs. 2 AufenthG zugelassen. Im ersten Fall überwiegen Gründe der **Familieneinheit** die öffentlichen Interessen an einer Zuwanderungsbegrenzung, solange der Minderjährige noch auf die Personensorge seiner Eltern angewiesen ist. Im zweiten Fall überwiegen aber die öffentlichen Interessen umgekehrt die familiären Belange, weil zu sonstigen Familienangehörigen keine besondere Nähebeziehung vermutet wird.

Beispiel: Dem entsprechend haben **Eltern unbegleiteter minderjähriger**[79] **Flüchtlinge** (Rn. 500) über § 36 Abs. 1 AufenthG einen Anspruch auf Erteilung einer Aufenthaltserlaubnis ohne Rücksicht auf ihre Existenzsicherung oder ausreichenden Wohnraum; auf Geschwister unbegleiteter minderjähriger Flüchtlinge findet § 36 Abs. 2 AufenthG Anwendung.

Hintergrund dieser Regelung ist das aus der deutschen Geschichte achtenswerte Mo- 98
tiv, **auf der Flucht getrennte Familien** wiederzuvereinigen, wenn ein Kind im Bundesgebiet Schutz gefunden hat. Nicht gedacht ist diese Regelung für den Fall, dass sich die Familie bereits im Herkunftsstaat trennt, einem minderjährigen Kind die gefahrvolle Reise nach Deutschland mit Hilfe von Schleusern finanziert, dieses hier Zuflucht und Aufnahme findet und als „**Ankerkind**“ seiner Familie den von Anfang an beabsichtigten Nachzug erst ermöglicht (Rn. 500). § 36 Abs. 1 AufenthG bezweckt

79 Der Familiennachzug muss vor Eintritt der Volljährigkeit beendet sein, vgl. BVerwG, U.v. 18.4.2013, Az. 10 C 9.12, BVerwGE 146, 189/195 f. Rn. 18 ff.

den Schutz Minderjähriger, nicht ihren Missbrauch[80] – erst recht nicht durch die eigene Familie.

99 Der **Nachzug sonstiger Familienangehöriger** richtet sich nach § 36 Abs. 2 AufenthG und setzt eine außergewöhnliche Härte voraus, also eine gegenüber einer besonderen Härte nochmals gesteigerte Härte. Sie ist anzunehmen, wenn die Verweigerung einer Aufenthaltserlaubnis und damit der Familieneinheit im Lichte des Art. 6 GG und Art. 8 EMRK grundlegenden Gerechtigkeitsvorstellungen widerspräche, also schlechthin unvertretbar wäre. Eine **außergewöhnliche Härte** liegt folglich vor, wenn der schutzbedürftige Familienangehörige kein eigenständiges Leben führen kann, sondern auf die Gewährung familiärer Hilfe dringend angewiesen ist und diese ihm zumutbar nur in Deutschland erbracht werden kann. Das erfordert allerdings eine Berücksichtigung aller privaten und öffentlichen Belange einschließlich einwanderungspolitischer Gesichtspunkte.[81]

Beispiel: Lebt eine aus der ehemaligen Sowjetunion nach Deutschland eingewanderte Familie seit langem in der Bundesrepublik, während die hochbetagten Eltern in Russland geblieben sind, und ist jetzt ein Elternteil verstorben und der andere Elternteil altersbedingt hilfebedürftig, begründet dies auch dann keine von vornherein außergewöhnliche Härte, wenn die im Bundesgebiet lebenden Familienangehörigen die deutsche Staatsangehörigkeit besitzen. Denn bevor der hilfebedürftige Senior nach Deutschland nachziehen darf und hier möglicherweise auf den Bezug von Sozialhilfe im Alter angewiesen wäre, müssen erst alle Möglichkeiten geprüft werden, den Senior im vertrauten Umfeld häuslich oder in einer dortigen Senioreneinrichtung betreuen zu lassen, welche die Angehörigen im Bundesgebiet umso leichter finanzieren können, wenn ein erhebliches Lohn- und Preisgefälle zur (früheren) Heimat besteht.[82]

IV. Das Verwaltungsverfahren zur Erteilung von Visum und Aufenthaltserlaubnis

100 Um einen effektiven Vollzug zu ermöglichen, enthält das Aufenthaltsgesetz besondere Regelungen zum ausländerrechtlichen Verwaltungsverfahren gegenüber den allgemeinen Regelungen, insbesondere zu Zuständigkeiten, Verfahren und Handlungsformen der Ausländerbehörden.

1. Die Zuständigkeit der Ausländerbehörden

101 Für die Behördenzuständigkeit wird die sachliche, örtliche und instanzielle **Zuständigkeit** unterschieden.

80 Die gefahrvolle Flucht zeichnet die Kinder seelisch und körperlich ihr Leben lang, denn sie sind dem Zugriff Dritter schutzlos ausgeliefert, müssen oft genug Erniedrigungen und Misshandlungen ertragen und glaubhaften Schilderungen zu Folge im Fall einer Beraubung nicht selten ihren Körper „verkaufen“, um die weitere Flucht finanzieren zu können und ihre Eltern nicht zu enttäuschen.

81 Vgl. BVerwG, 30.7.2013, Az. 1 C 15.12, BVerwGE 147, 278/281 f. Rn. 11 f.; BVerfG, B.v. 20.6.2016, Az. 2 BvR 748/13, InfAuslR 2016, 274 Rn. 13.

82 Auch bedarf ein Familiennachzug grundsätzlich der Sicherung des Lebensunterhalts, wovon in solchen Fällen nicht automatisch abzusehen ist, vgl. BVerwG, U.v. 30.7.2013, Az. 1 C 15.12, BVerwGE 147, 278/286 f. Rn. 22.

a) Die sachliche Zuständigkeit der Ausländerbehörden

Visum und Aufenthaltserlaubnis unterscheiden sich nicht nur danach, wofür sie erteilt werden (Visum zur Einreise, Aufenthaltserlaubnis zum Aufenthalt), sondern auch, wo und von wem sie erteilt werden: Das **Visum** wird regelmäßig von **deutschen Auslandsvertretungen** im Ausland erteilt, die **Aufenthaltserlaubnis** hingegen von **Ausländerbehörden** im Inland. Darin zeigt sich eine grundlegende Kompetenzverteilung **der sachlichen Zuständigkeit** im Bundesstaat: Das Ausländerrecht wird bei Auslandsbezug regelmäßig von Behörden des Bundes,[83] im Inland hingegen von Behörden der Länder vollzogen. Dieses **Trennungsprinzip** ist in § 71 Abs. 1 Satz 2 und Abs. 2 AufenthG verankert und beruht auf der regelmäßigen Länderhoheit zur Ausführung der Bundesgesetze nach Art. 73 Abs. 1 Nr. 3 i.V.m. Art. 83 GG einerseits und der ausnahmsweisen Vollzugshoheit des Bundes nach Art. 86 und Art. 87 Abs. 1 Satz 1 Halbs. 1 GG andererseits. Gleichwohl arbeiten sie zusammen, so dass z.B. die Auslandsvertretung vor einer Visumserteilung auch die für den künftigen Wohnort des Ausländers im Inland zuständige Ausländerbehörde nach § 31 AufenthV[84] am Verfahren beteiligt, um etwaige Erteilungsbedenken zu erfahren. 102

Da das **Verwaltungsverfahrensgesetz des Bundes** nach § 1 VwVfG für die Tätigkeit der Bundesbehörden gilt, für die Tätigkeit der Länder- und Kommunalbehörden hingegen das Verwaltungsverfahrensgesetz **des jeweiligen Bundeslandes**, muss bei den einschlägigen Normen differenziert werden: Für die vorliegende Darstellung wird bei einer Tätigkeit von Landes- oder Kommunalbehörden das Verwaltungsverfahrensgesetz des Freistaats Bayern zu Grunde gelegt; für Behörden anderer Länder gilt das dortige Verwaltungsverfahrensgesetz entsprechend. Soweit das Ausländerrecht in den Bundesländern (auch) von Kommunalbehörden gegenüber einem Ausländer vollzogen wird, handeln diese nach außen nach Landesrecht. Im Innenverhältnis handelt es sich aber nicht um originär kommunale Aufgaben, sondern um übertragene Aufgaben im übertragenen Wirkungskreis, so dass die Landesbehörden über die Rechtsaufsicht hinaus auch die Fachaufsicht innehaben.[85] 103

Die **Faustregel** zur Abgrenzung der sachlichen Zuständigkeit lautet folglich: Für eine Erlaubniserteilung im Ausland ist regelmäßig die Bundesbehörde, für eine Erlaubniserteilung im Inland hingegen die Landes- bzw. Kommunalbehörde zuständig. Sie wenden das für sie geltende Verwaltungsverfahrensgesetz an. 104

83 Die Auslandsvertretungen sind Behörden des Auswärtigen Amts und damit der Bundesrepublik Deutschland.

84 Aufenthaltsverordnung v. 25.11.2004 i.d.F.v. 18.12.2015, BGBl. I S. 2467.

85 Vgl. im Freistaat Bayern für kreisfreie Städte die Aufgabenzuweisung als „Kreisverwaltungsbehörde" nach Art. 8 Abs. 1, Art. 9 Abs. 1 Satz 1, Art. 58, Art. 109 Abs. 2 GO i.V.m. § 2 ZustVAuslR (Zuständigkeitsverordnung Ausländerrecht v. 14.7.2005, GVBl. S. 306). Das Landratsamt wird in seiner Doppelnatur als Staats- und Kommunalbehörde insoweit als „Kreisverwaltungsbehörde" und damit als Staatsbehörde tätig nach Art. 37 Abs. 1 Satz 2 LKrO (Landkreisordnung i.d.F. d. Bek. v. 22.8.1998, zuletzt geändert durch G. v. 24.7.2012, GVBl. S. 366, 528).

b) Die örtliche und instanzielle Zuständigkeit der Ausländerbehörden

105 Für die **örtliche Zuständigkeit** trifft das Aufenthaltsgesetz keine Sonderregelungen, so dass grundsätzlich das **Wohnsitzprinzip** gilt: Für die Visumserteilung ist nach § 3 Abs. 1 Nr. 3 Buchst. a VwVfG die deutsche Auslandsvertretung zuständig, in deren „Bezirk“[86] der Ausländer seinen gewöhnlichen Aufenthalt hat, also in seinem Heimatstaat. Soweit die Ausländerbehörde im Inland am Visumsverfahren beteiligt wird, ist z.B. im Freistaat Bayern jene nach § 5 Abs. 2 Satz 1 Nr. 3 ZustVAuslR zuständig, in deren Bezirk sich die Notwendigkeit einer ausländerrechtlichen Maßnahme – beabsichtigter Zuzug des Ausländers – ergibt. Diese ist später für die Erteilung einer Aufenthaltserlaubnis nach der Einreise nach § 5 Abs. 1 Satz 1 ZustVAuslR zuständig.

106 **Instanziell** ist nach dem **Subsidiaritätsprinzip** grundsätzlich die untere Ausländerbehörde zuständig, d.h. die deutsche Auslandsvertretung im Heimatstaat des Ausländers und die Kommune oder untere Staatsbehörde am Aufenthaltsort im Inland, nicht z.B. das jeweils übergeordnete Bundes- oder Landesministerium.

2. Die Besonderheiten des ausländerrechtlichen Verwaltungsverfahrens

107 Das ausländerrechtliche Verwaltungsverfahren weicht in einzelnen Punkten vom allgemeinen Verwaltungsverfahrensrecht ab, insbesondere wird vom Ausländer eine gesteigerte Mitwirkung am Verfahren erwartet.

a) Das Antragserfordernis

108 Das Verwaltungsverfahren zur Erteilung von Visum und Aufenthaltserlaubnis beginnt mit der **Antragstellung** und setzt diese sowohl formell als auch materiell voraus; eine Erteilung von Amts wegen ist nach § 81 Abs. 1 AufenthG nicht vorgesehen. Dies gilt auch für die Verlängerung nach § 8 Abs. 1 AufenthG.

109 Kann über den Antrag nicht sofort entschieden werden, erhält der Ausländer eine Bescheinigung über seine Antragstellung nach § 81 Abs. 5 AufenthG. Diese **Fiktionsbescheinigung** überbrückt vorläufig den fehlenden Aufenthaltstitel derart, dass bei rechtzeitiger Antragstellung vor Ablauf des alten Aufenthaltstitels dieser nach § 81 Abs. 4 AufenthG bis zur Entscheidung der Ausländerbehörde über den Antrag als fortbestehend gilt (Rn. 206).[87] Bei verspäteter Antragstellung kann die Ausländerbehörde diese Wirkung zur Vermeidung einer unbilligen Härte anordnen.

---

86 Hier nicht verstanden als deutsches Hoheitsgebiet, sondern als interne Zuständigkeitsverteilung unter den deutschen Auslandsvertretungen.

87 Die Fiktion dient nur der Besitzstandswahrung für die Dauer des Antragsverfahrens, BVerwG, U.v. 22.6.2011, Az. 1 C 5.10, BVerwGE 140, 64/69 f. Rn. 16. Sie wirkt als durch eine spätere Versagung rückwirkend auflösend bedingter Aufenthaltstitel. Wird der beantragte Aufenthaltstitel später erteilt, tritt die Bedingung nicht ein; der Aufenthalt war und bleibt legal.

b) Die behördliche Amtsermittlungspflicht und die persönliche Mitwirkungspflicht

Die **Amtsermittlungspflicht** der Ausländerbehörde und die persönliche **Mitwirkungspflicht** des Ausländers ergänzen einander: Ihre Amtsermittlungspflicht ist **sachlich** auf jene Tatsachen beschränkt, deren Beibringung bzw. Nachweis nicht in seiner Sphäre liegen. Handelt es sich bei der geforderten Mitwirkungshandlung bloß um eine **Obliegenheit** des Ausländers, zieht die Ausländerbehörde bei Nichterfüllung lediglich die sachliche Folgerung: 110

Beispiel: Fordert die Ausländerbehörde den Ausländer für eine Verlängerung seiner Aufenthaltserlaubnis zur Vorlage von Einkommensnachweisen zwecks Prüfung des gesicherten Lebensunterhalts auf, legt er diese aber nicht vor, so kann sie den Antrag nach § 5 Abs. 1 Nr. 1 i.V.m. § 82 Abs. 1 Satz 1 AufenthG wegen nicht nachweislich gesicherten Lebensunterhalts ablehnen. Die Vorlage ist eine Obliegenheit des Ausländers, so dass die Ausländerbehörde hierzu auch nicht z.B. durch Nachfrage bei seinem Arbeitgeber ermitteln muss.

Ist die geforderte Mitwirkungshandlung hingegen eine **Pflicht** des Ausländers, kann sie Gegenstand einer **selbständigen Durchsetzung** sein: So kann die Ausländerbehörde nach § 48 Abs. 3 AufenthG den Ausländer zwecks Erfüllung seiner Passpflicht zur Vorsprache bei der Auslandsvertretung seines Heimatstaates verpflichten, um den fehlenden Pass zu beantragen. Kommt er dieser **Vorsprachepflicht** jedoch nicht nach, kann sie diese nach § 82 Abs. 4 Satz 2 AufenthG zwangsweise z.B. durch polizeiliche Vorführung durchsetzen; die höchstpersönliche Willenserklärung durch Antragstellung aber kann die Ausländerbehörde auch mit Zwangsmitteln nicht durchsetzen. Stellt der Ausländer auch in der Auslandsvertretung seines Herkunftsstaats keinen Antrag und stellt der Herkunftsstaat für den Ausländer auch kein Passersatzpapier aus, wird ihn Deutschland nicht abschieben können.[88] 111

Beispiel: Behauptet ein ghanaischer Staatsangehöriger im Asylverfahren wahrheitswidrig eine sudanesische Staatsangehörigkeit und wird sein Asylantrag zwar abgelehnt, hält er jedoch die falsche Identität aufrecht, um seine Rückführung in seinen sicheren Herkunftsstaat (vgl. § 29a Abs. 2 AsylG mit der Staatenliste in Anlage II) zu verschleiern, kann ihn die Ausländerbehörde zur Vorsprache bei Botschaften potentieller Herkunftsstaaten (z.B. Nigeria, Sudan, Tschad), auf die seine Sprache und sein Dialekt hindeuten, sowie zur Tragung der Kosten verpflichten.[89]

Die **Amtsermittlungspflicht** der Ausländerbehörde ist **räumlich** grundsätzlich auf das Bundesgebiet beschränkt. So entscheidet sie über die Verlängerung einer Aufenthaltserlaubnis nach § 79 Abs. 1 AufenthG auf der Grundlage der im Bundesgebiet bekannten Umstände und zugänglichen Erkenntnisse. Ermittlungen im Ausland braucht sie grundsätzlich nicht anstellen. Hierfür kann sie aber deutsche Auslandsvertretungen als Bundesbehörden außerhalb des Bundesgebiets um Informationen im Wege der Amtshilfe ersuchen. 112

88 So war der Attentäter auf den Weihnachtsmarkt in Berlin längst ausreisepflichtig, konnte aber bis zur Ausstellung marokkanischer Papiere, die erst kurz vor seinem Attentat erfolgte, nicht abgeschoben werden.

89 Vgl. BVerwG, U.v. 8.5.2014, Az. 1 C 3.13, BVerwGE 149, 320/327 ff. Rn. 10 ff. Erst als er Vater eines deutschen Kindes wurde, offenbarte der Ghanaer seine Staatsangehörigkeit und belegte diese mit Urkunden.

113 Zur **Mitwirkung** ist grundsätzlich jeder Ausländer **persönlich** verpflichtet. Da Minderjährige aber nach § 80 Abs. 1 AufenthG im ausländerrechtlichen Verfahren nicht handlungsfähig sind,[90] handeln für sie ihre Eltern als Personensorgeberechtigte nach § 1626, § 1629 BGB, ggf. ein Vormund nach § 1773 Abs. 1, § 1793 Abs. 1 i.V.m. § 1674 Abs. 1, § 1675 BGB, oder für spezielle Aufgaben ein Pfleger (z.B. Rechtsanwalt als Verfahrenspfleger für ein ausländer- oder asylrechtliches Verfahren) nach § 1909 Abs. 1 BGB (Rn. 491 ff.).

c) Die Anhörung des Ausländers

114 Hinsichtlich der behördlichen **Pflicht zur Anhörung** eines Ausländers folgt das Ausländerrecht den allgemeinen Regeln. Nach § 28 Abs. 1 VwVfG bzw. Art. 28 Abs. 1 BayVwVfG ist ein Ausländer **vor Erlass einer belastenden Maßnahme** – z.B. Ausweisung und Abschiebungsandrohung – anzuhören, soweit nicht nach § 28 Abs. 2 VwVfG bzw. Art. 28 Abs. 2 BayVwVfG hiervon abgesehen werden kann. Vor Erlass einer begünstigenden Maßnahme – z.B. Erteilung einer Aufenthaltserlaubnis – bedarf es keiner Anhörung, wenn er diese beantragt hat und seinem Antrag entsprochen wird. Vor ihrer Versagung ist er nicht zwingend anzuhören, aber es dient der Verfahrenseffektivität, wenn er ggf. zur Nachreichung fehlender Nachweise aufgefordert wird. Ansonsten würde er einen neuen Antrag stellen, um die Nachweise nachzureichen, so dass es zeitsparender ist, ihm dazu gleich Gelegenheit zu geben.

3. Die Form der Erteilung von Visum und Aufenthaltserlaubnis

115 Im Ausländerrecht gilt grundsätzlich die **Schriftform** für alle Verwaltungsakte, weil nur so die Dokumentation möglich ist und der Ausländer bei etwaigen Kontrollen im Bundesgebiet sein Aufenthaltsrecht nachweisen kann; erteilt werden sie nach einheitlichen Mustern. Für die **Versagung eines Aufenthaltstitels** gilt nach § 77 Abs. 1 Satz 1 Nr. 1 Buchst. a und b AufenthG das Schriftformerfordernis, um dem Ausländer effektiven Rechtsschutz nach Art. 19 Abs. 4 GG zu gewährleisten. Erst recht gilt das für **belastende Maßnahmen** nach § 77 Abs. 1 Satz 1 Nrn. 2–8, Satz 3 AufenthG, um hier die Bekanntgabe des Verwaltungsakts mit einer **Rechtsbehelfsbelehrung** und damit den Lauf der Rechtsbehelfsfristen nach § 58 i.V.m. § 74 Abs. 1 VwGO in Gang zu setzen. Keiner Schriftform bedarf die Versagung eines nationalen Visums nach § 77 Abs. 2 AufenthG, während für die Versagung eines Schengen-Visums europarechtliche Vorgaben gelten.[91]

116 Zwar gilt auch für das Ausländerrecht die Grundregel des § 23 Abs. 1 VwVfG und des Art. 23 Abs. 1 BayVwVfG, wonach die schriftliche und mündliche **Amtssprache Deutsch** ist und grundsätzlich der Ausländer für einen Sprachmittler (Dolmetscher) bei einer mündlichen Vorsprache bzw. eine deutsche Übersetzung fremdsprachiger

90 Die Anhebung der asyl- und ausländerrechtlichen Altersgrenze von 16 auf 18 Jahre betont den Vorrang des Kinder- und Jugendhilferechts, so BT-Drs. 18/5921 S. 16.

91 Näher dazu Anna Sophie Poschenrieder, Das Remonstrationsverfahren vor den Auslandsvertretungen der Bundesrepublik, NVwZ 2015, S. 1349 m.w.N.

Unterlagen zu sorgen hat. In Folge einer auf europäischem Recht beruhenden Gesetzesänderung sind aber nun jedem Ausländer nach § 77 Abs. 3 Satz 1 AufenthaltsG auf Antrag eine **Übersetzung** der Entscheidungsformel des Verwaltungsaktes und die Rechtsbehelfsbelehrung kostenfrei in einer ihm verständlichen Sprache zur Verfügung zu stellen, soweit es sich um einen Verwaltungsakt handelt, mit dem ein beantragter Aufenthaltstitel versagt oder zum Erlöschen gebracht oder mit dem eine Befristungsentscheidung nach § 11 AufenthG getroffen wird. Auf diese Weise soll dem Ausländer der Inhalt der für ihn nachteiligen Entscheidung vermittelt und effektiver Rechtsschutz eröffnet werden. Entbehrlich sind solche Vorkehrungen, wenn dem Antrag des Ausländers entsprochen wird.

V. Der Rechtsschutz im Visums- oder Aufenthaltserlaubniserteilungsverfahren

117 Für den **Rechtsschutz** eines Ausländers werden im Folgenden zwei typische Prozesskonstellationen – beschränkt auf die wichtigsten ausländerrechtlichen Besonderheiten – dargestellt: Es handelt sich erstens um die prozessuale **Durchsetzung eines Visums- oder Aufenthaltserlaubnisanspruchs** und zweitens um die **Abwehr einer belastenden Auflage zur Aufenthaltserlaubnis.** Für die Entscheidung, ob eine Klage erhoben werden soll, sind nicht nur ihre Erfolgsaussichten an Hand ihrer Zulässigkeit und Begründetheit zur Beurteilung des Prozessrisikos zu prüfen, sondern auch die voraussichtlich entstehenden gerichtlichen und außergerichtlichen Kosten zur Bewertung des Kostenrisikos.

1. Die Besonderheiten der Verpflichtungsklage zur Durchsetzung eines Visums- oder Aufenthaltserlaubnisanspruchs

118 Der Streitgegenstand dieser Klage ist ein **Visums- oder Aufenthaltserlaubnisanspruch** unter inzidenter Aufhebung des Versagungsbescheids.

a) Die Zulässigkeit dieser Verpflichtungsklage

119 Der **Verwaltungsrechtsweg** ist nach § 40 Abs. 1 VwGO eröffnet, da die Klage auf Erteilung eines Visums oder einer Aufenthaltserlaubnis eine öffentlich-rechtliche Streitigkeit darstellt:[92] Nach der Sonderrechtstheorie liegt eine solche vor, wenn die streitentscheidende Norm Träger hoheitlicher Gewalt berechtigt oder verpflichtet. Dies ist bei Erteilungstatbeständen nach §§ 16 ff. AufenthG der Fall. Zudem erfolgt die Erteilung im Über-Unter-Ordnungsverhältnis zwischen Hoheitsträger und Antragsteller, so dass auch nach der Subordinationstheorie eine öffentlich-rechtliche Streitigkeit bejaht werden kann.[93]

120 Die örtliche **Zuständigkeit des Verwaltungsgerichts** folgt aus § 52 Nr. 2 VwGO. Wird ein Visum aus dem Ausland begehrt, ist für die Erteilung die deutsche Auslandsvertretung zuständig. Sie ist eine Behörde des Auswärtigen Amts mit Sitz in

92 Zu den Theorien Friedhelm Hufen, Verwaltungsprozessrecht, § 11 Rn. 14 ff.
93 Eine **doppelte Verfassungsunmittelbarkeit** oder eine anderweitige **Rechtswegzuweisung** liegen nicht vor.

Berlin, so dass das Verwaltungsgericht Berlin nach § 52 Nr. 2 Satz 5 VwGO örtlich zuständig ist. Zur Erteilung einer Aufenthaltserlaubnis im Inland ist die am gewöhnlichen Aufenthaltsort des Antragstellers zuständige Ausländerbehörde berechtigt, somit ist das nach seinem Gerichtsbezirk hierfür örtlich zugeordnete Verwaltungsgericht nach § 52 Nr. 2 Satz 2 VwGO zuständig. Das Verwaltungsgericht ist ebenfalls instanziell zuständig.[94]

121 Die Klage auf Erteilung eines Visums oder einer Aufenthaltserlaubnis ist als **Verpflichtungsklage** – je nach Vorverhalten der Behörde als Versagungsgegen- oder als Untätigkeitsklage[95] – nach § 42 Abs. 1 Alt. 2 VwGO **statthaft**, weil die Erteilung eines **begünstigenden Verwaltungsakts** begehrt wird. Die Begünstigung liegt in der Erweiterung des Rechtskreises des Ausländers um das Recht auf Einreise und Aufenthalt. Das **Rechtsschutzbedürfnis** ist gegeben, wenn zuvor ein Antrag nach § 81 Abs. 1 AufenthG gestellt, nach § 77 Abs. 1 Nr. 1 Buchst. a AufenthG versagt oder nicht fristgerecht behandelt worden ist und die Visumserteilung nicht an der Grenze begehrt wird, denn eine dortige Versagung ist nach § 83 Abs. 1 Satz 1 AufenthG unanfechtbar.[96]

122 Die nach § 42 Abs. 2 VwGO erforderliche **Klagebefugnis** ergibt sich aus einem möglichen Anspruch auf Erteilung eines Visums oder einer Aufenthaltserlaubnis.

123 Ein **Vorverfahren** nach § 68 VwGO entfällt, soweit es – wie z.B. im Freistaat Bayern nach Art. 15 Abs. 2 BayAGVwGO – im jeweiligen Bundesland abgeschafft worden ist; ansonsten ist es durchzuführen. Für Klagen gegen die Bundesrepublik, vertreten durch das Auswärtige Amt, entfällt ein Widerspruchsverfahren nach § 68 Abs. 1 Satz 2 Nr. 1 VwGO, da die Auslandsvertretungen mit dem Auswärtigen Amt zusammen eine einheitliche Bundesbehörde bilden. Allerdings kann der Ausländer ein Remonstrationsverfahren einleiten, das im Umkehrschluss aus § 80 Abs. 1 Satz 1 VwGO und § 84 AufenthG keine aufschiebende Wirkung hat.[97]

124 Die **Klagefrist** beträgt nach § 74 Abs. 2 VwGO für die Verpflichtungsklage einen Monat ab Bekanntgabe des versagenden Bescheids. Im Falle der behördlichen Untätigkeit kann die Klage nach § 75 VwGO nicht vor Ablauf von drei Monaten seit der Antragstellung erhoben werden.

b) Die Begründetheit dieser Verpflichtungsklage

125 Für die Begründetheit muss sich die Klage nach § 78 Abs. 1 VwGO gegen den richtigen **Klagegegner** richten, d.h. wegen der Erteilung eines Visums im Ausland gegen die Bundesrepublik, wegen der Erteilung einer Aufenthaltserlaubnis im Inland gegen

94 Oberverwaltungsgerichte (OVG) und Verwaltungsgerichtshöfe (VGH) haben nach §§ 46 ff. VwGO keine erstinstanzielle Zuständigkeit im Ausländerrecht.

95 Vgl. Friedhelm Hufen, Verwaltungsprozessrecht, § 15 Rn. 4 f.

96 Dies soll die Grenzbehörden entlasten und die Gerichtsverfahren nach § 83 Abs. 1 Satz 2 AufenthG auf die deutschen Auslandsvertretungen konzentrieren.

97 Vgl. Anna Sophie Poschenrieder, Das Remonstrationsverfahren vor den Auslandsvertretungen der Bundesrepublik, NVwZ 2015, S. 1349 m.w.N.

die Ausländerbehörde bzw. deren Rechtsträger,[98] z.B. in Bayern wegen des dort geltenden Rechtsträgerprinzips gegen die kreisfreie Stadt oder den Freistaat jeweils als Rechtsträger der angegangenen Ausländerbehörde.

Die Klage ist nach § 113 Abs. 5 VwGO begründet, wenn dem Ausländer der behauptete **Anspruch** auf Erteilung eines Visums oder einer Aufenthaltserlaubnis zusteht. **Entscheidungserheblicher Zeitpunkt** ist jener der letzten mündlichen Verhandlung über seine Klage,[99] denn dies ist regelmäßig der für Verpflichtungsklagen auf Erteilung eines Aufenthaltstitels maßgebliche Zeitpunkt.[100] Veränderungen der Sach- und Rechtslage sind bis dahin zu berücksichtigen. 126

Beispiel: Hat die Ausländerbehörde den Antrag wegen mangelnder Sicherung des Lebensunterhalts des Ausländers nach § 5 Abs. 1 Nr. 1 AufenthG abgelehnt, weil er z.B. im Ausland arbeitslos ist, wird er aber zwischen der Ablehnung und der mündlichen Verhandlung durch eine lukrative Erbschaft vermögend, ist dies zu seinen Gunsten zu berücksichtigen. Hat er aber mit gefälschten Dokumenten ein Visum zu erlangen versucht, steht dies einer Erteilung weiterhin entgegen.[101]

Im Prozess hat das Verwaltungsgericht nach § 86 Abs. 1 VwGO den Sachverhalt soweit aufzuklären, dass es die streitgegenständlichen Rechtsfragen beantworten und ein Urteil erlassen kann. Auch hier stehen die **gerichtliche Amtsermittlungspflicht** und die **Mitwirkungspflicht** der Beteiligten in einem Ergänzungsverhältnis. In ihrer Sphäre liegende entscheidungserhebliche Umstände haben die Beteiligten vorzutragen und in ihrem Besitz befindliche Urkunden vorzulegen. Für die Behörde manifestiert sich dies in der umfassenden **Aktenvorlagepflicht** nach § 99 VwGO, so dass sie die gesamten Ausländerbehördenakten und etwa beigezogene weitere Akten (z.B. aus früheren Asyl- und Strafverfahren) dem Verwaltungsgericht vorzulegen hat, das diese umfassend prüft und soweit erforderlich zur Entscheidungsfindung heranzieht. 127

Ist eine behauptete Tatsache entscheidungserheblich, aber nicht zur Überzeugung des Gerichts im Sinne von § 108 Abs. 1 Satz 1 VwGO bewiesen, erhebt das Verwaltungsgericht nach § 86 Abs. 1 VwGO selbst Beweis. Die Beteiligten können eine **Beweiserhebung** mit konkreten Angaben zum Beweisthema und Beweismittel selbst beantragen. Kann die behauptete Tatsache aber nicht näher aufgeklärt werden, geht ihre **Unerweislichkeit** nach dem **Günstigkeitsprinzip** zu Lasten desjenigen, der aus ihrem Vorliegen für sich günstige Rechtsfolgen beansprucht (non liquet). Hieraus folgt für einen Visums- oder Aufenthaltserlaubnisanspruchs, dass das Fehlen anspruchsbegründender Tatsachen dem Anspruchsteller, das Fehlen anspruchshindernder Tatsachen dem Anspruchsverpflichteten zur Last fällt. 128

---

98 Vgl. Friedhelm Hufen, Verwaltungsprozessrecht, § 12 Rn. 32.

99 Das ist grundsätzlich die mündliche Verhandlung vor dem Verwaltungsgericht nach §§ 103 f. VwGO; vor dem Oberverwaltungsgericht oder Verwaltungsgerichtshof nur, wenn die Berufung gegen das Urteil des Verwaltungsgerichts zugelassen wurde und über sie mündlich verhandelt wird. Ausführlich Friedhelm Hufen, Verwaltungsprozessrecht, § 24 Rn. 7 ff.

100 Vgl. BVerwG, U.v. 30.7.2013, Az. 1 C 15.12, BVerwGE 147, 278/280 Rn. 7.

101 Von Januar bis September 2015 verhinderten Dokumenten- und Visumsberater der Bundespolizei 23.306 unerlaubte Einreisen, vgl. BT-Drs. 18/6467 S. 5.

Beispiel: Begehrt der Ausländer eine Einreise als chinesischer Spezialitätenkoch und behauptet einschlägige Berufsqualifikationen, hat er die entsprechenden Zeugnisse vorzulegen; ihre Unerweislichkeit geht zu seinen Lasten. Behauptet die Ausländerbehörde hingegen, er habe früher unter anderem Namen bereits in Deutschland gelebt, sei ausgewiesen worden und dürfe gar nicht einreisen (vgl. § 11 Abs. 1 Satz 1 AufenthG), so dass ihm keine Aufenthaltserlaubnis erteilt werden könne, geht die Unerweislichkeit zu ihren Lasten.

c) Das Kostenrisiko dieser Verpflichtungsklage

129 Die dem unterliegenden Beteiligten nach § 154 Abs. 1 VwGO zur Last fallenden Kosten setzen sich aus **Gerichtskosten** und **außergerichtlichen Kosten** zusammen, die nach dem **Streitwert** berechnet werden (§ 3 Abs. 1 GKG[102]). Nach Nr. 8.1 des Streitwertkatalogs für die Verwaltungsgerichtsbarkeit[103] wird für die Erteilung eines Visums- oder einer Aufenthaltserlaubnis der Auffangstreitwert nach § 52 Abs. 2 GKG von 5.000 Euro angesetzt, aus dem sich nach Nr. 5110 der Anlage 1 und Anlage 2 zum GKG drei Gerichtsgebühren von je 146 Euro, zusammen also 438 Euro errechnen. Hinzu kommen noch Auslagen.

130 Für das Kostenrisiko mit entscheidend sind aber die **außergerichtlichen Kosten** für einen Rechtsanwalt. Vor den Verwaltungsgerichten besteht **kein Anwaltszwang** (§ 67 Abs. 1 VwGO), so dass ein Rechtsanwalt hinzugezogen werden kann, aber nicht muss. Seine Gebühren berechnen sich nach § 2 RVG[104] ebenfalls nach dem Streitwert; hier fallen u.a. Verfahrens- und Terminsgebühren nach Nr. 3100 und Nr. 3102 der Anlage 1 zum RVG an, d.h. 2,5 Gebühren zu je 303 Euro, insgesamt 757,50 Euro zuzüglich Auslagen nach Nrn. 7000 ff. und Umsatzsteuer von 19 %, nach Nr. 7008 der Anlage 1 zum RVG.

131 Die beklagte Ausländerbehörde kann sich zwar eines Anwalts bedienen, muss aber die Kosten regelmäßig selbst tragen, da ihr die Prozessvertretung durch eigene Juristen möglich ist. Sie kann nur marginal Fahrtkosten und nach § 162 Abs. 2 Satz 3 VwGO eine Telekommunikationspauschale von höchstens 20 Euro geltend machen, was gegenüber den anderen Kosten nicht ins Gewicht fällt.

132 Aus prozesstaktischen Gründen kann es also geraten sein, zwar zur Vermeidung einer Fristversäumnis eine Klage zu erheben, aber – sollte das Verwaltungsgericht dem Ausländer bedeuten, dass die **Klage** geringe Erfolgsaussichten hat – sie nach § 92 Abs. 1 VwGO **zurückzunehmen**, um Kosten zu sparen: Der Zurücknehmende trägt nach § 155 Abs. 2 VwGO alle Prozesskosten, aber es fallen z.B. nur ein Drittel der Gerichtsgebühren nach Nr. 5111 der Anlage 1 zum GKG an.

133 Für finanziell Minderbemittelte soll ein Prozess nicht am fehlenden Geld scheitern. Sie können nach § 166 VwGO i.V.m. §§ 114 ff. ZPO[105] **Prozesskostenhilfe** beantra-

102 Gerichtskostengesetz vom 27.2.2014 i.d.F.v. 18.7.2016, BGBl. I S. 1666.
103 Streitwertkatalog für die Verwaltungsgerichtsbarkeit v. 18.7.2013.
104 Gesetz über die Vergütung der Rechtsanwältinnen und Rechtsanwälte (Rechtsanwaltsvergütungsgesetz – RVG) v. 5.4.2014 i.d.F.v. 24.5.2016, BGBl. I S. 1190.
105 Zivilprozessordnung vom 5.12.2005 i.d.F.v. 5.7.2016, BGBl. I S. 1578.

gen. Der Antrag selbst ist nicht formgebunden; allerdings wird eine Erklärung über die persönlichen und wirtschaftlichen Verhältnisse gefordert. Diese Angaben sind auf einem Formular zu machen. Erst nach Eingang dieser Erklärung wird das Verwaltungsgericht in die Prüfung eintreten, ob hinreichende Erfolgsaussichten in der Sache bestehen, der Rechtsstreit in der Hauptsache also nicht aussichtslos ist.[106] Wird Prozesskostenhilfe gewährt, ist der Kläger zunächst von der Zahlung von Gerichtskosten befreit und kann einen Rechtsanwalt beauftragen, dem ein Vergütungsanspruch gegen die Staatskasse zusteht.

d) Der Klageantrag dieser Verpflichtungsklage

„Die/der Beklagte wird verpflichtet, dem Kläger das beantragte Visum/die beantragte Aufenthaltserlaubnis zu erteilen."

Ein Antrag zur Kostenentscheidung ist entbehrlich, da das Verwaltungsgericht von Amts wegen nach § 161 VwGO eine **Kostengrundentscheidung** trifft. Im Fall des Unterliegens ist das Rechtsmittel (des Antrags auf Zulassung) der **Berufung** nach §§ 124 ff. VwGO statthaft; gegen ein Berufungsurteil des Oberverwaltungsgerichts/ Verwaltungsgerichtshofs danach das Rechtsmittel (des Antrags auf Zulassung) der **Revision** nach §§ 132 ff. VwGO. 134

e) Der Eilrechtsschutz zur Durchsetzung eines Visums- oder Aufenthaltserlaubnisanspruchs

Ein Eilrechtsschutz auf Erteilung eines Visums- oder einer Aufenthaltserlaubnis folgt grundsätzlich dem statthaften Rechtsbehelf der Hauptsache, d.h. statthaft ist ein **Eilantrag** nach § 123 Abs. 1 und Abs. 5 VwGO auf einstweilige Anordnung oder Sicherung durch vorläufige Erteilung bis zur Entscheidung in der Hauptsache.[107] Dazu muss der Ausländer aber den **Anordnungsgrund**, also den Grund für die Dringlichkeit einer vorläufigen Regelung, sowie den **Anordnungsanspruch**, also seinen materiellen Anspruch auf Erteilung eines Visums- oder einer Aufenthaltserlaubnis glaubhaft machen. Wegen des grundsätzlichen Verbots der Vorwegnahme der Hauptsache im Eilrechtsschutz[108] sind hieran hohe Anforderungen zu stellen, d.h. dem Ausländer muss schlechthin unzumutbar sein, den Ausgang des Klageverfahrens abzuwarten. Dies ist erfahrungsgemäß selten der Fall. Daneben beseitigt die Versagung aber eine etwaige Fiktionswirkung, so dass ggf. zusätzlich ein Antrag auf Anordnung der aufschiebenden Wirkung der Klage nach § 80 Abs. 5 VwGO geboten ist (Rn. 206). 135

---

106 Diese vorläufige Prüfung soll nicht die Hauptsache vorwegnehmen, d.h. wenn eine Beweisaufnahme erforderlich wird, ohne dass sich deren Ausgang zu Lasten des Klägers bereits abzeichnet, oder wenn schwierige Rechtsfragen zu klären sind, darf Prozesskostenhilfe nicht verweigert werden, vgl. BVerfG, B.v. 28.1.2013, Az. 1 BvR 274/12, DVBl 2013, 581/582 Rn. 10 ff.

107 Ein Antrag nach § 80 Abs. 5 VwGO wäre unstatthaft, vgl. OVG Hamburg, B.v. 23.9.2013, Az. 3 Bs 131/13, NVwZ-RR 2014, 490/491.

108 Vgl. Friedhelm Hufen, Verwaltungsprozessrecht, § 33 Rn. 17 f.

2. Die Anfechtungsklage gegen eine belastende und abtrennbare Nebenbestimmung zu Visum oder Aufenthaltserlaubnis

136 Der Streitgegenstand dieser Anfechtungsklage ist die **Abwehr einer belastenden Auflage zur Aufenthaltserlaubnis.** Aus Gründen der Übersichtlichkeit wird auf die Darstellung zur Verpflichtungsklage Bezug genommen:

a) Die Zulässigkeit dieser Anfechtungsklage

137 Auch hier ist der **Verwaltungsrechtsweg** nach § 40 Abs. 1 VwGO i.V.m. § 12 Abs. 2 AufenthG eröffnet, da die Klage gegen eine Nebenbestimmung zu einem Visum oder einer Aufenthaltserlaubnis eine öffentlich-rechtliche Streitigkeit darstellt. Auch für die örtliche und die instanzielle Zuständigkeit des Verwaltungsgerichts nach § 52 Nr. 2 VwGO ergeben sich keine Abweichungen (Rn. 120).

138 Statthafte **Klageart** gegen eine Nebenbestimmung ist im Falle ihrer Abtrennbarkeit (Rn. 36) – wie z.B. bei einer räumlichen Beschränkung – die Anfechtungsklage nach § 42 Abs. 1 Alt. 1 VwGO, weil die Aufhebung eines belastenden (Teil-)Verwaltungsakts begehrt wird. Die nach § 42 Abs. 2 VwGO erforderliche **Klagebefugnis** ergibt sich aus der auf die allgemeine Handlungsfreiheit nach Art. 2 Abs. 1 GG gestützten Adressatentheorie, wonach sich der Adressat einer belastenden Behördenmaßnahme gegen diese wenden kann.[109]

139 Ein **Vorverfahren** nach § 68 VwGO entfällt, soweit es im jeweiligen Bundesland abgeschafft worden ist. Die **Klagefrist** beträgt nach § 74 Abs. 1 VwGO für die Anfechtungsklage einen Monat ab Bekanntgabe der belastenden Nebenbestimmung mit Visum oder Aufenthaltserlaubnis oder im Falle ihrer nachträglichen Beifügung mit der Bekanntgabe des sie enthaltenden oder ihre Änderung oder Aufhebung versagenden Bescheids nach § 77 Abs. 1 Nr. 1 Buchst. b AufenthG.

b) Die Begründetheit dieser Anfechtungsklage

140 Hierfür muss sich die Klage nach § 78 Abs. 1 VwGO gegen den richtigen **Klagegegner** richten, d.h. bei Beifügung der belastenden Nebenbestimmung zum Visum im Ausland gegen die Bundesrepublik bzw. zur Aufenthaltserlaubnis im Inland gegen die Ausländerbehörde bzw. deren Rechtsträger (Rn. 125).

141 Die Klage ist nach § 113 Abs. 1 Satz 1 VwGO begründet, wenn die belastende Nebenbestimmung rechtswidrig ist und den Ausländer in seinen Rechten verletzt. **Entscheidungserheblicher Zeitpunkt** ist jener der letzten Behördenentscheidung, denn dies ist regelmäßig der für Anfechtungsklagen maßgebliche Zeitpunkt, soweit er sich nicht unter europarechtlichem Einfluss verschiebt (Rn. 272, 290). Veränderungen der Sach- und Rechtslage sind bis dahin zu berücksichtigen.

109 Die Adressatentheorie erläutert Friedhelm Hufen, Verwaltungsprozessrecht, § 14 Rn. 60. Da die allgemeine Handlungsfreiheit kein auf deutsche Staatsangehörige beschränktes Grundrecht ist, können sich auch Ausländer auf sie berufen, ebenda Rn. 87.

c) Das Kostenrisiko dieser Anfechtungsklage

Mangels Empfehlung im Streitwertkatalog ist umstritten, ob für die isolierte Anfechtung einer belastenden Nebenbestimmung nach § 52 Abs. 2 GKG der volle oder der halbe Auffangstreitwert anzusetzen ist. Für den vollen Auffangstreitwert sprechen Wortlaut und Zweck des § 52 Abs. 2 GKG. Zur **Kostenhöhe** ergeben sich dann keine Abweichungen zur Verpflichtungsklage (Rn. 129 f.). 142

d) Der Klageantrag dieser Anfechtungsklage

> „Die Nebenbestimmung [genaue Bezeichnung] zum Visum/zur Aufenthaltserlaubnis vom [Datum] wird aufgehoben."

Im Fall des Unterliegens sind dieselben Rechtsmittel wie gegen ein Verpflichtungsurteil statthaft (Rn. 134). 143

e) Der Eilrechtsschutz gegen eine belastende und abtrennbare Nebenbestimmung zu Visum oder Aufenthaltserlaubnis

Auch hier richtet sich der Eilrechtsschutz nach dem Rechtsbehelf der Hauptsache, d.h. statthaft ist wegen des belastenden Verwaltungsakts ein **Antrag** nach § 80 Abs. 2 Satz 1 Nr. 3 oder Nr. 4 und Abs. 5 VwGO auf Anordnung oder Wiederherstellung der **aufschiebenden Wirkung** der Anfechtungsklage der Hauptsache, soweit diese entgegen der Grundregel des § 80 Abs. 1 Satz 1 VwGO gesetzlich wie nach § 84 Abs. 1 Nr. 2 und Nr. 3 AufenthG oder durch behördlich nach § 80 Abs. 3 VwGO angeordneten Sofortvollzug ausgeschlossen ist. In allen übrigen Fällen hat die Anfechtungsklage aufschiebende Wirkung, so dass Eilrechtsschutz unstatthaft ist. 144

VI. Die Integration von Ausländern im Bundesgebiet

Mit der Erteilung einer Aufenthaltserlaubnis endet zwar das ausländerrechtliche Verfahren, aber die eigentliche Aufgabe für den Ausländer beginnt erst: Seine Integration in die Rechts-, Sozial- und Wirtschaftsordnung in Deutschland. Da die Integration der sog. „Gastarbeiter" der 50er und 60er Jahre nicht gefördert und nicht gefordert wurde, blieb sie dem Zufall und dem guten Willen der Ausländer überlassen. Dies mündete in die Orientierungslosigkeit und sogar Desintegration eines Teils der folgenden Generationen, der hin- und hergerissen ist zwischen den traditionellen Lebensweisen der Eltern und den oft gegensätzlichen Anforderungen ihres Umfelds in Deutschland.[110] Seit etwa 15 Jahren ist dieses Problem ins öffentliche Bewusstsein gelangt und führte zu Regelungen über die Integration im Bundesgebiet nach dem Motto **„fördern und fordern"**. 145

---

110 Dass Integration auch eine Frage der heimatlichen Kultur ist, zeigen die unterschiedlichen Bildungserfolge von Kindern aus verschiedenen Herkunftsländern und -traditionen. Eine gewisse „Opfer-Mentalität" eines Teils der nach Deutschland gekommenen Muslime erschwere ihre Integration und müsse bei den nun einwandernden Flüchtlingen durch ein positives Vorleben westlicher Werte überwunden werden, so Mouhanad Khorchide, „Ich erkenne meine Religion nicht wieder", Augsburger Allgemeine Zeitung v. 21.11.2015, S. 5; auch Christoph Elflein u.a., Fliehen ist männlich, FOCUS 41/2015, 22/24 f. Kritisch auch Christoph von Planta, NVwZ 2016, 18.

146 Dem folgen die §§ 43 ff. AufenthG, indem sie einerseits die deutschen **Integrationsangebote** als Förderung gestalten und andererseits die Integrationsbereitschaft des Ausländers fordern. § 43 und § 45 AufenthG regeln den Inhalt des Integrationsprogramms, zu dem ein Integrationskurs gehört. Zur Teilnahme daran sind Ausländer nach § 44 AufenthG berechtigt und nach § 44a AufenthG sogar verpflichtet. Allerdings kann der deutsche Staat fehlenden **Integrationswillen** nicht erzwingen, geschweige denn ersetzen. Er könnte allerdings einheitliche inhaltliche Standards setzen, Vereinnahmungen durch einzelne Interessengruppen wie aus dem Ausland beeinflusste Moscheeverbände, die zu Unrecht einen Gesamtvertretungsanspruch für die in Deutschland lebenden Muslime reklamieren, zurückweisen und **Beispiele gelungener Integration als Vorbild** hervorheben.[111]

1. Der Integrationskurs nach § 43 AufenthG

147 Der **Integrationskurs** nach § 43 AufenthG umfasst zwei Deutsch-Sprachkurse und einen Orientierungskurs mit Informationen zur Rechtsordnung, Geschichte und Kultur Deutschlands. Auf diese Weise soll der Ausländer so weit mit den Lebensverhältnissen im Bundesgebiet vertraut gemacht werden, dass er ohne Hilfe oder Vermittlung Dritter in allen Angelegenheiten des täglichen Lebens selbständig handeln kann. Der Integrationskurs soll in ein umfassenderes Integrationsprogramm nach § 45 AufenthG eingebettet sein, in das auch externe Bildungsträger, Kirchen und Vereinigungen eingebunden werden sollen.

2. Die Berechtigung und die Verpflichtung zur Teilnahme am Integrationskurs nach § 44 und § 44a AufenthG

148 Die **Teilnahmeberechtigung** nach § 44 AufenthG hängt an der erstmaligen Erteilung einer Aufenthaltserlaubnis zu bestimmten Aufenthaltszwecken und an der Aussicht auf einen dauerhaften Aufenthalt. Dies wird bei einer Aufenthaltserlaubnis für mindestens ein Jahr regelmäßig angenommen. Nicht zur Teilnahme berechtigt sind Schüler wegen ihrer anderweitigen Beschulung und Personen mit nur geringem Integrationsbedarf.

149 Die Teilnahme ist nach § 44a Abs. 1 AufenthG verpflichtend u.a. bei unzureichenden Deutschkenntnissen oder besonderem Integrationsbedarf.[112] Mit der Erteilung des

111 Die Integration europäischer und fernöstlicher Zuwanderer ist weniger problembeladen als jene eines bestimmten Teils von Zuwanderern aus dem Nahen und Mittleren Osten sowie aus Nordafrika: Streitigkeiten um Kopftuchträgerinnen in Schule und Schuldienst, schweinefleischlose Schulessen, Teilnahmepflicht von Mädchen am Sportunterricht und an Klassenfahrten, Kleidungsgebote für Mädchen im Schwimmunterricht etc. entzünden sich vorwiegend wegen eines patriarchalisch-traditionellen Islamverständnisses. Ob solche Forderungen wirklich religiös begründet oder nur verbrämt sind, um der Mehrheitsgesellschaft Minderheitspositionen unter dem Schutz der Religionsfreiheit aufzuzwingen, mag bezweifelt werden. Es fehlen aber verbindliche Leitvorstellungen, so dass die Konkretisierung überforderten Entscheidern vor Ort wie Schulleitungen anheim fällt; vgl. Paul Stelkens, Der Landtag NRW hält sich nach der Kopftuchentscheidung des Bundesverfassungsgerichts bedeckt, BDVR-Rundschreiben 3/2015, 112 f., www.bdvr.de. Kritisch auch Josef Isensee, Christliches Erbe im organisierten Europa, JZ 2015, 745/750 f.

112 Vgl. BVerwG, U.v. 28.4.2015, Az. 1 C 21.14, NVwZ 2015, 1448/1449 Rn. 15 ff.: Kindererziehung und schlechte öffentliche Verkehrsverbindungen entbinden nicht von der Pflicht zur Kursteilnahme bzw. vom

Aufenthaltstitels regelt die Ausländerbehörde in einer **Nebenbestimmung** die **Teilnahmeverpflichtung** nach § 44a Abs. 1 Satz 2 AufenthG, überwacht ihre Erfüllung und kann sie bei Weigerung im Wege des Verwaltungszwangs nach § 44a Abs. 3 Satz 2 AufenthG durchsetzen. Fehlt die Integrationsbereitschaft, ist regelmäßig eine spätere Niederlassungserlaubnis als Ergebnis einer sprachlichen und gesellschaftlichen Integration im Bundesgebiet ausgeschlossen.

§ 45a AufenthG sieht neuerdings eine **berufsbezogene Förderung** zum Erlernen der deutschen Sprache vor, um im Anschluss die allgemeine Sprachförderung durch die Integrationskurse fortzusetzen und integrationsbedürftigen Ausländern den Einstieg in den Arbeitsmarkt zu erleichtern. Ein Ausländer ist zur Teilnahme daran verpflichtet, wenn er Sozialhilfeleistungen bezieht und einer Eingliederungsvereinbarung zur Beschäftigungsförderung unterliegt. Hinzu gekommen sind weitere Fördermöglichkeiten nach § 18 Abs. 2 Nr. 4, § 132 SGB III für aufenthaltsberechtigte oder länger geduldete Ausländer sowie Asylbewerber mit guter Bleibeperspektive.[113] Sie sollen frühzeitig durch Bildungs- und Beschäftigungsangebote sowie soziale Hilfen integriert werden. Solche Förderung erhalten jedoch **keine Asylbewerber**, bei denen ein dauerhafter und rechtmäßiger Aufenthalt nicht zu erwarten ist, insbesondere wenn sie **aus einem sicheren Herkunftsstaat** nach § 29a AsylG i.V.m. § 132 Abs. 1 Satz 2 SGB III (Rn. 331) stammen. So wichtig die Integrationskurse besonders für neu eingereiste Ausländer sind, so muss doch bezweifelt werden, ob sie angesichts der Flüchtlingswelle noch für die große Zahl integrationsbedürftiger Personen ausreichen.[114] 150

VII. Die weiteren Pflichten von Ausländern im Bundesgebiet

Ausländer haben im Bundesgebiet nicht nur Rechte, sondern auch **Pflichten**. Deren Erfüllung kann die Ausländerbehörde durch eher nachrangige Ordnungsverfügungen zur Förderung einer Ausreise nach § 46 Abs. 1 und Abs. 2 AufenthG sowie zur Beschränkung einer politischen Betätigung nach § 47 AufenthG sichern. Weit wichtiger sind identitätsklärende und ausweisrechtliche Pflichten nach §§ 48 ff. AufenthG, weil Deutschland ein Recht hat zu erfahren, wer sein Gast wirklich und nachweislich ist, auch um ihn ggf. in seinen Herkunftsstaat zurückzuschicken. 151

1. Die Verpflichtung zur Passbeschaffung nach § 48 Abs. 3 AufenthG

§ 48 Abs. 1 AufenthG verpflichtet einen Ausländer zur Vorlage seines **Reisepasses** an die Ausländerbehörde; komplementär verpflichtet ihn § 48 Abs. 3 AufenthG, sich 152

Nachweis der Sprachkenntnis. Zum Spracherwerb der ersten und zweiten Generation von Wanderarbeitnehmern vgl. die instruktive Anmerkung von Rolf Gutmann, NVwZ 2015, 1451 f.

113 Näher zur Konzeption des Integrationsgesetzes BT-Drs. 18/8615 S. 2 f., 23 f., 31 ff.

114 Für eine Integration durch Beschäftigung plädiert Christoph von Planta, NVwZ 2016, 18, 21 f. Dies allerdings macht Deutschland als Zielland noch attraktiver für Personen, die das Asylverfahren aus asylfremden Motiven betreiben.

einen solchen zu beschaffen bzw. daran mitzuwirken, sollte er fehlen. Damit ist das Kernproblem im Vollzug des Aufenthaltsrechts angesprochen:

a) Das Problem des fehlenden Passes

153 Eine **ungeklärte Identität** und/oder ein **fehlender Reisepass** sind ein **Haupthindernis** für die Rückkehr und **Rückführung** ausreisepflichtiger Ausländer.[115] Zwar verpflichtet § 3 Abs. 1 Satz 1 AufenthG einen Ausländer zum Besitz eines Passes, um nach Deutschland einreisen und sich hier aufhalten zu dürfen. Wer eine Aufenthaltserlaubnis erhält, hat auch regelmäßig einen Pass. Doch viele Ausländer insbesondere mit der Absicht einer Asylantragstellung haben kein Interesse am Passbesitz, weil sie je nach Herkunftsstaat nicht damit rechnen, Asyl zu erhalten und im Bundesgebiet dauerhaft erlaubt bleiben zu dürfen. Um dennoch faktisch hier bleiben zu können, vernichten sie ihre Pässe vor oder kurz nach der Einreise bzw. geben gegenüber deutschen Behörden an, keinen Pass zu besitzen.[116] Ohne Pass oder Passersatz werden sie vom Herkunftsstaat mangels Identitätsnachweis nicht zurückgenommen. Weigern sie sich, einen fehlenden Pass oder Passersatz bei der Auslandsvertretung ihres Herkunftsstaats zu beantragen, können sie trotz Ablehnung ihres Asylantrages nicht zurückgeführt werden.[117] Es handelt sich um ein subjektives, vom Ausländer **vorwerfbar** herbeigeführtes **Abschiebungshindernis** im Sinne von § 60a Abs. 2 Satz 1 i.V.m. § 25 Abs. 5 Satz 4 AufenthG (Rn. 217).

b) Die Verpflichtung zur Passbeschaffung

154 Für die Ausländerbehörde ist die **Durchsetzung der Ausreisepflicht** gegenüber einem passlosen Ausländer mit großem Aufwand verbunden. Er kann zwar per Bescheid zur **Mitwirkung** an der Beschaffung eines Identitätspapiers, zur Vorlage für seine Identifizierung und Rückführung relevanter Unterlagen nach § 48 Abs. 3 AufenthG verpflichtet und sogar durchsucht werden,[118] wenn er im Besitz solcher Gegenstände vermutet wird. Aber wenn er sich beharrlich weigert, gar eine **falsche Identität** und Herkunft angibt, werden die behördlichen Bemühungen ohne Zufallsfunde erfolglos bleiben.

155 Seit Kurzem sieht § 48 Abs. 3a i.V.m. § 48a AufenthG auch seine Verpflichtung zur Herausgabe von Datenträgern und Zugangsdaten vor, weil auffallenderweise viele Flüchtlinge zwar ihren Pass unterwegs verloren haben wollen, aber ihr **Mobiltelefon** durch alle Fährnisse einer monatelangen Reise gerettet haben.[119] Die gespeicherten

115 BR-Drs. 642/14 S. 53.

116 Einen Ausschluss vom Asylverfahren bei nicht hinreichend entschuldigter bzw. behobener Passlosigkeit erwägt Kay Hailbronner, FAZ online v. 12.10.2015.

117 Anschaulich Hannelore Crolly u.a., Die Welt v. 1.9.2015.

118 Vgl. Andreas Dietz, EuGRZ 2011, S. 365 ff.

119 Im Gegenteil spricht der gesunde Menschenverstand dafür, für eine Flucht Ausweise mitzunehmen, weil sich damit die Herkunft beweisen lässt. Im Zweiten Weltkrieg waren z.B. die von Bombenangriffen bedrohten Zivilisten gehalten, „Schutzraumgepäck" für eine Flucht in den Bunker bereitzuhalten, wozu erstrangig „Ausweis und Wertpapiere, Verträge, Familiendokumente" gehörten, so Jörg Friedrich, Der Brand, Deutschland im Bombenkrieg 1940–1945, Taschenbuchausgabe 2004, S. 374.

Adress- und Verbindungsdaten im Mobiltelefon sowie eine häufig gewählte Auslandsvorwahl können wesentliche Hinweise auf eine mögliche Staatsangehörigkeit geben.[120] Zu eng ist allerdings die Beschränkung der Befugnis zur Auswertung der Daten auf Bedienstete mit der Befähigung zum Richteramt angesichts der knappen Personalausstattung der Ausländerbehörden und der wegen der Flüchtlingswelle in großer Zahl anfallenden Identitätsprüfungen und Rückführungen.[121] Daher soll im geplanten Gesetz zur besseren Durchsetzung der Ausreisepflicht auch das BAMF nach § 15 Abs. 2 Nr. 6 und § 15a AsylG-E die Befugnis erhalten, sich Datenträger vorlegen, aushändigen und zur Auswertung überlassen zu lassen, um die Identität und Staatsangehörigkeit eines Ausländers festzustellen, soweit diese sonst nicht feststellbar ist.[122] Ob das gewünschte Ziel dadurch erreichbar ist, dass die Datenträgererfassung (nur) bei der Registrierung neu ankommender Asylsuchender angewandt werden soll, aber nicht bei der Identifizierung der unidentifiziert im Bundesgebiet lebenden Ausländer, die sich bereits in wenig aussichtsreichen Asylverfahren befinden (z.B. mutmaßliche Angehörige sicherer Herkunftsstaaten), ist eher fraglich. Gerade in laufenden Asylverfahren kann eine Nacherfassung sinnvoll sein, wenn erst bei der Anhörung Identitätszweifel auftauchen.

2. Die Verpflichtung zur Identitätsklärung nach § 49 AufenthG

§ 49 Abs. 2 AufenthG verpflichtet einen Ausländer zur (**wahrheitsgemäßen**) **Auskunft** über sein **Alter**, seine **Identität** und seine **Staatsangehörigkeit**. § 49 Abs. 3 bis Abs. 10 AufenthG berechtigt die Ausländerbehörde bei Zweifeln an den Angaben zur Vornahme von Prüfungen und Feststellungen, z.B. durch Abnahme und Abgleich von Fingerabdrücken, zur **Altersfeststellung** durch einen Arzt bei angeblich Minderjährigen sowie zu Tonbandaufzeichnungen der Stimme des Ausländers zwecks Auswertung durch Sprachkundige. Die Maßnahmen insbesondere zur Altersfeststellung Minderjähriger sind umstritten, aber in vielen Fällen unumgänglich, wenn z.B. eine Minderjährigkeit mit dem Ziel einer bevorzugten Unterbringung und Betreuung und vor allem einer Nichtrückführung trotz offensichtlich deutlich höheren Alters behauptet wird (Rn. 492). 156

120 BR-Drs. 642/14 S. 53.

121 Die politischen und behördlichen Anstrengungen zur Rückführung ausreisepflichtiger Ausländer zeigen sich im deutlichen Anstieg der Zahl von Abschiebungen, so wurden im Jahr 2016 auf dem Luftweg 23.886 Ausländer abgeschoben, 1.376 auf dem Landweg und 113 auf dem Seeweg; etwa 55.000 Ausländer verließen Deutschland freiwillig mit behördlicher bzw. finanzieller Unterstützung, vgl. BT-Drs. 18/11112 S. 2 ff., 55.

122 Vgl. BR-Drs. 179/17 S. 3 f., 13 f. Zu Datenträgern zählen nicht nur Mobiltelefone.

§ 5 Die Regelungen für die Beendigung des Aufenthalts eines Ausländers

157 Aus der staatlichen Territorialsouveränität des Gaststaates folgt, dass er den Aufenthalt eines Ausländers im Staatsgebiet auch beenden darf. Hierfür ist gesetzlich ein Stufenverfahren vorgesehen: Die **Beseitigung des Aufenthaltstitels** und damit des Rechts auf Aufenthalt mit der Begründung der **Ausreisepflicht** nach §§ 50 ff. AufenthG ist die erste Stufe, die **Überwachung der freiwilligen Ausreise** nach § 56 AufenthG die zweite Stufe und die **Durchsetzung einer verweigerten Ausreise** nach §§ 57 ff. AufenthG durch Zurückschiebung des Ausländers an der Grenze oder durch Abschiebung aus dem Bundesgebiet die dritte Stufe.

158 Für die erste Stufe der **Beseitigung des Aufenthaltstitels** hat der Staat mehrere, sich für den Ausländer in ihrer Belastungswirkung steigernde Möglichkeiten: So kann er abwarten, bis ein erteilter Aufenthaltstitel automatisch **durch Zeitablauf erloschen** ist. Wenn er im Anschluss keine neue Aufenthaltserlaubnis erteilt, ist der Ausländer zur Ausreise verpflichtet. Hat der Staat ein gesteigertes Interesse an der Aufenthaltsbeendigung, kann er alternativ den erteilten und noch gültigen **Aufenthaltstitel widerrufen oder zurücknehmen** oder nachträglich kürzer als zunächst erteilt befristen und so die Ausreisepflicht auslösen. Schließlich kann er bei einem noch stärkeren öffentlichen Interesse an einer zeitnahen Aufenthaltsbeendigung den Ausländer auch **ausweisen.** Diese drei Alternativen finden sich in § 51 Abs. 1 AufenthG.

I. Die Ausreisepflicht nach § 50 Abs. 1 AufenthG

159 Die **Ausreisepflicht** eines Ausländers ist die Kehrseite des **Einreise- und Aufenthaltsverbots mit Erlaubnisvorbehalt:** Endet die Erlaubnis, entsteht die Ausreisepflicht nach § 50 Abs. 1 AufenthG: Der Ausländer hat das Bundesgebiet nach § 50 Abs. 2 AufenthG unverzüglich oder bis zum Ende einer gesetzten Ausreisepflicht zu verlassen.

II. Das Erlöschen des Aufenthaltstitels nach § 51 Abs. 1 AufenthG

160 Die Grundvoraussetzung der Ausreisepflicht ist – bei einem erlaubten Aufenthalt[123] – das **Erlöschen des Aufenthaltstitels.** § 51 AufenthG regelt dies systematisch mit den Erlöschensgründen für alle Aufenthaltstitel in § 51 Abs. 1 AufenthG, Ausnahmen hiervon für die Niederlassungserlaubnis in § 51 Abs. 2 AufenthG, weiteren Ausnahmen für besondere Lebenssituationen in § 51 Abs. 3 und Abs. 4 AufenthG sowie ergänzenden Regelungen. Die **Erlöschensgründe** in § 51 Abs. 1 AufenthG lassen sich systematisch weiter unterteilen danach, ob sie automatisch zum Erlöschen führen oder erst durch ein Handeln der Ausländerbehörde oder des Ausländers:

---

123 Bei einer unerlaubten Einreise und einem **unerlaubten Aufenthalt** fehlt jeder Aufenthaltstitel, so dass die Ausreisepflicht aus § 50 Abs. 1 AufenthG folgt.

1. Das Erlöschen in Folge einer Nebenbestimmung nach § 51 Abs. 1 Nr. 1 und Nr. 2 AufenthG

Wie bereits gezeigt, können Visum und Aufenthaltserlaubnis mit Nebenbestimmungen versehen werden (Rn. 35), welche die Geltungsdauer begrenzen. Daher bilden die Befristung nach § 7 Abs. 1 Satz 1 AufenthG und die (auflösende) Bedingung nach § 12 Abs. 2 AufenthG die Grundlage für ein automatisches Erlöschen des Aufenthaltstitels nach § 51 Abs. 1 Nr. 1 und Nr. 2 AufenthG. 161

Beispiel: Eine Aufenthaltserlaubnis wurde für ein Jahr ab Erteilung befristet. Nach Ablauf des Jahres ist sie automatisch erloschen. Der Ausländer muss also vorher ihre Verlängerung beantragt haben oder ausgereist sein. Gleiches gilt für den Eintritt der auflösenden Bedingung eines unerlaubten Studienfachwechsels nach § 16 AufenthG.

2. Das Erlöschen in Folge einer Rücknahme, eines Widerrufs oder einer Ausweisung nach § 51 Abs. 1 Nr. 3, Nr. 4 oder Nr. 5 AufenthG

Während der Aufenthaltstitel nach § 51 Abs. 1 Nr. 1 und Nr. 2 AufenthG ohne weiteres Zutun der Ausländerbehörde automatisch erlischt, setzen **Rücknahme und Widerruf** ihr aktives Handeln voraus. Beide sind ein actus contrarius zum ursprünglich begünstigenden Verwaltungsakt der Erteilung und damit **belastende Verwaltungsakte**, weil sie den Rechtsbereich des Betroffenen gegenüber dem Status quo einschränken. Rücknahme und Widerruf sind im allgemeinen Verwaltungsrecht nach § 48 und § 49 VwVfG bzw. Art. 48 und Art. 49 BayVwVfG vorgesehene Instrumente, einen rechtswidrigen bzw. rechtmäßigen Verwaltungsakt im Nachhinein mit Wirkung für die Vergangenheit und/oder die Zukunft zu beseitigen. Die **Rücknahme** ist im Aufenthaltsrecht nicht gesondert geregelt und daher nach den allgemeinen Vorschriften möglich. Der **Widerruf** wird durch § 52 AufenthG als lex specialis insoweit eingeschränkt, als er für die dort genannten Aufenthaltstitel nur unter den spezifischen Voraussetzungen, im Übrigen aber uneingeschränkt für alle anderen Aufenthaltstitel nach den allgemeinen Vorschriften statthaft ist. Ob die Voraussetzungen einer Rücknahme oder eines Widerrufs im Einzelfall erfüllt sind[124] und ob sie sonst rechtmäßig, insbesondere **verhältnismäßig im weiteren Sinn** sind,[125] muss jeweils geprüft werden. 162

Beispiel: Ein ausländischer Student jobbt zur Finanzierung seines Studiums in der Gastronomie. Im Sommer 2014 ist während der Fußball-Weltmeisterschaft in Brasilien, der nächtlichen Live-Übertragungen der Fußballspiele und des Sommerwetters, besonders viel los, so dass er fünf Tage mehr als die erlaubten 120 Tage im Jahr arbeitet. Bei einer routinemäßigen Überprüfung der Gaststätte auf Schwarzarbeit wird dies festgestellt und der Ausländerbehörde gemeldet. Zwar kommt ein Widerruf nach § 52 Abs. 3 Nr. 1 AufenthG dem Grunde nach in Betracht. Doch angesichts der geringfügigen Überschreitung von weniger als 5 % der erlaubten Erwerbstätigkeit sowie der Sondersituation des „Sommermärchens 2014" dürfte ein Widerruf un-

124 Dafür trägt die Ausländerbehörde die materielle Beweislast, vgl. BVerwG, U.v. 8.12.2009, Az. 1 C 16.08, BVerwGE 135, 334/350 Rn. 36 f.

125 Dieses **Übermaßverbot** wurzelt im Rechtstaatsprinzip nach Art. 20 Abs. 3 GG und verlangt die dreistufige Prüfung der **Eignung** des Mittels, der **Erforderlichkeit** seiner Anwendung und der **Verhältnismäßigkeit** im engeren Sinn, also der Vereinbarkeit unter Abwägung aller widerstreitenden Belange und der berührten Grundrechte.

verhältnismäßig sein, denn er nähme dem Studenten seine langfristige Bildungs- und Berufsperspektive. Die Ausländerbehörde wird ihr Widerrufsermessen dahin ausüben, nicht zu widerrufen, aber den Studenten zur Einhaltung der Beschränkung ermahnen und vor einer Verlängerung seiner Aufenthaltserlaubnis prüfen, ob er sich seither rechtstreu verhalten hat.

163 Die Bedeutung des **Verhältnismäßigkeitsprinzips** zeigt auch § 52 Abs. 2 AufenthG, wonach ein Teilwiderruf lediglich der begünstigenden Nebenbestimmung zur Erwerbstätigkeit in Betracht kommt, wenn die Bundesagentur ihre Zustimmung zur Beschäftigung widerrufen hat, so dass der Aufenthaltstitel im Übrigen aber dem Ausländer belassen wird. Das Rechtsinstitut der Ausweisung nach § 51 Abs. 1 Nr. 5 AufenthG setzt zwar auch ein Handeln der Ausländerbehörde voraus, wird wegen seiner Besonderheiten aber eigens dargestellt (Rn. 175 ff.).

3. Das Erlöschen in Folge einer Ausreise nach § 51 Abs. 1 Nr. 6 und Nr. 7 AufenthG

164 Diese **Erlöschenstatbestände** knüpfen an ein Handeln des Ausländers die Vermutung an, dass ein Ausländer, der dauerhaft ins Ausland reist, kein Interesse und keinen Bedarf an einem deutschen Aufenthaltstitel mehr hat. Die beiden Alternativen unterscheiden sich danach, ob ein seiner Natur nach nicht vorübergehender Grund[126] für die Ausreise[127] im Sinne von nach § 51 Abs. 1 Nr. 6 AufenthG vorliegt oder nach § 51 Abs. 1 Nr. 7 AufenthG bei einem länger als sechsmonatigen Auslandsaufenthalt vermutet wird.

Beispiel: Der Vater eines Ausländers ist im Inland verstorben. Seinem letzten Willen folgend organisiert sein Sohn die Überführung und Beisetzung des Leichnams im Heimatstaat. Kehrt er vor Ablauf von sechs Monaten zurück, erlischt seine Aufenthaltserlaubnis nicht, denn es handelt sich um einen seiner Natur nach vorübergehenden Grund für die Ausreise und eine rechtzeitige Rückkehr. Kehrt er hingegen erst nach sieben Monaten zurück, weil er noch den Nachlass seines Vaters im Heimatstaat ordnen musste, handelt sich zwar immer noch um einen seiner Natur nach vorübergehenden Grund, aber seine Rückkehr war nicht rechtzeitig, so dass seine Aufenthaltserlaubnis nach § 51 Abs. 1 Nr. 7 AufenthG erloschen ist. Um diese Härte zu vermeiden. hätte er – ggf. vom Ausland aus – mit der an seinem Inlandswohnsitz zuständigen Ausländerbehörde vor Ablauf der sechs Monate Kontakt aufnehmen und sich eine längere Rückkehrfrist einräumen lassen müssen.

165 Eine gesetzliche Ausnahme vom automatischen fristgebundenen Erlöschen besteht nach § 51 Abs. 3 AufenthG für die Erfüllung der gesetzlichen **Wehrpflicht im Heimatstaat**, die regelmäßig länger als sechs Monate dauert, aber der Natur nach vorübergehend ist. Eine weitere Ausnahme sieht § 51 Abs. 4 Satz 2 AufenthG u.a. für den Fall einer zwar auf Dauer angelegten, aber nicht freiwilligen Ausreise vor – insbesondere die Zwangsverheiratung ins Ausland. Wer mit Gewalt oder Drohung zur Eingehung einer **Zwangsehe** genötigt und von der Rückkehr nach Deutschland abgehalten wurde, aber innerhalb von drei Monaten nach Wegfall der Zwangslage,

126 Als **vorübergehend** werden Urlaubs- und kürzere Berufsreisen sowie zeitlich begrenzte Ausbildungsaufenthalte angesehen, nicht aber ein ganzes Studium, vgl. BVerwG, U.v. 11.12.2012, Az. 1 C 15.11, NVwZ-RR 2013, 338 ff.

127 **Ausreisen** sind solche, die nicht staatlich veranlasst sind (z.B. Auslieferung), so BVerwG, U.v. 17.1.2012, Az. 1 C 1.11, BVerwGE 141, 325/326 ff. Rn. 8 ff.

spätestens jedoch innerhalb von zehn Jahren seit der Ausreise, wieder einreist, behält seinen Aufenthaltstitel. Da eine Niederlassungserlaubnis zum Daueraufenthalt im Bundesgebiet berechtigt, erlischt auch sie nach § 51 Abs. 2 AufenthG nur ausnahmsweise unter zusätzlichen Voraussetzungen.

4. Die Erledigung aus anderen Gründen

Unabhängig von den Erlöschensgründen kann sich ein **Aufenthaltstitel** wie jeder Verwaltungsakt nach § 43 Abs. 2 VwVfG bzw. Art. 43 Abs. 2 BayVwVfG in anderer Weise **erledigen**. Ein Beispiel ist die **Einbürgerung** des Ausländers, denn sobald er Deutscher geworden ist, besitzt er ein von Art. 11 GG geschütztes Einreise- und Aufenthaltsrecht im deutschen Staatsgebiet (Rn. 15); seine für Ausländer gültige Aufenthaltserlaubnis verliert ihre Wirkung. Ein weiteres Beispiel ist der **Tod** des Ausländers, denn das Aufenthaltsrecht ist ein höchstpersönliches, nicht vererbbares Recht, das mit dem Tod endet. 166

5. Die Form der Erlöschenswirkung

Wegen der im Ausländerrecht grundsätzlich geltenden Schriftform hat die Ausländerbehörde alle Verwaltungsakte, mit denen sie **aktiv ein Erlöschen herbeiführt** (Ausweisung, Rücknahme, Widerruf), nach vorheriger **Anhörung** des Betroffenen nach § 28 Abs. 1 VwVfG bzw. Art. 28 Abs. 1 BayVwVfG schriftlich nach § 77 Abs. 1 Satz 1 Nr. 2 und Nr. 8 AufenthG zu erlassen, zu begründen und mit einer Rechtsbehelfsbelehrung zu versehen. Gegen diese **belastenden Verwaltungsakte** ist die Anfechtungsklage statthaft, die wegen ihrer praktischen Bedeutung und rechtlichen Tragweite am Beispiel der Ausweisung dargestellt wird (Rn. 237 ff.). 167

Handelt es sich um **Erlöschensgründe**, die von einem Handeln der Ausländerbehörde unabhängig sind (Befristung, auflösende Bedingung, Ausreise ohne fristgerechte Wiederkehr etc.), tritt die Rechtswirkung **von Gesetzes wegen** ein. Die Behörde kann insoweit also keinen verfügenden Verwaltungsakt erlassen, sondern allenfalls durch Verwaltungsakt deklaratorisch **das Erlöschen feststellen** (1. Variante) oder sich lediglich auf die eingetretene Rechtslage berufen (2. Variante). 168

6. Der Rechtsschutz gegen ein Erlöschen

Entsprechend der vorgenannten Unterscheidung bestimmt sich der Rechtsschutz des Ausländers. Gegen eine **deklaratorische Feststellung** des Erlöschens durch Verwaltungsakt (1. Variante) ist die Anfechtungsklage eröffnet, weil auch die deklaratorische Feststellung des Erlöschens durch Erlass des Verwaltungsakts einen Rechtsschein erzeugt, gegen den sich der Betroffene wehren können muss. Insoweit gelten die Ausführungen zur Anfechtungsklage entsprechend (Rn. 237 ff.). Für die Feststellung, dass der Aufenthaltstitel entgegen der Auffassung der Ausländerbehörde nicht erloschen ist (2. Variante) wird im Folgenden eine Klage auf Feststellung, dass der Aufenthaltstitel nicht erloschen ist, dargestellt: 169

a) Die Zulässigkeit dieser Feststellungsklage

170 Der **Verwaltungsrechtsweg** ist nach § 40 Abs. 1 VwGO eröffnet; auch für die örtliche und instanzielle **Zuständigkeit des Verwaltungsgerichts** ergeben sich keine Abweichungen zur Anfechtungs- oder Verpflichtungsklage (Rn. 118 ff.).

171 Statthaft ist mangels Verwaltungsakts nicht eine Anfechtungsklage, sondern eine **Feststellungsklage** nach § 43 Abs. 1 und Abs. 2 Satz 1 VwGO auf positive Feststellung des Verwaltungsgerichts, dass der Aufenthaltstitel nicht erloschen ist. Es liegt ein **Rechtsverhältnis** als rechtliche Beziehung zwischen zwei Personen – der juristischen Person (des Trägers) der Ausländerbehörde und der natürlichen Person des Ausländers – vor, aus dem abgeleitete Rechte – hier: das Aufenthaltsrecht des Ausländers aus dem Aufenthaltstitel – umstritten sind. Es handelt sich um eine positive Feststellungsklage, weil das Bestehen der Aufenthaltsberechtigung festgestellt werden soll. Das nach § 43 Abs. 1 VwGO erforderliche **Feststellungsinteresse** ergibt sich daraus, dass dem Ausländer im Fall der Feststellung sein Aufenthaltsrecht nicht mehr bestritten wird. Ein **Vorverfahren** ist im Umkehrschluss aus § 68 Abs. 1 VwGO für die Feststellungsklage nicht vorgesehen; ebenso wenig eine **Klagefrist** nach § 74 VwGO.

b) Die Begründetheit dieser Feststellungsklage

172 Für die Begründetheit bestimmt sich der richtige **Klagegegner** nach § 78 Abs. 1 VwGO und ist für die positive Feststellungsklage nach § 43 Abs. 1 VwGO erforderlich, dass er weiter aufenthaltsberechtigt ist. **Entscheidungserheblicher Zeitpunkt** ist jener, auf den sich die Feststellung bezieht und in dem das Erlöschen nicht eingetreten sein und der Aufenthaltstitel fortbestanden haben oder bis heute fortbestehen soll. Die Ausländerbehörde hat die von ihr behaupteten rechtsvernichtenden Tatsachen des Erlöschens darzutun und trägt das Risiko ihrer **Unerweislichkeit** (non liquet); der Ausländer hat umgekehrt die für seinen Klageerfolg günstigen rechtswahrenden Tatsachen darzutun (Darlegungslast Rn. 128).

Beispiel: Ist der Ausländer aus geschäftlichen Gründen ins Ausland gereist, dort aber kurzerhand zum Wehrdienst einberufen und erst nach einem Jahr wieder entlassen worden, muss er den geschäftlichen Reisezweck und seine Wehrdienstleistung dartun, um ein Erlöschen zu widerlegen, während die Behörde Aus- und Wiedereinreisedaten darzulegen hat.

c) Das Kostenrisiko dieser Feststellungsklage

173 Da ein Aufenthaltstitel den Streitgegenstand bildet, wird nach Nr. 8.1 des Streitwertkatalogs[128] der **Auffangstreitwert** nach § 52 Abs. 2 GKG von 5.000 Euro angesetzt, aus dem sich die Kosten wie bei der Verpflichtungsklage errechnen.

---

128 Streitwertkatalog für die Verwaltungsgerichtsbarkeit v. 18.7.2013.

d) Der Eilrechtsschutz gegen eine Erlöschensfeststellung

Der Eilrechtsschutz folgt auch hier dem statthaften Rechtsbehelf der Hauptsache, d.h. statthaft ist zur allgemeinen Feststellungsklage ein **Eilantrag** nach § 123 Abs. 1 und Abs. 5 VwGO auf vorläufige Sicherung des Aufenthaltsrechts bis zur Entscheidung in der Hauptsache. 174

III. Die Ausweisung nach §§ 53 ff. AufenthG

Die **Ausweisung** ist eine Anordnung der Behörde, welche nach § 51 Abs. 1 Nr. 5 AufenthG den Aufenthaltstitel gezielt beseitigt und dem Ausländer damit das Recht zum Aufenthalt im Bundesgebiet sowie zur Wiedereinreise nach § 11 Abs. 1 AufenthG (**Einreise- und Aufenthaltsverbot**) nimmt. Sie ist das schärfste Ordnungs- und Sanktionsmittel des Ausländerrechts und verdeutlicht am stärksten die Herkunft des Ausländerrechts als einstiges „Fremdenpolizeirecht".[129] Sie wirkt ähnlich einem polizeilichen Platzverweis, allerdings räumlich erstreckt nicht auf den akuten Aufenthaltsbereich, sondern auf das gesamte Staatsgebiet bzw. auf den Schengen-Raum. 175

1. Die Ausweisung als sicherheitsrechtliche Präventivmaßnahme

Die Ausweisung dient der **Abwehr von Gefahren**, die gegenwärtig und künftig aus der Person oder dem Verhalten des Ausländers resultieren. Da sie in die Zukunft reicht – eine Ausweisung für die Vergangenheit ist sachlich ausgeschlossen, weil der Ausländer nicht mehr für die Vergangenheit ausreisen kann –, bedarf es einer **Prognose**, ob aus einem vergangenen Fehlverhalten des Ausländers noch auf seine gegenwärtige und künftige Gefährlichkeit geschlossen werden kann. 176

Beispiel: Hat ein Ausländer jahrelang mit Drogen gehandelt und dadurch seine Drogensucht finanziert, besteht die Gefahr, dass er dieses Verhalten fortsetzt. Erst wenn er nachweislich seine Sucht überwunden hat, nun drogenfrei ist und sich aus den kriminellen Kreisen gelöst hat, kann die künftige Gefahrenprognose nicht mehr auf sein vergangenes Fehlverhalten gestützt werden.[130]

Als **Präventivmaßnahme** kann die Ausweisung general- oder spezialpräventiven Zwecken dienen, je nachdem, ob sie andere Ausländer von ähnlichem Fehlverhalten abschrecken oder den betreffenden Ausländer an Wiederholungstaten hindern soll. Beide Zwecke können miteinander verbunden werden. So können Ausweisungen von verurteilten Heroinhändlern oder radikalen Salafisten[131] Signalwirkung in die „Szene" hinein haben, andere Ausländer von Nachahmungen abhalten und den Täter durch Abschiebung nach Verbüßung seiner Strafe daran hindern, im Bundesge- 177

129 Zur historischen Entwicklung Thomas Groß, AöR 139 (2014), 420/421, 429 f.

130 Anhaltspunkte für die grundlegende Verhaltensänderung lassen sich aus regelmäßigen **Drogenkontrollen** (Haaranalysen) und dem Ergebnis einer erfolgreich verlaufenen Drogentherapie gewinnen, wie sie während der Haft in einer Justizvollzugsanstalt oder nach einer Haftentlassung als Bewährungsauflagen üblich sind.

131 Freilich unterliegen nur Ausländer dem Instrument der Ausweisung; Salafisten mit deutschem Pass hingegen genießen das Aufenthalts- und Freizügigkeitsrecht als deutsche Staatsbürger nach Art. 11 GG.

biet rückfällig zu werden. Die Ausweisung ist allerdings **keine Repressionsmaßnahme**, also keine zusätzliche Strafe für Straftaten des Ausländers. Sie kann nicht wegen begangener Straftaten sondern nur wegen der Gefahr künftiger Straftaten verhängt werden.

2. Der Systemwechsel der Ausweisung

178 Mit der **Novelle** der §§ 53 ff. AufenthG hat der Gesetzgeber das **Ausweisungsrecht** komplett umgestaltet. **Bisher** gab es drei Ausweisungstatbestände, die zueinander in einem Stufenverhältnis standen je nach Schwere des Ausweisungsanlasses: Nach § 53 AufenthG a.F. wurden Schwerkriminelle zwingend (**Ist-Ausweisung**) ausgewiesen; Straftäter aus dem Bereich der mittelschweren Kriminalität wurden nach § 54 AufenthG a.F. regelmäßig (**Soll-Ausweisung**) und Straftäter aus dem Bereich der leichten Kriminalität wurden nach § 55 AufenthG a.F. fakultativ nach Ermessen (**Kann-Ausweisung**) ausgewiesen.[132] Auf der Tatbestandsseite hatte der Gesetzgeber den Ausländerbehörden also detaillierte Vorgaben gemacht und sie auch auf der Rechtsfolgenseite (Ist/Soll/Kann) gebunden. Bei jeder Ausweisung musste die Ausländerbehörde aber die Verhältnismäßigkeit unter Berücksichtigung der widerstreitenden öffentlichen und privaten Belange berücksichtigen. Dieses schematisch anmutende System wurde als mit dem europarechtlichen Ausweisungsschutz für Unionsbürger sowie für Assoziationsberechtigte als nicht mehr vereinbar angesehen, durch den Europäischen Gerichtshof sowie das Bundesverwaltungsgericht für wichtige Gruppen von Ausländern massiv modifiziert und für sie nur noch die Ermessensausweisung unter umfassender Prüfung der Verhältnismäßigkeit für statthaft erachtet.[133]

179 Dem ist der Gesetzgeber gefolgt und hat im Jahr 2015 einen **Systemwechsel** vollzogen.[134] Anstelle der nach Ausweisungsanlass abgestuften Ist-, Regel- und Ermessensausweisung trat eine **einheitliche Ausweisung** mit einer **ergebnisoffenen Abwägung** aller Umstände des Einzelfalles bereits auf der Tatbestandsseite. Dadurch sollen die Verwaltungsgerichte im Fall einer Klage gegen die Ausweisung in die Lage versetzt werden, die Entscheidung der Ausländerbehörde entweder zu bestätigen oder durch eine eigene gerichtliche Entscheidung zu ersetzen.[135]

3. Die neue Ausweisungsregelung des § 53 AufenthG

180 Eine Ausweisung beruht nun nach § 53 Abs. 1 AufenthG auf einem **zweiteiligen Tatbestand**, der erstens aus einer **Prognose** der vom Ausländer ausgehenden Gefahr und zweitens aus einer **Abwägung** zwischen dem öffentlichen **Ausweisungsinteresse** nach § 54 AufenthG einerseits und seinem persönlichen **Verbleibeinteresse** im Bundesge-

---

132 § 56 AufenthG a.F. modifizierte die Ausweisungsgründe für besonders schutzbedürftige wie z.B. hier geborene oder dauerhaft aufenthaltsberechtigte Ausländer.

133 Vgl. BVerwG, U.v. 23.10.2007, Az. 1 C 10.07, BVerwGE 129, 367/371 Rn. 19 ff.; BVerwG, U.v. 14.2.2012, Az. 1 C 7.11, BVerwGE 142, 29/48 Rn. 36.

134 Näher dazu Reinhard Marx, ZAR 2015, 245 f.; Rolf Gutmann, InfAuslR 2016, 129.

135 BR-Drs. 642/14 S. 31. Dazu auch Bertold Huber, NVwZ 2015, 1178/1180 f.

biet nach § 55 AufenthG andererseits besteht. Die Ausweisung ist nur gerechtfertigt, wenn in der Abwägung das öffentliche Interesse an der Ausreise das private Interesse des Ausländers überwiegt[136] und die Ausweisung schließlich nicht zu seiner unverhältnismäßigen Belastung führt.

Voraussetzungen einer Ausweisung

Prüfungsstufen einer **Ausweisung** (Rn. 175 ff.) = rechtliche Aufenthaltsbeendigung ⇓ 1. Ausweisungsanlass (Rn. 181) = gegenwärtige Gefahr aus Person oder Verhalten des Ausländers ⇓ 2. Abwägung (Rn. 182) zwischen öffentlichem Ausweisungsinteresse (Rn. 189 ff.) und privatem Verbleibeinteresse (Rn. 193 ff.) ⇓ 3. Verhältnismäßigkeitsprüfung (Rn. 187) ⇓ **Zwingende Ausweisung**

a) Der Ausweisungsanlass nach § 53 Abs. 1 AufenthG

Der **Ausweisungsanlass** liegt in einer **gegenwärtigen** (und künftigen) **Gefahr**, die aus der Person oder dem Verhalten des Ausländers resultiert. Schutzgut sind die öffentliche Sicherheit und Ordnung als Gesamtheit der in Deutschland geltenden Rechtsregeln, die freiheitliche demokratische Grundordnung und sonstige erhebliche Interessen der Bundesrepublik Deutschland. Die Begriffe der öffentlichen Sicherheit und Ordnung sowie der Gefährdung sollen im polizei- und ordnungsrechtlichen Sinn verstanden werden. Eine **Gefahr** liegt vor, wenn mit hinreichender Wahrscheinlichkeit durch die weitere Anwesenheit des Ausländers im Bundesgebiet eines der genannten Schutzgüter Schaden nimmt.[137] Je größer der befürchtete Schaden im Wiederholungsfall ist, desto niedriger muss die Wahrscheinlichkeit des Schadenseintritts sein, wobei die **Wiederholungsgefahr** eine gerichtlicher Bewertung unterliegende Rechtsfrage und nicht einem Sachverständigenbeweis zugänglich ist. Auch an strafgerichtliche Bewährungsentscheidungen sind die Verwaltungsgerichte bei ihrer Bewertung nicht gebunden; solche haben aber indiziellen Charakter.[138] 181

136 BR-Drs. 642/14 S. 55 ff.

137 BR-Drs. 642/14 S. 55; dazu Reinhard Marx, ZAR 2015, 245/249 f. Den Gefahrenbegriff für entbehrlich halten Ina Bauer/Stephan Beichel-Benedetti, NVwZ 2016, 416/418 f.

138 Vgl. BVerwG, U.v. 4.10.2012, Az. 1 C 13.11, NVwZ 2013, 361/362 f. Rn. 12, 18; BVerwG, U.v. 13.12.2012, Az. 1 C 20.11, NVwZ 2013, 733/734 f. Rn. 22; BayVGH, B.v. 12.7.2016, Az. 10 B 14.1854, Rn. 8.

Beispiel: Setzt das Strafgericht die Reststrafe für einen unter Drogeneinfluss straffällig gewordenen Ausländer zur Bewährung aus, nachdem er eine Drogentherapie abgeschlossen hat, hindert das die Ausländerbehörde nicht an seiner Ausweisung unter Annahme einer Wiederholungsgefahr und das Verwaltungsgericht nicht an der Bestätigung dieser Entscheidung, wenn der Ausländer bereits nach einer früheren Drogentherapie nicht drogen- und straffrei geblieben und die Wiederholungsgefahr daher erheblich ist.

b) Die Abwägung nach § 53 Abs. 1 und Abs. 2 AufenthG

182 Die **Abwägung** gewichtet einerseits nach § 53 Abs. 1 i.V.m. § 54 AufenthG das öffentliche **Ausweisungsinteresse** an der Entfernung des Ausländers aus dem Bundesgebiet und andererseits nach § 53 Abs. 1 und Abs. 2 i.V.m. § 55 AufenthG das private **Verbleibeinteresse** des Ausländers unter besonderer Berücksichtigung seines Rechts auf Achtung seines **Privat- und Familienlebens** nach Art. 6 Abs. 1 GG und Art. 8 EMRK.[139] Deswegen sind insbesondere die Verwurzelung des Ausländers in der Bundesrepublik und in seinem Herkunftsstaat zu berücksichtigen, wofür namentlich die Dauer seines Aufenthalts, seine persönlichen, wirtschaftlichen und sonstigen Bindungen im Bundesgebiet ebenso wie im Herkunftsstaat sowie die Folgen seiner Ausweisung für Familienangehörige und Lebenspartner zählen.

183 Die in § 53 Abs. 2 AufenthG enthaltene und nicht abschließende Aufzählung orientiert sich an vom Europäischen Gerichtshof für Menschenrechte zu Art. 8 EMRK aufgestellten Kriterien, die sowohl zu Gunsten als auch zu Lasten des Ausländers wirken können. Bindungen im Inland wirken sich grundsätzlich zugunsten des **Verbleibeinteresses** aus, Bindungen an den Herkunftsstaat mindern es; dies gilt auch für **Integrationsleistungen** einerseits und persönlich zu vertretende **Integrationsdefizite** sowie Rechtsverstöße andererseits.[140]

Beispiel: Hält sich ein volljähriger Ausländer seit seiner Kindheit im Bundesgebiet auf, wo seine Eltern und Geschwister erlaubt leben, wird diese Bindung durch seine Ausweisung beeinträchtigt. Andererseits ist zu berücksichtigen, dass seine Familie den Kontakt zu ihm auch brieflich und telefonisch sowie durch Besuche aufrechterhalten kann. Hat der Ausländer in Deutschland eine Schul- und Berufsausbildung abgeschlossen und einen Beruf ergriffen, sind diese wirtschaftlichen Bindungen ebenfalls schützenswert; ist seine Bildungs- und Berufsintegration hingegen gescheitert (Schulabbruch, keine Ausbildung, Arbeitslosigkeit), ist ihm ein beruflicher Neuanfang in seinem Herkunftsstaat eher zumutbar.

c) Die Einschränkungen der Ausweisung nach § 53 Abs. 3 und Abs. 4 AufenthG

184 In die **Abwägung** sind die widerstreitenden Belange nach ihrem **Gewicht** innerhalb der Rechtsordnung einzustellen. Bestimmten Belangen des Ausländers soll dabei besonderes Gewicht zukommen, so dass sie der Gesetzgeber in § 53 Abs. 3 und Abs. 4 AufenthG besonders betont.

185 Nach § 53 Abs. 3 AufenthG dürfen als Asylberechtigte anerkannte oder als Flüchtling schutzberechtigte Ausländer sowie assoziationsberechtigte oder nach europäi-

---

139 Als „**Familie**" wird die Kernfamilie verstanden, als „**Privatleben**" die Gesamtheit der persönlichen, gesellschaftlichen und wirtschaftlichen Beziehungen.

140 BR-Drs. 642/14 S. 56; BR-Drs.43/16 S. 1 ff.

schem Recht daueraufenthaltsberechtigte Ausländer nur **spezialpräventiv** ausgewiesen werden (Rn. 275, 290), wenn ihr persönliches Verhalten[141] gegenwärtig eine **schwerwiegende Gefahr** für die öffentliche Sicherheit und Ordnung darstellt, die ein Grundinteresse der Gesellschaft berührt und die Ausweisung für die Wahrung dieses Interesses unerlässlich ist.[142] Auch wer einen Asylantrag gestellt hat, kann nach § 53 Abs. 4 AufenthG grundsätzlich nur ausgewiesen werden, wenn er weder als Asylberechtigter anerkannt noch sonst ihm Flüchtlingsschutz zuerkannt wird. Demgegenüber sperrt die Feststellung eines Abschiebungshindernisses nicht die Ausweisung, weil die Ausweisung ihren ordnungsrechtlichen Zweck auch dadurch erfüllt, dass sie künftig eine legale Verfestigung des Aufenthalts im Bundesgebiet hindert, selbst wenn sie nicht zwangsweise durchgesetzt werden kann.[143]

Dies ist **kein Freibrief für Asylbewerber**, sondern soll verhindern, dass sie durch die 186
ihrer Ausweisung nachfolgende Abschiebung keiner Verfolgungsgefahr ausgesetzt werden.[144] Politisch wird derzeit erwogen, straffälligen Asylbewerbern bereits deswegen den Flüchtlingsstatus zu verwehren. Nach den Geschehnissen in der Silvesternacht in Köln im Jahr 2015[145] wird auch erwogen, eine Ausweisung und Abschiebung straffälliger Asylbewerber vor Abschluss ihres Asylverfahrens zu ermöglichen. Zumindest um die vorherige Prüfung und Verneinung von Abschiebungsverboten wird Deutschland aber nicht umhin kommen. Je nach Herkunftsstaat kann die Prüfung aber verkürzt werden, wenn es sich um einen als sicher eingestuften Herkunftsstaat im Sinne von § 29a Abs. 2 AsylG i.V.m. Anlage II zum AsylG handelt (Rn. 331). Daher wird erwogen, die Hauptherkunftsstaaten der auffällig gewordenen Asylbewerber Algerien, Marokko und Tunesien als sichere Herkunftsstaaten einzustufen.

d) Die Struktur und die gerichtliche Überprüfung der Ausweisungsentscheidung

Die Ausweisung setzt in einer ersten Prüfungsstufe nach § 53 AufenthG eine noch 187
gegenwärtige Gefahr durch das Verhalten des Ausländers voraus. Die **Abwägung** als zweite Prüfungsstufe als Prüfung des Überwiegens des Ausweisungsinteresses nach § 54 AufenthG gegenüber dem Verbleibeinteresse nach § 55 AufenthG ist nunmehr **auf der Tatbestandsseite** des § 53 Abs. 1 AufenthG angesiedelt. Als **Rechtsfolge** ist die **zwingende Ausweisung** vorgegeben („wird ausgewiesen"). Anders als in §§ 53 ff. AufenthG a.F. gibt es auf der Rechtsfolgenseite **kein Ermessen** der Ausländerbehörde mehr;[146] eine gerechtfertigte Ausweisung ist anzuordnen. Allerdings entbindet das

141 Ihre generalpräventive Ausweisung ist ausgeschlossen, BR-Drs. 642/14 S. 56.
142 Uwe Berlit, NVwZ 2013, 327/331 m.w.N. auf Art. 83 Abs. 1 Unterabs. 2 AEUV.
143 BayVGH, U.v. 28.6.2016, Az. 10 B 15.1854, Rn. 40 f. m.w.N.
144 BR-Drs. 642/14 S. 56; BR-Drs. 68/16 S. 1 ff.
145 Kritisch zu den Geschehnissen und ihrer publizistischen wie politischen Aufarbeitung Walter Schmitt Glaeser, Der freiheitliche Staat des Grundgesetzes, S. 142 ff.
146 Die von Reinhard Marx, ZAR 2015, 245/249 geforderte behördliche Ermessensentscheidung widerspricht dem eindeutigen Wortlaut von § 53 Abs. 1 AufenthG, dem gesetzgeberischen Anliegen einer gerichtlich voll überprüfbaren Abwägungs- statt einer nur begrenzt überprüfbaren Ermessensentscheidung

die Ausländerbehörde nicht von der abschließenden Prüfung auf der dritten Prüfungsstufe, ob die Ausweisung im Einzelfall auch **verhältnismäßig** ist.[147] Diese Prüfung wird zwar unter Berücksichtigung der in die umfassende Abwägung eingeflossenen Belange im Ergebnis kaum anders ausfallen können, als eine bereits gerechtfertigte Ausweisung zu bestätigen. Aber es ist nicht ausgeschlossen, dass noch weitere insbesondere grundrechtlich geschützte Gesichtspunkte ins Gewicht fallen.

188 Nach dem Willen des Gesetzgebers soll die **Ausweisungsentscheidung** einschließlich der von der Ausländerbehörde durchzuführenden Abwägung unter Berücksichtigung des Verhältnismäßigkeitsprinzips **gerichtlich voll überprüfbar** sein,[148] damit die Ausländerbehörde anders als bisher bei einer fehlerhaften Ermessensentscheidung nicht mehr zur Neubescheidung unter Beachtung der Rechtsauffassung des Gerichts verpflichtet werden kann. Vielmehr soll die gerichtliche Entscheidung das behördliche Ergebnis zur Beschleunigung des Verfahrens und zum schnelleren Gewinn von Rechtssicherheit schlicht ersetzen oder bestätigen (Rn. 179).

4. Das öffentliche Ausweisungsinteresse nach § 54 AufenthG

189 § 54 AufenthG enthält eine **zweistufige Gewichtung** des öffentlichen **Ausweisungsinteresses**, das generell zu Lasten des Ausländers wirkt, aber der Konkretisierung und Gewichtung im Einzelfall bedarf. Die in § 54 Abs. 1 AufenthG genannten Belange wiegen **besonders schwer**; die in § 54 Abs. 2 AufenthG aufgezählten Belange wiegen **schwer**:

a) Die besonders schwer wiegenden öffentlichen Belange nach § 54 Abs. 1 AufenthG

190 Der Katalog knüpft inhaltlich an die früheren Ausweisungsgründe des § 53 AufenthG a.F. an, denn bestimmte Tatsachen und Verhaltensweisen gefährden die staatlichen und gesellschaftlichen Belange der Bundesrepublik und ihrer Bevölkerung **besonders schwer**. Dazu zählen in typisierender Aufzählung u.a. **Straftaten**, auf Grund derer eine anschließende Sicherungsverwahrung des Ausländers angeordnet worden ist, weil von ihm auch nach Verbüßung der Straftat eine besondere Gefahr weiterer Straftaten ausgeht, sowie bestimmte Betäubungsmitteldelikte. Gleiches gilt bei Terrorismus und Terrorunterstützung,[149] bei Aufstachelung zu Hass oder zu Gewalt zur Durchsetzung politischer oder religiöser Ziele und ähnlichen staatsgefährdenden Delikten. Die Erstreckung auf religiöse Ziele erfasst auch extremistische Netzwerke nicht nur im politischen, sondern auch im religiös-politischen Spektrum,

---

(BR-Drs. 642/14 S. 31) und ist für die nach Art. 8 EMRK erforderliche umfassende Verhältnismäßigkeitsprüfung auch entbehrlich. Wie hier Ina Bauer/Stephan Beichel-Benedetti, NVwZ 2016, 416; Rolf Gutmann, InfAuslR 2016, 129.

147 BR-Drs. 642/14 S. 56.

148 Diese Abwägung ist – anders als eine planerische Abwägung nach § 75 Abs. 1a VwVfG – gerichtlich also nicht nur auf Abwägungsmängel hin überprüfbar. Begründbar ist das nur mit dem strikten Entscheidungsprogramm der gebundenen Ausweisungsentscheidung („wird ausgewiesen") im Gegensatz zu einer planerischen Abwägung unter mehreren Lösungsvarianten.

149 Vgl. BVerwG, U.v. 30.7.2013, Az. 1 C 9.12, BVerwGE 147, 261/268 f. Rn. 21 ff.; BayVGH, B.v. 3.2.2016, Az. 10 ZB 15.1413, NVwZ 2016, 623 f.

wie gewaltbereite Salafisten, sowie wegen der Gefährdung des friedlichen Zusammenlebens in Deutschland auch alle „geistigen Brandstifter".[150] Wer die Friedensordnung des Grundgesetzes zur gewaltsamen und hasserfüllten Verfolgung eigener politischer Ziele missbraucht, gar sie bekämpft, darf nicht ihren Schutz genießen.

b) Die schwer wiegenden öffentlichen Belange nach § 54 Abs. 2 AufenthG

Auch hier steht **persönliches Fehlverhalten** von Ausländern im Mittelpunkt, die sich 191
in Verurteilungen zu Haftstrafen von mehr als einem Jahr, in weiteren Betäubungsmitteldelikten, im therapieresistenten Konsum „harter" **Drogen** wie Heroin und Kokain[151] oder darin zeigt, dass in verwerflicher Weise andere Ausländer insbesondere unter Anwendung oder Androhung von **Gewalt** davon abgehalten werden, am wirtschaftlichen, kulturellen oder gesellschaftlichen Leben in der Bundesrepublik Deutschland teilzuhaben, oder zur Eheschließung genötigt werden – hier geht es also um den Schutz Schwächerer, insbesondere von Frauen und Kindern in patriarchalisch-traditionell geprägten Familien- und Clanstrukturen. Erst recht gilt das in Milieus mit verqueren Vorstellungen von – durchweg männlich geprägter – „Ehre" zu Lasten von Frauen und Mädchen bis hin zu „**Ehrenmorden**".[152]

Für die Bewertung der **aktuellen Gefährlichkeit** eines Ausländers ist sein Verhalten 192
nach der Tat bedeutsam, insbesondere die Gefahr einer Tatwiederholung. Die **Strafaussetzung zur Bewährung** oder die vorzeitige Haftentlassung mit günstiger **Sozialprognose** durch Strafgerichte haben für die Ausländerbehörde keine bindende Wirkung, denn bei der Strafaussetzung geht es um die Frage, ob eine Resozialisierung des Täters in Freiheit erprobt werden kann. Das Absehen von einer Ausweisung hingegen kommt nur in Betracht, wenn das Risiko eines Misslingens dieser Resozialisierung von der deutschen Gesellschaft statt von der Gesellschaft im Heimatstaat des Ausländers getragen werden soll.[153] Dieses Risiko darf nur auf die deutsche Gesellschaft verlagert werden, wenn schützenswerte Bindungen des Täters in Deutschland seine Bindungen an seinen Heimatstaat deutlich überwiegen („**faktischer Inländer**").

5. Das private Verbleibeinteresse des Ausländers nach § 55 AufenthG

Auch § 55 AufenthG enthält spiegelbildlich zu § 54 AufenthG eine **zweistufige Ge-** 193
wichtung privater **Verbleibeinteressen**, die generell zu Gunsten des Ausländers wirken und ebenso der Konkretisierung und Gewichtung im Einzelfall bedürfen. Die in § 55 Abs. 1 AufenthG genannten Belange wiegen **besonders schwer**; die in § 55

---

150 BR-Drs. 642/14 S. 58.

151 BR-Drs. 642/14 S. 59: Von einer Ausweisung wegen Drogenkonsums ist regelmäßig abzusehen, wenn konkrete Anhaltspunkte für eine erfolgreiche, künftigen Drogenkonsum ausschließende Therapie vorliegen. Dies hat der Ausländer mit den erforderlichen Gutachten zu belegen.

152 Aus straf- und ausländerrechtlicher Perspektive Andreas Dietz, NJW 2006, 1385 ff.: Typisch ist trotz äußerer Anpassung eine innere Abschottung von der Sozial- und Rechtsordnung der Bundesrepublik, so dass nicht die Werte des Grundgesetzes sondern tradierte Normen das Handeln bestimmen.

153 Vgl. BVerwG, U.v. 15.1.2013, Az. 1 C 10.12, NVwZ-RR 2013, 435/436 Rn. 19.

Abs. 2 AufenthG aufgezählten Belange wiegen noch **schwer** für seinen Verbleib; ihre Aufzählung ist **nicht abschließend** („insbesondere"):

a) Die besonders schwer wiegenden privaten Belange nach § 55 Abs. 1 AufenthG

194 Auch dieser Katalog knüpft inhaltlich an § 55 AufenthG a.F. an. Die Bindungen eines Ausländers ins Bundesgebiet wiegen **besonders schwer**, wenn er hier schon mindestens fünf Jahre erlaubt lebt[154] und entweder eine Niederlassungserlaubnis innehat oder eine Aufenthaltserlaubnis besitzt und im Bundesgebiet geboren oder als Minderjähriger in das Bundesgebiet eingereist ist. In diesen Fällen wird eine **besonders starke Verwurzelung** in Deutschland vermutet,[155] worauf der häufig zur Umschreibung verwendete Begriff des „**faktischen Inländers**"[156] plakativ hinweist. Gleichgestellt wird ein Ausländer, der mit einem derart verwurzelten Ausländer oder einem Deutschen in u.a. **ehelicher oder familiärer Lebensgemeinschaft** lebt. Erforderlich für die Begünstigung wegen eines Personensorge- bzw. Umgangsrechts ist eine **tatsächlich gelebte Nähebeziehung**, d.h. ein tatsächliches Kümmern um den Minderjährigen. Eine nur auf dem Papier bestehende Vaterschaft hat keine gesteigerte aufenthaltsrechtliche Bedeutung. Der besondere Schutz der mit einem minderjährigen Deutschen bestehenden familiären Lebensgemeinschaft berücksichtigt, dass der Deutsche wegen Art. 11 GG regelmäßig nicht auf ein Leben und eine Familienzusammenführung im Ausland verwiesen werden kann.[157] Schließlich werden zu diesem Kreis auch Ausländer gerechnet, die als **Asyl- oder sonst Schutzberechtigte** besonderen Schutz genießen. Insgesamt misst der Gesetzgeber also der persönlichen, ehelichen oder familiären Verwurzelung im Bundesgebiet mit Blick auf den Stellenwert des Schutzes von **Ehe und Familie** nach Art. 6 Abs. 1 GG sowie auch des Privatlebens nach Art. 8 EMRK[158] besonderes Gewicht bei.

b) Die schwer wiegenden privaten Belange nach § 55 Abs. 2 AufenthG

195 Nicht so schwer wie die in § 55 Abs. 1 AufenthG genannten Belange aber immer noch **schwer** wiegen jene, die sich aus einem nicht ganz so langen Aufenthalt im Bundesgebiet und einer **geringeren Verwurzelung** ergeben, also u.a. wenn der Ausländer eine Aufenthaltserlaubnis besitzt und entweder minderjährig oder seit mindestens fünf Jahren im Bundesgebiet aufhältig oder auf die Personensorge eines hier lebenden Ausländers (z.B. Eltern) angewiesen ist oder für einen hier lebenden Minderjährigen die Personensorge ausübt. Auch hier ist nicht die rechtliche sondern die tatsächlich gelebte Nähebeziehung entscheidend.

---

154 Für die Dauer des erlaubten Aufenthalts zählen Fiktionszeiten nach § 81 Abs. 3 und Abs. 4 AufenthG nur mit, wenn die beantragte Aufenthaltserlaubnis später auch erteilt worden ist, vgl. BR-Drs. 642/14 S. 61; Ina Bauer/Stephan Beichel-Benedetti, NVwZ 2016, 416/419.

155 BR-Drs. 642/14 S. 60.

156 Es soll sich nur rechtlich noch um einen Ausländer handeln, der sich – bis auf seine Staatsangehörigkeit – selbst als Inländer versteht, weil er zu seinem Herkunftsstaat keine enge Beziehung (mehr) hat.

157 BR-Drs. 642/14 S. 60.

158 Vgl. BVerwG, U.v. 23.10.2007, Az. 1 C 10.07, BVerwGE 129, 367/373 Rn. 24 ff.

IV. Die Überwachung der Ausreise nach § 56 AufenthG

Im Stufenverfahren der Aufenthaltsbeendigung stellt die **Überwachung der Ausreise** die **zweite Stufe** dar. Aus Gründen der inneren Sicherheit dient sie der Kontrolle, ob der Ausländer tatsächlich ausreist, sowie der Unterbindung seines „Untertauchens". Wegen ihrer Belastungswirkung ist sie auf Ausländer beschränkt, an deren Ausreise ein besonderes öffentliches Interesse besteht. 196

Nach § 56 Abs. 1 AufenthG ist ein ausgewiesener[159] oder mit Abschiebung bedrohter Ausländer aus Gründen der inneren Sicherheit verpflichtet, sich mindestens einmal wöchentlich bei der für seinen Aufenthaltsort zuständigen polizeilichen Dienststelle zu melden; einem sonst vollziehbar ausreisepflichtigen Ausländer kann dies von der Ausländerbehörde aufgegeben werden, wenn dies zur Abwehr einer Gefahr für die öffentliche Sicherheit und Ordnung erforderlich ist. Dieser Ausländer darf sich nach § 56 Abs. 2 AufenthG auch nur im Bezirk der Ausländerbehörde aufhalten, so dass seine **räumliche Bewegungsfreiheit** deutlich beschränkt ist. Er kann sogar nach § 56 Abs. 3 AufenthG verpflichtet werden, an einem anderen Wohnort auch außerhalb des Bezirks der Ausländerbehörde zu wohnen, wenn dies geboten erscheint, um die Fortführung von Bestrebungen, die zur Ausweisung geführt haben, zu erschweren . Zu diesem Zweck kann ihm auch ein **Kontakt- und Kommunikationsverbot** nach § 56 Abs. 4 AufenthG auferlegt werden, um Netzwerkstrukturen mit Gesinnungsgenossen aufzubrechen.[160] 197

Beispiel: Ein aktiver Salafist wohnt in einer Großstadt. Wegen seiner Bestrebungen und mehrerer Fälle, in denen er Minderjährige dazu bewogen hat, sich dem „Djihad" im Ausland anzuschließen, ist er ausgewiesen worden. Bis seine Rückführung in den Herkunftsstaat organisiert ist, wird er verpflichtet, an einem abgelegenen Ort zu wohnen, kein Handy zu benutzen, den Bezirk der dortigen Ausländerbehörde nicht zu verlassen und sich wöchentlich bei der örtlichen Polizeidienststelle zu melden. Geplant ist, solch einen „Gefährder" nach § 56a AufenthG-E auch zum Tragen einer elektronischen Fußfessel zu verpflichten, um ihn und seine Kontakte besser überwachen zu können.[161]

Will sich der Ausländer gegen solche Beschränkungen durch einen Verwaltungsakt der Ausländerbehörde wenden, steht ihm die **Anfechtungsklage** zur Verfügung (Rn. 136 ff.). Im Übrigen kann er hinsichtlich der kraft Gesetzes eintretenden Maßnahmen nach § 56 Abs. 1 und Abs. 2 AufenthG einen Antrag auf abweichende Entscheidung der Ausländerbehörde stellen und ggf. mit einer **Verpflichtungsklage** (Rn. 118 ff.) weiterverfolgen.[162] 198

159 Künftig soll dies nach § 56 Abs. 1 Satz 2 AufenthG-E für alle ausreisepflichtigen Ausländer gelten, gegen die ein Ausweisungsinteresse besteht, selbst wenn sie noch nicht ausgewiesen sind, vgl. BR-Drs. 179/17 S. 14 f.

160 BR-Drs. 642/14 S. 61 f.

161 Dazu vgl. BR-Drs. 179/17 S. 15 f.

162 BR-Drs. 642/14 S. 61.

V. Die Durchsetzung der Ausreise nach §§ 57 ff. AufenthG

199 Die **Durchsetzung der Ausreise** ist die **letzte Stufe** der Aufenthaltsbeendigung. Ein nicht freiwillig[163] ausgereister Ausländer wird zwangsweise aus dem Bundesgebiet gebracht: Entweder wird er nach § 57 AufenthG in den Staat zurückgeschoben, aus dem er eingereist ist, oder nach § 58 AufenthG in seinen Herkunftsstaat oder in einen anderen Staat abgeschoben, der zu seiner Aufnahme bereit ist.

1. Die Zurückschiebung nach § 57 AufenthG

200 Die **Zurückschiebung** beinhaltet keine endgültige Klärung der Herkunft des Ausländers, sondern lediglich die Beendigung seines inländischen Aufenthalts durch Rückführung **in den letzten Aufenthaltsstaat.** Nach § 57 Abs. 1 AufenthG soll ein unerlaubt in den Schengen-Raum (Rn. 32) eingereister Ausländer in den Drittstaat zurückgeschoben werden, soweit keine Ausnahme vorliegt bzw. kein einem Abschiebungsverbot (Rn. 216, 373) gleichgestelltes Rückschiebungsverbot nach § 57 Abs. 3 AufenthG vorliegt. Die Rückschiebung dient der Wahrung nicht nur der nationalen territorialen Integrität, sondern auch jener aller Schengen-Staaten.

Beispiel: Ein chinesischer Staatsangehöriger erreicht mit dem Flugzeug den Flughafen Frankfurt am Main und versucht, ohne das erforderliche Visum einzureisen. Die Bundespolizei kontrolliert ihn noch im Einreisebereich und schiebt ihn auf dem Luftweg in den Staat ab, in dem er das Flugzeug bestiegen hat. Ob er sich dort legal aufgehalten hatte, ist unerheblich, da er von dort eingereist ist.[164]

201 Nach § 57 Abs. 2 AufenthG sollen auch vollziehbar ausreisepflichtige Ausländer, die durch einen anderen Staat auf Grund einer zwischenstaatlichen Übernahmevereinbarung wieder aufgenommen werden, dorthin zurückgeschoben werden. Dies gilt auch für Staaten, die zur Durchführung eines Asylverfahrens zuständig sind.[165]

2. Die Abschiebung nach § 58 AufenthG

202 Die **Abschiebung** ist die zwangsweise Beendigung des inländischen Aufenthalts eines Ausländers durch **Rückführung in den Herkunftsstaat.**[166] Es handelt sich um ein dem Polizei- und Sicherheitsrecht entlehntes Instrument der **Anwendung unmittel-**

---

163 Eine praktisch wichtige, gesetzlich nicht geregelte Art der Ausreise ist die **überwachte Ausreise**, bei welcher der Ausländer z.B. ein Flugticket besorgen und nachweisen sowie seinen Pass abgeben muss, damit ihn die Ausländerbehörde bei der Grenzschutzbehörde hinterlegen kann. Meldet sich der Ausländer dort am Ausreisetag, erhält er den Pass zur Ausreise ausgehändigt und die Ausländerbehörde später die Mitteilung über die erfolgte Ausreise.

164 Die Rückbeförderung hat die Fluggesellschaft nach § 63 Abs. 1, § 64 AufenthG auf eigene Kosten zu übernehmen.

165 Ansonsten sind § 18 und § 18a AsylG als leges speciales vorrangig und ihnen gegenüber wiederum die Regeln des Dublin-Systems (Rn. 465 ff.). Im Jahr 2016 wurden an deutschen Land- und Seegrenzen rund 1.270 Ausländer zurückgeschoben und über 20.000 Ausländer zurückgewiesen, vgl. BT-Drs. 18/11112 S. 14 ff.

166 Im ersten Halbjahr 2016 wurden aus Deutschland auf dem Luftweg 13.111 Ausländer abgeschoben; 30.553 Ausländer verließen Deutschland freiwillig mit behördlicher bzw. finanzieller Unterstützung, vgl. BT-Drs. 18/9360 S. 2, 47; zu den Abschiebezahlen seit 1990 vgl. BAMF (Hrsg.), Migrationsbericht 2015, S. 208 f., www.bamf.de

baren Zwangs, d.h. der Anwendung notfalls körperlicher Gewalt, um gegenüber dem Pflichtigen die Erfüllung der von ihm verweigerten Ausreise durchzusetzen. Die Anwendung von Vollstreckungsinstrumenten zur Durchsetzung von Handlungspflichten bedarf allgemein nach § 6 Abs. 1 VwVG[167] bzw. Art. 19 i.V.m. Art. 21a, Art. 22 BayVwZVG[168] eines (vorläufig oder endgültig) **vollziehbaren Grundverwaltungsakts**, ihrer **Androhung** unter Bestimmung einer Erfüllungspflicht und der Bekanntgabe an den Pflichtigen; weiter dürfen **keine Vollstreckungshindernisse** vorliegen. Für die Abschiebung wird dies dahin **modifiziert**, dass der Ausländer durch den Grundverwaltungsakt erst den Aufenthaltstitel verliert, der die gesetzliche und vollziehbare **Ausreisepflicht** nach § 50 AufenthG auslöst (Rn. 159), deren Erfüllung überwachungsbedürftig ist, dass die **Abschiebung angedroht** worden und die Ausreise in der gesetzten Ausreisefrist nicht erfolgt ist sowie **keine Abschiebungshindernisse** vorliegen. Dieses System entspricht europarechtlichen Vorgaben, denn die Mitgliedstaaten der EU sind verpflichtet, illegal in ihrem Hoheitsgebiet aufhältige Drittstaatsangehörige bei nicht fristgerechter freiwilliger Ausreise abzuschieben.[169]

Diesem System folgen die Regelungen der §§ 58 ff. AufenthG, indem § 58 AufenthG die allgemeinen Abschiebungsvoraussetzungen regelt, § 58a AufenthG den Sonderfall der Abschiebungsanordnung[170] ohne vorausgegangene Ausweisung, § 59 AufenthG die Androhung der Abschiebung und § 60 AufenthG die Abschiebungsverbote. In § 60a AufenthG finden sich die Regelungen zur Duldung mit ihren Nebenfolgen des § 61 AufenthG für den Fall, dass ein vorübergehendes Abschiebungs- und damit Vollstreckungshindernis vorliegt. 203

a) Die allgemeinen Abschiebungsvoraussetzungen des § 58 AufenthG

Nach § 58 Abs. 1 AufenthG ist ein Ausländer zwingend **abzuschieben**, wenn die Ausreisepflicht vollziehbar ist, eine Ausreisefrist nicht gewährt wurde[171] oder diese abgelaufen ist, und die freiwillige Erfüllung der Ausreisepflicht nicht gesichert ist oder aus Gründen der öffentlichen Sicherheit und Ordnung eine Überwachung der Ausreise erforderlich erscheint. 204

167 Verwaltungs-Vollstreckungsgesetz v. 27.4.1953 i.d.F. v. 25.11.2014, BGBl. I S. 1770.

168 Bayer. Verwaltungszustellungs- und Vollstreckungsgesetz v. 11.11.1970 i.d.F. v. 22.7.2014, GVBl S. 286.

169 Vgl. EuGH, U.v. 23.4.2015, Az. C-38/14, DÖV 2015, 576.

170 Als Vollstreckungsinstrument bedarf die Abschiebung grundsätzlich nur ihrer Androhung, aber keiner Anordnung, weil sie der Durchsetzung einer anderweitigen Regelung dient und somit akzessorisch ist.

171 Im Einzelfall kann eine Ausreisefrist entbehrlich sein, wenn ein ausreisepflichtiger Drittstaatsangehöriger eine Gefahr für die öffentliche Ordnung darstellt, weil er einer Straftat verdächtig oder wegen ihrer Begehung verurteilt ist, so EuGH, U.v. 11.6.2015, Az. C-554/13, NVwZ 2015, 1200/1203 Rn. 66 ff.

Voraussetzungen einer Abschiebung

Prüfungsstufen der **Abschiebung** (Rn. 202) = tatsächliche Aufenthaltsbeendigung ⇓ 1. Ausreisepflicht vollziehbar (Rn. 205) ⇓ 2. Ausreisefrist erfolglos abgelaufen (Rn. 204) ⇓ 3. Erfüllung der Ausreisepflicht nicht gesichert oder Überwachung der Ausreise erforderlich (Rn. 209) ⇓ **Zwingende Abschiebung**

aa) Die Vollziehbarkeit der Ausreisepflicht nach § 58 Abs. 2 AufenthG

205 Die **Ausreisepflicht** ist nach § 58 Abs. 2 AufenthG u.a. **vollziehbar**, wenn sich der Ausländer ohne Erlaubnis im Bundesgebiet aufhält, d.h. unerlaubt eingereist ist oder einen Aufenthaltstitel noch nicht oder nicht wieder beantragt hat oder trotz Antragsstellung nicht unter die Fiktionen des § 81 Abs. 3 oder Abs. 4 AufenthG eines als erlaubt geltenden Aufenthalts oder eines als fortbestehend geltenden Aufenthaltstitel fällt. Im Übrigen ist die Ausreisepflicht erst vollziehbar, wenn die Versagung des Aufenthaltstitels oder der sonstige Verwaltungsakt, durch den der Ausländer nach § 50 Abs. 1 ausreisepflichtig wird, vollziehbar ist. Die sperrig anmutende Regelung unterscheidet die bereits dargestellten Alternativen des Entstehens der Ausreisepflicht durch Versagung einer (ersten oder neuen) Aufenthaltserlaubnis einerseits und ihres Entstehens durch Beseitigung einer vorhandenen Aufenthaltserlaubnis andererseits:

206 Wird der Ausländer durch die **Versagung** der Erteilung oder Verlängerung **eines Aufenthaltstitels** ausreisepflichtig, ist dieser Verwaltungsakt vollziehbar, selbst wenn gegen die Versagung eine Verpflichtungsklage erhoben wird, weil diese nach § 84 Abs. 1 Nr. 1 AufenthG **keine aufschiebende Wirkung** hat. Eine Klage auf Erteilung eines begünstigenden Verwaltungsakts, durch dessen Erlass der Rechtskreis des Adressaten – wie hier durch eine Aufenthaltserlaubnis – sachlich oder zeitlich erweitert würde, kann keine aufschiebende Wirkung haben.[172] Allerdings beseitigt die Versagung auch die **Fiktionswirkung** eines rechtzeitig gestellten Antrags auf Verlängerung des Aufenthaltstitels nach § 81 Abs. 3 AufenthG (Rn. 109), so dass insoweit eine Belastung vorliegt. Deren Wirkung kann durch einen Antrag auf Anordnung der aufschiebenden Wirkung der (inzident in der Verpflichtungsklage mit enthaltenen) Anfechtungsklage nach § 80 Abs. 2 Satz 1 Nr. 3, Abs. 5 VwGO i.V.m. § 84 Abs. 1 Nr. 1 AufenthG außer Vollzug gesetzt werden. Dies führt zur verwaltungsprozessual systemwidrig anmutenden aber ausländerrechtlich erforderlichen Kombinati-

172 Friedhelm Hufen, Verwaltungsprozessrecht, § 31 Rn. 8; § 32 Rn. 4, § 33 Rn. 1.

on einer Verpflichtungsklage auf Erlangung eines Aufenthaltstitels mit einem Antrag auf Anordnung der aufschiebenden Wirkung (Rn. 135).

Wird der Ausländer jedoch durch einen belastenden Verwaltungsakt ausreisepflichtig, der seinen Aufenthaltstitel erlöschen lässt (**Widerruf, Rücknahme, Ausweisung**), hat die Anfechtungsklage hiergegen nach § 80 Abs. 1 VwGO i.V.m. § 84 Abs. 2 Satz 1 AufenthG aufschiebende Wirkung, so dass aus dem Verwaltungsakt vorläufig keine für den Betroffenen nachteiligen Folgen abgeleitet werden dürfen. Damit wird auch die **Ausreisepflicht** suspendiert, die nur durch Anordnung des Sofortvollzugs des Verwaltungsaktes nach § 80 Abs. 2 Satz 1 Nr. 4, Abs. 3 VwGO vorläufig oder durch Eintritt der Bestandskraft des Verwaltungsakts endgültig vollziehbar wird. 207

Beispiel: Wird der Ausländer durch einen ordnungsgemäß mit Rechtsbehelfsbelehrung nach § 77 Abs. 1 Satz 3 AufenthG versehenen Verwaltungsakt ausgewiesen, ist dieser zunächst vorläufig vollziehbar, so dass die Ausreisepflicht zu befolgen ist. Unterlässt der Ausländer eine Klageerhebung, erwächst der Verwaltungsakt nach Ablauf der Klagefrist in **Bestandskraft**, d.h. er wird unanfechtbar und damit **endgültig vollziehbar**. Erhebt der Ausländer aber fristgerecht Klage, tritt deren aufschiebende Wirkung nach § 80 Abs. 1 VwGO i.V.m. § 84 Abs. 2 Satz 1 AufenthG ein, d.h. der Verwaltungsakt ist **vorläufig nicht mehr vollziehbar**. Will die Ausländerbehörde dies vermeiden, kann sie nach § 80 Abs. 2 Satz 1 Nr. 4, Abs. 3 VwGO den Sofortvollzug ihres Verwaltungsakts anordnen; hiergegen kann der Ausländer einen Antrag auf Wiederherstellung der aufschiebenden Wirkung nach § 80 Abs. 5 VwGO stellen.

Am Beispiel der Ausweisung lassen sich auch die Unterschiede zwischen Wirksamkeits- und Vollziehbarkeitstheorie zur Reichweite der aufschiebenden Wirkung[173] verdeutlichen: Nach der **Wirksamkeitstheorie** hätte der Verwaltungsakt keine Wirkung, solange die aufschiebende Wirkung einer hiergegen erhobenen Anfechtungsklage dauert, d.h. der Ausländer hätte noch eine Aufenthaltserlaubnis inne und hielte sich erlaubt im Bundesgebiet auf, bis die aufschiebende Wirkung nach § 80b VwGO endet. Um dies auszuschließen, bestimmt § 84 Abs. 2 Satz 1 AufenthG als lex specialis zu § 80 Abs. 1 VwGO, dass eine Ausweisung trotz aufschiebender Wirkung wirksam bleibt, so dass der Aufenthalt zwar als erlaubt gilt, im Fall der Klageabweisung und Bestätigung der Ausweisung aber der Aufenthaltstitel bereits im Zeitpunkt der Zustellung des Ausweisungsbescheids entfallen ist. Für etwaige künftige Berechnungen der Aufenthaltsdauer wie z.B. nach § 9 Abs. 2 Satz 1 Nr. 1 AufenthG zählt die Dauer eines erfolglosen Klageverfahrens also nicht als erlaubter Aufenthalt.[174] Nach der **Vollziehbarkeitstheorie** wirkt die Ausweisung ohnehin ab dem Zeitpunkt der Zustellung des Ausweisungsbescheids rechtsvernichtend. 208

bb) Die Überwachung der Ausreise nach § 58 Abs. 3 AufenthG

§ 58 Abs. 3 AufenthG befugt die Ausländerbehörde zur **Überwachung der Ausreise**, wenn Anhaltspunkte dafür vorliegen, dass der Ausländer nicht ausreisen oder sich 209

173 Vgl. Friedhelm Hufen, Verwaltungsprozessrecht, § 32 Rn. 2 f.; Wolf-Rüdiger Schenke, Verwaltungsprozessrecht, Rn. 948 ff.

174 Im Fall einer erfolgreichen Anfechtungsklage wird die Ausweisung ohnehin nach § 113 Abs. 1 Satz 1 VwGO ex tunc beseitigt und endgültig wirkungslos.

sonst dem staatlichen Zugriff entziehen will. Für einen fehlenden Ausreisewillen sprechen die nicht abschließend genannten Tatbestandsvarianten einer erfolglos verstrichenen Ausreisefrist, der sonst aus Äußerungen, Täuschungshandlungen oder konkludentem Verhalten erkennbar gewordenen **Verweigerung einer Ausreise** sowie der tatsächlichen Ausreisehindernisse eines fehlenden Passes oder fehlender Finanzmittel. Der Wahrung der öffentlichen Sicherheit dient die Überwachung der Ausreise eines inhaftierten Ausländers, der sich sonst dem Strafvollzug entziehen könnte, oder eines auf Grund eines besonders schwerwiegenden Ausweisungsinteresses ausgewiesenen Ausländers.

b) Die Abschiebungsbeschränkungen des § 58 Abs. 1a und Abs. 1b AufenthG

210 § 58 Abs. 1a und Abs. 1b AufenthG legen der Ausländerbehörde wegen der staatlichen Schutzpflichten aus Art. 6 Abs. 1 und Abs. 3 GG besondere **Fürsorgepflichten** auf bei der Abschiebung eines **unbegleiteten minderjährigen Ausländers** (Rn. 491 f., 499 ff.), über dessen familiäre oder behördliche Aufnahme im Zielstaat sie sich zum Schutz des Kindeswohls zu vergewissern hat, oder eines international schutz- und in einem anderen Mitgliedstaat der Europäischen Union dauerhaft aufenthaltsberechtigten Ausländers, der grundsätzlich nur in diesen schutzgewährenden Mitgliedstaat und nicht in seinen Herkunftsstaat abgeschoben werden darf. Dieses Vollstreckungshindernis wirkt sich allerdings nicht auf die Rechtmäßigkeit der Abschiebungsandrohung aus, sondern hindert lediglich ihren Vollzug.[175]

3. Die Abschiebungsanordnung nach § 58a AufenthG

211 § 58a AufenthG ermöglicht die Anwendung des Vollstreckungsmittels der Abschiebung **ohne** vorangegangenen **Grundverwaltungsakt** (z.B. Ausweisungsverfügung). Sein Fehlen wird durch eine **Abschiebungsanordnung** ersetzt, die zur Abwehr einer besonderen Gefahr für die Sicherheit der Bundesrepublik Deutschland oder einer terroristischen Gefahr möglich ist. Sie ist von Gesetzes wegen nach § 58a Abs. 1 Satz 2 AufenthG sofort vollziehbar und kann nach § 58a Abs. 4 AufenthG konform mit dem üblichen Eilrechtsschutzsystem mit einem sehr kurzfristigen Antrag nach § 80 Abs. 5 VwGO an das Bundesverwaltungsgericht nach § 50 Abs. 1 Nr. 3 VwGO angegangen werden.[176] Die Abschiebung braucht auch vorher nicht angedroht zu werden,[177] da **Anordnung und Vollzug uno actu** erfolgen. Als Vollzugsmaßnahme darf die Abschiebungsanordnung aber nur vollzogen werden, wenn kein Abschiebungsverbot nach § 60 Abs. 1 bis Abs. 8 AufenthG vorliegt. Letztlich wird dem Schutz von Leib, Leben und Gesundheit des Ausländers sogar höheres Gewicht eingeräumt als

175 Vgl. BVerwG, U.v. 13.6.2013, Az. 10 C 13.12, BVerwGE 147, 8/14 Rn. 17 f.

176 Ein Antrag nach § 80 Abs. 5 VwGO ist nicht fristgebunden, muss aber in der Rechtsbehelfsfrist für das Hauptsacheverfahren gestellt werden, da er sonst wegen Unanfechtbarkeit und endgültiger Vollziehbarkeit des Verwaltungsakts ins Leere geht. Vgl. Friedhelm Hufen, Verwaltungsprozessrecht, § 32 Rn. 8, 35; Wolf-Rüdiger Schenke, Verwaltungsprozessrecht, Rn. 958.

177 Eine vorherige Androhung würde dem Ausländer zudem Gelegenheit geben, sich dem Zugriff der Behörden zu entziehen.

dem Schutz der inneren Sicherheit und damit der hier lebenden Bevölkerung. Er bedarf dann im Bundesgebiet einer besonderen Überwachung, die enorme personelle Kapazitäten u.a. der Polizei bindet.

4. Die Abschiebungsandrohung nach § 59 AufenthG

Grundsätzlich muss eine **Abschiebung** als Vollstreckungsmittel vorab **angedroht** werden, um dem Ausreisepflichtigen die Konsequenzen seiner Weigerung vor Augen zu führen und ihm eine „letzte Chance" zur freiwilligen Erfüllung seiner Ausreisepflicht zu geben. Hierzu ist nach § 59 Abs. 1 AufenthG wie auch im allgemeinen Vollstreckungsrecht eine angemessene **Erfüllungsfrist** zwischen sieben und dreißig Tagen für die freiwillige Ausreise anzudrohen.[178] Davon kann abgesehen werden, wenn dies im Einzelfall zur Wahrung überwiegender öffentlicher Belange zwingend erforderlich ist, insbesondere sich der Ausländer mutmaßlich der Abschiebung entziehen will oder von ihm eine erhebliche Gefahr für die öffentliche Sicherheit oder Ordnung ausgeht. Grundsätzlich ist eine Abschiebung nach § 60a Abs. 5 Satz 4 AufenthG auch mindestens einen Monat vorher anzukündigen, wenn die Abschiebung länger als ein Jahr ausgesetzt war und die Duldung zur Durchführung der Abschiebung widerrufen werden soll. Auch dann soll die Abschiebung den Ausländer nicht überraschend und unvorbereitet treffen. Diese Ankündigungspflicht soll künftig nach § 60a Abs. 5 Satz 5 AufenthG-E aber entfallen, wenn der Ausländer die der Abschiebung entgegenstehenden Gründe durch vorsätzlich falsche Angaben oder durch eigene Täuschung über seine Identität oder Staatsangehörigkeit selbst herbeigeführt oder zumutbare Anforderungen an die Mitwirkung bei der Beseitigung von Ausreisehindernissen nicht erfüllt hat, insbesondere bei der Beschaffung von Passersatzpapieren nicht mitwirkt. Dann soll sich der Ausländer nicht auf Vertrauensschutz berufen können.[179] 212

Beispiel: Damit ein Ausländer seine persönlichen, beruflichen und sozialen Angelegenheiten noch regeln kann, benötigt er im Regelfall eine Ausreisefrist, z.B. zur Kündigung einer Mietwohnung, Regelung seiner Angelegenheiten usw. Seine privaten Belange treten jedoch zurück, wenn das öffentliche Interesse überwiegt, weil er solche Bindungen nicht (mehr) hat und mutmaßlich untertauchen wird.

Die **Abschiebung** erfolgt grundsätzlich **in den Herkunftsstaat**, dessen Staatsverband zu seiner Aufnahme völkerrechtlich verpflichtet ist. Dieser Zielstaat ist nach § 59 Abs. 2 AufenthG ausdrücklich zu nennen; ist der **Herkunftsstaat unbekannt**, genügt auch die Zielbestimmung „in den Herkunftsstaat", weil der Herkunftsstaat der Aus- 213

178 Entfällt die Vollziehbarkeit der Ausreisepflicht oder der Abschiebungsandrohung, wird die Ausreisefrist unterbrochen und beginnt nach Wiedereintritt der Vollziehbarkeit erneut in voller Länge zu laufen, vgl. BR-Drs. 642/14 S. 62; BVerwG, U.v. 25.3.2015, Az. 1 C 19.14, DVBl 2015, 784/786 f. Rn. 26 a.E.

179 Vgl. BR-Drs. 179/17 S. 12. Dies ist konsequent, denn auf Vertrauen kann sich nur berufen, wer sich selbst rechtstreu verhält. Ein Vertrauen darauf, dass die Vorteile des eigenen vorsätzlichen Rechtsbruchs erhalten bleiben, ist nicht schützenswert. Erlangt die Ausländerbehörde z.B. vom Herkunftsstaat die fehlenden Passersatzpapiere, soll sie nach der Novelle künftig auch unverzüglich abschieben können.

länderbehörde unbekannt sein kann, dem Ausländer aber bekannt ist.[180] Hinzu kommt der Hinweis, dass er auch in einen anderen Staat abgeschoben werden kann, in den er einreisen darf oder der zu seiner Übernahme verpflichtet ist.

Beispiel: Besitzt ein Ausländer eine Aufenthaltserlaubnis für einen anderen als seinen Herkunftsstaat, kann er auch dorthin abgeschoben werden, da er dort einreiseberechtigt ist.

214 Auf den ersten Blick verblüffend ist, dass **Abschiebungsverbote** und Duldungsgründe nach § 59 Abs. 3 Satz 1 AufenthG dem Erlass der Abschiebungsandrohung nicht entgegenstehen. Allerdings hindern Abschiebungsverbote nur die deutschen Behörden daran, ihn vorläufig in einen bestimmten Staat (**zielstaatsbezogenes Abschiebungsverbot** Rn. 218) oder auf eine bestimmte Weise bzw. zur Zeit (**inlandsbezogenes Abschiebungsverbot** Rn. 218) abzuschieben, nicht dauerhaft und vor allem nicht in andere Staaten, für die kein zielstaatsbezogenes Abschiebungsverbot vorliegt. Entfällt das Abschiebungsverbot oder der Duldungsgrund, bedarf die Abschiebung keiner erneuten Androhung.[181]

Beispiel: Droht einem ausgewiesenen saudiarabischen Staatsbürger im Fall seiner Rückführung nach Saudi-Arabien die Todesstrafe durch Enthauptung, liegt ein zielstaatsbezogenes Abschiebungsverbot nach § 60 Abs. 3 AufenthG vor. Die Abschiebungsandrohung lautet dann: „Herrn [Name] wird die Abschiebung in alle Staaten mit Ausnahme des Königreichs Saudi-Arabien angedroht, in die er einreisen darf oder die zu seiner Übernahme verpflichtet sind."

5. Die Abschiebungsverbote und Abschiebungshindernisse nach § 60 AufenthG

215 Ein **Abschiebungshindernis** ist ein Umstand, der die Ausländerbehörde an der Abschiebung des Ausländers hindert. Es handelt sich um einen **Oberbegriff**, der näherer Unterscheidungen bedarf:

a) Die Arten von Abschiebungshindernissen

216 Eine erste Unterscheidung richtet sich nach der **Art** des Abschiebungshindernisses: Ein **rechtliches Abschiebungshindernis** (**Abschiebungsverbot**) bewirkt, dass die Ausländerbehörde die Abschiebung nicht durchführen **darf**; ein **tatsächliches Abschiebungshindernis** bedeutet, dass sie die Abschiebung nicht durchführen **kann.** § 60 AufenthG enthält Abschiebungsverbote, die auf rechtlichen Abschiebungshindernissen beruhen.

Beispiel: Droht dem Ausländer im Zielstaat der Abschiebung die Todesstrafe, besteht nach § 60 Abs. 3 AufenthG ein rechtliches Abschiebungshindernis (Abschiebungsverbot), denn eine zum Tode führende Abschiebung würde die Verpflichtung aller deutschen Behörden zum Schutz menschlichen Lebens aus Art. 1 Abs. 3, Art. 2 Abs. 2 Satz 1 GG unterlaufen. Besteht in den anderweitig nicht erreichbaren Zielstaat nur keine Flugverbindung, handelt es sich um ein tatsächliches Abschiebungshindernis.

180 Vom objektiven Empfängerhorizont des Adressaten ist eine solche Abschiebungsandrohung hinreichend bestimmt. Für ihre Rechtmäßigkeit ist wie bei der Prüfung einer Ausweisung auf den Zeitpunkt der gerichtlichen Entscheidung abzustellen, so BVerwG, U.v. 22.3.2012, Az. 1 C 3.11, BVerwGE 142, 179/182 f. Rn. 12 f.

181 BR-Drs. 642/14 S. 62.

Eine zweite Unterscheidung richtet sich nach der **Anknüpfung** des Abschiebungshindernisses: Ein **subjektives Abschiebungshindernis** hat seine Ursache in Umständen, die mit der Person oder dem Verhalten des Ausländers zusammenhängen; ein **objektives Abschiebungshindernis** hingegen resultiert aus vom Ausländer nicht beeinflussbaren oder ihm nicht zurechenbaren Umständen. 217

Beispiel: Hat der Ausländer keinen Reisepass oder Passersatz und wird deswegen vom Zielstaat nicht zurückgenommen, liegt die Ursache in persönlichen Umständen, so dass ein subjektives Abschiebungshindernis vorliegt; verweigert der Zielstaat hingegen jegliche Rücknahme eigener Staatsbürger, handelt es sich um ein objektives Abschiebungshindernis.

Eine dritte Unterscheidung stellt auf den **Ort der Wirkung** des Abschiebungshindernisses ab: Ein **inlandsbezogenes Abschiebungshindernis** nach § 60a Abs. 2 Satz 1 AufenthG wirkt im Bundesgebiet; ein **zielstaatsbezogenes Abschiebungshindernis** nach § 60 Abs. 7 AufenthG hingegen wirkt sich im Zielstaat auf den Betroffenen aus. Für die Feststellung inlandsbezogener Abschiebungshindernisse ist die Ausländerbehörde zuständig; für die Feststellung eines zielstaatsbezogenen Abschiebungshindernisses hingegen nach § 42 AsylG das BAMF.[182] 218

Beispiel: Hat der Ausländer im Inland einen Herzinfarkt erlitten und ist deswegen nicht reisefähig, liegt ein inlandsbezogenes Abschiebungshindernis vor, weil es sich bereits im Bundesgebiet auswirkt. Ist der Ausländer hingegen an AIDS erkrankt und kann zwar im Bundesgebiet, nicht aber in seiner Heimat behandelt werden, wo er in kurzer Zeit ohne Behandlung sterben würde, liegt ein zielstaatsbezogenes Abschiebungshindernis vor, da es sich dort auswirkt.

In der Praxis ist die **Vielfalt der Abschiebungshindernisse** kaum überschaubar, sie reicht von ungeklärter Identität über fehlende Reisepapiere, Blockaden von Unterstützern und Untertauchen über die Inanspruchnahme von „**Kirchenasyl**" oder die kurzfristige und mit einem ärztlichen Attest glaubhaft gemachte **Reiseunfähigkeit**[183] bis hin zur **Unauffindbarkeit naher Angehöriger** am Abschiebungstag oder als letztes Mittel **Randale** im Flugzeug, bis der Pilot die Mitnahme verweigert.[184] Ärztliche Atteste haben allerdings nur Beweiswert, soweit sie nachvollziehbar Diagnosen, Methodik und Ergebnis aufzeigen.[185] Atteste, in denen mit einem einzigen Satz komplexe psychische Erkrankungen festgestellt werden, haben regelmäßig keinen Beweiswert. Im Gegenteil wecken solche Atteste in den Betroffenen unerfüllbare Hoffnungen auf ihren weiteren Verbleib im Bundesgebiet, so dass sie die folgende Enttäu- 219

182 Dies entspricht der Zuordnung der außenpolitischen Kompetenzen zum Bund (Rn. 102). Soweit die Ausländerbehörde die Feststellung eines zielstaatsbezogenen Abschiebungshindernisses beabsichtigt, ist das BAMF nach § 72 Abs. 2 AufenthG zwingend zu beteiligen.

183 Diese setzt das Risiko einer wesentlichen Gesundheitsbeeinträchtigung durch den Abschiebungsvorgang als solchen voraus, vgl. Reinhard Marx, InfAuslR 2016, 261/262.

184 Im ersten Halbjahr 2016 scheiterten 263 Abschiebungen an Widerstandshandlungen des Ausländers, 74 auf Grund medizinischer Bedenken kurz vor dem Abflug, 26 Abschiebungen wegen verweigerter Rücknahme durch den Zielstaat; allein die Sicherheitsbegleitung auf den Flügen kostete den deutschen Steuerzahler rund 5 Mio. Euro, vgl. BT-Drs. 18/11112 S. 41 ff.

185 Anforderungen an die Geltendmachung von PTBS bei BVerwG, U.v. 11.9.2007, Az. 10 C 8.07, BVerwGE 129, 251 ff.; BVerwG, B.v. 26.7.2012, Az. 10 B 21.12, juris; Uwe Berlit, NVwZ-Extra 4/2017, 1/17 f.

schung umso härter empfinden. Daher wurden ausländerrechtliche Mindestanforderungen für ärztliche Atteste eingeführt, um Ausländerbehörden und Verwaltungsgerichten die Unterscheidung zwischen bloßen Gefälligkeitsattesten einerseits und beachtlichen Diagnosen andererseits zu erleichtern: Nach § 60a Abs. 2c und Abs. 2d AufenthG[186] besteht eine gesetzliche Vermutung dafür, dass gesundheitliche Gründe einer Abschiebung nicht entgegenstehen. Es obliegt dem Ausländer, diese Vermutung durch rechtzeitige Vorlage einer qualifizierten ärztlichen Bescheinigung zu widerlegen.[187] Solche Atteste erfordern nach § 60 Abs. 2c AufenthG eine nachvollziehbare Darstellung der tatsächlichen Grundlage der Diagnose, der medizinischen Diagnosemethode, die Diagnose selbst als fachlich-medizinische Beurteilung des Krankheitsbildes und nähere Angaben zur Schwere der Krankheit und ihrer Folgen einschließlich medikamentöser oder anderer Therapie. Atteste ohne nähere Angabe der Anamnese und der Diagnostik dürfen daher außer Betracht bleiben, selbst wenn sie schwerwiegende Diagnosen stellen. Der Ausländer hat der zuständigen (Ausländer-)Behörde das Attest unverzüglich, d.h. ohne schuldhaftes Zögern im Sinne von § 121 Abs. 1 BGB, vorzulegen. Bei einer verschuldet verspäteten Vorlage tritt eine Präklusion ein und muss die Ausländerbehörde das Attest ignorieren bis zur Grenze einer nach § 60 Abs. 7 AufenthG erheblichen lebensbedrohlichen oder schwerwiegenden Erkrankung, die sich durch die Abschiebung sonst wesentlich verschlechtern würde (Rn. 379). Dies soll insbesondere für Atteste über Posttraumatische Belastungsstörungen gelten, die unmittelbar nach Erhalt der Abschiebungsandrohung vorgelegt werden müssen und deren Diagnose fachlich schwierig ist, aber grundsätzlich einer Abschiebung nicht mehr entgegenstehen soll.[188]

b) Die Regelung von Abschiebungsverboten in § 60 AufenthG

220 § 60 AufenthG enthält Regelungen nationalen Ausländerrechts, die völker- und europarechtlich geprägt und teils sogar überlagert werden. Soweit solche über- oder zwischenstaatlichen Normen vorrangig sind, werden die daraus resultierenden Abschiebungshindernisse regelmäßig im Rahmen eines Asylantrags i.w.S. von § 13 Abs. 2 AsylG relevant und daher im Zusammenhang mit dem Asylverfahren behandelt. Dies gilt für die Zuerkennung der Flüchtlingseigenschaft nach § 60 Abs. 1 AufenthG im Verhältnis zu §§ 3 ff. AsylG, für den Schutz vor einer Verhängung oder Vollstreckung der Todesstrafe, vor Folter, erniedrigender oder unmenschlicher Behandlung oder vor einer konfliktbedingten Lebensgefahr u.a. nach § 60 Abs. 2 bis

186 BT-Drs. 18/7538, S. 8, 19; dazu auch Uwe Berlit, Flüchtlingsrecht, S. 92 f.; Daniel Thym, NVwZ 2016, 409/412 f.; Reinhard Marx, InfAuslR 2016, 261/262 ff.; BayVGH, B.v. 23.8.2016, Az. 10 CE 15.2784, Rn. 7 ff., 16.

187 Nur von approbierten Ärzten ausgestellte Atteste sollen demnach relevant sein, nicht von sonst tätigen Psychologen und Psychotherapeuten, vgl. BT-Drs. 18/7538, S. 19.

188 Zu den legislativen Motiven BT-Drs. 18/7538, S. 18 f. Auch eine Suizidgefahr steht der Abschiebung nicht grundsätzlich entgegen, sondern erfordert lediglich Vorkehrungen für die Abschiebung, dass sie sich nicht realisiert, vgl. BayVGH, B.v. 23.8.2016, Az. 10 CE 15.2784, Rn. 16; kritisch Reinhard Marx, InfAuslR 2016, 261/263.

Abs. 4, Abs. 6 AufenthG im Verhältnis zu § 4 Abs. 1 Satz 2 Nr. 1 bis Nr. 3 AsylG. Auch die übrigen nationalrechtlichen Abschiebungsverbote des § 60 Abs. 5 und § 60 Abs. 7 Satz 1 i.V.m. § 79 Abs. 1 AufenthG werden aus Gründen der Darstellung dort behandelt (Rn. 373 ff.).

6. Die Duldung nach § 60a AufenthG

Ein Abschiebungsverbot oder Abschiebungshindernis führt dazu, dass der Ausländer nicht in den Zielstaat abgeschoben werden darf bzw. kann. Reist er nicht freiwillig aus und wird ihm keine Aufenthaltserlaubnis erteilt, die das Aufenthaltsverbot des § 4 Abs. 1 AufenthG beseitigte, entsteht eine **Pattsituation**: Der Ausländer soll ausreisen, tut es aber nicht; die Behörde will ihn daher abschieben, darf oder kann es aber nicht. Letztlich bleibt der Ausländer bis zur Beseitigung des Abschiebungshindernisses – oft auf Dauer – im Bundesgebiet. 221

a) Die Funktion der Duldung nach § 60a Abs. 2 AufenthG

Für diese **Pattsituation** ist das Rechtsinstitut der **Duldung** geschaffen worden.[189] Die Duldung ist mangels Nennung im Katalog des § 4 Abs. 1 Satz 2 AufenthG **kein Aufenthaltstitel**, d.h. der Aufenthalt des Ausländers im Bundesgebiet bleibt unerlaubt, denn er soll für seinen der Ausreisepflicht zuwiderlaufenden Aufenthalt nicht „belohnt" werden (arg. ex § 60a Abs. 3 AufenthG). Sie **verhindert** aber die drohende **Strafbarkeit des illegalen Aufenthalts** nach § 95 Abs. 1 Nr. 2 Buchst. c AufenthG. Damit er bei polizeilichen Kontrollen seinen Status nachweisen kann, erhält der Ausländer nach § 60a Abs. 4 AufenthG eine **Bescheinigung über die Duldung**. 222

Die Duldung ist **zeitlich befristet** (arg. ex § 60a Abs. 2 Satz 1 AufenthG „solange"), weil mit dem Wegfall des Abschiebungshindernisses gerechnet wird. Entfällt es vorzeitig, wird die Duldung nach § 60a Abs. 5 Satz 2 AufenthG widerrufen. Reist der Ausländer aus, erlischt die Duldung notwendigerweise nach § 60a Abs. 5 Satz 1 AufenthG, denn er hat seine Ausreisepflicht erfüllt, so dass die Grundlage für ihre zwangsweise Durchsetzung und damit auch für einen weiteren Vollstreckungsaufschub entfallen ist. Ist mit dem Wegfall des Abschiebungshindernisses in absehbarer Zeit aber nicht zu rechnen, kann nach § 25 Abs. 5 Satz 1 AufenthG eine Aufenthaltserlaubnis erteilt werden (Rn. 80 ff.). Dies dient der Vermeidung von „**Kettenduldungen**", also wiederholt erteilter Duldungen ohne Aussicht auf Durchsetzung der Ausreisepflicht. 223

Wird die **Duldung** versagt, kann sie mit einer **Verpflichtungsklage** nach § 42 Abs. 1 VwGO erstritten werden, wofür die allgemeinen prozessualen Grundsätze gelten (Rn. 118 ff.) und ein Widerspruch nach § 83 Abs. 2 AufenthG ausgeschlossen ist; lediglich der für reine Abschiebungsfälle halbierte Streitwert und damit das Kostenrisi- 224

189 Im Jahr 2015 hielten sich 155.103 geduldete Ausländer im Bundesgebiet auf, vgl. BAMF (Hrsg.), Migrationsbericht 2015, S. 126, www.bamf.de; die Zahl der daneben irregulär (z.B. untergetaucht) lebenden Menschen wird für das Jahr 2014 auf zwischen 180.000 und 520.000 Personen geschätzt, vgl. ebenda S. 222 m. Fn. 214.

ko der Klage sind gegenüber jener auf Erteilung einer Aufenthaltserlaubnis geringer. Wird nur die **Bescheinigung über die Duldung** verweigert, ist eine **allgemeine Leistungsklage** auf Ausstellung statthaft.

b) Die Voraussetzungen einer Duldung nach § 60a Abs. 1 bis Abs. 2b AufenthG

225 Die **Duldungsgründe** unterscheiden zwischen **Abschiebungshindernissen** in § 60a Abs. 2 Satz 1 AufenthG, die eine Abschiebung verhindern, sowie **überwiegenden öffentlichen oder humanitären Interessen** in § 60a Abs. 2 Satz 2 und Satz 3 AufenthG, die einer Abschiebung im Grunde nicht entgegenstehen, es aber rechtfertigen, von ihr vorläufig abzusehen, wie z.B. eine begonnene aber noch nicht beendete Ausbildung nach § 60a Abs. 2 Satz 4 bis Satz 6 AufenthG[190] in der Neufassung durch das Integrationsgesetz oder ein „**Winter-Abschiebungsstopp**".[191] Sie wird daher für kürzere Aufenthalte erteilt, in denen (noch) keine Aufenthaltserlaubnis nach § 25 Abs. 4 oder Abs. 4a AufenthG erteilt wird. Dies gilt auch nach § 60a Abs. 2b AufenthG für die Kernfamilie von gut integrierten und daher nach § 25a Abs. 1 AufenthG aufenthaltsberechtigten **Minderjährigen** (Rn. 83 ff.), die wegen des Kindeswohls nicht von ihren Eltern getrennt werden sollen.

Mit diesem Konzept lediglich vorübergehenden Schutzes vor einer Abschiebung ist die **Ausbildungsduldung für eine qualifizierte Berufsausbildung** nach § 60a Abs. 2 Satz 4 ff. AufenthG nur begrenzt systematisch vereinbar: Zwar wird Geduldeten so der Zugang zum deutschen Ausbildungs- und über § 18a AufenthG (Rn. 61) auch zum Arbeitsmarkt eröffnet, was ihrer Integration im Bundesgebiet ebenso dient[192] wie der Rückkehr in den Herkunftsstaat durch eine auch dort wertvolle Berufsqualifikation. Gleichwohl zeigt sich hier der gesetzgeberisch ungelöste Zielkonflikt zwischen Daueraufenthalt in Deutschland oder Rückkehr in den Herkunftsstaat.[193] In den meisten Fällen, in denen die Ausbildung absolviert[194] und anschließend der erlernte Beruf auch ausgeübt wird, wird eine Rückkehr in den Herkunftsstaat immer unwahrscheinlicher. Letztlich mündet der begrüßenswerte Anspruch auf Duldungserteilung zur Berufsausbildung in § 60a Abs. 2 AufenthG über den Anspruch auf an-

---

190 Vgl. Bertold Huber, NVwZ 2015, 1178/1181; Frederik von Harbou, NVwZ 2016, 1193/1194 f.; ders., NJW 2016, 2700/2701 f.

191 Zum 30.6.2015 hielten sich insgesamt 11.605 Ausländer auf Grund eines Abschiebungsstopps im Bundesgebiet auf, vgl. BT-Drs. 18/5862, S. 8.

192 Vgl. BT-Drs. 18/8615, S. 26, 46, 48. Geht die Duldung z.B. wegen Abbruchs des Ausbildungsverhältnisses verloren, bleibt die Möglichkeit der Erteilung einer Duldung aus anderen Gründen (§ 60a Abs. 2 AufenthG).

193 Lediglich wenn konkrete Maßnahmen zur Aufenthaltsbeendigung bevorstehen, ist die Erteilung dieser Duldung nach § 60a Abs. 2 Satz 4 a.E. AufenthG ausgeschlossen, vgl. BT-Drs. 18/9090, S. 26. Solche sind z.B. die Beantragung eines Passersatzpapiers durch die Ausländerbehörde, vgl. BayVGH, B.v. 15.12.2016, Az. 19 CE 16.2025, Rn. 19.

194 § 60a Abs. 2 Satz 4 AufenthG verlangt die Ausbildungsfähigkeit von Auszubildendem und Ausbilder, d.h. die Anerkennung des Betriebs als Ausbildungsbetrieb und den Abschluss eines Ausbildungsvertrags, nicht nur eines Vorvertrags, sowie die Ausbildungsreife des Auszubildenden, der die Ausbildung zeitnah „aufnimmt" und nicht erst in längerem zeitlichem Abstand aufnehmen wird. Die Erteilung einer Ausbildungsduldung setzt weiter eine Beschäftigungserlaubnis nach § 4 Abs. 3 Satz 3 AufenthG i.V.m. § 32 Abs. 1 Satz 1 BeschV voraus, vgl. BayVGH, B.v. 25.1.2017, Az. 10 CE 16.2342, Rn. 7 m.w.N.

schließende Aufenthaltserlaubnis zur Berufstätigkeit in § 18a Abs. 1a AufenthG in einen Daueraufenthalt. Die Ausbildungsduldung dient hier also nicht mehr der vorübergehenden Aufenthaltsermöglichung, bis eine Rückführung in den Herkunftsstaat möglich geworden ist, sondern der vorübergehenden Aufenthaltsermöglichung, bis ein Anspruch auf eine Aufenthaltserlaubnis erworben ist. Um aber kein weiteres aufenthaltsrechtliches Rechtsinstitut neben der Duldung und der Aufenthaltserlaubnis zu schaffen, ist der Rückgriff des Gesetzgebers auf die Duldung verständlich.
Gesetzlich nicht erwähnt, aber praktisch erfolgreich ist die sog. **Bewährungsduldung** für ausgewiesene Ausländer, die zum Schutz ihrer privaten Belange nach § 60a Abs. 2 AufenthG eine „letzte Chance" zu rechtstreuem Verhalten erhalten sollen, um die sonst drohende Abschiebung abzuwenden.

Beispiel: Ist ein im Bundesgebiet lange Jahre lebender Ausländer alkohol- und spielsüchtig und deswegen straffällig geworden, hat aber seine wesentlichen beruflichen und familiären Bindungen (Ehegatte, Kinder) im Bundesgebiet, so bedeutet eine Ausweisung einen tiefen Eingriff in seine geschützten Belange. Liegen zum Zeitpunkt der Ausweisung Stellungnahmen der Justizvollzugsanstalt und von Fachärzten vor, dass er nicht nur echte Reue gezeigt, sondern mit therapeutischer Hilfe seine Sucht aufgearbeitet hat, so dass Aussicht besteht, dass er auch nach einer Haftentlassung abstinent bleibt und nicht mehr straffällig wird, kommt eine Bewährungsduldung in Betracht: Die Ausländerbehörde erlässt hierzu eine Ausweisung mit Ausreiseaufforderung und Abschiebungsandrohung, die sie aber für einen vorab vereinbarten Zeitraum (z.B. zwei Jahre) unter der Bedingung nicht vollstreckt, dass der Ausländer straffrei bleibt. Der Ausländer lässt umgekehrt die Ausweisung unangefochten und so bestandskräftig werden. Für den Zeitraum erhält der Ausländer eine Duldung. Bewährt er sich in dieser Zeit, erteilt ihm die Ausländerbehörde eine neue Aufenthaltserlaubnis und hebt rückwirkend die Ausweisung auf. Wird er hingegen rückfällig, vollzieht die Ausländerbehörde die Abschiebungsandrohung.

c) Die weiteren Folgen einer Duldung nach § 61 AufenthG

Als **reiner Vollstreckungsaufschub** ist die Duldung mit zahlreichen den weiteren Aufenthalt des Ausländers beschränkenden **Nebenbestimmungen** versehen, die dazu dienen, bei Wegfall des Ausreisehindernisses die Abschiebung auch unverzüglich durchführen zu können. So ist sein Aufenthalt nach § 61 Abs. 1 AufenthG grundsätzlich auf das Gebiet des Bundeslandes beschränkt, nach § 61 Abs. 1a AufenthG sogar auf den Bezirk der Ausländerbehörde, damit der Ausländer greifbar ist; § 61 Abs. 1d AufenthG ermöglicht sogar eine **Wohnsitzauflage.** Die räumliche Beschränkung entfällt grundsätzlich nach drei Monaten geduldeten Aufenthalts nach § 61 Abs. 1b AufenthG, kann aber auch wegen eines überwiegenden öffentlichen Interesses nach § 61 Abs. 1c AufenthG gesondert angeordnet werden, nach der geplanten Neufassung des § 61 Abs. 1c AufenthG-E auch dann, wenn der Ausländer die der Abschiebung entgegenstehenden Gründe durch vorsätzlich falsche Angaben oder durch eigene Täuschung über seine Identität oder Staatsangehörigkeit selbst herbeigeführt oder zumutbare Anforderungen an die Mitwirkung bei der Beseitigung von Ausreisehindernissen nicht erfüllt hat, insbesondere bei der Beschaffung von Passersatzpapieren 226 nicht mitwirkt.[195] Weitere Bedingungen und Auflagen können nach § 61 Abs. 1e AufenthG angeordnet werden. Um statt der zwangsweisen Durchsetzung der Ausreisepflicht ihre freiwillige Erfüllung zu fördern, können die Länder nach § 61 Abs. 2 AufenthG **Ausreiseeinrichtungen** schaffen und den Ausländer zur dortigen Wohnsitznahme verpflichten.[196] Dieses Regelungspaket zeigt den deutlichen politischen Willen, eine vollziehbare Ausreisepflicht auch durchzusetzen und in Fällen, in denen eine Abschiebung nicht gelingt, der Ausländer aber ausreisen könnte, ihn dazu zu bewegen. Das ist auch der Erkenntnis geschuldet, dass die Ausländerbehörden schon kapazitätsmäßig nicht in der Lage sind, in jedem Fall eine Abschiebung vorzunehmen, die Rückführung ausreisepflichtiger Ausländer also wesentlich von ihrer Bereitschaft zur Ausreise abhängt.[197]

d) Die Abschiebungshaft nach § 62 und § 62a AufenthG

227 Die **Abschiebungshaft** ist keine repressive Strafhaft für eine verweigerte Ausreise (arg. ex § 62a Abs. 1 AufenthG), sondern eine **präventive Maßnahme** zur Vollstreckung. Dem entsprechend kann die Abschiebungshaft nur ultima ratio sein (arg. ex § 62 Abs. 1 AufenthG), um ein Untertauchen des Ausländers zu verhindern und sicherzustellen, dass er zum **Abschiebungstermin** auch greifbar ist.[198] Ist eine Abschiebung aber auf absehbare Zeit nicht möglich, darf eine Abschiebungshaft bislang mangels Vollstreckungsmöglichkeit nicht angeordnet werden. Dies zu ändern, ist Teil des geplanten Gesetzes zur besseren Durchsetzung der Ausreisepflicht. Nach § 62 Abs. 3 Satz 4 AufenthG-E soll gegen Ausländer, von denen eine erhebliche Gefahr für Leib und Leben oder bedeutende Rechtsgüter der inneren Sicherheit ausgeht, künftig Abschiebungshaft auch dann verhängt werden, wenn die Abschiebung nicht innerhalb des Dreimonatszeitraums möglich sein wird.[199] Damit aber wird die Abschiebungshaft systemwidrig zu einer allgemeinen „Gefährderhaft" – ein Zweck, der ihr jedenfalls ausländerrechtlich nicht zukommt. Eine solche Regelung wäre systematisch eher im Polizeirecht oder im Verfassungsschutzrecht zu verankern, wo präventiv von Personen ausgehenden Gefahren begegnet wird, nicht wie in der Abschiebungshaft lediglich eine Ausreisepflicht durchgesetzt werden soll. Näher unterscheidet das Aufenthaltsgesetz zwischen der **Vorbereitungshaft** zur Vorbereitung und der **Sicherungshaft** zur Sicherung einer Abschiebung.

228 Die Abschiebungshaft darf wegen des **Richtervorbehalts** nach Art. 2 Abs. 2 Satz 2 i.V.m. Art. 104 Abs. 2 GG nur durch die Gerichte angeordnet werden, nicht durch

195 Vgl. BR-Drs. 179/17 S. 12. Er soll so leichter für Mitwirkungshandlungen wie z.B. Vorführungen bei Auslandsvertretungen möglicher Herkunftsstaaten greifbar sein.

196 Hinzu kommen Leistungseinschränkungen nach § 1a Abs. 2–5 AsylbLG.

197 So waren zum 31.1.2017 insgesamt 213.439 Ausländer vollziehbar ausreisepflichtig, vgl. BR-Drs- 179/17 S. 1.

198 Dieser Termin wird nach § 59 Abs. 1 Satz 8 AufenthG nicht mehr angekündigt, kann aber aus der nicht mehr monatsweisen Zahlung von Sozialleistungen mit Blick auf den behördenintern bekannten Abschiebungstermin auch abgeleitet werden, vgl. Kathleen Neundorf, NJW 2016, 5/8.

199 Vgl. BR-Drs. 179/17 S. 12.

die Behörde; diese kann den Ausländer nur unter engen Voraussetzungen nach § 62 Abs. 5 AufenthG vorläufig in Gewahrsam nehmen lassen und muss unverzüglich eine gerichtliche Entscheidung einholen.[200] § 2 Abs. 14 AufenthG enthält einen Katalog von Anhaltspunkten für eine Fluchtgefahr als Grund einer Abschiebungshaft und § 2 Abs. 15 AufenthG speziell für Dublin-III-Rückführungen.

e) Der Ausreisegewahrsam nach § 62b AufenthG

Ein weiteres Instrument zur Sicherung einer Abschiebung wurde mit dem kurzfristi- 229
gen, auf vier Tage beschränkten **Ausreisegewahrsam** geschaffen, um die Durchführbarkeit der Abschiebung zu sichern. Gerade bei intensiv vorbereiteten, je nach Zielstaat seltenen **Sammelabschiebungen** soll dem hohen organisatorischen Aufwand seitens der Behörde auch eine möglichst große Zahl tatsächlich abgeschobener Ausreisepflichtiger gegenüberstehen. Gleiches gilt bei aufwendig behördlich beschafften **Ersatz-Reisedokumenten** mit eingeschränkter Gültigkeitsdauer. Die Voraussetzungen sind ein fruchtloser Ablauf der Ausreisefrist sowie ein die Abschiebung erschwerendes Verhalten des Ausländers, insbesondere eine fortgesetzte Verletzung seiner gesetzlichen Mitwirkungspflichten oder Täuschung über seine Identität oder Staatsangehörigkeit. Der Ausreisegewahrsam dauert bis zu vier Tage, soll aber nach § 62b Abs. 1 Satz 1 AufenthG-E künftig aber bis zu zehn Tage dauern, um Abschiebungen zu erleichtern.[201] Der Ausreisegewahrsam wird im Transitbereich eines Flughafens oder in einer Unterkunft vollzogen, von wo aus die freiwillige Ausreise des Ausländers möglich ist (**Ausreiseeinrichtung**). Der Ausländer soll die Möglichkeit haben, den Ausreisegewahrsam jederzeit dadurch zu beenden, dass er eine konkrete Reisemöglichkeit (Flugverbindung) in einen aufnahmebereiten Staat benennt, die er wahrnehmen möchte. In diesem Fall soll ihm die Ausreise ermöglicht werden.[202] Auch der Ausreisegewahrsam bedarf wegen des **Richtervorbehalts** nach Art. 2 Abs. 2 Satz 2 i.V.m. Art. 104 Abs. 2 GG der richterlichen Anordnung.

VI. Die Verhinderung der Wiedereinreise nach § 11 AufenthG

Zur Verhinderung jeder unerlaubten Einreise gilt nach § 4 Abs. 1 Satz 1 AufenthG 230
grundsätzlich das gesetzliche **Einreiseverbot**. Darüber hinaus sieht § 11 AufenthG ein gesondertes gesetzliches **Wiedereinreiseverbot** vor, das insbesondere an eine vorherige Ausweisung oder Abschiebung anknüpft.

1. Das gesetzliche Einreise- und Aufenthaltsverbot nach § 11 Abs. 1 bis Abs. 4 AufenthG

Das **gesetzliche Einreise- und Aufenthaltsverbot** nach § 11 Abs. 1 AufenthG tritt au- 231
tomatisch als Folge einer Ausweisung, Rückschiebung oder Abschiebung eines Aus-

200 Ausführlich zu Abschiebungshaft und Ausreisegewahrsam Stephan Beichel-Benedetti, Die Neuregelung der Abschiebungshaft im Gesetz zur Neubestimmung des Bleiberechts und der Aufenthaltsbeendigung, NJW 2015, 2541 ff.
201 Vgl. BR-Drs. 179/17 S. 13.
202 BR-Drs. 642/14 S. 63 f.

länders ein, dem danach selbst bei einem Erteilungsanspruch kein Aufenthaltstitel erteilt werden darf. Zum Ausgleich für seine automatische Wirkung ist das Einreise- und Aufenthaltsverbot nach § 11 Abs. 2 AufenthG **von Amts wegen zu befristen**. Die bisherige Befristungsmöglichkeit auf Antrag hielt europarechtlichen Anforderungen aus Art. 11 Abs. 1 RL 2008/115/EG nicht stand,[203] weil die Ausländerbehörde nicht in jedem Fall zur Befristung verpflichtet gewesen war.[204] Nunmehr muss die Befristung zwingend und unter Berücksichtigung der Umstände des Einzelfalls erfolgen, wobei eine **spezialpräventive Prognose**, ab wann kein öffentliches Interesse mehr am Fernhalten des Ausländers besteht, allenfalls für einen Zeitraum von bis zu zehn Jahren gestellt werden kann und u.a. durch in Art. 6 Abs. 1 GG geschützten ehelichen und familiären Belange relativiert werden muss.[205]

232 Die **Befristung** erfolgt durch einen **eigenen Verwaltungsakt**, der mit der Ausweisungsverfügung oder Abschiebungsandrohung verbunden, rechtlich aber selbständig und getrennt (Rn. 245 ff) angreifbar ist.[206] Er kann daher auch mit eigenen **Nebenbestimmungen** versehen werden, z.B. der Bedingung einer nachweislichen Straf- oder Drogenfreiheit.[207] Die Bedingung muss geeignet sein, der Gefahr zu begegnen, und dem Ausländer muss es möglich und zumutbar sein, den entsprechenden Nachweis auch tatsächlich zu erbringen.[208]

Beispiel: Wird ein Ausländer wegen im Drogenrausch begangener Delikte und zur Finanzierung seiner Drogensucht unternommenen Handels mit Betäubungsmitteln ausgewiesen, kann die Befristung der Wiedereinreisesperre mit der Bedingung versehen werden, dass er sich über einen bestimmten Zeitraum vor Ablauf der Frist Drogentests stellt bzw. durch Haaranalysen seine Drogenfreiheit nachweist, um die Gefahr für die öffentliche Sicherheit in Deutschland im Fall seiner Rückkehr zu verringern. Sieht sein Land keine Drogentests vor, kann ihm u.U. zugemutet werden, sich Drogentests durch einen für die deutsche Auslandsvertretung tätigen Arzt zu unterziehen, wobei die Proben ggf. zur Analyse an ein deutsches Labor gesandt werden.

233 So wird dem Umstand Rechnung getragen, dass die Ausländerbehörde den Lebenslauf des Ausländers im Ausland nach der Ausreise oder Abschiebung nicht weiter verfolgen kann und es somit der Mitwirkungspflicht des Ausländers entspricht, eine positive Persönlichkeitsentwicklung darzulegen. Wird die **Bedingung nicht erfüllt**, gilt eine von vornherein festzusetzende längere Frist.[209]

234 Die **Frist beginnt** notwendigerweise erst mit der **Ausreise** – gleich ob freiwillig oder zwangsweise – und wird kalendarisch festgesetzt. Ihre Länge wird nach § 11 Abs. 3

203 Richtlinie 2008/115/EG des Europäischen Parlaments und des Rates v. 16.12.2008 über gemeinsame Normen und Verfahren in den Mitgliedstaaten zur Rückführung illegal aufhältiger Drittstaatsangehöriger – Rückführungsrichtlinie, ABl L 348 v. 24.12.2008, S. 98.

204 Vgl. BVerwG, U.v. 10.7.2012, Az. 1 C 19.11, BVerwGE 143, 277/291 f. Rn. 30 f.

205 Vgl. BVerwG, U.v. 13.12.2012, Az. 1 C 14.12, InfAuslR 2013, 141/143 Rn. 14 f.

206 Vgl. BVerwG, U.v. 10.7.2012, Az. 1 C 19.11, BVerwGE 143, 277/297 Rn. 39.

207 BR-Drs. 642/14 S. 38; dazu Bertold Huber, NVwZ 2015, 1178; BayVGH, U.v. 12.7.2016, Az. 10 BV 14.1818, Rn. 70 f.

208 BR-Drs. 642/14 S. 39.

209 BR-Drs. 642/14 S. 39.

AufenthG nach Ermessen bestimmt[210] und darf **fünf Jahre** nur überschreiten, wenn der Ausländer auf Grund einer strafrechtlichen Verurteilung ausgewiesen worden ist oder wenn von ihm eine schwerwiegende Gefahr für die öffentliche Sicherheit und Ordnung ausgeht. Die Frist soll **zehn Jahre** nicht überschreiten. Diese Befristungsgrenzen folgen den Vorgaben aus Art. 2 Abs. 2 Buchst. b und Art. 11 Abs. 2 Satz 2 RL 2008/115/EG und der hierzu ergangenen Rechtsprechung.[211] Das Einreise- und Aufenthaltsverbot kann nach § 11 Abs. 4 AufenthG zur Wahrung schutzwürdiger Belange des Ausländers, insbesondere wenn ihm ein humanitärer Aufenthaltstitel erteilt werden kann oder sonst Umstände das öffentliche Interesse an seiner Fernhaltung vom Bundesgebiet an Bedeutung verlieren lassen,[212] vorzeitig aufgehoben oder die **Frist verkürzt** werden (Rn. 245 ff.). Umgekehrt kann die Frist auch aus Gründen der öffentlichen Sicherheit und Ordnung verlängert werden. Ausgeschlossen ist eine Befristung des Einreise- und Aufenthaltsverbots für wegen eines Verbrechens gegen den Frieden, eines Kriegsverbrechens oder eines Verbrechens gegen die Menschlichkeit ausgewiesene oder nach § 58a AufenthG abgeschobene Ausländer.

2. Das gewillkürte Einreise- und Aufenthaltsverbot nach § 11 Abs. 6 und Abs. 7 AufenthG

Auch außerhalb der Fälle einer Ausweisung, Rückschiebung oder Abschiebung eines 235
Ausländers kann Bedarf bestehen, ihm durch behördliche Entscheidung die Wiedereinreise zu verwehren. Nach § 11 Abs. 6 AufenthG kommt dies bei einem Ausländer in Betracht, der seiner Ausreisepflicht vorwerfbar nicht innerhalb einer ihm gesetzten Ausreisefrist nachgekommen ist. Auch dieses **gewillkürte Einreise- und Aufenthaltsverbot** ist zu **befristen**, zunächst im Regelfall für nicht mehr als ein Jahr, im Übrigen für nicht mehr als drei Jahre.

Für einen Ausländer, dessen **Asylantrag als offensichtlich unbegründet** abgelehnt 236
(Rn. 401) oder dessen wiederholter Folge- oder Zweitantrag erfolglos geblieben ist, kann nun das BAMF neben der Ausreiseaufforderung[213] ein **gewillkürtes Einreise- und Aufenthaltsverbot** nach § 11 Abs. 7 AufenthG anordnen. Auf diese Weise soll einer missbräuchlichen Inanspruchnahme des Asylverfahrens vorgebeugt werden, insbesondere von Asylbewerbern, die unverfolgt einreisen, um Sozialleistungen (Taschengeld, Krankenfürsorge etc.) in Anspruch zu nehmen.[214] So soll einer Überlastung des Asylverfahrens durch offensichtlich nicht schutzbedürftige Personen entgegen gewirkt werden und die Kapazität auf die Prüfung der Asylanträge tatsächlich schutzbedürftiger Personen konzentriert werden.[215] Da es sich mangels asylgesetzli-

210 Wie hier auch BayVGH, U.v. 28.6.2016, Az. 10 B 15.1854, Rn. 49 ff.; BayVGH, U.v. 12.7.2016, Az. 10 BV 14.1818, Rn. 63 ff. Dass befristet werden muss, ergibt sich aus dem zwingenden Wortlaut; wie lange befristet wird, liegt hingegen im nach § 114 VwGO gerichtlich nur begrenzt überprüfbaren Ermessen.

211 Vgl. BVerwG, U.v. 10.7.2012, Az. 1 C 19.11, BVerwGE 143, 277/298 f. Rn. 42 f.

212 Vgl. BVerwG, U.v. 6.3.2014, Az. 1 C 2.13, NVwZ 2014, 1107 f.

213 Die baldige Ausreise nach missbräuchlicher Antragstellung liegt im öffentlichen Interesse, vgl. BVerfG, B.v. 2.5.1984, Az. 2 BvR 1413/83, BVerfGE 67, 43/60.

214 Zur Problematik Andreas Dietz, DÖV 2015, 727/727 f.

215 BR-Drs. 642/14 S. 42.

cher Grundlage nicht um eine asylrechtliche sondern um eine **ausländerrechtliche Entscheidung** handelt – auch wenn es vom BAMF angeordnet worden ist – und ein Widerspruch nach § 83 Abs. 3 und § 84 Abs. 1 Satz 2 AufenthG ausgeschlossen ist, ist gegen das Verbot eine Anfechtungsklage statthaft (Rn. 136 ff.).[216]

VII. Der Rechtsschutz gegen Ausweisungen mit Nebenentscheidungen

237 Als sicherheitsrechtliche Maßnahme wird die **Ausweisung** mit Nebenentscheidungen wie einer Ausreiseaufforderung, der Setzung einer Ausreisefrist, der Androhung einer Abschiebung und einer Befristung der Wiedereinreisesperre verbunden. Ihr Tenor könnte lauten:

1. Herr/Frau [Name, Geburtsdatum etc.] wird aus der Bundesrepublik Deutschland ausgewiesen.
2. Herr/Frau [Name] hat die Bundesrepublik Deutschland innerhalb einer Frist von einem Monat ab Zustellung dieses Bescheids zu verlassen.
3. Sollte Herr/Frau [Name] der Ausreisepflicht nicht fristgerecht nachkommen, wird hiermit die Abschiebung in [Herkunftsstaat] oder einen anderen, zur Aufnahme bereiten Staat oder in einen Staat, in den er/sie einreisen darf, angedroht.
4. Die Wirkungen der Ausweisung und einer etwaigen Abschiebung werden auf zwei Jahre ab Ausreise aus der Bundesrepublik Deutschland befristet.
5. Für Nr. 1 und Nr. 2 dieses Bescheids wird die sofortige Vollziehung angeordnet.

238 Gegen einen solchen Bescheid sind unterschiedliche **Rechtsbehelfe** zu ergreifen: Die Ausweisung und die Ausreiseaufforderung mit Fristsetzung sind **belastende Verwaltungsakte**, weil sie in den Rechtskreis des Ausländers eingreifen; die zu ihrem Vollzug erlassene Abschiebungsandrohung teilt als Vollzugsmaßnahme den Charakter der Grundverfügung, also der Ausweisung. Somit ist hiergegen die **Anfechtungsklage** statthaft. Die Befristungsentscheidung hingegen ist eine begünstigende Entscheidung insofern, als sie die Wirkungen des grundsätzlich unbefristeten **gesetzlichen Einreise- und Aufenthaltsverbots** verkürzt,[217] so dass für einen Antrag auf eine kürzere Sperrfrist die **Verpflichtungsklage** statthaft ist (Rn. 245 ff.). Da mehrere Streitgegenstände nebeneinander verfolgt werden, handelt es sich um eine **objektive Klagehäufung** nach § 44 VwGO.[218] Gegen die **Anordnung der sofortigen Vollziehbarkeit** ist kein Hauptsacherechtsbehelf statthaft, sondern nur ein Antrag nach § 80 Abs. 5 VwGO.

1. Die Anfechtungsklage gegen Ausweisung und Ausreiseaufforderung

239 Zur Vermeidung von Wiederholungen wird auf die Darstellung zur Anfechtungsklage Bezug genommen (Rn. 136 ff.) und werden hier nur Besonderheiten erläutert:

216 Vgl. BR-Drs. 642/14 S. 66; dazu Bertold Huber, NVwZ 2015, 1178/1179.
217 Mit einer bloßen Anfechtungsklage wäre dem Ausländer nicht geholfen, da er dann wieder einer unbefristeten Wiedereinreisesperre unterläge.
218 Zum Begriff Friedhelm Hufen, Verwaltungsprozessrecht, § 13 Rn. 13.

a) Die Zulässigkeit dieser Anfechtungsklage

Der **Verwaltungsrechtsweg** ist nach § 40 Abs. 1 VwGO i.V.m. § 53 Abs. 1 sowie § 50 Abs. 1 und Abs. 2, § 59 Abs. 1 AufenthG eröffnet, da die Klage gegen eine Ausweisung, Ausreiseaufforderung mit Fristsetzung und Abschiebungsandrohung eine öffentlich-rechtliche Streitigkeit darstellt. Die örtliche und die instanzielle **Zuständigkeit des Verwaltungsgerichts** nach § 52 Nr. 2 VwGO ist gegeben. 240

Ausweisung, Ausreiseaufforderung mit Fristsetzung und Abschiebungsandrohung sind bzw. gelten als belastende Verwaltungsakte, so dass gegen sie die **Anfechtungsklage** nach § 42 Abs. 1 Alt. 1 VwGO statthaft ist, um ihre gerichtliche Aufhebung zu erreichen. Die nach § 42 Abs. 2 VwGO erforderliche **Klagebefugnis** ergibt sich bereits aus der Adressatentheorie. 241

Ein **Vorverfahren** nach § 68 VwGO entfällt, soweit es – wie im Freistaat Bayern nach Art. 15 Abs. 2 BayAGVwGO – im jeweiligen Bundesland abgeschafft worden ist; ansonsten ist es durchzuführen. Die **Klagefrist** beträgt nach § 74 Abs. 1 VwGO für die Anfechtungsklage einen Monat ab Bekanntgabe des Bescheids. Ist die Rechtsbehelfsbelehrung zum Bescheid nicht oder nicht richtig erteilt, gilt nach § 58 Abs. 2 VwGO die Jahresfrist. 242

b) Die Begründetheit dieser Anfechtungsklage

Für die Begründetheit muss sich die Klage nach § 78 Abs. 1 VwGO gegen den richtigen **Klagegegner** richten, d.h. regelmäßig gegen die Ausländerbehörde bzw. deren Rechtsträger. Sie ist nach § 113 Abs. 1 Satz 1 VwGO **begründet**, wenn die Ausweisung, Ausreiseaufforderung mit Fristsetzung oder Abschiebungsandrohung rechtswidrig sind und den Ausländer in seinen Rechten verletzen. In Betracht kommt auch eine lediglich teilweise Aufhebung, soweit nur die Abschiebungsandrohung rechtswidrig ist. **Entscheidungserheblicher Zeitpunkt** ist jener der letzten Behördenentscheidung, denn dies ist regelmäßig der für Anfechtungsklagen maßgebliche Zeitpunkt. Soweit aber – wie in der Praxis zumeist wegen berührter ehelicher oder familiärer Beziehungen – Art. 8 EMRK in mitten steht, verschiebt sich auch bei einer Anfechtungsklage gegen eine Ausweisung der entscheidungserhebliche Zeitpunkt auf jenen der gerichtlichen Entscheidung. Die Folge für die Ausländerbehörde ist, dass sie alle zwischenzeitlichen Veränderungen berücksichtigen muss, z. B. bei einer Ausweisung wegen Straftaten die gute oder schlechte Führung des Ausländers in einer Strafhaft, die zwischenzeitliche Geburt eines Kindes, für das er die Personensorge hat sowie seine etwaige Eheschließung. Sie hat die weitere Entwicklung auch nach Erlass ihrer Ausweisung zu beachten und muss ggf. ihren Bescheid und seine Begründung anpassen, sogar ihre Entscheidung revidieren.[219] 243

---

219 Vgl. BVerwG, U.v. 15.11.2007, Az. 1 C 45.06, BVerwGE 130, 20/23 ff. Rn. 14 ff. unter Verweis auf den europarechtlichen Rechtsgedanken einer aktuellen Tatsachengrundlage für eine Aufenthaltsbeendigung.

c) Das Kostenrisiko dieser Anfechtungsklage

244 Nach Nr. 8.2 des Streitwertkatalogs wird für die Ausweisung der **Auffangstreitwert** nach § 52 Abs. 2 GKG von 5.000 Euro angesetzt; beigefügte Nebenentscheidungen wie die Abschiebungsandrohung erhöhen den Streitwert nicht.

d) Der Klageantrag dieser Anfechtungsklage

„Der Bescheid der/des [Bezeichnung der Behörde] vom [Datum] wird in Nr. 1, Nr. 2 und Nr. 3 aufgehoben."

2. Die Verpflichtungsklage auf Verkürzung der Wirkungen des Einreise- und Aufenthaltsverbots

245 Auch hier wird auf die Darstellung zur Verpflichtungsklage Bezug genommen (Rn. 118 ff.):

a) Die Zulässigkeit dieser Verpflichtungsklage

246 Der **Verwaltungsrechtsweg** ist nach § 40 Abs. 1 VwGO i.V.m. § 11 AufenthG eröffnet, da die Verkürzung der Wirkungen eine öffentlich-rechtliche Streitigkeit darstellt. Die **Zuständigkeit des Verwaltungsgerichts** folgt aus § 52 Nr. 2 VwGO.

247 Die Klage auf Verkürzung der Wirkungen ist als **Verpflichtungsklage** nach § 42 Abs. 1 Alt. 2 VwGO statthaft, weil die Erteilung eines begünstigenden Verwaltungsakts durch (weitere) Verkürzung begehrt wird.[220] Die nach § 42 Abs. 2 VwGO erforderliche **Klagebefugnis** ergibt sich aus einem möglichen Anspruch auf verkürzte Wirkungen (z.B. zum Schutz individueller oder familiärer Belange).

248 Ein **Vorverfahren** nach § 68 VwGO entfällt, soweit es im jeweiligen Bundesland abgeschafft worden ist; ansonsten ist es durchzuführen. Die **Klagefrist** beträgt nach § 74 Abs. 2 VwGO für die Verpflichtungsklage einen Monat ab Bekanntgabe des Bescheids. Ist die Rechtsbehelfsbelehrung zum Bescheid nicht oder nicht richtig erteilt, gilt nach § 58 Abs. 2 VwGO die Jahresfrist.

b) Die Begründetheit dieser Verpflichtungsklage

249 Für die Begründetheit muss sich die Klage nach § 78 Abs. 1 VwGO gegen den richtigen **Klagegegner** richten, d.h. wegen der Verkürzung im Inland gegen die Ausländerbehörde bzw. deren Rechtsträger. Die Klage ist nach § 113 Abs. 5 VwGO **begründet**, wenn dem Ausländer der Anspruch auf (weitere) Verkürzung zusteht. **Entscheidungserheblicher Zeitpunkt** ist jener der letzten mündlichen Verhandlung als regelmäßig für Verpflichtungsklagen maßgeblicher Zeitpunkt.

---

220 Wie hier auch BayVGH, U.v. 28.6.2016, Az. 10 B 15.1854, Rn. 47; BayVGH, U.v. 12.7.2016, Az. 10 BV 14.1818, Rn. 59.

c) Das Kostenrisiko dieser Verpflichtungsklage

Für das Kostenrisiko liegt keine Empfehlung im Streitwertkatalog vor; da es sich insoweit nur um eine Nebenentscheidung zur Ausweisung handelt, dürfte hier ebenso wie bei der Ausreiseaufforderung keine Streitwerterhöhung eintreten. 250

3. Der Eilrechtsschutz gegen den Sofortvollzug der Ausweisung

Auch hier richtet sich der Eilrechtsschutz nach dem Rechtsbehelf der Hauptsache, d.h. statthaft ist wegen des belastenden Teils des Verwaltungsakts ein **Antrag** nach § 80 Abs. 2 Satz 1 Nr. 4 und Abs. 5 VwGO i.V.m. § 84 Abs. 2 Satz 1 AufenthG **auf Wiederherstellung der aufschiebenden Wirkung** der Anfechtungsklage gegen die Ausweisung (Rn. 207 f.) und die Ausreiseaufforderung sowie nach § 80 Abs. 2 Satz 1 Nr. 3 und Abs. 5 VwGO auf **Anordnung der aufschiebenden Wirkung** gegen die nach Art. 21a BayVwZVG sofort vollziehbare Abschiebungsandrohung, zudem ein Antrag auf vorläufige Anordnung oder Sicherung nach § 123 VwGO auf Verkürzung der **Befristungswirkungen**, soweit diese wegen einer vorzeitigen Abschiebung schon bis vor einer Entscheidung über die Hauptsache erzielt werden soll .[221] 251

§ 6 Die Sonderregelungen für freizügigkeitsberechtigte Unionsbürger

Das **Recht auf Freizügigkeit** ist eine der drei **Grundfreiheiten der Europäischen Union** nach Art. 21, Art. 26 Abs. 2 AEUV (im Binnenmarkt freier Personen- Waren- Dienstleistungs- und Kapitalverkehr).[222] Die Europäische Union wurde zunächst als Wirtschaftsgemeinschaft gegründet und entwickelt sich heute zur politischen Gemeinschaft. Ihr Grundkonzept liegt in einem einheitlichen Wirtschaftsraum, der nach außen abgegrenzt, aber nach innen über die zwischenstaatlichen Grenzen hinweg offen ist für den Austausch von Arbeitskräften, Dienstleistungen und Waren. Dies soll die wirtschaftliche Entwicklung und den Wohlstand in der gesamten Gemeinschaft fördern. Speziell die Freizügigkeit der Staatsangehörigen anderer Mitgliedstaaten der Europäischen Union (**Unionsbürger**) nach Art. 20 Abs. 1 AEUV als Arbeitnehmer oder Unternehmer knüpft maßgeblich an ihre **wirtschaftliche Betätigung** an, so dass das Recht auf Freizügigkeit von der Erfüllung dieser Voraussetzungen abhängt. Die Wirkungen der Freizügigkeit werden aber auch auf Nicht-Arbeitnehmer erstreckt, soweit es sich um Familienangehörige des Freizügigkeitsberechtigten handelt. 252

221 Für die Befristung der gesetzlichen Sperrwirkung nach § 11 Abs. 2 AufenthG ist die aufschiebende Wirkung nach § 84 Abs. 1 Nr. 6, Nr. 7 und Nr. 8 AufenthG ausgeschlossen, um zu verhindern, dass Ausländer bereits nach Ergreifen des Rechtsbehelfs wieder einreisen können, vgl. BR-Drs. 642/14 S. 66 f.

222 Im Überblick Walter Schmitt Glaeser, Der freiheitliche Staat des Grundgesetzes, S. 221 f.

I. Die Einreise und der Aufenthalt von Unionsbürgern

253 Zur Umsetzung der europarechtlichen Freizügigkeitsregelungen nach Art. 21, Art. 45, Art. 49 AEUV und der RL 2004/38/EG[223] hat die Bundesrepublik ein **eigenes Gesetz** erlassen. §§ 1 ff. FreizügG/EU regeln die Einreise und den Aufenthalt von Unionsbürgern und ihren Familienangehörigen (im Sinne von § 3 FreizügG/EU), die – soweit sie nicht in ihrer Person ebenso freizügigkeitsberechtigt sind – nur ein vom **Unionsbürger als Stammberechtigtem** abhängiges unselbständiges Aufenthaltsrecht besitzen. Ausgehend von dieser Normenhierarchie richtet sich der Rechtsstatus der Begünstigten daher erstrangig nach europäischen Vorschriften wie der RL 2004/38/EG und erst zweitrangig nach § 2 Abs. 1 FreizügG. Soweit die europäischen Regelungen – nach Auffassung deutscher Gerichte – nicht hinreichend umgesetzt sind oder deutsches Recht gegen Europarecht verstößt, sind die entscheidungserheblichen Rechtsfragen dem Europäischen Gerichtshof vorzulegen.

1. Die Freizügigkeit von Unionsbürgern

254 Freizügigkeitsberechtigte Unionsbürger sind gegenüber Ausländern aus anderen Staaten (**Drittstaater**) mehrfach privilegiert. So benötigen sie nach § 2 Abs. 4 Satz 1 FreizügG/EU anders als Drittstaater nach § 4 Abs. 1 AufenthG für die Einreise ins Bundesgebiet **kein Visum** und für den Aufenthalt **keine Aufenthaltserlaubnis**:

a) Die materielle Freizügigkeit

255 Unionsbürger genießen **Freizügigkeit** als ein **originäres Recht** mit zwei wesensmäßigen Einschränkungen: Erstens gilt die Freizügigkeit grundsätzlich **nicht gegenüber dem eigenen Staat**, sondern nur gegenüber anderen Staaten der Europäischen Union, denn für die Einreise in den eigenen Staat genießen die Unionsbürger ein Einreise- und Aufenthaltsrecht nach nationalem Recht, z.B. ein Deutscher nach Art. 11 GG (Rn. 15). Zweitens besteht Freizügigkeit nur, wenn von ihr auch **tatsächlich Gebrauch** gemacht wird. Anders gewendet: Wer bzw. wessen stammberechtigter Angehöriger nie die Grenzen seines Heimatstaates zwecks Freizügigkeit überschritten hat, kann sich gegenüber diesem nicht auf die Unionsbürgerschaft berufen.[224]

Beispiel: Heiratet eine ukrainische Staatsangehörige einen deutschen Staatsangehörigen während dessen Kurzurlaubs in Dänemark und begehrt den Ehegattennachzug, kann sie sich nicht auf Freizügigkeit ihres Gatten berufen, da er sich während des Kurzurlaubs nicht in Dänemark niedergelassen hat. Als zeitlicher Maßstab gilt die Drei-Monats-Grenze des Art. 7 Abs. 1 RL 2004/38/EG.[225] Ein Ehegattennachzug kann also nur nach § 30 AufenthG ermöglicht werden.

223 Richtlinie 2004/38/EG des Europäischen Parlaments und des Rates v. 29.4.2004 über das Recht der Unionsbürger und ihrer Familienangehörigen, sich im Hoheitsgebiet der Mitgliedstaaten frei zu bewegen und aufzuhalten u.a., ABl. L 158, 77.

224 Vgl. BVerwG, U.v. 16.11.2010, Az. 1 C 17.09, BVerwGE 138, 122/126 f. Rn. 12.

225 Vgl. BayVGH, B.v. 26.1.2016, Az. 10 CS 16.64, NVwZ-RR 2016, 397/398 Rn. 5 f.

Für **Einreisen und vorübergehende Aufenthalte** von bis zu drei Monaten genießen Unionsbürger eine voraussetzungslose Freizügigkeit nach § 2 Abs. 5 FreizügG/EU. Sie benötigen lediglich ein **gültiges Personaldokument** (Personalausweis, Reisepass). Sie brauchen sich also in Deutschland nicht bei der Wohnsitzgemeinde anmelden oder gar um eine Aufenthaltserlaubnis nachsuchen. 256

Für **längere Aufenthalte** genießen Unionsbürger Freizügigkeit unter den Voraussetzungen des § 2 Abs. 2 FreizügG/EU, also insbesondere zur Ausbildung, zur unselbständigen oder selbständigen **Erwerbstätigkeit** und zur Arbeitssuche sowie zur Erbringung oder zum Empfang von Dienstleistungen. Sie verlieren dieses Recht nach § 2 Abs. 3 FreizügG/EU auch nicht durch unverschuldete Unterbrechungen ihres Aufenthaltszwecks, wie z.B. Unfall, Krankheit, Arbeitslosigkeit, die sie am Erwerb hindern oder ihre Erwerbsfähigkeit mindern. Nach spätestens fünf Jahren rechtmäßigen Aufenthalts erlangen Unionsbürger nach § 4a Abs. 1 FreizügG/EU das **Recht auf Daueraufenthalt**; unter den Voraussetzungen des § 4a Abs. 2 FreizügG/EU auch bereits deutlich früher. 257

b) Die formellen Regelungen für die Freizügigkeit

Unionsbürger erhalten bei Aufenthalten von **mehr als drei Monaten** lediglich eine Art **Meldebescheinigung** der Wohnsitzgemeinde, dass sie sich dort angemeldet haben (z.B. auch für das europäische Wahlrecht). Ob ihnen materiell Freizügigkeit zukommt, wird nicht geprüft. Erst ein **Daueraufenthaltsrecht** wird ihnen – ebenfalls rein deklaratorisch – nach § 5 Abs. 5 Satz 1 FreizügG/EU **bescheinigt**. 258

2. Die Rechtsstellung der Familienangehörigen von Unionsbürgern

Die **Familienangehörigen** im Sinne von § 3 Abs. 2 FreizügG/EU haben das Recht, einen Unionsbürger im Familiennachzug zu begleiten, wenn sie in einer ehelichen oder familiären Lebensgemeinschaft miteinander leben (wollen). Damit ist ihre Rechtsstellung **akzessorisch** zur Ausübung der Freizügigkeit des Unionsbürgers als Stammberechtigtem. Ihre Rechte sollen seine Freizügigkeit dadurch ermöglichen, dass sie die Familieneinheit wahren, weil ihn sonst die Trennung von seiner Familie davon abhalten könnte, von seiner Freizügigkeit Gebrauch zu machen.[226] 259

a) Die materielle Rechtsstellung der Familienangehörigen

Für **Einreisen und vorübergehende Aufenthalte** von bis zu drei Monaten genießen sie eine akzessorische Freizügigkeit nach § 2 Abs. 5 FreizügG/EU und benötigen ebenfalls lediglich ein **gültiges Personaldokument**. 260

Für **längere Aufenthalte** benötigen Familienangehörige als Drittstaater für die Einreise ins Bundesgebiet nach § 2 Abs. 4 Satz 2 FreizügG/EU anders als Unionsbürger ein 261

226 Vgl. EuGH, U.v. 16.7.2015, Az. C-218/14, NVwZ 2015, 1431 Rn. 30 m.w.N.; EuGH, U.v. 30.6.2016, Az. C-115/15, NVwZ 2016, 1471/1474 Rn. 72; BVerwG, 30.7.2013, Az. 1 C 15.12, BVerwGE 147, 278/289 ff. Rn. 31 ff., wonach das tatsächliche und rechtliche Angewiesensein zu prüfen ist, insbesondere bei Minderjährigen auch die Verteilung des Sorgerechts.

Visum. Für dieses werden allerdings **nicht** die **nationalen Visumsvoraussetzungen** nach §§ 4 ff. AufenthG geprüft, sondern lediglich die Voraussetzungen des Familiennachzugs, d.h. die Unionsbürgerschaft des Stammberechtigten, seine grundsätzliche Freizügigkeit[227] und ob die Familienangehörigen ihn begleiten oder zu ihm nachziehen.[228] Von den nationalen Anforderungen des Familiennachzugs wie z.B. jener des Spracherfordernisses sind sie befreit, weil das Aufenthaltsgesetz nach § 11 Abs. 1 Satz 11 FreizügG/EU i.V.m. § 1 Abs. 2 Nr. 1 AufenthG auf sie nicht direkt und analog nur anwendbar ist, soweit es für sie günstigere Bestimmungen als das Freizügigkeitsgesetz beinhaltet. Nach ihrer Einreise erhalten sie nach § 5 Abs. 1 FreizügG/EU zum Nachweis ihrer Aufenthaltsberechtigung eine **Aufenthaltskarte** erteilt, die nur deklaratorischen Charakter hat, weil sie ein materiell bereits bestehendes Recht nur dokumentiert.[229]

262 Eine Besonderheit stellen die „**Rückkehrerfälle**" dar, wenn Deutsche sich in einem anderen Mitgliedstaat der Europäischen Union mit ihrem drittstaatsangehörigen Familienangehörigen niedergelassen hatten und nun zurückkehren, da durch den längeren Auslandsaufenthalt mit Erwerbstätigkeit ein grenzüberschreitender Bezug – für den Familienangehörigen – hergestellt ist.

Beispiel: Ein Deutscher zieht für seine Firma nach Frankreich, lebt und arbeitet dort und heiratet im Urlaub eine Brasilianerin. Gegenüber Frankreich kann sich der Deutsche auf seine Freizügigkeit berufen, ebenso seine Gattin für den Familiennachzug zu ihm. Ziehen beide nach Jahren des ehelichen Zusammenlebens in Frankreich gemeinsam nach Deutschland, kann sich der Deutsche gegenüber der Bundesrepublik nicht auf eigene Freizügigkeit berufen, aber geltend machen, dass sie die Rechtsstellung als Familienangehörige eines Freizügigkeitsberechtigten erlangt hat. Erst recht kann sie selbst sich darauf berufen.

263 Die **Akzessorietät** der Rechtsstellung der **Familienangehörigen** zeigen auch § 4a Abs. 4 und Abs. 5 FreizügG/EU, wonach sie ebenfalls nach fünf Jahren rechtmäßigen Aufenthalts und Zusammenlebens mit dem Unionsbürger ein **eigenes Recht** auf Daueraufenthalt erlangen.[230] Endet die eheliche oder familiäre Lebensgemeinschaft vor fünf Jahren gemeinsamen Zusammenlebens, scheidet dieser Erwerbstatbestand aus. Damit die Familienangehörigen aber nicht aufenthaltsrechtlos und ausreisepflichtig sind, obwohl sie ihren Lebensmittelpunkt in Deutschland haben, bedarf es gesonderter Regelungen für die Wechselfälle des Lebens (Tod, Scheidung). Diese finden sich in § 3 Abs. 3 bis Abs. 5 sowie in § 4a Abs. 3 und Abs. 5 FreizügG/EU.

227 Ob er die Voraussetzungen der Freizügigkeit tatsächlich erfüllt, kann erst im Nachhinein geprüft werden, um kein Freizügigkeitshemmnis zu errichten.

228 Sie brauchen nicht einmal „unter demselben Dach" zusammen wohnen, sondern es genügt der Aufenthalt in demselben Mitgliedstaat, der aber bis zur eigenständigen Aufenthaltsverfestigung gegeben sein muss, vgl. EuGH, U.v. 16.7.2015, Az. C-218/14, NVwZ 2015, 1431/1432 Rn. 54 ff.

229 Ihre Ausstellung – mangels Regelungscharakter ist sie kein Verwaltungsakt – kann notfalls gerichtlich mittels einer Leistungsklage durchgesetzt werden.

230 Der Familiennachzug zu diesen zunächst nur akzessorisch aufenthaltsberechtigten drittstaatsangehörigen Familienangehörigen richtet sich nach §§ 27 ff. AufenthG, vgl. § 4a Abs. 1 Satz 3 FreizügG/EU, dazu BR-Drs. 642/14 S. 69.

b) Die formellen Regelungen für Familienangehörige

Verfahrensrechtlich unterscheidet sich der Status von Familienangehörigen von jenem des Unionsbürgers. Sie erhalten eine ebenfalls **deklaratorische Bescheinigung** über ihre Rechtsstellung nach § 5 Abs. 1 Satz 1 FreizügG/EU und zuvor bereits eine Bescheinigung über ihre Anmeldung nach § 5 Abs. 1 Satz 2 FreizügG/EU. Haben sie ein Daueraufenthaltsrecht erworben, so erhalten sie – ebenfalls rein deklaratorisch – nach § 5 Abs. 5 Satz 1 FreizügG/EU eine **Daueraufenthaltskarte** als Bescheinigung ausgestellt. 264

3. Die Überprüfung einer Freizügigkeit nach § 5 FreizügG/EU

Da die Rechtsstellung des **Unionsbürgers originär** ist und nicht von der Erteilung eines Visums oder einer Aufenthaltserlaubnis abhängt, werden ihre **Voraussetzungen** grundsätzlich **nicht vorab** und auch nicht **geprüft**, wenn die Anmelde- oder sonstigen Bescheinigungen ausgestellt werden. Auch für seine Familienangehörigen gilt dies mit der genannten Einschränkung eines Einreisevisums. 265

Zur Verhinderung von Missbrauch allerdings kann die Ausländerbehörde nach § 5 Abs. 2 FreizügG/EU verlangen, dass die Voraussetzungen der Freizügigkeit des Unionsbürgers und der daraus abgeleiteten Rechtsstellung seiner Familienangehörigen im Sinne von § 3 Abs. 1 FreizügG/EU drei Monate nach der Einreise **glaubhaft gemacht** werden. Das kann z.B. durch Vorlage des Arbeitsvertrags und einen Nachweis der Meldebehörde, dass die Familie einen gemeinsamen Wohnsitz genommen hat, erfolgen. Aus **besonderem Anlass** können das Vorliegen und der Fortbestand der Voraussetzungen des Rechts nach § 2 Abs. 1 FreizügG/EU auch sonst überprüft werden, z.B. wenn der Ausländerbehörde bekannt wird, dass der Ehegatte des Unionsbürgers sich scheiden lassen will, sich vom Unionsbürger getrennt hat und damit kein gemeinsamer Lebensmittelpunkt mehr besteht. Diese Überprüfung ist allerdings nur zielführend, wenn sie noch innerhalb von fünf Jahren nach Begründung des ständigen rechtmäßigen Aufenthalts im Bundesgebiet eine Feststellung treffen kann, weil sonst schon ein eigenständiges und von den ursprünglichen Voraussetzungen unabhängiges Daueraufenthaltsrecht[231] entstanden ist. Sind die Voraussetzungen vorher entfallen, kann nach § 5 Abs. 4 FreizügG/EU der **Verlust des Rechts** nach § 2 Abs. 1 FreizügG/EU festgestellt und bei Familienangehörigen, die nicht Unionsbürger sind, die **Aufenthaltskarte eingezogen** werden.[232] 266

In diesem Zusammenhang hat der Europäische Gerichtshof nicht nur eine Überprüfung der Voraussetzungen der Freizügigkeit im Einzelfall sondern auch die **Verweigerung von Sozialhilfeansprüchen** nichtfreizügigkeitsberechtigt zugewanderter Unionsbürger gebilligt. Wer die Freizügigkeit nur als Vorwand missbraucht, ohne ihre Voraussetzungen zu erfüllen, z.B. nicht arbeitsfähig und auch nicht arbeitswillig ist, 267

231 BR-Drs. 642/14 S. 69.

232 Art. 14, Art. 15 Abs. 3 und Art. 24 ff. RL 2004/38/EG bezeichnen die im FreizügG/EU genannte Verlustfeststellung als Ausweisung.

kann keine sozialen Leistungen beanspruchen wie wirklich Freizügigkeitsberechtigte, die z.B. noch keine Arbeit gefunden oder vorübergehend verloren und deswegen für bis zu sechs Monate als Arbeitssuchende oder noch Erwerbstätige einen Anspruch auf Sozialleistungen haben. So soll die unangemessene Inanspruchnahme der **Sozialhilfeleistungen** des Aufnahmestaats verhindert[233] und Rechtsmissbrauch nicht belohnt werden. Wer die Freizügigkeit nicht besitzt, hält sich illegal im Bundesgebiet auf, so dass sich sein Aufenthalt rechtlich nicht „verfestigen" kann.

4. Die Anfechtungsklage gegen die Feststellung des Freizügigkeitsverlusts

268 Entsprechend dem Prinzip des actus contrarius bedarf es für die **Feststellung des Rechtsverlustes** keines aufhebenden Verwaltungsaktes, da dem Recht keine Erteilung durch einen begünstigenden Verwaltungsakt vorausging, sondern es sich um einen – von der Ausländerbehörde bestrittenen – originären Rechtserwerb handelt. Soweit die Behörde also einen Verwaltungsakt erlässt, darin konstitutiv unter Prüfung aller Umstände des Einzelfalls den Verlust feststellt und den Unionsbürger und/oder seinen Familienangehörigen zur Ausreise auffordert, handelt es sich im feststellenden Teil folglich um einen **feststellenden Verwaltungsakt,**[234] im Übrigen um einen regelnden Verwaltungsakt, gegen den insgesamt eine Anfechtungsklage (Rn. 136 ff.) statthaft ist:

a) Die Zulässigkeit dieser Anfechtungsklage

269 Der **Verwaltungsrechtsweg** ist nach § 40 Abs. 1 VwGO i.V.m. § 2 Abs. 1, § 5 Abs. 4 FreizügG/EU eröffnet, da die Klage gegen eine Verlustfeststellung mit Ausreiseaufforderung eine öffentlich-rechtliche Streitigkeit darstellt.

270 Es handelt sich um **zwei Verwaltungsakte**, die in einem Bescheid erlassen werden und für den Betroffenen beide belastend sind, weil sie seine Rechtsstellung bestreiten und daraus eine Ausreisepflicht ableiten, so dass gegen sie die **Anfechtungsklage** nach § 42 Abs. 1 Alt. 1 VwGO statthaft ist, um ihre gerichtliche Aufhebung zu erreichen. Soweit daneben von einem Familienangehörigen die Rückgabe der Aufenthaltskarte verlangt wird, handelt es sich auch insoweit um einen Verwaltungsakt, weil das Recht zu deren Besitz bestritten wird. Die nach § 42 Abs. 2 VwGO erforderliche **Klagebefugnis** ergibt sich aus der Adressatentheorie und aus dem bestrittenen Recht nach § 2 Abs. 1 FreizügG/EU.

---

233 Vgl. EuGH, U.v. 11.11.2014, Az. C-333/13, NVwZ 2014, 1648 ff. Rn. 64 f., 70 f., 76; EuGH, U.v. 15.9.2015, Az. C-67/14, NVwZ 2015, 1517/1518 f. Rn. 50, 54 ff.; EuGH, U.v. 25.2.2016, Az. C-299/14, NVwZ 2016, 450 ff. Rn. 38 ff., 52. Abweichend in völliger Verkennung der Voraussetzungen eines „verfestigten" Aufenthalts BSG, U.v. 24.11.2015, Az. B 4 AS 44/15 R. Zur Bedeutung als Voraussetzung für eine reguläre Migration Winfried Kluth, DVBl 2016, 1081/1082.

234 BVerwG, U.v. 16.7.2015, Az. 1 C 22.14, Asylmagazin 2015, 352 ff. juris Rn. 12. Da hier die Behörde selbst die Feststellung trifft, liegt ein Verwaltungsakt vor (arg. ex § 44 Abs. 5 VwVfG, Art. 44 Abs. 5 BayVwVfG); das Verwaltungsgericht prüft nur diesen Verwaltungsakt, trifft aber keine eigene Verlust-/Nichtverlust-Feststellung, so dass auch keine Feststellungsklage nach § 43 VwGO vorliegt.

Ein **Vorverfahren** nach § 68 VwGO entfällt, soweit es im jeweiligen Bundesland abgeschafft worden ist; ansonsten ist es durchzuführen. Die **Klagefrist** beträgt nach § 74 Abs. 1 VwGO für die Anfechtungsklage einen Monat ab Bekanntgabe des Bescheids. Ist die Rechtsbehelfsbelehrung zum Bescheid nicht oder nicht richtig erteilt, gilt nach § 58 Abs. 2 VwGO die Jahresfrist. 271

b) Die Begründetheit dieser Anfechtungsklage

Für die Begründetheit muss sich die Klage nach § 78 Abs. 1 VwGO gegen den richtigen **Klagegegner** richten, d.h. regelmäßig gegen die Ausländerbehörde bzw. deren Rechtsträger. Die Klage ist nach § 113 Abs. 1 Satz 1 VwGO **begründet**, wenn die Verlustfeststellung und die Ausreiseaufforderung rechtswidrig sind und den Ausländer in seinen Rechten verletzen. **Entscheidungserheblicher Zeitpunkt** ist – abweichend vom regelmäßig für Anfechtungsklagen maßgeblichen Zeitpunkt der letzten Behördenentscheidung – wegen der europarechtlichen Grundlage die Sach- und Rechtslage im Zeitpunkt der letzten mündlichen Verhandlung oder Entscheidung des Tatsachengerichts.[235] Da für den Unionsbürger und/oder seinen Familienangehörigen die **Vermutung** des Bestehen des Rechts nach § 2 Abs. 1 FreizügG/EU streitet,[236] liegt es an der Behörde, die Tatsachen darzulegen, aus denen sich der Verlust des Rechts ergibt (non liquet). Gelingt ihr dies nicht, wird das Verwaltungsgericht die Verlustfeststellung – und die dazu akzessorische Ausreiseaufforderung – aufheben. Ist von einem Familienangehörigen bereits die zurückgeforderte Aufenthaltskarte an die Ausländerbehörde herausgegeben worden, kann ihre Wiederherausgabe als **Folgenbeseitigungsanspruch** mit dem Anfechtungsbegehren nach § 113 Abs. 1 Satz 2 VwGO verbunden werden. 272

c) Das Kostenrisiko dieser Anfechtungsklage

Nach Nr. 8.1 des Streitwertkatalogs wird wie für Klagen um einen Aufenthaltstitel der **Auffangstreitwert** nach § 52 Abs. 2 GKG von 5.000 Euro angesetzt, der auf das Recht nach § 2 Abs. 1 FreizügG/EU übertragen werden kann. 273

d) Der Klageantrag dieser Anfechtungsklage

„Der Bescheid der/des [Bezeichnung der Behörde] vom [Datum] wird aufgehoben.“

II. Die Aufenthaltsbeendigung von Unionsbürgern und Familienangehörigen

Neben dem speziellen Verfahren zur allgemeinen Feststellung des Verlusts der Rechte nach § 2 Abs. 1, § 5 Abs. 4 FreizügG/EU eröffnet § 6 Abs. 1 FreizügG/EU die Möglichkeit einer **besonderen Verlustfeststellung** aus Gründen der öffentlichen Sicherheit und Ordnung. Es handelt sich um ein – **der Ausweisung** gegenüber aufenthaltser- 274

235 BVerwG, U.v. 16.7.2015, Az. 1 C 22.14, Asylmagazin 2015, 352 ff. juris Rn. 11; auch schon BVerwG, U.v. 15.11.2007, Az. 1 C 45.06, BVerwGE 130, 20/23 ff. Rn. 14 ff. unter Verweis auf den europarechtlichen Rechtsgedanken einer möglichst aktuellen Tatsachengrundlage für eine Aufenthaltsbeendigung.

236 BVerwG, U.v. 16.7.2015, Az. 1 C 22.14, Asylmagazin 2015, 352 ff. juris Rn. 12.

laubnispflichtigen Ausländern **funktional vergleichbares** – Verfahren, für das die §§ 53 ff. AufenthG nach § 11 Abs. 1 Satz 1 FreizügG/EU unanwendbar sind.[237] Die Ausländerbehörde kann nur nach § 6 Abs. 1 Satz 1 und Satz 2 FreizügG/EU den Verlust des Rechts auf Einreise und Aufenthalt feststellen und eine ausgestellte Bescheinigung einziehen. Die **Ausreisepflicht** mit befristetem Verbot der Wiedereinreise folgt aus § 7 Abs. 1 und Abs. 2 FreizügG/EU.

275 Anders als die nationalen Ausweisungsregelungen darf sich die **Verlustfeststellung** nach § 6 Abs. 1 Satz 1, Abs. 2, Abs. 5 FreizügG/EU **nur auf spezialpräventive Gründe** stützen. Solche liegen vor bei Straftaten, die „ein persönliches Verhalten erkennen lassen, das eine gegenwärtige Gefährdung der öffentlichen Sicherheit darstellt". Die Gefahr muss also im Zeitpunkt der letzten Entscheidung noch vorliegen, so dass der **entscheidungserhebliche Zeitpunkt** auch hier im Zeitpunkt der letzten mündlichen Verhandlung oder Entscheidung des Tatsachengerichts liegt und zwischenzeitliche Änderungen der Sach- und Rechtslage berücksichtigen muss (z. B. Eheschließung, Haftentlassung zur Bewährung). Für die **Verlustgründe** gilt eine Stufenfolge dahin, dass die Gründe der öffentlichen Sicherheit und Ordnung bei einem Aufenthalt von weniger als fünf Jahren und damit vor Erlangung eines Daueraufenthaltsrechts nach § 6 Abs. 2 FreizügG/EU schwer wiegen müssen, bei einem Aufenthalt von fünf aber weniger als zehn Jahren nach § 6 Abs. 4 FreizügG/EU noch schwerer sein müssen und nach einem Aufenthalt von mindestens zehn Jahren oder gegenüber Minderjährigen nach § 6 Abs. 5 FreizügG/EU zwingend sein müssen. Letzteres liegt erst bei einer Verurteilung zu einer Freiheitsstrafe von mindestens fünf Jahren oder bei einer Anordnung von Sicherungshaft oder bei Terrorismus vor. Den hohen Hürden auf der Tatbestandsseite stehen auch hohe Anforderungen an die behördliche Entscheidung auf der Rechtsfolgenseite gegenüber. Nach § 6 Abs. 2 Satz 1 und Abs. 3 FreizügG/EU ist nicht nur eine Gewichtung der Strafurteile, sondern eine Gegenüberstellung aller berührten Belange im Rahmen einer **umfassenden Würdigung** erforderlich.[238] Die Entscheidung muss nach § 6 Abs. 8 FreizügG/EU schriftlich und mit Rechtsbehelfsbelehrung ergehen. Gegen sie ist wie gegen die Verlustfeststellung die **Anfechtungsklage** statthaft (Rn. 269 ff.). Die Durchsetzung der Ausreisepflicht folgt nach Maßgabe von § 11 Abs. 2 FreizügG/EU den §§ 57 ff. AufenthG.

276 Unionsbürger und ihre Familienangehörige können die Rechte aus der Freizügigkeit – ähnlich der **Erlöschensregelung** nach § 51 Abs. 1 Nr. 7 AufenthG – nach Art. 16 Abs. 4 RL 2004/38/EG auch durch eine mehr als zweijährige Abwesenheit vom Aufnahmemitgliedstaat verlieren, weil dann die Verlegung ihres Lebensmittelpunkts angenommen wird.[239] Der Verlust kann behördlich – freilich nur mit **deklaratorischer**

237 Erst nach erfolgter Verlustfeststellung findet das Aufenthaltsgesetz nach § 11 Abs. 2 FreizügG/EU Anwendung.

238 Vgl. BVerwG, U.v. 3.8.2004, Az. 1 C 30.02, BVerwGE 121, 297/301 ff.

239 Vgl. BVerwG, U.v. 25.3.2015, Az. 1 C 19.14, DVBl 2015, 784/785 Rn. 18.

Wirkung – durch Verwaltungsakt festgestellt werden, wogegen eine **Anfechtungsklage** statthaft ist (Rn. 269 ff.).

§ 7 Die Sonderregelungen für assoziationsberechtigte türkische Staatsbürger

Eine weitere in ihrer Zahl für die Gesellschaft der Bundesrepublik prägende Ausländergruppe stellen **türkische Staatsangehörige** dar.[240] Sie genießen ebenfalls eine **europarechtlich privilegierte Rechtsstellung**, auch wenn die Türkei kein Mitgliedstaat der Europäischen Union ist und ihre Staatsangehörigen keine Unionsbürger sind. 1963 gingen die damalige Europäische Wirtschaftsgemeinschaft (EWG – als Vorläuferin der EU) und die Türkei eine **Assoziation** zur Angleichung der Arbeits- und Sozialstandards ein mit dem Ziel, den in die EWG als „**Gastarbeiter**" gekommenen türkischen Staatsangehörigen (Rn. 8) die gleichen Rechte auf dem Arbeitsmarkt und bei sozialen Leistungen zu verschaffen wie z.B. ihren deutschen Kollegen. Der hierzu gebildete **Assoziationsrat** fasste im Jahr 1980 einen **Beschluss**,[241] der als unmittelbar geltendes Recht auch die Bundesrepublik bindet und **türkischen Arbeitnehmern** über Art. 6 Abs. 1 ARB 1/80 sowie ihren **nachgezogenen Familienangehörigen** über Art. 7 ARB 1/80 eine besondere Rechtsstellung gewährt. Die Vereinbarung entwickelte jedoch eine eigene Dynamik, seit sie vom Europäischen Gerichtshof über ihren sozialrechtlichen Charakter hinaus auch als ausländerrechtlich relevant verstanden wird. 277

I. Die Einreise und der Aufenthalt von Assoziationsberechtigten

Anders als bei Unionsbürgern beinhalten die für türkische Arbeitnehmer und ihre Familienangehörigen geltenden Grundregelungen des Art. 6 und Art. 7 ARB 1/80 **keinen Anspruch auf Einreise** ins Bundesgebiet oder in die Europäische Union, sondern lassen Aufenthaltsrechte erst hier entstehen.[242] Daraus folgt, dass sich die **Einreise** türkischer Staatsangehöriger im Umkehrschluss aus § 1 Abs. 2 AufenthG grundsätzlich **noch nach nationalem Ausländerrecht** richtet. Ein häufiger Einreisezweck ist der **Familiennachzug** nach §§ 27 ff. AufenthG, wenn in Deutschland lebende Türken einen Ehepartner in der Heimat (ihrer Eltern) finden und ehelichen. 278

Beispiel: Heiratet eine in Deutschland lebende Türkin einen noch in der Türkei aufhältigen Landsmann und will er im Ehegattennachzug nach Deutschland einreisen, bedarf er hierzu eines Visums nach § 30 AufenthG unter den dort näher geregelten Voraussetzungen.

---

240 Im Jahr 2013 stellten türkische Staatsangehörige mit 20,3 % aller Ausländer in Deutschland die größte Ausländergruppe, vgl. BAMF (Hrsg.), MINAS – Atlas über Migration, Integration und Asyl, 6. Auflage 2014, www.bamf.de.

241 Beschluss Nr. 1/80 des Assoziationsrats EWG-Türkei über die Entwicklung der Assoziation (ARB 1/80) v. 19.9.1980, ANBA 1981, 4.

242 Vgl. EuGH, U.v. 29.9.2011, Az. C-187/10, NVwZ 2012, 31/32, Rn. 41.

279 Auch für den Aufenthalt im Bundesgebiet gilt zunächst das **nationale Ausländerrecht**. Wird hier aber ein **assoziationsrechtliches Aufenthaltsrecht** erworben, ist dieses **originär** und unabhängig von einer Verleihung durch eine nationale Ausländerbehörde.[243] Dann überlagert und verdrängt das Assoziationsrecht das nationale Ausländerrecht.

Beispiel: Ist der im vorangegangenen Beispiel genannte Türke nach der Visumserteilung ins Bundesgebiet eingereist, hat hier eine Aufenthaltserlaubnis mit der Möglichkeit zur Erwerbstätigkeit nach § 27 Abs. 5 AufenthG erhalten und eine Arbeitsstelle angenommen, erwirbt er ein eigenes assoziationsrechtliches Recht auf Aufenthalt als Arbeitnehmer, sobald er die Mindestzeiten an Arbeit und legalem Aufenthalt nach Art. 6 Abs. 1 ARB 1/80 erfüllt hat. Soweit seine Ehefrau selbst assoziationsberechtigt ist, er zu ihr zieht und mit ihr zusammenlebt, kommt daneben auch ein Erwerb eines akzessorischen assoziationsrechtlichen Aufenthaltsrechts als Familienangehöriger nach Art. 7 ARB 1/80 in Betracht. Beide Erwerbstatbestände stehen selbständig nebeneinander. Gehen aus der Ehe Kinder hervor, erlangen sie ein Aufenthaltsrecht sowohl nach dem nationalen Recht nach §§ 33 ff. AufenthG als auch als Familienangehörige nach Art. 7 ARB 1/80.

280 Die assoziationsrechtliche Stellung verselbständigt sich somit vom ursprünglichen Einreise- und Aufenthaltszweck nach nationalem Recht. Das **nationale Ausländerrecht** dient der Begrenzung und Steuerung der Zuwanderung; das **Assoziationsrecht** hingegen ausschließlich wirtschaftlichen Zwecken mit dem Ziel einer Arbeitnehmerfreizügigkeit für Drittstaater. Die beiden **Rechtskreise** sind **getrennt** und ermöglichen – soweit sie nicht aufeinander Bezug nehmen – einen getrennten Rechtserwerb im jeweiligen Regelungssystem.[244] Auch der Fortbestand der Rechtsstellung richtet sich daher jeweils nach dem gültigen nationalen oder Assoziationsrecht.

1. Die Rechtsstellung des Arbeitnehmers nach Art. 6 ARB 1/80

281 Die **Assoziation** hat ihren Ursprung in der Verbesserung der Rechtsstellung von Arbeitnehmern. Daraus erklärt sich, dass die zentrale Regelung für einen Erwerb von **Assoziationsrechten auf Arbeitnehmer zugeschnitten** ist: Art. 6 Abs. 1 ARB 1/80 folgt einem **Stufensystem der Aufenthaltsverfestigung**: Hat sich der Arbeitnehmer **ein Jahr** erlaubt im Bundesgebiet aufgehalten und bei demselben Arbeitgeber gearbeitet[245] – bestimmte Unterbrechungen wie Krankheit oder Unfall sind nach Art. 6 Abs. 1 ARB 1/80 unschädlich – erwirbt er das Recht „auf Erneuerung seiner Arbeitserlaubnis bei dem gleichen Arbeitgeber". Da er dieses aber nur wahrnehmen kann, wenn er sich auch weiterhin im Bundesgebiet aufhalten darf, hat der Europäische Gerichtshof daraus zugleich ein Recht auf Verlängerung seiner nationalen Aufent-

243 Für das Aufenthaltsrecht genügt allein die Erfüllung der Voraussetzungen der Art. 6 oder Art. 7 ARB 1/80, so EuGH, U.v. 26.10.2006, Az. C-4/05, NVwZ 2007, 187/188 Rn. 24 f.; EuGH, U.v. 18.7.2007, Az. C-325/05, NVwZ 2007, 1393/1394 f. Rn. 47, 51 f., 57.

244 Vgl. BVerwG, U.v. 28.4.2015, Az. 1 C 21.14, NVwZ 2015, 1448/1149 f. Rn. 22 ff.

245 Es genügt jede nicht völlig untergeordnete, auch Teilzeittätigkeit, vgl. BVerwG, U.v. 19.4.2012, Az. 1 C 10.11, BVerwGE 143, 38/44 f. Rn. 18 f. (Raumpflege von fünfeinhalb und später zehn Wochenstunden).

haltserlaubnis abgeleitet. Der Aufenthalt folgt also aus der ordnungsgemäßen Erwerbstätigkeit.[246] Diese erste Stufe der Verfestigung **sichert den Status quo.**

Hat der Arbeitnehmer **weitere zwei Jahre** bei demselben Arbeitgeber gearbeitet, kann er den Arbeitgeber wechseln und „für den gleichen Beruf" eine andere Stelle annehmen. Diese zweite Stufe verfestigt den Assoziationsstatus zum Recht auf **freie Arbeitsplatzwahl in demselben Beruf.** Nach **insgesamt vier Jahren** entfällt auch diese letzte Einschränkung.[247] Die dritte Stufe der Verfestigung gibt ihm ein **unbeschränktes Arbeits- und Aufenthaltsrecht.** 282

Bis zur Verselbständigung der assoziationsrechtlichen Arbeitnehmerstellung benötigt der Ausländer also zunächst nach nationalem Recht deckungsgleich eine **Aufenthalts- und eine Arbeitserlaubnis.** Hier sind Ausländer- und Arbeitsrecht als Materien eng verzahnt: Bei vorzeitiger Auflösung des Arbeitsverhältnisses kann ein im arbeitsgerichtlichen Verfahren durch Vergleich vereinbarter Auflösungszeitpunkt für den weiteren Aufenthalt entscheidend sein, um das Jahr der Arbeitstätigkeit und damit die Stufe der Verfestigung nachzuweisen! 283

2. Die Rechtsstellung der Familienangehörigen nach Art. 7 ARB 1/80

Ähnlich räumt Art. 7 ARB 1/80 **Familienangehörigen kein Nachzugsrecht**, sondern lediglich ein Aufenthaltsrecht ein, das sich nach dem Assoziationsrecht verfestigen kann.[248] Ob der Familienangehörige nachziehen darf, entscheidet sich **nach nationalem Recht**, z.B. muss sein Lebensunterhalt und jener des Stammberechtigten gesichert sein;[249] ob er bleiben darf, zunächst nach nationalem und dann nach Assoziationsrecht: 284

Hat der **Familienangehörige drei Jahre** bei einem türkischen Arbeitnehmer im Bundesgebiet seinen Wohnsitz, kann er sich selbst auf eine Arbeitsstelle bewerben, soweit keine deutschen Arbeitnehmer Vorrechte haben. Nach **weiteren zwei Jahren** entfällt dieser Nachrang. **Kinder** türkischer Arbeitnehmer können sich nach abgeschlossener Berufsausbildung auf jede Stelle bewerben. Hat sich der Familienangehörige ein Jahr erlaubt im Bundesgebiet aufgehalten und bei demselben Arbeitgeber gearbeitet, erreicht er die erste Verfestigungsstufe nach Art. 6 Abs. 1 ARB 1/80 aus eigenem Recht und damit ein selbständiges Aufenthaltsrecht. Dieses Aufenthaltsrecht entwickelt sich dann völlig unabhängig vom Stammberechtigten. Erwirbt die- 285

246 Std. Rspr., EuGH, U.v. 29.9.2011, Az. C-187/10, NVwZ 2012, 31 ff. Rn. 29 f. Die Beschäftigung ist ordnungsgemäß, wenn der nationale Aufenthaltstitel nicht durch Täuschung erlangt und nicht bloß vorläufig – wie die Fiktion nach § 81 Abs. 4 Satz 1 AufenthG – ist, ebenda Rn. 31, 45 f.; ebenso EuGH, U.v. 7.11.2013, Az. C-225/12, NVwZ-RR 2014, 115/116 Rn. 46 ff.; BayVGH, B.v. 18.8.2016, Az. 10 ZB 16.1225, Rn. 7.

247 Die Voraussetzungen der drei Spiegelstriche des Art. 6 Abs. 1 ARB 1/80 müssen nacheinander ohne Unterbrechung erfüllt werden, vgl. EuGH, U.v. 26.10.2006, Az. C-4/05, NVwZ 2007, 187/188 Rn. 25, 30, 34.

248 Es dient der Familienzusammenführung und der Integration des Arbeitnehmers und seiner Familie in den Aufenthaltsstaat, vgl. BVerwG, U.v. 25.3.2015, Az. 1 C 19.14, DVBl 2015, 784/785 Rn. 16 m.w.N.; BVerwG, U.v. 28.4.2015, Az. 1 C 21.14, NVwZ 2015, 1448/1449 Rn. 22.

249 Vgl. Uwe Berlit, NVwZ 2013, 327//329 m.w.N.; entscheidend ist der Gesamtbedarf der Bedarfsgemeinschaft.

ser z. B. die deutsche Staatsangehörigkeit und fallen damit die früheren Voraussetzungen für seine assoziationsrechtliche Privilegierung (türkische Staatsangehörigkeit) fort, bleibt das **erworbene Recht** nach Art. 7 ARB 1/80 dennoch **unangetastet** bestehen.[250] Kennzeichen des Assoziationsrechtes ist und bleibt seine Bezugnahme auf nationales Recht: Wer **Familienangehöriger**[251] ist, regelt das deutsche Zivilrecht. Ob ein Aufenthalt rechtmäßig und eine Beschäftigung ordnungsgemäß sind, ergibt sich aus dem deutschen **Ausländer-, Arbeits- und Sozialrecht**. Die Verzahnungen sind hier offensichtlich.

286 Verfahrensrechtlich stellt die **assoziationsrechtlich begründete Aufenthaltserlaubnis** nach § 4 Abs. 5 Satz 2 AufenthG einen **begünstigenden deklaratorischen Verwaltungsakt** dar, weil die Rechtsstellung materiell direkt aus dem Abkommen resultiert.[252] Der Behörde ist kein Ermessen eingeräumt. Sind die Tatbestandsvoraussetzungen erfüllt, hat sie eine gebundene und gerichtlich voll überprüfbare Entscheidung zu treffen und für einen Daueraufenthalt eine Aufenthaltserlaubnis mit einer Gültigkeit von mindestens fünf Jahren[253] zu erteilen. Diese kann mit einer **Versagungsgegenklage** nach § 42 Abs. 1 2. Alt. VwGO erstritten werden (Rn. 118 ff.).

3. Die Besonderheiten des „Stand Still" nach Art. 13 ARB 1/80 und Art. 41 ZP

287 Vom Europäischen Gerichtshof weit ausgelegte Klauseln zur **Bestandssicherung** erweitern den Anwendungsbereich des Assoziationsrecht persönlich, sachlich und zeitlich noch erheblich: Nach Art. 13 ARB 1/80 dürfen die Mitgliedstaaten der Europäischen Union für Arbeitnehmer und ihre Familienangehörigen, deren Aufenthalt und Beschäftigung ordnungsgemäß sind, **keine neuen Beschränkungen** des Zugangs zum Arbeitsmarkt einführen; nach Art. 41 Abs. 1 ZP[254] ist auch die Einführung „neuer Beschränkungen der Niederlassungsfreiheit und des freien Dienstleistungsverkehrs" ausgeschlossen. Art. 13 ARB 1/80 bezieht sich dabei auf **Arbeitnehmer und ihre Familienangehörigen**, selbst wenn letztere keinen Zugang zum Arbeitsmarkt anstreben;[255] Art. 41 Abs. 1 ZP hingegen auf **selbständig Erwerbstätige**,[256] jedoch nicht auf bloße Empfänger von Dienstleistungen.[257] **Persönlich** erweitert sich der Anwendungsbereich von den Arbeitnehmern auf die Familienangehörigen, denn hindern Erschwernisse ihren Nachzug, kann dies nach Auffassung des Europäischen

250 Vgl. BVerwG, U.v. 25.3.2015, Az. 1 C 19.14, DVBl 2015, 784/785 Rn. 17.

251 Familienangehöriger ist jeder Angehörige der Kernfamilie ungeachtet seiner Staatsangehörigkeit, also auch nichttürkische Drittstaatsangehörige, vgl. EuGH, U.v. 19.7.2012, Az. C-451/11, NVwZ 2012, 1235/1237, Rn. 56 ff.

252 Vgl. BVerwG, U.v. 28.4.2015, Az. 1 C 21.14, NVwZ 2015, 1448/1449 Rn. 22.

253 So BVerwG, U.v. 22.5.2012, Az. 1 C 6.11, DVBl. 2012, 1167/1169 f. Rn. 24 ff. im Vergleich zu Art. 8 Abs. 2 Satz 2 RL 2003/109/EG über die Rechtsstellung der langfristig aufenthaltsberechtigten Drittstaatsangehörigen.

254 Zusatzprotokoll zum Abkommen vom 12. September 1963 zur Gründung einer Assoziation u.a., BGBl. II 1972, S. 385.

255 Vgl. BVerwG, U.v. 6.11.2014, Az. 1 C 4.14, BVerwGE 150, 276/279 Rn. 14.

256 Vgl. BVerwG, U.v. 28.4.2015, Az. 1 C 21.14, NVwZ 2015, 1448/1450 f. Rn. 24, 30.

257 Vgl. EuGH, U.v. 24.9.2013, Az. C-221/11, NVwZ 2013, 1465/1467 Rn. 54, 60.

Gerichtshofs die Erwerbstätigkeit oder Niederlassung des Assoziationsberechtigten beeinträchtigen,[258] der sonst gezwungen ist, auf die Ausübung der hier erworbenen Rechte zur Wahrung der Familieneinheit zu verzichten und in die Türkei zurückzukehren. Auch **sachlich** erweitert sich der Anwendungsbereich vom Aufenthalt als Anknüpfungspunkt für den Erwerb eines assoziationsrechtlichen Aufenthaltsrechts hin zur davor liegenden Einreise, die um der Familieneinheit willen erleichtert wird.[259] Ebenso erstreckt sich der Anwendungsbereich des Assoziationsrechts **zeitlich** in die Vergangenheit und lässt längst überholtes nationales Recht fortbestehen um der günstigeren Rechtsstellung für Assoziationsberechtigte und ihre Familienangehörigen willen: In letzter Konsequenz gilt also für türkische Arbeitnehmer der Rechtsstand von Art. 7 ARB 2/76, für ihre Familienangehörigen nach Art. 13 ARB 1/80 der Rechtsstand von 1980[260] sowie für türkische Unternehmer und Dienstleister nach Art. 41 ZP jener des Jahres 1973[261] („**Stand Still**"). Da die nationalen Zuwanderungsvorschriften seinerzeit noch großzügiger waren und erst spät auf die mittlerweile zu Tage getretenen Integrationsprobleme einiger Zuwanderergruppen reagierten, ist die alte Rechtslage vielfach günstiger. In der Folge kann sich ein Assoziationsberechtigter der Anwendung entgegenstehender (neuerer) Normen widersetzen und auf Anwendung außer Kraft getretener nationaler Vorschriften pochen.[262] Das **Stillhaltegebot** wird zum **Verschlechterungsverbot.**[263]

Dies verschärft Integrationsprobleme: Da Art. 6 und Art. 7 ARB 1/80 nur den Arbeitsmarkt und die Sozialsysteme im Blick haben, enthalten sie logischerweise **keinerlei Regelungen** über die für eine **Integration** wichtigen Voraussetzungen wie z. B. Sprachkenntnis, Kenntnis des politischen, rechtlichen und sozialen Systems des Gastlandes, seiner Geschichte etc. Indem der Europäische Gerichtshof allerdings das gesamte nationale Ausländerrecht an den Stillhalteklauseln misst, steht das Assoziationsrecht auch Regelungen entgegen, die aus gutem Grund für einen Ehegattennachzug **deutsche Sprachkenntnisse** erfordern[264] bzw. den nachträglichen Spracherwerb 288

258 Eine Ausnahme soll für (neue) Beschränkungen zur wirksamen Steuerung der Einwanderung wie die Aufhebung einer Befreiung vom Visumserfordernis für die (erstmalige und dauerhafte) Einreise gelten, vgl. BVerwG, U.v. 6.11.2014, Az. 1 C 4.14, BVerwGE 150, 276/277 f., 282 ff. Rn. 11, 14, 16 ff. m.w.N.

259 Die Stillhalteklausel ist also anwendbar, wenn die Assoziationsberechtigung des Stammberechtigten, also sein ordnungsgemäßer Aufenthalt, sowie die familiäre Nähebeziehung zum nachziehenden Familienangehörigen, vorliegen vgl. BVerwG, U.v. 6.11.2014, Az. 1 C 4.14, BVerwGE 150, 276/280 Rn. 15.

260 Vgl. EuGH, U.v. 7.11.2013, Az. C-225/12, NVwZ-RR 2014, 115/116 Rn. 40; EuGH, U.v. 12.4.2016, Az. C-561/14, NVwZ 2016, 833 f. Rn. 33; BVerwG, U.v. 25.3.2015, Az. 1 C 19.14, DVBl 2015, 784/786 Rn. 25; BVerwG, U.v. 28.4.2015, Az. 1 C 21.14, NVwZ 2015, 1448/1450 Rn. 24.

261 Maßstab ist für selbständige Unternehmer die Rechtslage zum 1.1.1973, vgl. BVerwG, U.v. 19.2.2015, Az. 1 C 9.14, GewArch 2015, 423 (Ls.).

262 Vgl. EuGH, U.v. 21.7.2011, Az. C-186/10, NVwZ 2011, 1447/1448 f. Rn. 22 f., 27; EuGH, U.v. 15.11.2011, Az. C-256/11, NVwZ 2012, 97/101 f. Rn. 80 ff.; Uwe Berlit, NVwZ 2013, 327/329 m.w.N. Ein Beispiel für eine solche Prüfung bei BayVGH, B.v. 18.8.2016, Az. 10 ZB 16.1225, Rn. 7.

263 BVerwG, U.v. 19.3.2013, Az. 1 C 12.12, BVerwGE 146, 117/126 ff. Rn. 31 ff.; BVerwG, U.v. 6.11.2014, Az. 1 C 4.14, BVerwGE 150, 276/280 f. Rn. 16.

264 Vgl. BVerwG, U.v. 28.4.2015, Az. 1 C 21.14, NVwZ 2015, 1448 Rn. 13 f.

in Deutschland nach §§ 43 ff. AufenthG verlangen[265] – auch wenn das den Ehegatten vor Abhängigkeiten schützt und seiner besseren Integration dient.[266] Gleiches gilt für die zwischenzeitlich auf zwei Jahre verkürzte, dann aber wieder auf die vormals geltenden drei Jahre angehobene **Mindestbestandszeit einer Ehe** nach § 31 Abs. 1 Satz 1 Nr. 1 AufenthG (Rn. 94). Dass hier einst dieselbe Zeitspanne galt, reicht dem Europäischen Gerichtshof nicht, vielmehr gilt auch die Beseitigung einer zwischenzeitlichen Vergünstigung als Verschlechterung – aus dem relativen „Stillhaltegebot" wird ein absolut wirkendes umfassendes **Verschlechterungsverbot** und **Meistbegünstigungsgebot.**[267] Gerade das „Stillhaltegebot" in seiner rigiden Auslegung durch den Europäischen Gerichtshof erleichtert den Zuzug türkischer Staatsangehöriger in die Bundesrepublik, erschwert aber ihre Integration in der Bundesrepublik.

II. Die Aufenthaltsbeendigung von Assoziationsberechtigten

289 Als Drittstaatsangehörige unterliegen auch türkische Staatsangehörige grundsätzlich dem deutschen Ausländerrecht und damit auch der Ausweisung. Doch soweit sie eine Rechtsstellung nach Art. 6 oder Art. 7 ARB 1/80 innehaben, können sie nur nach Art. 14 Abs. 1 ARB 1/80 ausgewiesen werden, der als lex specialis Vorrang genießt. Daneben kann ihr Aufenthaltsrecht erlöschen, wenn sie das Bundesgebiet für einen nicht unerheblichen Zeitraum verlassen. Diese **Verlustgründe** sind **abschließend.**[268]

1. Die Besonderheiten einer Ausweisung Assoziationsberechtigter

290 Art. 14 Abs. 1 ARB 1/80 wird vom Europäischen Gerichtshof ähnlich ausgelegt wie die Schutzklauseln für Unionsbürger. Assoziationsberechtigte können demnach nur aus spezialpräventiven Gründen ausgewiesen werden, so dass vom früheren Stufensystem der §§ 53 AufenthG a.F. selbst in Fällen der Schwerkriminalität nur die Er-

265 Das führt zu einer **Unionsbürgerdiskriminierung**, denn von ihren drittstaatsangehörigen Familienangehörigen kann eine Integrations- und Sprachprüfung sogar vor ihrer Einreise verlangt werden, so EuGH, U.v. 9.7.2015, Az. C-153/14, NVwZ 2015, 1359/1360 Rn. 53 ff., von Familienangehörigen Assoziationsberechtigter wegen des „Stand Still" aber nicht.

266 Zuwanderer mit polnischem und russischen Hintergrund weisen z.B. ein vergleichsweise hohes Bildungsniveau auf, welches bei Fachhochschulreife und Abitur sogar das der Personen ohne Migrationshintergrund in Deutschland erreicht oder übertrifft (insbesondere bei den Frauen). Hingegen weisen Personen mit türkischem Migrationshintergrund sowohl den höchsten Anteil von Personen ohne Schulabschluss (insbesondere Frauen von 24,9 %, gesamt 21,0 %) als auch den geringsten bei Personen mit (Fach-)Hochschulreife auf, vgl. BAMF (Hrsg.), Integrationsreport, Tabelle 5.5: Höchster allgemeiner Schulabschluss nach derzeitiger bzw. früherer Staatsangehörigkeit und Geschlecht, Mikrozensus 2012, www.bamf.de, Abfrage v. 22.11.2015. Menschen aus diesem Kulturkreis mit geringer Vorbildung brechen auch häufiger Integrationskurse ab, vgl. Christoph Schroeder/Natalia Zakharova, Sind die Integrationskurse ein Erfolgsmodell? ZAR 2015, 257/259.

267 BVerwG, U.v. 28.4.2015, Az. 1 C 21.14, NVwZ 2015, 1448/1450 Rn. 24, 27. Allerdings wirkt es nicht, soweit es um einen nationalen Aufenthaltstitel geht (Niederlassungserlaubnis), wenn bereits die maximale assoziationsrechtliche Verfestigung (Daueraufenthalt) mit vollem Arbeitsmarktzugang erreicht ist und die nationalen Vorschriften den Arbeitsmarktzugang nicht mehr hindern, Rn. 29.

268 Vgl. BVerwG, U.v. 25.3.2015, Az. 1 C 19.14, DVBl 2015, 784 f. Rn. 14.

messensausweisung übrig blieb.[269] Dem hat der deutsche Gesetzgeber durch die Neufassung des § 53 Abs. 3 AufenthG Rechnung getragen und für Assoziationsberechtigte allein die **spezialpräventive Ausweisung** vorgesehen,[270] wenn das persönliche Verhalten des Betroffenen gegenwärtig eine schwerwiegende Gefahr für die öffentliche Sicherheit und Ordnung darstellt, die ein Grundinteresse der Gesellschaft berührt und die Ausweisung für die Wahrung dieses Interesses unerlässlich ist. Gegen eine solche Ausweisung ist die **Anfechtungsklage** statthaft (Rn. 239 ff.) mit einigen Besonderheiten für Assoziationsberechtigte: Dies sind zum Einen die gerichtlich voll zu überprüfende Verhältnismäßigkeit der Ausweisung und zum Anderen der **entscheidungserhebliche Zeitpunkt** der gerichtlichen Entscheidung zum Schluss der mündlichen Verhandlung.[271] Somit muss die Ausländerbehörde alle zwischenzeitlichen Veränderungen berücksichtigen. Für Kostenrisiko, Klageantrag und Rechtsmittel bestehen gegenüber der Ausweisung Drittstaatsangehöriger keine Besonderheiten.

2. Der Verlust des assoziationsrechtlichen Aufenthaltsrechts durch Erlöschen

Assoziationsberechtigte können ihr Aufenthaltsrecht aus Art. 6 oder Art. 7 ARB 291
1/80 auch durch ein **Erlöschen** verlieren, wenn sie das Hoheitsgebiet für einen nicht unerheblichen Zeitraum ohne rechtfertigende Gründe verlassen und so die mit dem Rechtserwerb bezweckte Integration in den gemeinschaftlichen Arbeitsmarkt beseitigen. Maßgeblich ist, ob der Assoziationsberechtigte seinen **Lebensmittelpunkt** aus dem Bundesgebiet weg verlagert hat: Je länger er sich im Ausland aufhält, desto eher spricht dies für eine Verlagerung; insbesondere bei einem Auslandsaufenthalt von mehr als einem Jahr müssen gewichtige Anhaltspunkte dafür vorliegen, dass der Lebensmittelpunkt noch im Bundesgebiet liegt.[272] Auch hier erfolgt die Verlustfeststellung durch **feststellenden Verwaltungsakt**, gegen den eine **Anfechtungsklage** ohne weitere Besonderheiten gegenüber der Verlustfeststellung Drittstaatsangehöriger (Rn. 168 ff.) statthaft ist.

---

269 Vgl. BVerwG, U.v. 3.8.2004, Az. 1 C 29.02, BVerwGE 121, 315 ff.; BVerwG, U.v. 10.7.2012, Az. 1 C 19/11, BVerwGE 143, 277/281 ff. Rn. 14 ff.

270 Sie zählen zu den europarechtlich besonders privilegierten Personengruppen, vgl. BR-Drs. 642/14 S. 31, 56 f.; Reinhard Marx, ZAR 2015, 245/249 f.

271 So auch in ständiger Rechtsprechung BVerwG, U.v. 25.3.2015, Az. 1 C 19.14, DVBl 2015, 784 Rn. 12 m.w.N.

272 Vgl. BVerwG, U.v. 25.3.2015, Az. 1 C 19.14, DVBl 2015, 784/785 f. Rn. 18 ff.

3. Teil
Die Grundlinien des Asylrechts in Deutschland

Kaum ein Rechtsgebiet ist derzeit so umstritten wie das Asylrecht. Zwischen jenen, die es um einer Zuzugsbegrenzung willen massiv einschränken wollen und jenen, die es um einer zukunftsgerichteten Einwanderungspolitik willen eher noch lockern wollen, klafft ein breiter politischer und ideologischer Spalt. Akut besteht die Gefahr, dass diese Kluft auch die Gesellschaft in der Bundesrepublik spaltet, da derzeit kein Konsens über Ziele und Zwecke des Asylrechts – hier verstanden in einem weiten Sinn als Gesamtheit der Regelungen über Asyl, Flüchtlingsschutz, subsidiären Schutz und nationalen Abschiebungsschutz im Sinne von § 13 AsylG – absehbar ist. Doch nur eine Asylpolitik mit Augenmaß kann verhindern, dass die „Mitte der Gesellschaft“ zu den Rändern abdriftet und radikale Parteien einen ihrer Bedeutung unangemessen großen Einfluss gewinnen – die Mehrheitsverhältnisse im Reichstag der Weimarer Republik mögen uns als warnendes Beispiel vor Augen stehen! Zugleich ist die Durchsetzung des **Asylrechts i.w.S.** zwar eine nationale Aufgabe der Bundesrepublik, aber heute nur noch gemeinsam mit den europäischen Nachbarn überhaupt durchsetzbar. Die folgende Darstellung eröffnet daher mit einem Überblick über die Strukturen des Asylrechts i.w.S. im Vergleich zum Ausländerrecht und einige Grundbegriffe; anschließend werden die materiellen Schutznormen und danach die formellen Verfahrensregelungen des Asylverfahrens erläutert. 292

§ 8 Das Asylrecht i.w.S. im Vergleich zum Ausländerrecht

Das **Asylrecht i.w.S.** ist heute eine weitgehend europa- und völkerrechtlich geprägte **Sondermaterie** und geht als lex specialis den Normen des Ausländerrechts vor. Dennoch ergänzt das **Ausländerrecht** dieses Asylrecht in jenen Bereichen, die von ihm nicht erfasst werden: Da das Asylrecht kein Recht auf Einreise beinhaltet, gilt hier allgemeines Ausländerrecht; da es auch nicht die Aufenthaltsbeendigung abgelehnter Asylbewerber regelt, greift auch hier wieder allgemeines Ausländerrecht. Schließlich richtet sich der weitere Aufenthalt Schutzberechtigter nach Abschluss ihres Asylverfahrens ebenfalls nach Ausländerrecht. 293

I. Die Enttäuschungen durch das Asylrecht i.w.S.

Wie eingangs erläutert, erfasst das Ausländerrecht grundsätzlich alle Ausländer, die sich auf deutschem Staatsgebiet und unter deutscher Staatsgewalt aufhalten wol- 294 len.[273] Das **Asylrecht i.w.S.** hingegen erfasst systematisch nur jene unter ihnen, die schutzbedürftig sind und zum Zweck ihrer Sicherheit vor Verfolgung o.ä. vorläufig in Deutschland bleiben dürfen. Ihr Aufenthalt ist aber – anders als in weiten Bereichen des Ausländerrechts – **nicht von vornherein auf eine Einwanderung** angelegt, sondern soll nur **solange** Schutz bieten, wie die **Gefahrenlage noch dauert** (arg. ex § 73, § 73b und § 73c AsylG). Diese Beschränkungen führen für viele Asylbewerber zu herben Enttäuschungen:

295 Erstens sind nur **wenige der Gründe asylrelevant**, seinen Herkunftsstaat zu verlassen und anderswo einen Neuanfang zu versuchen. Von Armut, Arbeits- und Bildungslosigkeit, schlechten persönlichen oder wirtschaftlichen Perspektiven über Kriminalität, Missernten, Hungersnöte und Epidemien bis hin zu Bürgerkrieg, Krieg und gezielter Verfolgung und Vertreibung reicht ein ganzes Bündel an Motiven zur Auswanderung (Rn. 11).[274] Alle diese Motive sind menschlich verständlich. Aber im Asylverfahren wird nicht geprüft, ob jemand einen Grund hatte, seine Heimat zu verlassen.[275] Sondern es wird geprüft und entschieden, ob die Person in spezifischer Weise in Gefahr schwebt und daher einen Grund hat, vorübergehend im Aufnahmestaat bleiben zu dürfen. Dies ist die **erste Enttäuschung** für viele Asylbewerber, die mit anderen Erwartungen an Deutschland, seine Aufnahmebereitschaft und ihr Willkommensein hierher gekommen sind.[276]

296 Zweitens soll das Asylrecht i.w.S. von vornherein **nicht** in einen **Daueraufenthalt** münden, sondern einem Schutzbedürftigen **nur solange** und soweit Schutz bieten, **wie ihm Gefahr droht**: Zeitlich droht ihm keine Gefahr mehr, sobald er ungefährdet in seinen Herkunftsstaat oder in einen anderen aufnahmebereiten Staat zurückkehren kann. Es gibt also **kein Asylrecht auf Dauer.**[277] Räumlich droht ihm keine Gefahr mehr, sobald er einen sicheren Zufluchtsort erreicht hat – dies ist der Sinn der Drittstaatenregelung des Art. 16a Abs. 2 GG, des Verweises auf internen Schutz in § 3e AsylG und des Dublin-III-Systems. Es gibt auch **kein Recht auf Wahl des attraktivsten Aufnahmestaats.** Dies ist die **zweite Enttäuschung** für viele Asylbewerber, die Deutschland anderen Zielstaaten vorziehen[278] und letztlich „für immer" nach

---

273 Auf die Ausnahmen z.B. für Unionsbürger und Assoziationsberechtigte wurde im 2. Teil eingegangen.

274 Vgl. Herbert Brückner/Nina Rother/Jürgen Schupp, IAB-BAMF-SOEP-Befragung von Geflüchteten, Forschungsbericht Nr. 29, S. 24 f., www.bamf.de, Abfrage vom 20.1.2017.

275 Die Tatsache einer Flucht als solcher ist flüchtlingsrechtlich irrelevant und führt nicht automatisch zu einem Schutzstatus, vgl. nur Uwe Berlit, Flüchtlingsrecht, S. 14.

276 Die Täuschung erfolgt gezielt durch Schleuser, um ihr „Geschäft anzukurbeln", sie entsteht auch aus unrealistischen Informationen in Internet, Rundfunk und Mund-zu-Mund-Propaganda Dritter, die für bare Münze genommen werden.

277 Das Asylgrundrecht verleiht seinem Träger keinen unveränderlichen Status zeit seines Lebens, sondern hängt vom Fortbestand der Verfolgung ab, so BVerwG, U.v. 2.12.1991, Az. 9 C 126.90, BVerwGE 89, 231/233 f. Auch die Genfer Flüchtlingskonvention vermittelt nur einen temporären Schutzstatus, vgl. Uwe Berlit, Flüchtlingsrecht, S. 16.

278 Vgl. Antonie Scholz, in: BAMF (Hrsg.), Warum Deutschland? – Einflussfaktoren bei der Zielstaatssuche von Asylbewerbern, 2013, S. 113 ff., www.bamf.de; Herbert Brückner/Nina Rother/Jürgen Schupp, IAB-BAMF-SOEP-Befragung von Geflüchteten, Forschungsbericht Nr. 29, S. 24 f., www.bamf.de, Abfrage vom 20.1.2017.

Deutschland kommen wollen, hier aber kein Asyl erhalten und zur Ausreise aufgefordert werden.

Drittens gründet das Asylrecht i.w.S. **nicht** auf **Einwanderungspolitik**,[279] sondern auf Humanität. Das Asylrecht fragt – anders als z.B. das Ausländerrecht in §§ 18 ff. AufenthG – **nicht** danach, ob jemand für Deutschland demographisch, ökonomisch oder kulturell **„nützlich"** ist, **sondern** ob er **schutzbedürftig** ist.[280] Ist er das nicht oder nicht mehr, muss er das Bundesgebiet verlassen, notfalls unter staatlichem Zwang. Dies ist die **dritte Enttäuschung** für viele Asylbewerber, die zumindest vorübergehend Schutz erhalten, aber eines Tages ungeachtet ihrer etwaigen Vorbildung[281] und Integration in Schule, Ausbildung und Beruf unser Land wieder verlassen sollen, weil sie in ihrer Heimat nicht mehr in Gefahr sind. Zwar wurden durch Neuregelungen u.a. in § 25a, § 25b, § 60a Abs. 2 Satz 4 ff. AufenthG Regelungen geschaffen, die zwischenzeitliche Integration belohnen und Härten abmildern sollen. Sie ändern aber nichts am grundsätzlichen Zielkonflikt zwischen einem allein ihre Schutzbedürftigkeit berücksichtigenden Asylrecht einerseits und den hierfür irrelevanten Integrationswünschen vieler Asylbewerber andererseits. 297

Daraus folgt die **vierte Enttäuschung** über das Asylrecht i.w.S. – diesmal allerdings nicht in erster Linie für Asylbewerber, sondern für die Bevölkerung in Deutschland: Bei aller Humanität lassen sich im Vollzug des Asylrechts **Härten im Einzelfall** nicht vermeiden. Je mehr Menschen es für sich beanspruchen und je mehr es damit zum Massenverfahren wird, desto schwieriger wird es, jedem Einzelfall noch gerecht zu werden. Je mehr Menschen es erfolglos beantragen,[282] desto größer wird auch die Zahl jener, die nach ihrer Antragsablehnung ausreisepflichtig sind und – soweit sie nicht freiwillig ausreisen – abgeschoben werden müssen. Die **Kehrseite der „Willkommenskultur"** wird zwangsläufig eine **Rückführungswelle**[283] sein, um Aufnahmekapazitäten für die nachdrängenden Flüchtlinge freizumachen. Auch sie haben wie ihre Vorgänger nur für die Dauer ihrer Asylverfahren einen Anspruch auf Aufnahme und Unterbringung. Da die tatsächlichen Aufnahmekapazitäten aber endlich sind, müssen zu Unrecht noch im Bundesgebiet befindliche abgelehnte Asylbewerber in großer Zahl und konsequent zurückgeführt werden. Dass zur **Aufnahmebereitschaft** auch die **Abschiebebereitschaft** gehört, wurde und wird gerne verdrängt;[284] 298

279 Eine Einwanderungspolitik darf nicht unter „Asyl" falsch etikettiert verfolgt werden, gerade wenn ein Bevölkerungsüberhang junger Männer die Migration demographisch einseitig prägt, vgl. Gunnar Heinsohn, Wohin mit den jungen Männern?, Die Zeit v. 5.11.2015, S. 46.

280 Zugespitzt: Der verfolgte Analphabet darf bleiben, der unverfolgte Akademiker nicht – allenfalls nach §§ 18 ff. AufenthG, aber dazu braucht er kein Asyl i.w.S.

281 Zur Qualifikation von Schutzsuchenden Herbert Brückner/Nina Rother/Jürgen Schupp, IAB-BAMF-SOEP-Befragung von Geflüchteten, Forschungsbericht Nr. 29, S. 6 f., 37 ff., www.bamf.de, Abfrage vom 20.1.2017.

282 Zum 30.6.2015 lebten 538.057 abgelehnte Asylbewerber im Bundesgebiet; vgl. BT-Drs. 18/5862, S. 29.

283 Bund und Länder steigern ihre Anstrengungen zur Rückführung ausreisepflichtiger Ausländer, vgl. den deutlichen Anstieg der Zahl von Abschiebungen auf 13.111 allein im ersten Halbjahr 2016, vgl. BT-Drs. 18/9360 S. 2, 47; vgl. nur BAMF (Hrsg.), Migrationsbericht 2015, S. 209 f, www.bamf.de.

284 Darauf weist auch Kay Hailbronner, FAZ online v. 12.10.2015, zu Recht hin.

dass Abschiebungen stattfinden, gerne verhindert.[285] Die von innenpolitischen Rücksichtnahmen in einzelnen Bundesländern geprägte zögerliche Rückführungspraxis[286] wird bereits deutlich verstärkt. Die daraus entstehenden Härten werden sich nicht vermeiden lassen.

299 Diese Enttäuschungen können den Asylbewerbern, ihren Unterstützern und den vielen ehrenamtlich Engagierten nicht erspart bleiben. Zu weit klaffen die **fehlgeleiteten Erwartungen** im In- und Ausland und die rechtliche und tatsächliche Wirklichkeit seit dem Sommer 2015 auseinander.

II. Die Begriffe des Asylbewerbers, des Asylverfahrens und des Asylrechts

300 Stellt ein Ausländer einen **Asylantrag** im Sinne von § 13 Abs. 1 und Abs. 2 AsylG, ist er ein **Asylbewerber**.[287] Stellt er ihn bei einer Ausländer- oder Polizeibehörde, aber nicht beim eigentlich zuständigen BAMF, ist er an dieses weiterzuleiten und er hat vorläufig nur ein Asylgesuch gestellt (vgl. § 19, § 20 AsylG). Erfüllt er die Voraussetzungen eines Asylanspruchs nach Art. 16a Abs. 1 GG, wird er als **Asylberechtigter** im Sinne von § 2 Abs. 1 und Abs. 2 AsylG anerkannt. Diese Begriffe sind am Antrags- und Prüfungsgegenstand des Asylverfahrens orientiert. Der Begriff des **Flüchtlings** ist demgegenüber unscharf, als er zwar einerseits auf die über § 3 AsylG wirkende **Genfer Flüchtlingskonvention** Bezug nimmt, andererseits aber nur einen Teil des internationalen Schutzes und damit nur einen Ausschnitt eines Asylantrags im Sinne von § 13 Abs. 2 Satz 1 AsylG in den Blick nimmt. Zudem unterstellt der Begriff eine tatsächliche Flucht vor einer Gefahr, die keineswegs bei allen Asylbewerbern vorliegt. Auch der Begriff des **Schutzsuchenden** verweist auf den internationalen Schutz im Sinne von § 13 Abs. 2 Satz 1 AsylG und damit nur auf einen Ausschnitt eines Asylantrags. Daher ist der Begriff des **Asylbewerbers** vorzuziehen.[288]
Ohne rechtliche Relevanz sind die Begriffe „**Bürgerkriegs-, Kriegs-, Wirtschafts- oder Klimaflüchtling**", denn sie deuten eher phänomenologisch auf Anlass und Motive einer Flucht hin, aber nicht automatisch auch auf deren Erheblichkeit für das Flüchtlingsrecht. So kann jemand, der vor einem Bürgerkrieg flieht, aber keine individuelle Verfolgung befürchten muss, nicht die Flüchtlingseigenschaft nach § 3 AsylG zuerkannt erhalten, sondern allenfalls subsidiären Schutz nach § 4 Abs. 1 Satz 2 Nr. 3 AsylG erlangen.[289]

---

285 Anschaulich Hannelore Crolly u.a., Die Welt v. 1.9.2015.

286 Von im Jahr 2014 abgelehnten 43.620 Asylbewerbern waren zum 30.6.2015 noch 25.522 Personen im Bundesgebiet aufhältig; insgesamt 50.861 unmittelbar ausreisepflichtigen Ausländern ohne Duldung standen nur 8.178 Abschiebungen, 758 Rückschiebungen und 3.146 Zurückweisungen gegenüber; vgl. BT-Drs. 18/5862, S. 32, 37, 39 f.

287 Vgl. Harald Dörig/Christine Langenfeld, NJW 2016, 1

288 Zu den Begriffen auch Uwe Berlit, Flüchtlingsrecht, S. 34 ff.

289 Nach diesen Maßstäben erhielten viele syrische Bürgerkriegsflüchtlinge 2015 zu Unrecht die Flüchtlingseigenschaft zuerkannt, vgl. Daniel Thym, NVwZ 2015, 1625/1632 f.

Gegenstand des Asylverfahrens ist der **Asylantrag i.w.S.** Er umfasst nach § 13 Abs. 2 Satz 1 AsylG **vier Prüfungsteile**, erstens einen **Asylanspruch** nach Art. 16a Abs. 1 GG, zweitens einen Anspruch auf internationalen **Schutz als Flüchtling** nach §§ 3 ff. AsylG und drittens auf **subsidiären Schutz** nach § 4 AsylG sowie schließlich viertens einen Anspruch auf **Feststellung eines Abschiebungsverbots** nach § 60 Abs. 5 und Abs. 7 AufenthG. Diese Prüfungsteile stehen in einem **Stufenverhältnis**, d.h. wird der Ausländer als Asylbewerber anerkannt, entfällt nach § 31 Abs. 2 und Abs. 3 AsylG eine Feststellung zu den nächst folgenden Stufen; gleiches gilt im Falle der Zuerkennung der Flüchtlingseigenschaft oder subsidiären Schutzes. Der Asylbewerber kann seinen Asylantrag nach § 13 Abs. 2 Satz 2 AsylG auf internationalen Schutz beschränken oder weiter eingrenzen; insoweit hat er wie auch im allgemeinen Verwaltungsrecht die Dispositionsfreiheit. Ohne ausdrückliche Beschränkung aber wird ein Asylantrag aus Gründen der Effektivität umfassend geprüft, damit sich das BAMF nur einmal mit dem Begehren befassen muss und abschließend entscheiden kann. Der umfassenden Prüfung der Schutzbedürftigkeit dient das **Asylverfahren.** 301

Beispiel: Will ein Syrer, dem vom BAMF Flüchtlingsschutz zuerkannt wurde, seine in der Heimat gebliebene Ehefrau nachholen, muss sie bei der nächst erreichbaren deutschen Auslandsvertretung einen Visumsantrag für einen Familiennachzug nach § 25 Abs. 2 i.V.m. § 30 Abs. 1 Satz 1 Nr. 3 Buchst. c, Satz 3 Nr. 1 AufenthG stellen. Wegen seiner privilegierten Rechtsstellung werden von ihr anders als beim Ehegattennachzug sonst keine Deutschkenntnisse verlangt.[290]

Kern des Asylverfahrens ist das **Asylrecht.** Der Begriff wird sowohl **im weiten Sinn** als objektive Gesamtheit der formellen und materiellen Regelungen über Asyl und internationalen Schutz sowie Abschiebungsschutz im Sinne von § 13 AsylG verstanden (**Asylrecht i.w.S.**), als auch in einem **engen Sinn** beschränkt auf das subjektive Grundrecht auf Asyl nach Art. 16a GG (**Asylrecht i.e.S.**). Dieses Grundrecht kann **nur Ausländern** zustehen, denn ein Deutscher kann nicht Schutz vor Verfolgung durch seinen eigenen Staat in diesem erhalten. 302

§ 9 Der vierteilige Asylantrag i.w.S. nach § 13 AsylG

Der **Asylantrag i.w.S.** umfasst eine **vierstufige Prüfung**, doch nur die erste Stufe des Asylanspruchs nach Art. 16a GG ist rein deutsches Recht, bereits die zweite und die dritte Stufe setzen als internationaler Schutz europäisches Recht um und selbst von den Abschiebungsverboten des § 60 Abs. 5 und Abs. 7 AufenthG ist nur letzteres noch allein deutsches Recht. Daraus folgt, dass die Auslegung des Asylrechts i.w.S. zwar in erster Linie der Verwaltungsgerichtsbarkeit und dem Bundesverfassungsgericht obliegt. Aber Zweifelsfragen hinsichtlich des in deutsches Recht umgesetzten 303

290 Zur Diskussion um Einschränkungen des Familiennachzugs mit Blick auf die unterlassene Einzelfallprüfung der Asylanträge vieler daher pauschal und zu Unrecht als Flüchtlinge eingestufter Syrer Daniel Thym, NVwZ 2015, 1625/1632 f.

europäischen Rechts sind letztlich vom Europäischen Gerichtshof nach Art. 267 AEUV zu entscheiden, hinsichtlich der Europäischen Menschenrechtskonvention vom Europäischen Gerichtshof für Menschenrechte. Es lässt sich nur mit dieser Einschränkung von „deutschem Asylrecht" sprechen – treffender von „Asylrecht in Deutschland".

Entscheidungsmöglichkeiten des BAMF

Verfahrensentscheidungen
ohne Sachprüfung
⇓
1. Stufe: Prüfung der Zuständigkeit Deutschlands (Rn. 465)

⇓	⇓
bejaht	verneint
⇓	⇓
Fortsetzung des Asylverfahrens	Ablehnung des Asylantrags als unzulässig (§ 29 AsylG) Überstellung an anderen Dublin-Staat
⇓	

2. Stufe: Prüfung der Schutzbedürftigkeit des Asylbewerbers (Rn. 303)

⇓	⇓
bejaht	verneint wegen anderweitigen Schutzes
⇓	⇓
Fortsetzung des Asylverfahrens	Ablehnung des Asylantrags als unzulässig (§ 29 AsylG)
⇓	

3. Stufe: Sachprüfung unter Mitwirkung des Asylbewerbers (Rn. 474)

⇓	⇓
bejaht	verneint wegen unterlassener Mitwirkung trotz Aufforderung
⇓	⇓
Vorbereitung der Sachentscheidung (siehe sogleich)	Einstellung des Asylverfahrens (§ 33 AsylG)

Sachentscheidungen
Entscheidung über den Asylantrag im Umfang des § 13 AsylG
mit Prüfung von Abschiebungsverboten (Rn. 385)

⇓	⇓
bejaht	verneint
⇓	⇓
Schutzgewährung nach Art 16a GG, § 3, § 4 AsylG, § 60 Abs. 5 oder Abs. 7 AufenthG	Ablehnung des Asylantrags als unbegründet (Rn. 386) oder als offensichtlich unbegründet (Rn. 401)

I. Die Anerkennung als Asylberechtigter nach Art. 16a GG

„Politisch Verfolgte genießen Asylrecht." Dieser prägnante Satz umreißt den Schutzbereich des **Grundrechts auf Asyl**. Er steht für das nach Art. 1 Abs. 1 GG **christlich-abendländisch begründete**, von Humanität getragene Anliegen, einen gefährdeten Menschen in den Mittelpunkt zu stellen und dem Staat die dienende Rolle zuzuweisen. Art. 16a Abs. 1 GG formuliert den Schutzbereich, Art. 16a Abs. 2 bis Abs. 5 GG enthalten Grundrechtsschranken (Rn. 319 ff.). 304

1. Der Schutzbereich des Grundrechts auf Asyl

Mit Art. 16a Abs. 1 GG, einer zur Zeit ihrer Schaffung im Jahr 1949 beispiellosen[291] Regelung, nimmt Deutschland für sich nicht nur eine historisch anerkannte objektivrechtliche Befugnis des Staates in Anspruch, Asyl zu gewähren, sondern gewährt einem Schutzsuchenden einen **subjektiv-öffentlichen** und gerichtlich durchsetzbaren **Anspruch auf Asyl.**[292] Ein fremder Staatsbürger wird um seiner selbst willen vor seinem Staat in Schutz genommen, weil dieser ihm keinen Schutz gewährt – er „genießt Asyl im Bundesgebiet". Dies ist nur vor dem Hintergrund verständlich, dass viele Mitglieder des Parlamentarischen Rats selbst Verfolgung durch das nationalsozialistische Regime erlitten hatten (Rn. 7) und ihnen diese eigenen Erfahrungen bei der Schaffung des Grundgesetzes vor Augen standen.[293] 305

a) Die geschichtliche Dimension des Asyls

Das Rechtsinstitut des „Asyls" hat seinen Ursprung in der griechischen Antike, als Schutzsuchende sich an bestimmte Tempel wenden, die Priester um Schutz anflehen und danach im Tempelbezirk Schutz finden konnten. Der Tempelbezirk war heilig, so dass etwaige Verfolger ihn nicht betreten durften, ohne einen Frevel wider der Gottheit zu begehen. Im Mittelalter war das **„Kirchenasyl"** anerkannt, d.h. ein Bezirk rund um das Kirchenportal, in dem die weltliche Obrigkeit auf Strafverfolgung verzichtete. Seit der Trennung von Staat und Kirche und der umfassenden Normierung des säkularen Rechts in der Neuzeit aber gibt es **kein** rechtlich relevantes **„Kirchenasyl"** mehr. Auch weltliche Autoritäten gewährten Schutzsuchenden Asyl, z.B. erhielt Martin Luther 1521 vom sächsischen Kurfürst Schutz auf der Wartburg vor der Reichsacht. Solcher Schutz blieb jedoch ein **Gnadenakt aus Gunst des Gewährenden**; erst 1949 begann mit Art. 16 Abs. 2 Satz 2 GG a.F. eine neue Epoche des Asyls als subjektives Recht.[294] 306

291 Diesem Vorbild folgt heute Art. 18 GRCh.

292 Vgl. Friedhelm Hufen, Staatsrecht II, § 20 Rn. 14. Zur Grundrechtsbindung der Bundesrepublik nach Art. 1 Abs. 3, Art. 16a Abs. 1 GG vgl. BVerfG, B.v. 9.4.2015, Az. 2 BvR 221/15, NVwZ 2015, 1204 ff.

293 Vgl. BVerfG, B.v. 1.7.1987, Az. 2 BvR 478/86 u.a., BVerfGE 76, 143/157.

294 Zur historischen Entwicklung Friedhelm Hufen, Staatsrecht II, § 20 Rn. 1.

b) Der Anspruch auf Asylanerkennung

307 **Asyl** setzt voraus, dass der Schutzsuchende **deutsches Hoheitsgebiet** erreicht,[295] denn nur so weit ist die deutsche Staatsgewalt rechtlich und tatsächlich schutzfähig (vgl. § 13 Abs. 1 AsylG „im Bundesgebiet Schutz"). Umstritten ist, ob der Asylsuchende aus Art. 16a Abs. 1 GG auch ein **Recht auf Einreise** hat. Damit zusammen hängt die Frage, ob die Asylanerkennung deklaratorisch oder konstitutiv wirkt. Wäre sie lediglich deklaratorisch, hätte also ein objektiv Asylberechtigter unabhängig von der Feststellung dieser Berechtigung auch einen subjektiven Anspruch auf Aufenthalt, dürfte ihm die Bundesrepublik nicht die Einreise verweigern, ja müsste ihn auch bei einer Antragstellung aus dem Ausland heraus ins Land lassen. Die behördliche Prüfung würde also dem Einreise- und Aufenthaltsanspruch nachlaufen. Da sich aus einer Asylanerkennung nach § 25 Abs. 1 AufenthG ein Anspruch auf Erteilung einer Aufenthaltserlaubnis ergibt, müsste diese ab Einreise und Eintritt der Asylberechtigung sogar rückwirkend erteilt werden. Dies wäre dem auf Klarheit des Rechtsstatus zielenden Ausländerrecht aber fremd; Asylrecht und Aufenthaltsrecht würden nicht mehr zusammenpassen. Zudem wäre der Bundesrepublik die Kontrolle von Einreise und Aufenthalt von Ausländern verwehrt, die vielleicht objektiv asylberechtigt wären, deren Rechtsstellung aber noch gar nicht geprüft wäre oder die in Drittstaaten bereits Schutz gefunden haben, aber einen Aufenthalt im Bundesgebiet anstreben. Daher überzeugt nur die Annahme einer **konstitutiven Wirkung der Asylanerkennung**,[296] wie sie dem deutschen Rechtssystem entspricht: Der Asylbewerber erlangt bei Betreten der Bundesrepublik einen **Anspruch auf Prüfung** und ein **verfahrensabhängiges Recht auf Einreise** und Aufenthalt; unter Erfüllung der Asylvoraussetzungen auch einen Anspruch auf Anerkennung als Asylberechtigter, woraus sich die sachlich und zeitlich nachfolgende Erteilung der Aufenthaltserlaubnis nach § 25 Abs. 1 AufenthG ergibt, aber erst mit der Anerkennung der volle Rechtsstatus.

2. Der Begriff des politisch Verfolgten

308 Art. 16a Abs. 1 GG schützt **politisch Verfolgte**, also Personen, die in ihrem Herkunftsstaat aus politischen Gründen Verfolgungsmaßnahmen zu erwarten haben.[297] „Verfolgt" ist die Verbform des Partizips Perfekt Passiv. Passiv deswegen, weil der Schutzsuchende verfolgt wird – logischerweise muss es einen **Verfolger** und eine **Verfolgungshandlung** geben. Perfekt deswegen, weil die Verfolgung in der Vergangenheit begonnen haben muss. Partizip deswegen, weil die Verlaufsform die Gegenwär-

295 A.A. Bodo Pieroth/Bernhard Schlink/Thorsten Kingreen/Ralf Poscher, Grundrechte, Rn. 1097 unter Verweis auf die Grundrechtsbindung der staatlichen Gewalt nach Art. 1 Abs. 3 GG. Das ändert aber nichts daran, dass die deutsche Staatsgewalt grundsätzlich nicht weiter reicht als das deutsche Staatsgebiet.

296 Vgl. BVerfG, B.v. 2.5.1984, Az. 2 BvR 1413/83, BVerfGE 67, 43/59; BVerfG, U.v. 14.5.1996, Az. 2 BvR 1938/93 u.a., BVerfGE 94, 49/87; BVerwG, U.v. 7.10.1975, Az. 1 C 46.69, BVerwGE 49, 202/205 f.; kritisch dazu Friedhelm Hufen, Staatsrecht II, § 20 Rn. 14.

297 Vgl. BVerfG, B.v. 2.7.1980, Az. 1 BvR 147/80 u.a., BVerfGE 54, 341/357; BVerfG, B.v. 1.7.1987, Az. 2 BvR 478/86 u.a., BVerfGE 76, 143/157; BVerfG, B.v. 10.7.1989, Az. 2 BvR 502/86 u.a., BVerfGE 80, 315/333, std. Rspr.

tigkeit der Gefahr beschreibt – eine in der Vergangenheit liegende Gefahr genügt nicht, sondern dem Schutzsuchenden muss die Gefahr (weiterer) Verfolgung drohen, würde er in seinen Herkunftsstaat[298] zurückkehren. Für den Grad der Gefahr muss eine **beachtliche Wahrscheinlichkeit** festgestellt werden; wurde er bereits verfolgt, genügt für Art. 16a GG die **herabgestufte Wahrscheinlichkeit** neuer Verfolgung.

a) Die von Verfolgung bedrohten Rechtsgüter

Art. 16a Abs. 1 GG schützt vor **Verfolgungshandlungen** an **Leib, Leben oder persönlicher Freiheit.**[299] Die Reichweite der Schutzgüter des Lebens und der körperlichen Unversehrtheit erschließt sich aus Art. 2 Abs. 2 Satz 1 GG ohne Weiteres. Zur persönlichen Freiheit zählen allerdings nicht nur die körperliche Bewegungsfreiheit, sondern auch ähnlich der Berufs- und der Glaubensfreiheit die Rechte auf ungehinderte berufliche und wirtschaftliche Betätigung sowie auf freie Religionsausübung. Dies ergibt sich aus dem engen Bezug des Asylrechts nach Art. 16a Abs. 1 GG zur Menschenwürdegewährleistung in Art. 1 Abs. 1 GG: Nach der von *Günter Dürig* geprägten Objektformel schützt Art. 1 Abs. 1 GG den Einzelnen davor, vom Rechtssubjekt zum bloßen Objekt staatlichen Handelns herabgewürdigt zu werden.[300] Allerdings bedeutet nicht jede Rechtsbeeinträchtigung zugleich auch eine Verletzung der **Menschenwürde,**[301] so dass die Beeinträchtigungen erheblich sein müssen, um als Verfolgung gewertet werden zu können. Unmittelbare Gefahren für Leib, Leben oder körperliche Bewegungsfreiheit sind grundsätzlich asylrelevant; Beeinträchtigungen der **sonstigen persönlichen Freiheit** nur, wenn sie nach ihrer Schwere auch die Menschenwürde verletzen,[302] weil sie über das hinausgehen, was die Bewohner des Herkunftsstaates des Asylsuchenden allgemein zumutbar hinzunehmen haben. 309

Beispiel: So hat das Bundesverfassungsgericht für Art. 16a Abs. 1 GG hinsichtlich der Religionsfreiheit als Teil der persönlichen Freiheit differenziert zwischen einem inneren Kernbereich der Religionsüberzeugung und einem äußeren Bereich der Religionsausübung (**forum internum/ forum externum**). Eine erhebliche Verfolgung liegt erst vor, wenn der Herkunftsstaat die religiöse Gruppe vernichten oder vertreiben will oder sie unter Androhung von Strafe zur Verleugnung oder Preisgabe ihres religiösen Bekenntnisses als innerem Kernbereich der Religionsüberzeugung zwingt[303] oder sie hindert, ihren Glauben im privaten Bereich abseits der Öffentlichkeit in Gebet und Gottesdienst zu leben. Erst dann ist das von der Menschenwürde erfasste „re-

---

298 Eine Verfolgung in einem Drittstaat ist asylrechtlich irrelevant, denn der Schutzsuchende könnte in seinem Herkunftsstaat Schutz finden, arg. ex Art. 16a Abs. 3 GG.

299 Vgl. BVerfG, B.v. 2.7.1980, Az. 1 BvR 147/80 u.a., BVerfGE 54, 341/357; BVerfG, B.v. 1.7.1987, Az. 2 BvR 478/86 u.a., BVerfGE 76, 143/157; BVerfG, B.v. 10.7.1989, Az. 2 BvR 502/86 u.a., BVerfGE 80, 315/333.

300 Vgl. Günter Dürig, in: Theodor Maunz/Günter Dürig/u.a. (Hrsg.), Grundgesetz, Erstbearbeitung, Stand: Januar 1976, Art. 1 I Rn. 28.

301 Vgl. BVerfG, U.v. 15.12.1970, Az. 2 BvF 1/69 u.a., BVerfGE 30, 1/25 f.: „Der Mensch ist nicht selten bloßes Objekt nicht nur der Verhältnisse und der gesellschaftlichen Entwicklung, sondern auch des Rechts, insofern er ohne Rücksicht auf seine Interessen sich fügen muss. Eine Verletzung der Menschenwürde kann darin allein nicht gefunden werden.“.

302 Vgl. Bodo Pieroth/Bernhard Schlink/Thorsten Kingreen/Ralf Poscher, Grundrechte, Rn. 1081.

303 Die Christenverfolgungen der römischen Kaiserzeit mit Kreuzigungen und Menschenjagden durch wilde Tiere in den Arenen wären also nach heutigen Maßstäben asylerheblich.

ligiöse Existenzminimum" als forum internum betroffen. Nicht geschützt ist das öffentliche Bekenntnis wie Prozessionen und Feiern insbesondere bei Herkunftsländern mit einer anderen Staatsreligion.[304] Dem Gläubigen wird also zugemutet, auf eine öffentliche Zurschaustellung seines Glaubens zu verzichten und ihn im privaten Bereich zu leben. Diese Unterscheidung gilt nicht für den europäischen Flüchtlingsschutz nach § 3 AsylG (Rn. 339).

310 Vergleichbare Abstufungen ergeben sich auch für andere von Art. 16a Abs. 1 GG umfasste Schutzgüter wie z.B. die körperliche Bewegungsfreiheit. Einerseits hat jeder Staat das Recht auf **Strafverfolgung** von Straftätern, andererseits muss die Strafe der Tat und dem Täter angemessen sein. Eine gerichtlich verhängte Haftstrafe kann nur eine Verfolgung darstellen, wenn sie nicht der angemessenen Sanktion begangenen Unrechts dient, sondern der gezielten Freiheitsberaubung und Erniedrigung des Opfers.

Beispiel: Bestraft ein Staat Angehörige einer bestimmten Gruppe für ein Bagatelldelikt besonders hart, jeden anderen Bürger aber gar nicht oder wesentlich milder, handelt es sich um eine ungerechtfertigte Sanktion und je nach Umständen auch um eine Verfolgung.

b) Die zurechenbare Verfolgungshandlung

311 Die Rechtsgüter Leib, Leben und persönliche Freiheit sind asylrechtlich vor Verfolgung geschützt, nicht vor jeder Beeinträchtigung. **Verfolgung** im asylrechtlichen Sinne ist daher nur eine Beeinträchtigung, die den Einzelnen nicht nur trifft, sondern nach dem Willen des Verfolgers auch treffen soll. Dieses **willentlich-zielgerichtete** Element unterscheidet ein asylrechtlich neutrales Verhalten von einer Verfolgungshandlung; zugleich gründet darauf der Verantwortungszusammenhang, damit von einer vorwerfbaren Verfolgung gesprochen und der Verfolgte vor dem Verfolger in Schutz genommen werden kann. Eine Verfolgung liegt also vor, wenn der Staat den Einzelnen **aus der** übergreifenden **staatlichen Friedensordnung** und dem allgemeinen Schutz seiner Rechte **ausgrenzt.**[305] Art. 16a Abs. 1 GG schützt aber nicht vor schwierigen Verhältnissen wie wirtschaftlicher Not oder den Folgen von Hungersnöten, Naturkatastrophen, Kriegen und Revolutionen, welche die Bevölkerung ungezielt und ohne staatliches Zutun treffen,[306] auch nicht vor Krieg oder Bürgerkrieg.[307]

Beispiel: Wenn der Staat während einer Hungersnot gezielt Angehörigen einer Minderheit jegliche Lebensmittellieferungen vorenthält, um sie zu dezimieren, aber die Mehrheitsbevölkerung versorgt, liegt die Verfolgung nicht in der Hungersnot als solcher, sondern in ihrer staatlichen „Bewältigung".

---

304 Vgl. BVerfG, B.v. 1.7.1987, Az. 2 BvR 478/86 u.a., BVerfGE 76, 143/158 f.

305 Vgl. BVerwG, U.v. 26.2.2009, Az. 10 C 50.07, BVerwGE 133, 203/208 Rn. 18. Wer eine zweite Staatsangehörigkeit besitzt und in diesem Staat keine Verfolgung erleidet, kann auf den Schutz dieses Staats verwiesen werden, da er nicht aus der Friedensordnung jedes Heimatstaats ausgegrenzt ist, vgl. Uwe Berlit, NVwZ-Extra 4/2017, 1/13.

306 Vgl. BVerfG, B.v. 2.7.1980, Az. 1 BvR 147/80 u.a., BVerfGE 54, 341/357; BVerfG, B.v. 10.7.1989, Az. 2 BvR 502/86 u.a., BVerfGE 80, 315/335.

307 Vgl. Harald Dörig/Christine Langenfeld, NJW 2016,1/2.

c) Das Politische einer Verfolgung

Anders als der Wortlaut des Art. 16a Abs. 1 GG nahezulegen scheint, beschränkt sich der asylrechtliche Schutz nicht auf eine bestimmte (partei-)politische Haltung des Asylsuchenden oder seines Herkunftsstaates.[308] **Politisch** meint **nicht** in erster Linie **„parteipolitisch"** als abgegrenzten Gegenstand von Politik,[309] sondern ein unverfügbares Unterscheidungsmerkmal wie die ethnische Herkunft, das religiöse Bekenntnis, die sexuelle Orientierung oder angeborene Merkmale und Kennzeichen der Zugehörigkeit zu einer bestimmten Gruppe.[310] Letztlich wird der Verfolgte Opfer der Verfolgung wegen eines Merkmals, welches ihm der Verfolger zuschreibt, gleich ob er es tatsächlich aufweist oder nicht. Denn der Verfolger hat die Deutungshoheit über sein Handeln.[311] 312

Auf die Spitze getrieben hat *Carl Schmitt* den **Begriff des Politischen** an Hand des Extremfalls eines gewaltsamen Konflikts auf Leben und Tod: Für ihn lag das Politische in der **Unterscheidung von Freund und Feind**, dem intensivsten Gegensatz überhaupt. Feindschaft sei eine Haltung „seinsmäßiger Negierung eines anderen Seins", also beinhalte das Politische die Eventualität eines Kampfes nicht als rein geistige, sondern als reale Möglichkeit der physischen Tötung des Anderen. Demnach kann jedes Merkmal „politisch" sein, wenn ein Mensch nur bereit ist, im anderen Menschen einen vernichtungswürdigen Feind zu sehen.[312] 313

Das Asylgrundrecht bedarf dieser Zuspitzung nicht. Eine **politische Verfolgung** liegt bereits vor, wenn der Betroffene wegen eines ihm **vom Verfolger zugeschriebenen Merkmals** an Leib, Leben oder Freiheit in einem asylerheblichen Grad bedroht wird und sein **Herkunftsstaat** diese Verfolgung als Teil seiner Politik entweder aktiv fördert oder passiv hinnimmt und so seine innere **Friedenspflicht** (Rn. 315) **verletzt.**[313] 314

d) Der Begriff des Verfolgers

Aus dem Zurechnungszusammenhang der Verfolgung ergibt sich zwangsläufig ein spezifisch asylrechtlicher Begriff des **Verfolgers:** Da politische Verfolgung nach der Entstehungsgeschichte und Zielsetzung des Asylgrundrechts in erster Linie staatliche Verfolgung meint,[314] müssen die dem Asylsuchenden zugefügten Verfolgungsmaßnahmen auch **dem Herkunftsstaat zurechenbar** sein. Nach dem Staatsbild des 315

308 Vgl. BVerfG, B.v. 2.7.1980, Az. 1 BvR 147/80 u.a., BVerfGE 54, 341/357; BVerfG, B.v. 1.7.1987, Az. 2 BvR 478/86 u.a., BVerfGE 76, 143/157.

309 Zum Begriff der „Politik" Andreas Dietz, Das Primat der Politik, S. 13 ff.

310 Vgl. BVerfG, B.v. 1.7.1987, Az. 2 BvR 478/86 u.a., BVerfGE 76, 143/157 f.; BVerfG, B.v. 9.4.2015, Az. 2 BvR 221/15, NVwZ 2015, 1204 Rn. 11.

311 So ist von Hermann Göring, 1933 preußischer Innenminister, auf Bitten seiner Frau für ein bedrohtes jüdisches Ehepaar, der Satz kolportiert: „Wer Jude ist, bestimmen wir!" – und auch, wer kein Jude ist.

312 Vgl. Carl Schmitt, Der Begriff des Politischen, 7. Aufl. 2002, S. 26 f., 29 f., 33. Eine Kritik bei Andreas Dietz, Das Primat der Politik, S. 15 f. m.w.N.

313 Vgl. BVerwG, U.v. 26.2.2009, Az. 10 C 50.07, BVerwGE 133, 203/208 Rn. 18.

314 Vgl. BVerfG, B.v. 10.7.1989, Az. 2 BvR 502/86 u.a., BVerfGE 80, 315/334; für zu eng erachtet dies Friedhelm Hufen, Staatsrecht II, § 20 Rn. 6. Das Problem ist dadurch entschärft, dass die gleichwertige Flüchtlingsanerkennung nach § 3 AsylG einen umfassenderen Schutzbereich hat.

Grundgesetzes hat ein Staat die Kernaufgabe, Frieden und Sicherheit zu gewährleisten sowie soziale und politische Gegensätze im Innern durch eine übergreifende **Friedensordnung** einer gewaltfreien Lösung zuzuführen. Weder darf er selbst sein **Gewaltmonopol** missbrauchen, noch darf er private Gewalt Dritter tatenlos hinnehmen, ohne zum Schutz der Opfer dagegen einzuschreiten. Versagt er durch aktives Tun oder passives Unterlassen in seiner Friedenspflicht, kann ihm die politische Verfolgung zugerechnet werden.[315]

Beispiel: Die Schöpfer des Grundgesetzes hatten die Terrormaßnahmen des „Dritten Reichs" noch selbst erlebt und bei der Schaffung des Art. 16 Abs. 2 Satz 2 GG a.F. vor Augen. So hatte Hitler als Reichskanzler im März 1933 gezielt Abgeordnete und Funktionäre von SPD und KPD sowohl durch staatliche Polizei als auch durch Schlägertrupps seiner Parteiarmeen SA und SS verhaften, in provisorische Konzentrationslager verschleppen und dort misshandeln lassen.[316] Solche staatliche Willkür prägt das historische Verständnis des Asylgrundrechts.

316 Der Zurechnungszusammenhang der Verfolgung entfällt jedoch, wenn ein Staat sein **Gewaltmonopol** gebietsweise oder ganz **verloren** hat (**failing state, failed state**), weil ihn private Organisationen wie kriminelle Banden oder Kriegsunternehmer verdrängt haben. Aber dann kann durch sie eine asylerhebliche Verfolgung durch **quasistaatliche Machthaber** vorliegen.[317]

e) Der Zeitpunkt der Verfolgung – die Vor- oder Nachfluchtgründe

317 Das Asylgrundrecht beruht auf dem Motiv, Verfolgten Zuflucht zu gewähren. Es setzt also einen **Ursachenzusammenhang** zwischen der **Verfolgung**, der dadurch ausgelösten **Flucht** und dem nachfolgenden **Asylantrag** voraus. Typischerweise besteht diese Kausalbeziehung, wenn der Asylsuchende bereits im Herkunftsstaat verfolgt wurde (**Vorverfolgung**), landesweit keine sichere Aufnahme fand (Fluchtdruck), deswegen ohne erhebliche Verzögerung in den Aufnahmestaat reist (Fluchthandlung) und dort Schutz vor Verfolgung begehrt (Asylantrag). An Hand eines **herabgestuften Wahrscheinlichkeitsmaßstabes** wird sein Asylantrag erfolgreich sein, wenn die Umstände seiner Flucht im Zeitpunkt der gerichtlichen Entscheidung fortbestehen,[318] weil erfahrungsgemäß eine stattgefundene Vorverfolgung auch eine künftige Verfolgung unter unveränderten Umständen (z.B. kein zwischenzeitlicher Regimewechsel) nahelegt.

---

315 Vgl. BVerfG, B.v. 10.7.1989, Az. 2 BvR 502/86 u.a., BVerfGE 80, 315/334.

316 Zum Wahlkampf (mit Betonung auf „Kampf" aus Sicht der NSDAP) im Frühjahr 1933 Andreas Dietz, Das Primat der Politik, S. 246 f.

317 Ein lückenloser Schutz kann freilich nirgends gefordert werden. In einem Bürgerkrieg, in welchem der Staat sein Gewaltmonopol verteidigt oder wieder zu erlangen sucht, liegt eine Verfolgung erst vor, wenn der Staat Exzesse dadurch begeht, dass er die Aufständischen nicht nur überwältigen, sondern auch physisch oder in ihrer ethnischen, kulturellen oder religiösen Identität vernichten will, so BVerfG, B.v. 10.7.1989, Az. 2 BvR 502/86 u.a., BVerfGE 80, 315/340. Traurige Beispiele sind Genozide an Bevölkerungsminderheiten wie in den innerjugoslawischen Zerfallskriegen der 90er Jahre oder im Sudan bis zur Abspaltung des südlichen Teils im Jahr 2011.

318 Vgl. BVerfG, B.v. 10.7.1989, Az. 2 BvR 502/86 u.a., BVerfGE 80, 315/344 f.

Ist der Asylsuchende jedoch **unverfolgt ausgereist**, kann sein Asylantrag nur erfolgreich sein, wenn nach seiner Flucht eingetretene Umstände (**Nachfluchtgründe**) beachtlich sind, d.h. jetzt eine Verfolgung zu befürchten wäre, weil ihm ein verfolgungserhebliches Merkmal zugeschrieben würde, das er schon im Herkunftsstaat gehabt hatte. So können eine parteipolitische Tätigkeit oder ein Religionswechsel nur asylerheblich sein, wenn sie sich als Fortsetzung einer früheren Überzeugung oder Betätigung darstellen. Sonst könnte ein Asylbewerber risikolos vom sicheren Zufluchtsstaat aus erst die subjektiven Nachfluchtgründe schaffen.[319] 318

Beispiel: Ist der jetzige Asylbewerber Anhänger des früheren Regimes in seinem Herkunftsstaat, hat nach seiner Ausreise eine Revolution stattgefunden und verfolgt die einstige Opposition jetzt Anhänger des früheren Regimes, kann er nicht gefahrlos zurückkehren. Auch wenn er unverfolgt ausreiste, schwebt er jetzt in Gefahr. Umgekehrt ist ein Nachfluchtgrund mangels Zusammenhang mit der Flucht unbeachtlich, wenn der zuvor politisch völlig uninteressierte Asylsuchende erst während des Asylverfahrens sein Herz für die Opposition in seinem Herkunftsstaat „entdeckt" und im Internet gegen das Regime „bloggt" und „postet".

f) Der Ort der Verfolgung – die innerstaatliche Fluchtalternative

Kommt der Staat seiner Friedenspflicht immerhin räumlich eingeschränkt nach, ist er also noch schutzwillig und schutzfähig gegenüber gefährdeten Einzelnen oder Gruppen, wenn auch nur in einem Landesteil, entfällt die Asylrelevanz der Verfolgung, wenn der Betroffene in diesem Landesteil eine sichere Zuflucht finden kann (**innerstaatliche Fluchtalternative**). 319

g) Die Einzel- oder Gruppenverfolgung

Art. 16a Abs. 1 GG geht vom individuellen Asylanspruch des Asylsuchenden aus. Daher muss sich die Verfolgung grundsätzlich gegen ihn als Person richten (Einzel-/Individualverfolgung). Häufig werden jedoch nicht (nur) einzelne Personen, sondern ganze Personengruppen verfolgt, die sich aus Sicht der Verfolger durch gemeinsame Merkmale wie Rasse, Religion oder politische Überzeugung identifizieren lassen (**Gruppenverfolgung**). Der Asylbewerber muss dazu dartun, dass eine solche Gruppe existiert, sie wegen eines asylerheblichen Merkmals politisch verfolgt wird und er entweder zu dieser Gruppe gehört oder vom Verfolger dazu gerechnet wird.[320] 320

Beispiel: Im „Dritten Reich" wurden zunächst jüdische Mitbürger im Reichsgebiet, danach auch Juden in den im Krieg besetzten Gebieten verfolgt. Nach heutigen Maßstäben war dies eine Gruppenverfolgung wegen ihnen zugeschriebener rassischer und religiöser Merkmale. Heute werden im Nahen Osten Christen und Yeziden als Gruppen durch radikale Muslime verfolgt.

h) Die prozessuale Durchsetzung des Asylgrundrechts

Die **Anerkennung als Asylberechtigter** nach Art. 16a Abs. 1 GG ist ein **begünstigender Verwaltungsakt** nach § 35 Satz 1 VwVfG, weil sie den Rechtskreis des Auslän- 321

319 Vgl. Uwe Berlit, NVwZ-Extra 12/2015, 1/6.
320 Vgl. BVerfG, B.v. 2.7.1980, Az. 1 BvR 147/80 u.a., BVerfGE 54, 341/358 f.

ders um den Status des Asylberechtigten und damit um einen Anspruch auf vorläufigen Schutz und Aufenthalt erweitert. Sie ist im Weg der **Verpflichtungsklage** nach § 42 Abs. 1 2. Alt. VwGO gegenüber der Bundesrepublik Deutschland, vertreten durch das BAMF, einklagbar (Rn. 386 ff.). Sein Bescheid enthält die **konstitutive Anerkennung,**[321] nicht lediglich den deklaratorischen Nachvollzug einer objektiv bereits gegebenen Sachlage (Rn. 307). Das Verwaltungsgericht kann daher die Anerkennung auch nicht selbst aussprechen, sondern nur die Bundesrepublik Deutschland, vertreten durch das BAMF, hierzu verpflichten.

3. Die Schranken des Asylgrundrechts nach Art. 16a Abs. 2 und Abs. 3 GG

322 Art. 16a Abs. 2 und Abs. 3 GG sind ausdrücklich normierte **Schranken** des Asylgrundrechts.[322] Sie leiten sich aus den **zeitlichen und räumlichen** Einschränkungen des Art. 16a Abs. 1 GG ab, der nur jene Ausländer schützen will, die **tatsächlich verfolgt** sind und weder in ihrem Herkunftsstaat noch in einem Drittstaat vor Verfolgung sicher waren, bevor sie das Bundesgebiet erreichten. Art. 16a Abs. 2 und Abs. 3 GG gehen auf die Novelle des Asylrechts im Jahr 1993 zurück und schließen daher eine Asylgewährung aus, wenn der Asylbewerber in seinem **Herkunfts- oder in einem Drittstaat sicher** gewesen ist.

a) Das Konzept der normativen Vergewisserung

323 Der Ausschluss des Asylanspruchs durch die Deklarierung von Staaten als **sichere Dritt- oder Herkunftsstaaten** in § 26a Abs. 2 und § 29a Abs. 2 AsylG i.V.m. Anlagen I und II zum AsylG wird als **Konzept der normativen Vergewisserung** bezeichnet.[323] Es beruht auf einer **abstrakt-generellen Vermutung** für eine Verfolgungssicherheit in bestimmten Staaten, weil sie die Vorgaben der EMRK und der GFK einhalten. **Generell** kann sie **widerlegt** werden, wenn Veränderungen in den rechtlichen oder politischen Verhältnissen eines Staates die Annahme begründen, dass die Voraussetzungen für die Annahme einer dortigen Verfolgungssicherheit entfallen sind (vgl. § 26a Abs. 3, § 29a Abs. 3 AsylG). Der Gesetzgeber nimmt bis dahin im Rahmen der Gewaltenteilung die behördliche und gerichtliche Sachverhaltsprüfung zurück: Für die Gerichte kommt es nur noch darauf an, ob die legislative Entscheidung vertretbar ist; bloße Zweifel an ihrer Richtigkeit genügen also nicht. **Individuell** kann die Vermutung nur ganz ausnahmsweise **widerlegt** werden durch die Geltendmachung von Umständen, die nicht vom Konzept der normativen Vergewisserung umfasst sind, so z.B. eine dort individuell erlittene Verfolgung im vermeintlich sicheren Herkunfts-

321 Vgl. BVerfG, B.v. 20.4.1982, Az. 2 BvL 26/81, BVerfGE 60, 253/295 f.

322 Zwar wurde Art. 16a Abs. 1 GG zunächst als uneinschränkbares, allenfalls durch kollidierende Grundrechte und Verfassungsgüter begrenztes Grundrecht angesehen, vgl. BVerwG, U.v. 7.10.1975, Az. 1 C 46.69, BVerwGE 49, 202/204, 208 f., doch ist Ersteres durch Art. 16a Abs. 2 und Abs. 3 GG überholt.

323 Diese Bezeichnung wird zwar nur für die Drittstaatenklausel verwendet (vgl. BVerfG, U.v. 14.5.1996, Az. 2 BvR 1938/93 u.a., BVerfGE 94, 49/95 ff.). Systematisch aber ist die Klausel über die sicheren Herkunftsstaaten nichts Anderes, wie § 29a Abs. 2a AsylG belegt, vgl. VGH Mannheim, U.v. 24.6.2015, Az. A 6 S 1259/14, NVwZ-RR 2015, 791/792 f. Rn. 15 ff.

staat, eine vom Schutz der EMRK nicht erfasste drohende Todesstrafe im Drittstaat, die erhebliche Gefahr, dort Opfer eines Verbrechens zu werden, gegen das der Drittstaat nicht schutzfähig ist, eine schlagartige Verschlechterung der für die Einstufung als Drittstaat relevanten Umstände oder dgl.[324]

b) Die sicheren Drittstaaten nach Art. 16a Abs. 2 GG i.V.m. § 26a AsylG

Art. 16a Abs. 2 GG schließt das Asylgrundrecht tatbestandlich für Personen aus, die aus einem Mitgliedstaat der Europäischen Union oder aus einem die Europäische Menschenrechtskonvention (EMRK) achtenden Staat eingereist sind. Dieser **Drittstaatenregelung**[325] liegt der Gedanke zu Grunde, dass Asylsuchende keine freie Auswahl unter den Zielstaaten haben, sondern dort Schutz beantragen sollen, wo sie (erstmals) vor politischer Verfolgung und unmenschlicher Behandlung sicher waren. Nehmen sie diese Möglichkeit dort nicht wahr, können sie auch in Deutschland kein nationales Asyl mehr erhalten. Aus einem solchen Staat reist **auch** ins Bundesgebiet ein, wer diesen Staat **nur durchquert**, ohne sich dort länger aufzuhalten, denn ihm ist zumutbar, dort seine Reise zwecks Schutzgesuchs zu unterbrechen.[326] Gleiches gilt für eine Durchreise im verplombten Lastkraftwagen, weil der Asylbewerber sich durch die Wahl des Verkehrsmittels der Möglichkeit eines Schutzgesuchs im durchreisten Drittstaat begeben hat. 324

Beispiel: Die allergrößte Zahl der Asylbewerber reist auf dem Landweg nach Deutschland ein, um die dichten Kontrollen an den deutschen Flughäfen und die Gefahr einer Zurückweisung zu umgehen.[327] Eine typische Schleuserroute führt aus dem Nahen Osten über die Türkei, den Balkan, Ungarn und Österreich nach Deutschland („Balkanroute"). Die Geschleusten hätten in allen von ihnen durchquerten Ländern der Europäischen Union bereits Schutz beantragen können. Dass sie nach Deutschland weiter- und einreisen wollten, ist asylrechtlich unerheblich.

aa) Die tatsächlichen Grenzen der Drittstaatenregelung

Die Drittstaatenregelung sollte – vor Schaffung des Dublin-Systems – bereits nationalrechtlich den Zustrom Schutzsuchender verringern, was nach dem Jahr 1993 zwar gelungen ist. Doch eine europaweit einheitliche Handhabung des Flüchtlingsschutzes und eine **gleichmäßige Lastenverteilung** zu erreichen,[328] ist ihr auf Dauer nicht gelungen, wie die rasante Zunahme der nach Deutschland einreisenden Asylbewerber im Jahr 2015 deutlich zeigt. Doch nicht nur konzeptionell, sondern auch in ihrer Umsetzbarkeit stößt die Drittstaatenregelung an Grenzen: Sie ist nur auf Staaten anwendbar, welche die EMRK und die GFK nicht nur rechtlich verbindlich anerkannt haben, sondern auch tatsächlich umsetzen. Dazu gehört nicht nur, dass 325

324 Vgl. BVerfG, U.v. 14.5.1996, Az. 2 BvR 1938/93 u.a., BVerfGE 94, 49/99 f.
325 Vgl. BVerfG, U.v. 14.5.1996, Az. 2 BvR 1516/93, BVerfGE 94, 166/169 f.
326 Vgl. BVerfG, U.v. 14.5.1996, Az. 2 BvR 1938/93 u.a., BVerfGE 94, 49/94.
327 Vgl. Antonie Scholz, in: BAMF (Hrsg.), Warum Deutschland? – Einflussfaktoren bei der Zielstaatssuche von Asylbewerbern, 2013, S. 113 ff., www.bamf.de; Herbert Brückner/Nina Rother/Jürgen Schupp, IAB-BAMF-SOEP-Befragung von Geflüchteten, Forschungsbericht Nr. 29, S. 24 f., www.bamf.de, Abfrage vom 20.1.2017.
328 Vgl. BVerfG, U.v. 14.5.1996, Az. 2 BvR 1938/93 u.a., BVerfGE 94, 49/85 ff., 94.

die Drittstaaten den Schutz vor einer Rückführung in den Verfolgerstaat oder einen dorthin abschiebenden Viertstaat (**Refoulement-Verbot** nach Art. 33 GFK) auch tatsächlich gewähren.[329] sondern sie müssen auch die erforderliche materielle Hilfe leisten zum Schutz vor Obdach- und Mittellosigkeit, Hunger und Krankheit für die Dauer des Asylverfahrens. Dem Schutzsuchenden muss eine ausreichende Lebensgrundlage zur Verfügung stehen, sei es durch Hilfe zur Selbsthilfe wie zumutbare Arbeits- und Erwerbsgelegenheiten oder durch bare und unbare Leistungen. Umgekehrt gilt: Wer im Drittstaat nur am Rande des **Existenzminimums** dahinvegetiert, ist dort nicht „sicher".[330] Dass ein Drittstaat im Einzelfall gegen seine Verpflichtungen verstößt, genügt aber noch nicht, ihn generell als „unsicher" einzustufen. Das Konzept der normativen Vergewisserung ist erst erschüttert, wenn sich auf Grund von Tatsachen aufdrängt, dass der Drittstaat tatsächlich seine Pflichten ignoriert oder der Asylsuchende von einem in diesem Konzept nicht erfassten Sonderfall betroffen ist.[331]

bb) Der Sonderfall der Einreise auf unbekanntem Weg

326 **Deutschland** ist und bleibt wegen seiner hohen verfahrensmäßigen, materiellen und sozialen Standards das **Zielland der meisten Flüchtlinge in Europa.** Die Drittstaatenregelung verhindert allerdings zu Recht nach § 26a Abs. 1 Satz 2 AsylG eine Asylgewährung, wenn der Asylbewerber bereits woanders hinreichenden Schutz hätte erhalten können. Art. 16a Abs. 1 GG will politisch Verfolgten Asyl gewähren, die diesen Schutz brauchen, nicht ihn bloß einem Schutz woanders vorziehen.

327 Wer auf dem **Landweg** einreist und Asyl begehrt, ist daher vom Ausschlusstatbestand des § 26a Abs. 1 Satz 1 AsylG erfasst, selbst wenn sein Reiseweg im Einzelnen nicht bekannt ist.[332] In der Praxis bedeutet das, dass für einen Asylbewerber, der seinen Einreiseweg nicht offen legt oder keinen Nachweis seiner – nach Deutschland eher seltenen – Einreise auf dem Luft- oder Seeweg vorlegt, die **Regelvermutung einer Einreise auf dem Landweg** gilt und er daher vom Asylgrundrecht ausgeschlossen ist.[333] Zwar hat der Asylbewerber keine Beweispflicht für seinen Einreiseweg,

---

329 Vgl. BVerfG, U.v. 14.5.1996, Az. 2 BvR 1938/93 u.a., BVerfGE 94, 49/90 ff.: Im sicheren Drittstaat muss dem Schutzsuchenden zwar kein Asylverfahren nach deutschen Maßstäben offen stehen, aber eine Möglichkeit, um Schutz nachzusuchen und dies prüfen und entscheiden zu lassen.

330 BVerwG, U.v. 15.12.1987, Az. 9 C 285.86, BVerwGE 78, 332/345 f.: Der Schutz vor Existenznot schließt keine dem Asylbewerberstatus in Deutschland vergleichbare Unterstützung oder gar eine Integrationsmöglichkeit ein. So genügen hinsichtlich Italien nur systemische Mängel, nicht darunter liegende vereinzelte unmenschliche oder erniedrigende Behandlungen, so BVerwG, B.v. 6.6.2014, Az. 10 B 35.14, NVwZ 2014, 1677/1678 f. Rn. 5 f. Dagegen hat der EGMR, U.v. 4.11.2014, Az. 29217/12, NVwZ 2015, 127/131 Rn. 120-122, auf individuelle Versorgungsdefizite für Rückführungsfälle nach der Dublin-II-VO abgestellt, was dazu führt, dass z.B. nach Italien Rückgeführte besser gestellt wären als Erstantragsteller dort, vgl. Paul Tiedemann, Rückführung von Asylbewerbern nach Italien, NVwZ 2015, 121/124; Mattias Wendel, Menschenrechtliche Überstellungsverbote, DVBl 2015, 731/732 ff.

331 An diese Darlegung werden strenge Anforderungen gestellt, vgl. BVerfG, U.v. 14.5.1996, Az. 2 BvR 1938/93 u.a., BVerfGE 94, 49/98 ff. Bloße Behördenfehler im Drittstaat genügen nicht.

332 Vgl. BVerfG, U.v. 14.5.1996, Az. 2 BvR 1938/93 u.a., BVerfGE 94, 49/94 f.

333 Mit der Verschleierung des Einreiseweges will er verhindern, in den Transitstaat zurückgeschoben zu werden. Zwangsläufig übernimmt die Bundesrepublik daher die Durchführung des Asylverfahrens. Das

aber er trägt wegen des Günstigkeitsprinzips die materielle Darlegungslast für seine anderweitige Einreise als auf dem Landweg (non liquet). Er könnte dazu den benutzten – echten oder falschen – Reisepass oder die Flugunterlagen nach § 15, § 25 AsylG vorlegen. Die Vermutung einer Einreise auf dem Landweg ist ein Hauptgrund für die **geringe Asylanerkennungsquote** nach Art. 16a Abs. 1 GG.[334]

cc) Die Antragsablehnung nach § 26a Abs. 1 Satz 1 AsylG

Das Bundesamt wertet den Asylantrag nach § 29 Abs. 1 Nr. 3 AsylG als **unzulässig,** 328
lehnt ihn nach § 26a Abs. 1 Satz 1 AsylG ohne weitere Sachprüfung ab und erlässt nach § 34a Abs. 1 AsylG eine **Abschiebungsanordnung**, wenn der Asylbewerber in den **sicheren Drittstaat** zurückgeführt werden kann, weil er auf Grund der Prüfung nach § 31 Abs. 3 Satz 1 AsylG keinen Abschiebungsschutz nach § 60 Abs. 5 und Abs. 7 AufenthG erhält bezogen auf diesen Drittstaat (als Zielstaat der Abschiebung). Anderenfalls führt es das Asylverfahren fort.

Der Klageantrag gegen die **Ablehnung des Asylantrags als unzulässig** könnte lauten: 329

> „I. Die Bundesrepublik Deutschland, vertreten durch das Bundesamt für Migration und Flüchtlinge, wird unter Fortführung des Asylverfahrens verpflichtet,
> 1. den Kläger als Asylberechtigten anzuerkennen,
> 2. hilfsweise dem Kläger die Flüchtlingseigenschaft zuzuerkennen,
> 3. hilfsweise dem Kläger subsidiären Schutz zuzuerkennen,
> 4. hilfsweise für den Kläger Abschiebungsverbote hinsichtlich [Herkunftsstaat] festzustellen.
>
> II. Der Bescheid des Bundesamts [Aktenzeichen] vom [Datum] wird aufgehoben, soweit er der o.g. Verpflichtung entgegensteht.

Daneben ist zum Schutz vor einer zeitnahen Abschiebung ein **Antrag** nach § 80 330
Abs. 5 VwGO in Wochenfrist erforderlich. Das Verwaltungsgericht hat eine auch an den Erfolgsaussichten der Hauptsacheklage gegen die **Abschiebungsanordnung** orientierte Interessenabwägung vorzunehmen. Da § 34a Abs. 2 AsylG nicht auf § 36 Abs. 4 AsylG verweist, kann das Gericht bereits die aufschiebende Wirkung anordnen, ohne dass (als gesteigerte Form) ernstliche Zweifel an der Rechtmäßigkeit der Abschiebungsanordnung vorzuliegen brauchen.

c) Die sicheren Herkunftsstaaten nach Art. 16a Abs. 3 GG

Nach Art. 16a Abs. 3 GG kann der Bundesgesetzgeber Staaten zu **sicheren Her-** 331
kunftsstaaten bestimmen, bei denen eine **widerlegliche Vermutung** dafür spricht, dass dort keine politische Verfolgung stattfindet.[335] Auch diese Regelung soll einen Missbrauch des Asylgrundrechts durch Personen verhindern, die unverfolgt einge-

BAMF verneint aber wegen Art. 16a Abs. 2 GG einen Asylanspruch ohne weitere Prüfung und entscheidet nur zu §§ 3 ff. AsylG und zu § 60 Abs. 5 und Abs. 7 AufenthG.

334 Im Jahr 2016 wurde nur auf 2.120 von 695.733 Erstanträgen eine Asylanerkennung ausgesprochen, vgl. BAMF (Hrsg.), Aktuelle Zahlen zu Asyl Stand: Dezember 2016, S. 10, www.bamf.de, Abruf v. 20.1.2017.

335 Diese Einschätzung wird von BVerfG, U.v. 14.5.1996, Az. 2 BvR 1507/93 u.a., BVerfGE 94, 115/144, nur auf ihre Vertretbarkeit geprüft.

reist sind. Sie ist durch § 29a Abs. 2 AsylG und die Anlage 2 hierzu jüngst auf Albanien, Bosnien und Herzegowina, Kosovo, die ehemalige jugoslawische Republik Mazedonien, Montenegro und Serbien als Beitrittskandidaten der EU erstreckt worden,[336] aus denen ein Teil der Asylbewerber kommt, ohne politisch verfolgt zu sein.[337] Anders als zuvor gewinnt sie nun erhebliche praktische Bedeutung. Zur Überprüfung dieser Einschätzung wurde in § 29a Abs. 2a AsylG nun eine Berichts- und eine Korrekturpflicht der Bundesregierung gegenüber dem Bundestag eingeführt.[338] Der einzelne Asylbewerber kann die Vermutung für seine fehlende Verfolgung im Einzelfall durch gegensätzliche Tatsachen nach § 29a Abs. 1 AsylG widerlegen.[339] Das Bundesamt wertet den Asylantrag sonst zwar als beachtlich, lehnt ihn und das gleichgerichtete Begehren auf Flüchtlingsanerkennung und auf subsidiären Schutz aber nach § 29a Abs. 1 AsylG als offensichtlich unbegründet ab, prüft die Voraussetzungen für Abschiebungsverbote nach § 60 Abs. 5 und Abs. 7 AufenthG, lehnt ggf. auch diese ab und droht daher nach § 34 i.V.m. § 36 Abs. 1 AsylG die Abschiebung in den Herkunftsstaat an. Der Klageantrag gegen die Ablehnung des Asylantrags als **offensichtlich unbegründet** könnte lauten:

„I. Die Bundesrepublik Deutschland, vertreten durch das Bundesamt für Migration und Flüchtlinge, wird verpflichtet,
1. den Kläger als Asylberechtigten anzuerkennen,
2. hilfsweise dem Kläger die Flüchtlingseigenschaft zuzuerkennen,
3. hilfsweise dem Kläger subsidiären Schutz zuzuerkennen,
4. hilfsweise für den Kläger Abschiebungsverbote hinsichtlich [Herkunftsstaat] festzustellen.
II. Der Bescheid des Bundesamts [Aktenzeichen] vom [Datum] wird aufgehoben, soweit er der o.g. Verpflichtung entgegensteht.

332 Auch hier ist zum Schutz vor einer zeitnahen Abschiebung ein **Antrag** nach § 80 Abs. 5 VwGO gegen die **Abschiebungsanordnung** erforderlich, wobei allerdings für die verwaltungsgerichtliche Interessenabwägung der **verschärfte Maßstab** des Art. 16a Abs. 4 Satz 1 GG i.V.m. § 36 Abs. 1 und Abs. 4 AsylG gilt, so dass das Verwaltungsgericht die aufschiebende Wirkung nur anordnen kann, wenn **ernstliche Zweifel** an der Rechtmäßigkeit der Abschiebungsanordnung vorliegen. Weitere Verfahrensregeln wie auf eine Woche verkürzte Antrags- und Entscheidungsfristen sollen das verwaltungsgerichtliche Verfahren wegen der Antragsablehnung als offensichtlich unbegründet beschleunigen (Rn. 511).

---

336 Zur gerichtlichen Prüfung dieser Erstreckung VGH Mannheim, U.v. 24.6.2015, Az. A 6 S 1259/14, NVwZ-RR 2015, 791/795 Rn. 32 a.E. Kritisch zur Erweiterung Kathleen Neundorf, NJW 2016, 5/6. Eine Erstreckung auf Algerien, Marokko und Tunesien wird erwogen, vgl. BR-Drs. 68/16 S. 1 ff.

337 Zur Minderheit der Roma VGH Mannheim, U.v. 24.6.2015, Az. A 6 S 1259/14, NVwZ-RR 2015, 791/792 f. Rn. 15 ff., Daniel Thym, NVwZ 2015, 1625/1628 f. Auf eine "Ventilregelung" in § 26 Abs. 2 BeschV (Beschäftigungsverordnung) für abgelehnte Asylbewerber aus diesen Staaten weist Kathleen Neundorf, NJW 2016, 5/7, hin.

338 Vgl. BT-Drs. 18/6185 S. 6, 10 f., 41 f., 52 ff.

339 Vgl. BVerfG, U.v. 14.5.1996, Az. 2 BvR 1507/93 u.a., BVerfGE 94, 115/153 f.; VGH Mannheim, U.v. 24.6.2015, Az. A 6 S 1259/14, NVwZ-RR 2015, 791/796 Rn. 34.

4. Die Rechtsfolgen der Asylanerkennung

Der **anerkannte Asylbewerber** erhält nach § 25 Abs. 1 i.V.m. § 26 Abs. 1 Satz 2 AufenthG eine **Aufenthaltserlaubnis** für drei Jahre (Rn. 76); etwa im Bundesgebiet als Asylbewerber aufhältige Familienangehörige erhalten nach § 26 AsylG **Familienasyl** (Rn. 495 ff.) bzw. bei einem Aufenthalt auswärts nach § 29 Abs. 2 AufenthG einen **erleichterten Familiennachzug** zur Herstellung der Familieneinheit. Der Asylberechtigte hat nach § 44 Abs. 1 Satz 1 Nr. 1 Buchst. c AufenthG einen Anspruch auf Teilnahme an einem **Integrationskurs**, darf nach § 25 Abs. 1 Satz 4 AufenthG arbeiten und erhält statt der reduzierten Leistungen nach §§ 1 ff. AsylbLG **normale Sozialleistungen** wie andere im Bundesgebiet aufenthaltsberechtigten Ausländer (vgl. Übersicht nach Rn. 463). Dies schließt neben einem gesicherten, aber nicht notwendig dauerhaften Aufenthalt des Asylberechtigten auch die Gewährleistung eines menschenwürdigen Daseins und der Möglichkeiten zur persönlichen und beruflichen Entfaltung ein.[340] 333

Durch das Integrationsgesetz neu gefasst wurde auch die behördliche Befugnis, nach § 44a Abs. 1 Satz 2 AufenthG Asylberechtigte oder international Schutzberechtigte zur **Teilnahme am Integrationskurs** zu verpflichten.[341] Bislang für ausreichend erachtete einfache deutsche Sprachkenntnisse werden nun aber mit Blick auf eine nachhaltige Integration in die Gesellschaft und einen qualifizierten Zugang zum Arbeitsmarkt mit Blick auf einen möglichen dauerhaften Aufenthalt aus integrationspolitischer Sicht als nicht ausreichend betrachtet. Eine Verpflichtung gilt als zumutbar, es sei denn, dadurch würde eine Erwerbstätigkeit so eingeschränkt, dass eine Lebensunterhaltssicherung nicht mehr möglich ist und Sozialhilfebezug droht.

Ein anerkannter Asylbewerber ist nach § 48 Nr. 2 AsylG auch nicht mehr zum Wohnen in der Erstaufnahmeeinrichtung verpflichtet und kann eine **private Wohnung** nehmen; ihre Finanzierung erfolgt notfalls über die Sozialhilfe. Das Hauptproblem einer privaten Wohnungsnahme liegt aber im Finden einer geeigneten Wohnung, da der Wohnungsmarkt gerade in den Großstädten angespannt ist. Ebenfalls durch das Integrationsgesetz wurde in § 12a Abs. 1 AufenthG die gesetzliche Verpflichtung von Asylberechtigten oder international Schutzberechtigten zur Wohnsitznahme (**Wohnsitzregelung**) in dem Bundesland geschaffen, dem sie für ihr Asylverfahren zugewiesen worden waren. Hinzu kommt die neue Befugnis der Behörden in § 12a Abs. 2 bis Abs. 4 AufenthG, sie zur Wohnsitznahme an einem bestimmten Ort zu verpflichten oder sie ihnen dort zu verbieten, um eine nachhaltige Integration zu fördern, einen Spracherwerb zu ermöglichen und der Ghettobildung nicht deutsch sprechender Wohnviertel vorzubeugen, flankiert um die Verweigerung von Sozialleistungen bis auf die nach den Umständen des Einzelfalls gebotene Leistungsverpflichtung des örtlich unzuständigen Trägers nach § 23 Abs. 5 SGB XII bei einem auflagenwidrigen

340 Vgl. BVerwG, U.v. 7.10.1975, Az. 1 C 46.69, BVerwGE 49, 202/206 f. Damit trägt die aufnehmende Gesellschaft die Kosten seiner humanitären Zuwanderung, vgl. Winfried Kluth, DVBl 2016, 1081/1082.

341 Vgl. BT-Drs. 18/8615 S. 15, 48.

Aufenthalt anderswo. Diese auf den ersten Blick hart anmutenden Verschärfungen sollen u.a. einer zu befürchtenden sozialen und gesellschaftlichen Ausgrenzung des Asylberechtigten durch ungesteuerte Niederlassung an einem Ort vorbeugen, wo er weitgehend ohne Kontakt mit der Aufnahmegesellschaft leben würde.[342] Gegen die gesetzliche Wohnsitzauflage nach § 12a Abs. 1 AufenthG kann der Ausländer eine **Verpflichtungsklage** nach § 42 Abs. 1 VwGO (Rn. 118) auf Zuweisung eines anderen Wohnsitzes bzw. auf Aufhebung der Zuweisung nach § 12a Abs. 5 AufenthG oder eine allgemeine **Feststellungsklage** nach § 43 VwGO auf Feststellung erheben, dass er der Wohnsitzverpflichtung nicht unterliegt.[343] Eine Anfechtungsklage nach § 42 Abs. 1 VwGO (Rn. 137) kann er nur gegen eine einzelfallbezogene Regelung und damit gegen eine behördlich angeordnete Wohnsitzregelung nach § 12a Abs. 2 bis Abs. 4 AufenthG erheben; ob dem die soeben erläuterte Verpflichtungsklage nach § 42 Abs. 1 VwGO auf Aufhebung der Zuweisung nach § 12a Abs. 5 AufenthG bereits gleichwertig ist und das Rechtsschutzbedürfnis für eine Anfechtungsklage entfallen lässt, ist zweifelhaft. Dass die **Anfechtungsklage** statthaft ist, ergibt sich jedenfalls aus dem Ausschluss der aufschiebenden Wirkung eines Anfechtungswiderspruchs bzw. einer Anfechtungsklage nach § 80 Abs. 2 Satz 1 Nr. 1 VwGO i.V.m. § 12a Abs. 8 AufenthG.

II. Die Zuerkennung der Flüchtlingseigenschaft nach §§ 3 ff. AsylG

334 Im Vergleich zum nationalen Asylgrundrecht des Art. 16a Abs. 1 GG zeigt der **Flüchtlingsschutz** seinen europa- und völkerrechtlichen Einfluss. Die Flüchtlingszuerkennung nach § 3 Abs. 4 AsylG i.V.m. § 60 Abs. 1 AufenthG setzt den **ersten Teil des internationalen Schutzes** nach Art. 2 Buchst. a RL 2011/95/EU in nationales Recht um und weicht in den Voraussetzungen des Schutzes trotz teils im Wortlaut gleicher Tatbestandsmerkmale von Art. 16a Abs. 1 GG deutlich ab. Für die Auslegung der nationalen Umsetzungsvorschriften in §§ 3 ff. AsylG sind letztlich die Regelungen der Art. 9 bis Art. 12 RL 2011/95/EU maßgeblich, wie sie vom Europäischen Gerichtshof verstanden werden.[344]

1. Der Begriff des Flüchtlings

335 § 3 Abs. 1 AsylG nimmt mit dem **Begriff des Flüchtlings** über Art. 2 Buchst. d RL 2011/95/EU Bezug auf Art. 33 GFK[345]. Diese Regelung verbietet die **Zurückwei-**

342 Vgl. BT-Drs. 18/8615 S. 44 f. Nach außen zur Aufnahmegesellschaft abgeschottete Einwandererghettoviertel werden als Ort von Desintegration und – in Folge der sprachlichen, schulischen und beruflichen Perspektivlosigkeit – auch Radikalisierung eingestuft. Hier hat Deutschland aus den Fehlern im Umgang mit früheren Einwanderergruppen endlich gelernt. Zur Wohnsitzregelung Frederik von Harbou, NVwZ 2016, 1193/ 1196 f.; ders., NJW 2016, 2700/2703.

343 In Bundesländern, die – anders als z.B. der Freistaat Bayern nach Art. 15 Abs. 2 BayAGVwGO – den Widerspruch nicht ausgeschlossen haben, ist dieser nach § 68 VwGO vorrangig und vor Erhebung der Verpflichtungsklage einzulegen.

344 Dies ist ggf. durch ein Vorlageverfahren nach Art. 267 AEUV zu klären, vgl. nur EuGH, U.v. 26.2.2015, Az. C-472/13, NVwZ 2015, 575 ff.

345 Insoweit hat Deutschland seine Regelungen angepasst, dazu Harald Dörig, NVwZ 2014, 106.

sung eines Flüchtlings, also insbesondere des Staatsangehörigen eines anderen Staates als der an die Richtlinie gebundenen Mitgliedstaaten der Europäischen Union, der sich aus der begründeten Furcht vor Verfolgung wegen seiner Rasse, Religion, Nationalität, politischen Überzeugung oder Zugehörigkeit zu einer bestimmten sozialen Gruppe außerhalb seines Herkunftsstaates befindet und dessen Schutz nicht in Anspruch nehmen kann oder wegen dieser Furcht nicht in Anspruch nehmen will. Auch Art. 33 GFK liegen die historischen Erfahrungen von Flucht und Vertreibung während und nach dem Zweiten Weltkrieg (Rn. 7) zu Grunde.

2. Die Elemente einer flüchtlingsrelevanten Verfolgung

§ 3 Abs. 1 AsylG stellt auf eine **Verfolgung** als Fluchtgrund ab, die in § 3a AsylG als Handlung näher definiert wird und an eine Bedrohung wegen der **Verfolgungsmerkmale** Rasse, Religion, Nationalität,[346] Zugehörigkeit zu einer bestimmten sozialen Gruppe, wozu auch die sexuelle Orientierung führen kann,[347] oder wegen der politischen Überzeugung anknüpft. Diese Merkmale werden in § 3b AsylG genannt, wobei es – wie bei Art. 16a Abs. 1 GG – nicht darauf ankommt, ob der Verfolgte diese Merkmale tatsächlich besitzt, sondern dass sie ihm **von den Verfolgern zugeschrieben** werden. §§ 3 ff. AsylG schützen das Opfer, nicht den Täter, so dass auch hier die Perspektive des Opfers entscheidend ist. 336

a) Der Begriff der Verfolgung

Freilich setzt eine **Verfolgung** als Handlung ähnlich Art. 16a Abs. 1 GG eine **gezielte Rechtsgutsverletzung** voraus.[348] Bloße zufällige nicht den Einzelnen gezielt treffende Folgen von Handlungen oder allgemeine Ereignisse wie Kriege und Katastrophen genügen also für die Annahme einer Verfolgung nicht,[349] so dass zahlreiche syrische Bürgerkriegsflüchtlinge im Jahr 2015 zu Unrecht Flüchtlings- statt nur subsidiären Schutz zuerkannt erhalten haben.[350] Diesen Verfolgungsbegriff zeigt auch die nicht abschließende Aufzählung in § 3a Abs. 2 AsylG, welche u.a. die Anwendung physischer, psychischer oder sexueller Gewalt, diskriminierende gesetzliche, administrative, polizeiliche oder justizielle Maßnahmen, Strafverfolgung oder Bestrafung[351] oder die diskriminierende Verweigerung von Rechtsschutz nennt – also allesamt Verhaltensweisen, die nicht zufällig sondern **willentlich und zielgerichtet** geschehen. 337

346 Dieser Begriff wurde statt der früher verwendeten „Staatsangehörigkeit" gewählt, um jede Zugehörigkeit zu einer Gruppe, die durch ihre kulturelle, ethnische oder sprachliche Identität, gemeinsame geografische oder politische Herkunft oder ihre Verwandtschaft mit der Bevölkerung eines anderen Staates bestimmt wird, zu erfassen; vgl. Bertold Huber, NVwZ 2014, 548/549.

347 Zu den Schwierigkeiten einer gerichtlichen Überzeugungsbildung hinsichtlich einer Verfolgung z.B. wegen Homosexualität angesichts der begrenzten Aufklärungsmittel Uwe Berlit, NVwZ-Extra 12/2015, 1/5.

348 Vgl. BVerwG, U.v. 19.1.2009, Az. 10 C 52.07, BVerwGE 133, 55/60 Rn. 22.

349 Vgl. Harald Dörig/Christine Langenfeld, NJW 2016, 1/2.

350 Vgl. dazu Daniel Thym, NVwZ 2015, 1625/1632 f.; ders., NVwZ 2016, 409/413 f.

351 Am Beispiel eines amerikanischen Soldaten, der wegen ihm zugemuteter Kriegsverbrechen desertierte, EuGH, U.v. 26.2.2015, Az. C-472/13, NVwZ 2015, 575/577 Rn 31 ff. m. Anm. von Reinhard Marx, NVwZ 2015, 579 ff.

b) Die Verfolgungsgründe und die Verfolgungsintensität

338 Anders als der insoweit lakonisch kurze Art. 16a Abs. 1 GG definiert § 3b AsylG ausführlich die **Verfolgungsgründe**. So umfasst der Begriff der Religion insbesondere theistische, nicht theistische und atheistische Glaubensüberzeugungen, die Teilnahme oder Nichtteilnahme an religiösen Riten im privaten oder öffentlichen Bereich, allein oder in Gemeinschaft mit anderen, sonstige religiöse Betätigungen oder Meinungsäußerungen und Verhaltensweisen Einzelner oder einer Gemeinschaft, die sich auf eine religiöse Auszuschließenden stützen oder nach dieser vorgeschrieben sind. Damit sind alle inneren Überzeugungen und äußeren Betätigungen ohne Wertung eingeschlossen.

Beispiel: Für die Erfüllung eines Religionsbegriffs kommt es nicht darauf an, ob die religiösen Inhalte schriftlich niedergelegt sind (z.B. Bibel, Koran) oder wie viele Anhänger die Religion hat, sondern an was der Einzelne glaubt.

339 Die **Intensität der Verfolgung** muss für Flüchtlingsschutz nicht so intensiv zu sein wie im nationalen Asylrecht, allerdings nach Art oder Häufigkeit der Maßnahme eine schwerwiegende Verletzung der Menschenrechte insbesondere der absoluten, von Art. 5 EMRK geschützten Rechte darstellen,[352] was sich am Beispiel der Religionsausübung illustrieren lässt: So hat der Europäische Gerichtshof das nationale Konzept aus geschütztem **forum internum** und ungeschütztem **forum externum** (Rn. 309) für den Schutz der Religionsfreiheit. verworfen, weil der Flüchtlingsschutz nach § 3b Abs. 1 Nr. 2 AsylG nur auf die Intensität der Verfolgungshandlung als schwerwiegende Menschenrechtsverletzung abstellt, selbst wenn es sich aus dem Blickwinkel des Verfolgers um eine diesen provozierende religiöse Betätigung handelt.[353] Bereits wenn sich der mit Gefahren für Leib, Leben oder Freiheit bedrohte Gläubige deswegen nicht frei entscheiden kann, ob er seine Religion in einer bestimmten Weise nicht-öffentlich oder auch öffentlich praktiziert, kann dies ein Eingriff in seine Religionsfreiheit sein. Das Verbot bestimmter Formen der Religionsausübung (z.B. Missionierung) kann also objektiv eine beachtliche Verfolgungshandlung darstellen unabhängig davon, ob der Betroffene selbst an einer solchen Handlung teilnimmt oder sie aus Furcht vor Verfolgung unterlässt. Allerdings genügt nicht jedes Verbot einer Religionsbetätigung, denn der dadurch bedingte Verzicht auf eine religiöse Handlung muss vom Betroffenen als subjektiv schwer empfunden werden. Ihm muss die konkrete Form der Religionsausübung zur Wahrung seiner religiösen Identität **besonders wichtig und unverzichtbar** sein, was er darzutun und das Verwaltungsgericht aufzuklären hat.[354]

352 Vgl. EuGH, U.v. 26.2.2015, Az. C-472/13, NVwZ 2015, 575/576 Rn 25.
353 Vgl. EuGH, U.v. 5.9.2012, Az. C-71/11 u.a., NVwZ 2012, 1613 ff.; BVerwG, U.v. 20.2.2013, Az. 10 C 23.12, BVerwGE 146, 67/74 ff. Rn. 21 ff.; Uwe Berlit, NVwZ-Extra 12/2015, 1 ff.
354 Vgl. BVerwG, U.v. 20.2.2013, Az. 10 C 23.12, BVerwGE 146, 67/79, 85 f. Rn. 30, 39; BVerwG, B.v. 25.8.2015, Az. 1 B 40/15, NVwZ 2015, 1678/1679 Rn. 13 f.

Beispiel: Gesetzlich vorgesehene Einschränkungen der Religionsfreiheit sind nicht von vornherein Verfolgungshandlungen; so kann z.B. das Verbot einer Prozession auf einer Hauptverkehrsader durchaus mit Gründen der öffentlichen Verkehrssicherheit gerechtfertigt werden, zumal wenn dem Betroffenen ein Ausweichen auf weniger belebte Straßen möglich und zumutbar ist und die Beschränkung alle Religionsgruppen gleichermaßen und ungeachtet ihrer Religion trifft.

c) Der Zeitpunkt und die Wahrscheinlichkeit der Verfolgung

Anders als Art. 16a Abs. 1 GG geht § 3 AsylG **nicht typischerweise** vom **Vorverfolgten** aus. Entscheidend für die Zufluchtsgewährung ist nicht, ob die Person früher verfolgt wurde, sondern ob ihr im Herkunftsstaat **heute eine Verfolgung droht**. Dementsprechend unterscheiden sich auch die Wahrscheinlichkeitsmaßstäbe: Während das Asylrecht nach Art. 16a Abs. 1 GG mit dem Maßstab der herabgestuften Wahrscheinlichkeit aus einer früher erlittenen Vorverfolgung auf eine heute noch andauernde Verfolgung schließt,[355] weil die geschichtliche Erfahrung dafür spricht, dass sich Verfolgung wiederholt,[356] stellt das **Flüchtlingsrecht** hingegen auf die **beachtliche Wahrscheinlichkeit**[357] einer gegenwärtigen Verfolgung ab. Dies ergibt sich aus Art. 4 Abs. 4 RL 2011/95/EU, der eine Beweiserleichterung in Form einer **widerleglichen Vermutung** dafür aufstellt, dass eine früher verfolgte Person auch heute noch verfolgt wird. Eine solche Erleichterung wäre entbehrlich, wenn die Vorverfolgung bereits ein Tatbestandsmerkmal darstellte. Für die Zuerkennung des internationalen Schutzes ist daher nur der Maßstab der beachtlichen Wahrscheinlichkeit anwendbar.[358] Entfällt der Verfolgungsgrund, würde der Flüchtlingsschutz nach Art. 1 Abs. 5 GFK automatisch entfallen; das deutsche Asylrecht i.w.S. erfordert hierfür aber einen förmlichen Widerruf nach § 73 AsylG (Rn. 418).[359] 340

Unter den Einschränkungen des Art. 5 RL 2011/95/EU können auch **Nachfluchtgründe** die Furcht vor Verfolgung begründen, insbesondere wenn sich in den nach seiner Flucht entfalteten Aktivitäten des Flüchtlings nachweislich eine bereits im Herkunftsland bestehende Überzeugung oder Ausrichtung fortsetzen. Auch hier findet sich ähnlich wie in Art. 16a Abs. 1 GG die inhaltliche Beschränkung auf einen biographischen „roten Faden“ zwischen dem Vor- und dem Nachfluchtverhalten des Flüchtlings. Dieser fehlt, wenn er erst in Deutschland seinen Glauben wechselt und z.B. vom Islam zum Christentum konvertiert. Eine Taufbescheinigung einer deutschen Gemeinde ersetzt nicht die behördliche und gerichtliche Prüfung der Ernsthaf- 341

355 Vgl. BVerfG, B.v. 10.7.1989, Az. 2 BvR 502/86 u.a., BVerfGE 80, 315/344 f.
356 Vgl. BVerwG, U.v. 27.4.2010, Az. 10 C 5.09, BVerwGE 136, 377/383 f. Rn. 21.
357 Vgl. BVerwG, U.v. 27.4.2010, Az. 10 C 5.09, BVerwGE 136, 377/382 f. Rn. 18 f.; BVerwG, U.v. 20.2.2013, Az. 10 C 23.12, BVerwGE 146, 67/73 Rn. 19.
358 BVerwG, U.v. 27.4.2010, Az. 10 C 5.09, BVerwGE 136, 377/382 Rn. 18.
359 Darauf weisen Harald Dörig/Christine Langenfeld, NJW 2016, 1/2; Uwe Berlit, Flüchtlingsrecht, S. 37, hin.

tigkeit des Glaubenswechsels.[360] Ist die Konversion aber glaubhaft, ist eine dadurch neu drohende Verfolgung im Herkunftsstaat zu prüfen.

d) Die Besonderheiten der Gruppenverfolgung

342 Auch für den Flüchtlingsschutz gilt der Doppelbegriff der Einzel- und der **Gruppenverfolgung**, so dass es auch hier genügt, wenn der Person ein Verfolgungsmerkmal vom Verfolger individuell oder kollektiv zugeschrieben und die Person der Gruppe zugerechnet wird. § 3b Abs. 1 Nr. 4 AsylG stellt insoweit auf eine nach einem bestimmten Merkmal durch ihr Selbstverständnis **nach innen** und in den Augen der sie umgebenden Gesellschaft auch **nach außen** abgegrenzte soziale Gruppe ab, wobei das Merkmal u.a. angeboren, erworben oder auch geschlechtlicher Art sein kann. Eine solche Gruppe kann Ziel einer Verfolgung sein.

Beispiel: Gruppenverfolgungen sind die ethnische Verfolgung der Tutsi durch Hutu in Ruanda und die religiöse Verfolgung von Christen und Yeziden durch islamistische Terroristen im Nordirak und in Syrien.

343 Da das Flüchtlingsrecht aber auf eine individuelle Verfolgung abstellt, kann dem Betroffenen der individuelle Status eines Flüchtlings nur zuerkannt werden, wenn von der Gefahr für die Gruppe über das Kriterium der Gruppenverfolgung auf die Gefährdung des Einzelnen geschlossen werden kann. Dazu bedarf es einer **hinreichenden Verfolgungsdichte**. Sie liegt vor, wenn entweder ein staatliches Verfolgungsprogramm stattfindet oder die Übergriffe so zahlreich, schwer und willkürlich sind, dass sie einer systematischen Verfolgung gleichen.[361]

e) Der Begriff des Verfolgers

344 Im Gegensatz zum staatszentrierten Asylgrundrecht des Art. 16a Abs. 1 GG **erweitert** § 3c AsylG den **Kreis der möglichen Verfolger** über staatliche und quasistaatliche Organe und Personen hinaus auf **alle nichtstaatlichen Akteure**, wenn die staatlichen oder quasistaatlichen Gewaltinhaber keinen Schutz bieten können oder wollen. Dies gilt unabhängig davon, ob im Herkunftsland noch ein handlungsfähiger Staat existiert oder nicht, also auch in failing states mit nur noch eingeschränkter und sogar in failed states ohne staatliche Durchsetzungsmacht. Die Perspektive des Flüchtlingsrechts verschiebt sich also **weg vom Staat** als Garanten einer übergreifenden Friedensordnung **hin zu den tatsächlichen Inhabern** der Gewalt über Gebiete und Personen. Auch hier wird wieder der Blickwinkel des Opfers eingenommen, nicht des Täters.

345 Da jeder Täter auch prinzipiell Opfer sein oder werden kann, also frühere Verfolger nach einem Regimewechsel selbst zu Verfolgten werden können, schließen § 3 Abs. 2

360 Vgl. BayVGH, B.v. 9.4.2015, Az. 14 ZB 14.30444, NVwZ-RR 2015, 677; auch Uwe Berlit, NVwZ-Extra 4/2017, 1/15 f

361 Zu quantitativen Bezugsgrößen wie Gruppengröße und Verfolgungsschlägen BVerwG, U.v. 21.4.2009, Az. 10 C 11.08, NVwZ 2009, 1237 ff. Rn. 13–20.

und Abs. 4 AsylG Personen von der Flüchtlingsanerkennung aus, die sich schwerwiegender Straftaten und insbesondere humanitärer Verbrechen schuldig gemacht haben.[362] **Frühere Täter** können allenfalls einen schwächeren Schutzstatus erlangen.

f) Der Ort der Verfolgung

Im Unterschied zu Art. 16a Abs. 1 GG schließt eine **innerstaatliche Fluchtalternative** 346
nach § 3 AsylG eine Verfolgung nicht tatbestandlich aus. Wer in einem Teil des Herkunftsstaates verfolgt wurde, bleibt verfolgt, auch wenn er in einem anderen Landesteil sicher sein könnte. Erst **auf der Rechtsfolgenseite** wird er nach § 3e i.V.m. § 3d AsylG wegen der **Möglichkeit internen Schutzes** nicht als Flüchtling anerkannt.[363] Die Voraussetzung ist, dass er sicher und legal in diesen Landesteil reisen kann, dort aufgenommen wird und vernünftigerweise erwartet werden kann, dass er sich dort niederlässt. Schutz vor Verfolgung besteht, wenn der maßgebliche Akteur geeignete Schritte zur Verhütung und Ahndung von Verfolgungshandlungen einleitet und der Schutzbedürftige diesen Schutz auch tatsächlich erlangen kann.[364] Der Ausschluss folgt dem Grundsatz, dass keinen externen Schutz in der Fremde braucht, wer intern in seiner Heimat Schutz finden kann.

3. Die prozessuale Durchsetzung der Zuerkennung der Flüchtlingseigenschaft

Die **Zuerkennung der Flüchtlingseigenschaft** nach § 3 Abs. 1, Abs. 4 AsylG und 347
Art. 13 RL 2011/95/EU ist ein deklaratorischer[365] begünstigender **Verwaltungsakt** nach § 35 Satz 1 VwVfG und kann wie eine Asylanerkennung im Weg der **Verpflichtungsklage** nach § 42 Abs. 1 2. Alt. VwGO erstritten werden (Rn. 386 ff.). Das Verwaltungsgericht kann die Zuerkennung ebenso wenig selbst aussprechen, sondern nur die Bundesrepublik Deutschland, vertreten durch das BAMF, dazu verpflichten.

4. Die Rechtsfolgen der Zuerkennung der Flüchtlingseigenschaft

Der Ausländer, dem die **Flüchtlingseigenschaft zuerkannt** worden ist, erhält nach 348
§ 25 Abs. 2 i.V.m. § 26 Abs. 1 Satz 2 AufenthG eine **Aufenthaltserlaubnis** für drei Jahre (Rn. 76);[366] etwa im Bundesgebiet als Asylbewerber aufhältige Familienangehörige erhalten nach § 26 Abs. 5 AsylG einen dem **Familienasyl vergleichbaren Schutz** (Rn. 495) oder bei einem Aufenthalt auswärts nach § 29 Abs. 2 Satz 2 Nr. 1

362 Z.B. die Geiselnahme und Tötung russischer Soldaten durch Freischärler in Tschetschenien, um gefangene Gesinnungsgenossen freizupressen, vgl. OVG Magdeburg, U.v. 26.7.2012, Az. 2 L 68/10, NVwZ-RR 2012, 984/992 ff. Zum Terrorismusvorbehalt Harald Dörig, NVwZ 2014, 106/108 f.; Uwe Berlit, NVwZ-Extra 12/2015, 1/8 ff.

363 Vgl. BVerwG, U.v. 19.1.2009, Az. 10 C 52.07, BVerwGE 133, 55/65 ff. Rn. 29.

364 Vgl. Bertold Huber, NVwZ 2014, 548/550.

365 Vgl. BVerwG, U.v. 13.2.2014, Az. 1 C 4.13, BVerwGE 149, 65/72 Rn. 15.

366 Die Zuerkennung wirkt nicht auf den Zeitpunkt der Antragstellung zurück, so BVerwG, U.v. 13.2.2014, Az. 1 C 4.13, BVerwGE 149, 65/71 Rn. 14. Sie gewährt auch kein europaweites Freizügigkeitsrecht, vgl. Uwe Berlit, NVwZ-Extra 12/2015, 1/8.

AufenthG einen erleichterten **Familiennachzug**[367] zur Herstellung der Familieneinheit. Der anerkannte Flüchtling hat nach § 44 Abs. 1 Satz 1 Nr. 1 Buchst. c AufenthG einen Anspruch auf Teilnahme an einem **Integrationskurs**, darf nach § 25 Abs. 1 Satz 4, Abs. 2 Satz 1 AufenthG arbeiten, erhält wie ein Asylberechtigter **normale Sozialleistungen** und ist wie dieser nicht mehr zum Wohnen in der Erstaufnahmeeinrichtung verpflichtet und zur **privaten Wohnungsnahme** berechtigt. Die durch das Integrationsgesetz nicht nur für Asylberechtigte (Rn. 333) sondern auch für anerkannte Flüchtlinge und subsidiär Schutzberechtigte in § 12a AufenthG neu geschaffene Verpflichtung der Wohnsitznahme an einem bestimmten Ort bzw. das Verbot der Niederlassung dort sind mit europäischem Recht vereinbar:[368] Auch wenn die ursprüngliche Zuweisung im Asylverfahren der Verteilung sozialer Lasten unter den Bundesländern dient, zielt die nach Abschluss des Asylverfahrens geltende **Wohnsitzregelung** darauf, Integrationshindernisse zu beseitigen. Diese Zielsetzung hat der Europäische Gerichtshof grundsätzlich gebilligt. In Folge der Attentatsserien in Belgien und Frankreich, die auch von nicht integrierten Zuwanderern begangen wurden, ist es höchste Zeit für ein Umdenken. Integration muss zum Schutz der im Aufnahmestaat lebenden Bevölkerung notfalls erzwungen, anderenfalls der Aufenthalt des nicht integrationsbereiten Zuwanderers beendet werden.[369] Es steht ihm frei, ein anderes, seinem Lebensstil entsprechendes Land aufzusuchen.

III. Die Zuerkennung subsidiären Schutzes nach § 4 AsylG

349 Gegenüber Art. 16a Abs. 1 GG und § 3 Abs. 1 AsylG ist die Schutznorm des § 4 AsylG nachrangig, denn sie vermittelt einen geringeren Schutz und einen schwächeren Status, geht aber noch § 60 Abs. 5 und Abs. 7 AufenthG vor. Sie setzt den **subsidiären Schutz** nach Art. 15 ff. RL 2011/95/EU als **zweiten Teil des internationalen Schutzes** in nationales Recht um und basiert maßgeblich auf den Schutzgewährleistungen des Art. 3 EMRK. § 4 Abs. 1 AsylG enthält drei verschiedene Schutzfälle, § 4 Abs. 2 AsylG Ausschlusstatbestände und § 4 Abs. 3 AsylG erklärt Regelungen zum Flüchtlingsschutz für entsprechend anwendbar.

1. Die Gefahr eines ernsthaften Schadens

350 Ein Ausländer ist nach § 4 Abs. 1 AsylG subsidiär Schutzberechtigter, wenn er stichhaltige Gründe für die Annahme vorgebracht hat, dass ihm in seinem Herkunftsland

367 Zu Einschränkungen des Familiennachzugs mit Blick auf die unterlassene Einzelfallprüfung der Asylanträge vieler pauschal als Flüchtlinge eingestufter Syrer Daniel Thym, NVwZ 2015, 1625/1632 f.; ders., NVwZ 2016, 409/413 f.

368 Nach Art. 33 RL 2011/95/EU genießen anerkannte Flüchtlinge und subsidiär Schutzberechtigte Freizügigkeit im Bundesgebiet; eine Wohnsitzregelung allein wegen des Bezugs von Sozialhilfe ist nicht statthaft, so EuGH, U.v. 1.3.2016, Az. C-443/14 u.a., NVwZ 2016, 1077/1078 ff. Rn. 37, 45, 54, 61 ff.; dazu Matthias Zabel, NJW 2016, 1057.

369 Eine solche Aufenthaltsbeendigung konnte wegen des langwierigen Verfahrens seines Herkunftsstaats zur Ausstellung von Heimreisepapieren tragischerweise nicht mehr rechtzeitig durchgeführt werden, um den Attentäter auf den Berliner Weihnachtsmarkt noch an seinem Terrorakt zu hindern.

ein **ernsthafter Schaden** in Gestalt der Todesstrafe, der Folter, unmenschlicher oder erniedrigender Behandlung oder einer Bedrohung des Lebens oder der Unversehrtheit als Zivilperson in einem internationalen oder innerstaatlichen bewaffneten Konflikt **droht**. Das Drohen eines solchen Schadens stellt – anders als der Begriff der Verfolgung in § 3a Abs. 2 AsylG – **nicht** auf eine **zielgerichtete Handlung** eines Verfolgers ab, sondern aus der Opferperspektive auf eine bestimmte Leibes- oder Lebensgefahr, woher auch immer diese rühren mag. Dazu zählen auch Kriegs- und Bürgerkriegsgefahren.[370]

2. Der Schutz vor einer Verhängung oder Vollstreckung der Todesstrafe

In Deutschland ist die **Todesstrafe** nach Art. 102 GG aus guten Gründen abgeschafft; in vielen anderen Staaten aber nicht. Dennoch kann Deutschland sein Wertesystem nicht unbesehen auf andere Staaten übertragen, sondern nur sein eigenes Verhalten danach ausrichten. § 4 Abs. 1 Satz 2 Nr. 1 AsylG schlägt hier einen Mittelweg ein, einerseits das Selbstverständnis des deutschen Rechtstaates zu wahren, andererseits aber die Strafgewalt anderer Staaten nicht zu diskreditieren: Droht einem Ausländer die Verhängung oder gar Vollstreckung der Todesstrafe wegen einer Straftat, schützt ihn die Norm nicht vor einer etwaigen Verurteilung (in Abwesenheit) in seinem Herkunftsstaat, aber vor einer **Abschiebung** dorthin. Bedeutet die verhängte Strafe zugleich eine politische Verfolgung, sind ohnehin § 3 Abs. 1, § 3a Abs. 2 Nr. 3 AsylG vorrangig. 351

Eine zwischenstaatliche **Zusicherung des Zielstaats**, die Strafverfolgung nicht zu politischer Verfolgung zu missbrauchen oder die Todesstrafe nicht zu verhängen bzw. zu vollstrecken, schließt das Abschiebungshindernis nur aus, wenn im Zielstaat eine freiheitlich-demokratische Rechtsordnung und geordnete Verhältnisse im Innern vorliegen. Die allgemeine Vermutung hierfür kann im Einzelfall auch durch gegenteilige Erkenntnisse erschüttert werden.[371] Gleiches dürfte im Fall der drohenden Todesstrafe aus nichtpolitischen Gründen z. B. zur Sanktion begangener Kapitalverbrechen gelten, wenn der Zielstaat die Nichtverhängung oder die Nichtvollstreckung der Todesstrafe zusichert. Bestehen substantiierte Zweifel an der Einhaltung dieser Zusicherung, hat der Schutz des Lebens des Straftäters Vorrang vor dem Strafanspruch seines Herkunftsstaates und steht einer Rücküberstellung entgegen.[372] 352

370 Vgl. Harald Dörig/Christine Langenfeld, NJW 2016, 1/3.

371 Am Bsp. der Türkei in den 80er Jahren BVerfG, B.v. 23.2.1983, Az. 1 BvR 990/82, BVerfGE 63, 197/208 ff.; am Bsp. der Russischen Föderation BVerfG, B.v. 9.4.2015, Az. 2 BvR 221/15, NVwZ 2015, 1204/1205 Rn. 17. § 3a Abs. 2 Nr. 3 AsylG und § 4 Abs. 1 Nr. 2 AsylG lassen im Übrigen das Recht jedes Konventionsstaates unangetastet, nach seinen Strafgesetzen Freiheitsstrafen zu verhängen. Ein Verstoß gegen die EMRK kommt nur bei einem offenkundigen Missverhältnis zwischen dem Unrechtsgehalt der Tat und der Schuld des Täters einerseits sowie dem verhängten Strafmaß andererseits in Betracht, so BVerwG, U.v. 7.12.2004, Az. 1 C 14.04, BVerwGE 122, 271/279 f.

372 Der Täter bleibt deswegen nicht straffrei, denn z.B. bei Verstößen gegen das Völkerstrafrecht kann er in Deutschland zur Rechenschaft gezogen werden.

3. Der Schutz vor Folter, unmenschlicher oder erniedrigender Behandlung

353 § 4 Abs. 1 Satz 2 Nr. 2 AsylG gewährt Schutz vor ernsthaften Schäden in Form von **Folter, unmenschlicher oder erniedrigender Behandlung oder Bestrafung** im Herkunftsland. Diese Regelung setzt Art. 15 Buchst. b RL 2011/95/EU um. Ihre Auslegung orientiert sich maßgeblich an der Auslegung von Art. 3 EMRK, so dass auf die dazu ergangene Rechtsprechung des Europäischen Gerichtshofs für Menschenrechte abzustellen ist.

a) Die Formen einer geächteten Misshandlung

354 Eine **Misshandlung** ist die erste Stufe einer Beeinträchtigung und wird als eine das körperliche Wohlbefinden beeinträchtigende Einwirkung umschrieben. Sie muss ein Mindestmaß an Schwere erreichen, um von Art. 3 EMRK erfasst zu sein. Dafür sind sämtliche Umstände des Einzelfalles wie die Dauer der Misshandlung, ihre psychischen und physischen Folgen sowie spezifische Merkmale des Betroffenen wie eine besondere Empfindlichkeit zu berücksichtigen, aber nicht sein (Vor-)Verhalten wie eine dortige Straffälligkeit, das die Misshandlung ausgelöst oder ermöglicht hat.[373]

355 Eine **unmenschliche Behandlung** als intensivere Beeinträchtigungsform liegt insbesondere vor, wenn einem Menschen vorsätzlich stundenlang und ununterbrochen körperliche Verletzungen oder intensives physisches oder psychisches Leid zugefügt werden.[374] Eine **erniedrigende Behandlung** wird angenommen, wenn sie bei dem Opfer Gefühle der Angst, Qual und Minderwertigkeit auslöst und geeignet ist, das Opfer zu demütigen und zu entwürdigen. Die zugefügten Leiden und die Erniedrigung müssen über das hinausgehen, was unvermeidlich mit einer bestimmten Form gerechtfertigter Behandlung verbunden ist.[375] Eine Misshandlung i.w.S. liegt also vor, wenn die Grenzen einer – möglicherweise grundsätzlich gerechtfertigten – Behandlung durch ihre Art und Weise, ihre Dauer oder ihre Umstände überschritten werden.

Beispiel: Eine an sich gerechtfertigte Untersuchungs- oder Strafhaft kann zur Misshandlung werden, wenn die Art und Weise der Haftbedingungen (Raumausstattung, Raumbelegung, Verpflegung, Vorenthalten ärztlicher Versorgung etc.) für sich oder in der Summe quasi „über

---

373 Vgl. EGMR, U.v. 18.1.1978, Az. 5310/71, EGMR-E 1, 232/250, RdNr. 162; EGMR, U.v. 25.4.1978, Az. 5856/72, EGMR-E 1, 268/272, RdNr. 29; EGMR, U.v. 30.6.2008, Az. 22978/05 EuGRZ 2008, 466/472 Rn. 65; EGMR, U.v. 1.6.2010, Az. 22978/05, EuGRZ 2010, 417/426 Rn. 88 f.; EGMR, U.v. 21.1.2011, Az. 30696/09, EuGRZ 2011, 243/244 Rn. 218 f.

374 Dies nimmt der EGMR, E.v. 17.5.2011, Az. 43408/08, NVwZ 2012, 686 ff. z. B. bei einer drohenden Genitalverstümmelung bei Mädchen im Fall ihrer Rückkehr nach Nigeria an; ebenso BayVGH, U.v. 17.3.2016, Az. 13a B 15.30241, NVwZ 2016, 1271 f., Rn. 18 ff. für eine drohende Zwangsverheiratung. Ähnliches gilt im Fall einer Abschiebung eines Schwerkriminellen nach Somalia, wenn er wegen der dortigen Verhältnisse in einem Flüchtlingslager unmenschlichen Lebensbedingungen ausgesetzt wäre, vgl. EGMR, U.v. 28.6.2011, Az. 8319/07, NVwZ 2012, 681 ff., was seiner Abschiebung trotz Sicherheitsbedenken im Aufnahmestaat unausräumbar entgegensteht.

375 Vgl. EGMR, U.v. 15.7.2002, Az. 47095/99, NVwZ 2005, 303/304 Rn. 95 a.E.; oder ob bei einer „erniedrigenden Behandlung" das Opfer dazu gebracht wurde, gegen seinen Willen oder sein Gewissen zu handeln, vgl. EGMR U.v. 30.6.2008, Az. 22978/05, EuGRZ 2008, 466/472 Rn. 66; EGMR, U.v. 1.6.2010, Az. 22978/05, EuGRZ 2010, 417/426 f. Rn. 89 f.; EGMR, U.v. 21.1.2011, Az. 30696/09, EuGRZ 2011, 243/244 Rn. 220 f.

das Ziel" der Haft hinausschießen. Gleiches gilt, wenn der Betroffene ohne Aussicht auf Entlassung und vielleicht sogar ohne gerichtliche Entscheidung festgehalten wird, gar den Grund seiner Haft nicht kennt und ihm jeder Kontakt zur Außenwelt abgeschnitten ist.

b) Die Zielgerichtetheit und die Zurechenbarkeit einer Misshandlung

Bereits vom Wortlaut her (Folter, unmenschliche oder erniedrigende Behandlung, Misshandlung) erfasst Art. 3 EMRK nur auf Handlungen – verstanden als **aktives Tun oder pflichtwidriges Unterlassen**[376] – zurückzuführende Einwirkungen auf das körperliche und/oder seelische Wohlbefinden einer natürlichen Person, aber wohl nicht allgemeine und keinem Verantwortlichen zurechenbare Gefahren aus Kriegs- und Notsituationen. Dieses Kriterium der **Zielgerichtetheit**[377] verhindert, dass Art. 3 EMRK als allgemeine Auffangnorm für Gefahren gleich welcher Ursachen überdehnt wird. 356

Darüber hinaus kann nur ein Verhalten geächtet werden, dass einem Verantwortlichen auch **zurechenbar** ist. Insoweit bleibt der Hauptanwendungsbereich des Art. 3 EMRK ein zurechenbares und geächtetes **Fehlverhalten eines Staates,** weil die EMRK als völkerrechtlicher Vertrag grundsätzlich nur Staaten als Völkerrechtssubjekte bindet und damit auch nur ihre Verstöße sanktionieren kann. Aber mittlerweile ist geklärt, dass Art. 3 EMRK nicht nur dem Herkunftsstaat zurechenbare Misshandlungen eines Betroffenen sondern auch allgemein das **Verhalten Dritter** einschließt, zumindest soweit diese eine staatsähnliche Organisation haben oder sonst von einiger Relevanz sind.[378] Erweist sich die Folter oder Misshandlung zugleich als Verfolgungshandlung wegen eines von § 3a Abs. 2 Nr. 1, § 3b AsylG umfassten Merkmals, sind diese Normen vorrangig und ist Schutz durch die Zuerkennung der Flüchtlingseigenschaft zu gewähren. 357

Beispiel: Erweitert Verantwortliche sind quasistaatliche Organisationen in failed states, an welche der Staat seine Herrschaftsmacht verloren hat,[379] wie Taliban in Afghanistan oder bestimmte Milizen in Somalia.

Solche Organisationen sind weder Völkerrechtssubjekte noch sanktionsfähige Adressaten der EMRK. Aber aus dem **Blickwinkel des Schutzsuchenden** spielt es keine Rolle, wer die Herrschaftsgewalt innehat – der legitime Staat oder ein privater Usurpator. Entscheidend ist, dass er den Betroffenen bedroht und der Staat dort nicht dagegen einschreitet. Auch das Verständnis der EMRK als menschenrechtliche Schutznorm des Bürgers gegenüber seinem Staat spricht für diese **ausnahmsweise Gleichset-** 358

376 Allgemeine Gefahren wie eine im Herkunftsland nicht (ausreichend) behandelbare Erkrankung, wenn öffentliche Stellen also grundsätzlich behandeln wollen, aber medizinisch nicht behandeln können, sind mangels Gezieltheit dem Staat nicht als Misshandlung i.S.v. Art. 15 Buchst. a–c RL 2011/98/EG zurechenbar, vgl. EuGH, U.v. 18.12.2014, Az. C-542/13, NVwZ-RR 2015, 158/159 Rn. 31 ff.

377 So BVerwG, U.v. 17.10.1995, Az. 9 C 15.95, BVerwGE 99, 331/333 f.: „Behandlung" als geplantes, vorsätzliches und auf eine bestimmte Person gerichtetes Handeln einer anderen Person.

378 Vgl. BVerwG, U.v. 13.6.2013, Az. 10 C 13.12, BVerwGE 147, 8/19 Rn. 25 f.

379 Vgl. BVerwG, U.v. 17.10.1995, Az. 9 C 15.95, BVerwGE 99, 331/335; BVerwG, U.v. 15.4.1997, Az. 9 C 38.96, BVerwGE 104, 265/269.

zung staatlicher und quasistaatlicher Gewalt. Der Schutzsuchende kann allerdings auch auf eine Art **innerstaatliche Fluchtalternative**, also eine sichere Region in seinem Heimatstaat, verwiesen werden, wenn er in sicheren Landesteilen Zuflucht finden kann.[380]

359 Die **Zurechenbarkeit** wird noch erweitert auf den **Aufnahmestaat eines Schutzsuchenden**, der mitverantwortlich wird für Folter und Misshandlung des Betroffenen im Herkunftsstaat, wenn er ihn dorthin **abschiebt**. Allerdings schützt Art. 3 EMRK nicht vor niedrigeren sozialen, medizinischen oder wirtschaftlichen Standards im Herkunfts- im Vergleich zum Aufnahmestaat und beinhaltet insbesondere **kein Recht auf Aufenthalt** zwecks Erlangung weiterer sozialer, medizinischer oder wirtschaftlicher **Unterstützung.**[381] Allein dass der Zielstaat Unterzeichner der EMRK ist, hindert die Mitverantwortung des Aufnahmestaats nicht, denn anderenfalls könnte sich der Schutzsuchende nach einer Abschiebung mit einer Beschwerde an den Europäischen Gerichtshof für Menschenrechte wenden. Doch nur wenn ihm damit effektiver Rechtsschutz auch tatsächlich zugänglich ist,[382] lässt sich akut eine Misshandlung abwenden, die erst Jahre später als konventionswidrig gebrandmarkt würde. Das wäre für ihn zu spät!

Beispiel: Im Einzelfall dürfen deutsche Behörden keine über Griechenland eingereisten Asylbewerber dorthin rücküberstellen, solange ihnen dort keine menschenwürdige Existenz für die Dauer eines Asylverfahrens gesichert ist.

4. Der Schutz vor Gefahren für Leib oder Leben im bewaffneten Konflikt

360 Die Geschichte der Menschheit zeigt leider, dass entgegen aller völkerrechtlichen Kodifikationen Frieden nur die wünschenswerte Ausnahme, **Krieg** aber tatsächlich die gewalttätige Regel ist. Wenigstens unternimmt die Staatengemeinschaft mit dem humanitären Völkerrecht einen Versuch, die Gewaltanwendung einzudämmen. Hieran knüpft § 4 Abs. 1 Satz 2 Nr. 3 AsylG an und bietet der **Zivilbevölkerung** Schutz als Leidtragende solcher Konflikte. In Abgrenzung zu § 4 Abs. 1 Satz 2 Nr. 1 und 2 AsylG, die eine gezielte Misshandlung des Betroffenen voraussetzen, schützt § 4 Abs. 1 Satz 2 Nr. 3 AsylG vor allgemeinen Gefahren für Leib und Leben in Folge eines **internationalen oder innerstaatlichen bewaffneten Konflikts.** Diese beruhen zwar auch auf menschlichen Verhaltensweisen, sind aber nicht notwendig auf das konkrete Opfer gezielt – auch sog. „Kollateralschäden“ unter der Zivilbevölkerung und „Querschläger“ fallen darunter.

380 Vgl. EGMR, U.v. 28.6.2011, Az. 8319/07 u.a., NVwZ 2012, 681 ff.; EGMR, E.v. 17.5.2011, Az. 43408/08, NVwZ 2012, 686 ff.

381 Vgl. BVerwG, U.v. 31.1.2013, Az. 10 C 15.12, BVerwGE 146, 12/20 f. Rn. 23.

382 Differenzierend BVerwG, U.v. 15.4.1997, Az. 9 C 38.96, BVerwGE 104, 265/267 ff.; BVerwG, U.v. 7.12.2004, Az. 1 C 14.04, BVerwGE 122, 271/276 ff.

a) Die Begriffe des internationalen oder innerstaatlichen bewaffneten Konflikts

Mit § 4 Abs. 1 Satz 2 Nr. 3 AsylG setzt die Bundesrepublik die Regelungen für den **subsidiären Schutz** des Art. 15 Buchst. c RL 2011/95/EU um.[383] Die darin verwendeten Begriffe des **internationalen oder innerstaatlichen bewaffneten Konflikts** ergeben sich zwangsläufig aus dem humanitären Völkerrecht, auch solange der Europäische Gerichtshof eine **völkerrechtskonforme Auslegung** zwar ablehnt, aber den Begriffen keine europarechtliche Definition gibt.[384] 361

Dem Völkerrecht folgend[385] stellt sich das Begriffspaar des internationalen oder innerstaatlichen bewaffneten Konflikts nach der Genfer Konvention und den sie ergänzenden Zusatzprotokollen so dar, dass ein **Konflikt international** ist, wenn an ihm **zwei oder mehr Staaten beteiligt** sind, die gegeneinander Waffengewalt einsetzen. Es handelt sich also um den **klassischen zwischenstaatlichen Krieg.** Ein **innerstaatlicher** – oder **nicht-internationaler – Konflikt** hingegen liegt vor, wenn nur ein Staat beteiligt ist und **nicht nach außen** sondern gegen einen **Gegner im Innern** auf seinem Staatsgebiet kämpft, z.B. wenn sein Gewaltmonopol durch Aufständische akut bedroht wird und der Staat um seine innere Souveränität ringt. Hierzu zählen die „neuen Kriege" wie z. B. **Bürger- und Guerillakriege**, nicht aber bloße Unruhen, Spannungen und Tumulte. Erst ab einer gewissen Intensität des Konflikts ist also die Schwelle des innerstaatlichen bewaffneten Konflikts erreicht.[386] Der Konflikt braucht auch nicht landesweit zu sein.[387] 362

Beispiel: Am Anfang des Bürgerkriegs in Syrien kämpften aufständische Syrer gegen die Herrschaft von Präsident Assad, so dass ein rein innerstaatlicher bewaffneter Konflikt vorlag. Auch das Einsickern von Djihadisten aus anderen Ländern änderte daran nichts, solange diese nicht von anderen Staaten entsandt oder kontrolliert waren, sich quasi als deren verlängerter Arm erwiesen.[388] Spätestens als jedoch andere Staaten wie Russland und die Türkei mit Waffengewalt eingriffen, wurde der Konflikt international.

b) Die erhöhte allgemeine oder individuelle Gefahrenlage für Zivilisten

Betroffene Zivilisten können einen Schutzanspruch haben, wenn ihnen im Herkunftsstaat im Rahmen eines der genannten Konflikte erhebliche **individuelle Gefah-** 363

383 Zu § 60 Abs. 7 Satz 2 AufenthG a.F. BVerwG, U.v. 27.4.2010, Az. 10 C 4.09, BVerwGE 136, 360/366 f. Rn. 20; dazu Andreas Dietz, NVwZ-Extra 12/2014, 1 ff.; Uwe Berlit, NVwZ-Extra 12/2015, 1/11.

384 Daran lässt es EuGH, U.v. 30.1.2014, Az. C-285/12, NVwZ 2014, 573 ff fehlen. Zur völkerrechtskonformen Auslegung BVerwG, U.v. 27.4.2010, Az. 10 C 4.09, BVerwGE 136, 360/367 f. Rn. 22 f.; Andreas Dietz, NVwZ-Extra 12/2014, 2 f.

385 Auf dieses greift z.B. EuGH, U.v. 26.2.2015, Az. C-472/13, NVwZ 2015, 575/578 Rn. 41 zurück, um zu begründen, dass ein auf Grund einer Resolution der Vereinten Nationen stattfindender Militäreinsatz grundsätzlich alle Garantien dafür bietet, dass dabei keine Kriegsverbrechen begangen werden.

386 Vgl. BVerwG, U.v. 27.4.2010, Az. 10 C 4.09, BVerwGE 136, 360/368 f. Rn. 23.

387 Vgl. BVerwG, U.v. 31.1.2013, Az. 10 C 15.12, BVerwGE 146, 12/15 ff. Rn. 13 ff., so dass regelmäßig auf die Situation im Herkunftsort abzustellen ist, aber nicht auf den Ort, an den eine Abschiebung (nur) stattfinden könnte oder an den sich ein freiwillig Ausreisender vernünftigerweise begeben würde, außer er hatte sich durch Wegzug noch im Herkunftsstaat vom Herkunftsort gelöst.

388 Die Grenzziehung ist fließend, denn die Maßstäbe der Haager Landkriegsordnung von 1907 zur Abgrenzung irregulärer Kombattanten sind nur noch begrenzt tauglich, vgl. Andreas Dietz, Das Primat der Politik, S. 658 f.

ren für Leib oder Leben in Folge willkürlicher Gewalt drohen. Es genügt nicht, dass im Herkunftsstaat überhaupt gekämpft wird, weil Art. 15 Buchst. c RL 2011/95/EU nur Einzelpersonen Schutz bieten will, die selbst und unmittelbar bedroht sind, was sogar bei landesweiten Kampfhandlungen wegen der sich verschiebenden Fronten konkret festgestellt werden muss, erst recht bei nicht landesweiten regionalen Kampfhandlungen.

364 Die **Gefahrenprognose** unterscheidet daher in einer wechselseitigen **Gewichtung zwischen Konfliktintensität und Gefahrenlage**, ob der Konflikt so intensiv ist, dass jedermann, der sich im Konfliktgebiet aufhält, quasi allein durch seine Anwesenheit in entsprechende Gefahr geriete (**allgemeine Gefahrenlage**), oder ob bei einem weniger intensiven Konflikt individuelle Umstände die Gefahr für den Betroffenen soweit erhöhen, dass ebenfalls eine erhebliche Gefahr angenommen werden kann (**individuelle Gefahrenlage**).[389] Freilich gibt es keine absoluten Maßstäbe für die Konfliktintensität, so dass sie in einer wertenden Betrachtung festgestellt werden muss. Hierbei wird regelmäßig eine **quantitative Betrachtung** angestellt:

365 Eine **allgemeine Gefahrenlage** setzt danach voraus, dass die Intensität des Konflikts gemessen an der zivilen Bevölkerungszahl im betroffenen Gebiet mit der **Zahl der zivilen Opfer** und der Schwere ihrer Verletzungen dort verglichen wird:[390] Je weniger Zivilpersonen im Gebiet leben und je größer die Zahl der zivilen Opfer ist, desto höher ist die Konfliktintensität. So makaber dieser „body count" erscheinen mag, hält die Rechtsprechung doch an dieser Beurteilung fest. Praktische Probleme ergeben sich für die **quantitative Betrachtung** daraus, dass oft verlässliche Zahlen fehlen. So gibt es z. B. in Afghanistan kein Bevölkerungsregister, so dass alle Zahlen nur Schätzungen sind. Auch die Zahl ziviler Opfer ist je nach Informationsquelle oft ganz verschieden. Eine Alternative wäre eine wertende **qualitative Betrachtung** der Konfliktsituation, der eingesetzten Truppen und Waffen sowie der von ihnen unter Heranziehung der völkerrechtlichen Maßstäbe für die Zivilbevölkerung ausgehenden Gefahren:[391] Je mehr z.B. staatliche, dem Kriegsvölkerrecht verpflichtete Truppen eingesetzt werden, desto eher werden sie die Zivilbevölkerung schonen; je mehr irreguläre Truppen, Söldner und Kindersoldaten kämpfen, desto gefährlicher ist es für Zivilisten im Kampfgebiet. Aber auch dies garantiert nicht in allen Fällen die Schonung der Zivilisten.[392] Jede Bewertung hat daher ihre Grenzen.

389 Vgl. EuGH, U.v. 17.2.2009, Az. C-465/07, NVwZ 2009, 705/707 Rn. 39 ff.; BVerwG, U.v. 27.4.2010, Az. 10 C 4.09, BVerwGE 136, 360/374 f. Rn. 32 f. Andreas Dietz, NVwZ-Extra 12/2014, 2 f. m.w.N.

390 Vgl. BVerwG, U.v. 27.4.2010, Az. 10 C 4.09, BVerwGE 136, 360/375 Rn. 33; BVerwG, U.v. 13.2.2014, Az. 10 C 6.13, NVwZ-RR 2014, 487/490 Rn. 24; dazu Uwe Berlit, NVwZ-Extra 12/2015, 1/10.

391 Ausführlich Andreas Dietz, NVwZ-Extra 12/2014, 1 ff. m.w.N. Wie schwierig die Bewertung des modernen Waffenarsenals in asymmetrischen Konflikten ist, zeigt z.B. der Einsatz von „Drohnen", vgl. Andreas Dietz, DÖV 2011, 465/468 f.

392 Vgl. EuGH, U.v. 26.2.2015, Az. C-472/13, NVwZ 2015, 575/578 Rn. 41 mit der Annahme, dass ein Militäreinsatz auf Grund einer Resolution der Vereinten Nationen grundsätzlich alle Garantien dafür bietet, dass dabei keine Kriegsverbrechen begangen werden, sowie der Widerlegung im konkreten Fall.

Bei niedrigerer Konfliktintensität erfasst § 4 Abs. 1 Satz 2 Nr. 3 AsylG nur **individuelle Gefahrenlagen**, in denen der Zivilist – ohne Kombattant zu sein[393] – einer **gefahrgeneigten Tätigkeit** im Kriegsgebiet nachgeht oder sonst **gefahrerhöhende Merkmale** aufweist. Typischerweise sind das Personen „zwischen den Fronten" oder im Visier einer Gruppe von Konfliktteilnehmern wie Ärzte und Rot-Kreuz-Personal, die Verletzte versorgen, Kriegsreporter während ihrer Berichterstattung über den Konflikt und insbesondere über Kriegsverbrechen einer Konfliktpartei.[394] Solche Personen befinden sich gegenüber der sonstigen Zivilbevölkerung in Gefahr. 366

c) Die Gefährdung durch „willkürliche Gewalt"

Weiter setzt ein Schutzanspruch nach § 4 Abs. 1 Satz 2 Nr. 3 AsylG eine Gefährdung durch „**willkürliche Gewalt**" voraus. Der Gehalt dieses Tatbestandsmerkmals ist durch unterschiedliche Begrifflichkeiten der Amtssprachen der Europäischen Union in der Übersetzung des Art. 15 Buchst. c RL 2011/95/EU umstritten. 367

Einer Auffassung nach soll dieses Tatbestandsmerkmal ähnlich dem Verständnis im humanitären Völkerrecht solche Gewaltakte erfassen, die zwar **zielgerichtet aber unterschiedslos** gegen Kombattanten und Zivilisten verübt werden und den gebotenen Schutz der Zivilbevölkerung missachten. Nach anderer Auffassung sollen hingegen solche Gewaltakte gemeint sein, die „blind", also nicht zielgerichtet verübt werden.[395] Die Zielsetzung des § 4 Abs. 1 Satz 2 Nr. 3 AsylG, die spezifischen Gefahren für Zivilisten in bewaffneten Konflikten zu erfassen, spricht dafür, als willkürliche Gewalt nur solche anzusehen, die von den Konfliktparteien gezielt gegeneinander oder gezielt aber **unterschiedslos gegen Kombattanten und Zivilisten** begangen wird, ohne auf die gebotene Schonung der Zivilisten zu achten. Wenn „blinde Gewalt" alle Gewaltakte auch terroristischer Art umfassen soll, die ohne Rücksicht auf den Kreis der Opfer verübt werden, aber für einen bewaffneten Konflikt nicht spezifisch sind, erscheint die zweite Auffassung als zu weit. 368

Beispiel: Wird ein Sprengsatz von den afghanischen Taliban ferngesteuert gegen internationale Truppen gezündet, als deren Militärkonvoi vorbeifährt, handelt es sich um eine Kampfhandlung nach Guerillamanier und um gezielte Gewalt gegen Kombattanten. Verwenden sie jedoch eine selbstzündende Panzermine, die unter dem Gewicht jedes größeren Fahrzeugs explodiert, auch unter einem zivilen Lastwagen, handelt es sich um willkürliche Gewalt, da sie nicht zwischen Kombattanten und Zivilisten unterscheiden, sondern sie in dieselbe Gefahr bringen. „Blinde Gewalt" hingegen wäre nach der zweiten Auffassung sogar ein Selbstmordattentat ohne Bezug zum Konflikt – die Abgrenzung konfliktbezogener zu rein terroristischer Gewalt wäre damit nicht mehr zu leisten.

---

393 Nur Zivilpersonen stehen unter dem Schutz von Art. 15 Buchst. c RL 2011/95/EU. Für Kombattanten gilt nur das humanitäre Völkerrecht der genannten Zusatzprotokolle.

394 Vgl. BVerwG, U.v. 27.4.2010, Az. 10 C 4.09, BVerwGE 136, 360/375 Rn. 33. Werden sie zudem Zielscheibe gezielter Verfolgung, wie z.B. Lehrerinnen an Mädchenschulen in Afghanistan, wo die Taliban jede Schulbildung von Mädchen verhindern wollen, greift für sie evtl. sogar § 3 AsylG.

395 Eine Klärung durch den EuGH steht noch aus, vgl. BVerwG, U.v. 24.6.2008, BVerwGE 131, 198/215 f. Rn. 37 f.

369 Im Einzelfall schwierig ist auch die Einordnung von **krimineller Gewalt**, da sie im subsidiären Schutz nur berücksichtigt wird, wenn sie mit dem Konflikt zusammen hängt und von einer Konfliktpartei begangen wird:[396] Nutzen kriminelle Banden nur die allgemeine Anarchie, um Menschen im Konfliktgebiet zu berauben oder zu entführen, liegt rein kriminelle Gewalt vor. Sie gleichen gewöhnlichen Räubern und Erpressern, die sich lediglich die Schwäche des Staates zu Nutzen machen. Gehört es aber zur Taktik einer Guerilla, durch solche Überfälle erst die Finanzmittel für ihren Kampf gegen die Staatsmacht zu beschaffen, handelt es sich je nach ihrer Zielsetzung um konfliktspezifische Gewalt. Eine **Faustregel** könnte daher lauten: Werden Verbrechen **nur bei Gelegenheit** des bewaffneten Konflikts begangen, liegt **kriminelle Gewalt** vor; werden sie für oder wegen des Konflikts begangen, liegt konfliktbezogene Gewalt vor. Die genaue Abgrenzung ist in der Asylpraxis unverzichtbar, denn Opfer allgemeiner Gewalt können keinen subsidiären Schutz, sondern nur Abschiebungsschutz nach § 60 Abs. 7 Satz 1 AufenthG beanspruchen, wenn sie in eine existenzielle Gefahr gerieten.

370 Gleiches gilt für die **Folgen von allgemeiner Armut oder Naturkatastrophen**, die sich für die von bewaffneten Konflikten betroffene Zivilbevölkerung dadurch verschärfen, dass innerstaatliche oder internationale Hilfen nur erschwert umkämpfte Regionen erreichen können. Doch auch hier müssen die Folgen kausal den Handlungen der Konfliktparteien zurechenbar sein.[397]

Beispiel: Ereignet sich in Afghanistan wie am Jahresende 2015 ein Erdbeben, trifft das die Bevölkerung nahe des Epizentrums in ihrer Existenz. Die Folgen der Naturkatastrophe wie fehlende Lebensmittel, eingestürzte Häuser und vermisste Personen sind nicht den Konfliktparteien zurechenbar. Ihnen ist aber zurechenbar, wenn sie die Wege in die betroffene Region sperren (Brückensprengungen, Straßenverminungen, Angriffe auf Hilfskonvois), um staatliche und internationale Hilfsmaßnahmen nicht bis zu den Erdbebenopfern durchdringen zu lassen.

5. Die prozessuale Durchsetzung der Zuerkennung subsidiären Schutzes

371 Wie die Zuerkennung der Flüchtlingseigenschaft ist auch die **Zuerkennung subsidiären Schutzes** nach § 4 Abs. 1 AsylG und Art. 18 RL 2011/95/EU ein deklaratorischer **begünstigender Verwaltungsakt** nach § 35 Satz 1 VwVfG und kann ebenso im Weg der **Verpflichtungsklage** nach § 42 Abs. 1 2. Alt. VwGO gegenüber der Bundesrepublik Deutschland, vertreten durch das BAMF, erstritten werden (Rn. 386 ff.). **Entscheidungserheblicher Zeitpunkt** ist auch hier jener der letzten mündlichen Verhandlung bzw. schriftlichen Entscheidung des Tatsachengerichts nach § 77 Abs. 1 AsylG.[398]

396 Vgl. BVerwG, U.v. 24.6.2008, BVerwGE 131, 198/209 Rn. 24.
397 Vgl. BVerwG, U.v. 31.1.2013, Az. 10 C 15.12, BVerwGE 146, 12/22 f. Rn. 25.
398 Vgl. BVerwG, U.v. 31.1.2013, Az. 10 C 15.12, BVerwGE 146, 12/14 Rn. 10.

6. Die Rechtsfolgen der Zuerkennung subsidiären Schutzes

Der **subsidiär Schutzberechtigte** erhält nach § 25 Abs. 2 i.V.m. § 26 Abs. 1 Satz 3 AufenthG eine **Aufenthaltserlaubnis** für ein Jahr (Rn. 76); etwa im Bundesgebiet aufhältige **Familienangehörige** erhalten nach § 26 Abs. 5 AsylG einen gleichwertigen Schutz oder bei einem Aufenthalt auswärts nach § 29 Abs. 2 Satz 2 Nr. 1 AufenthG einen **erleichterten Familiennachzug** zur Herstellung der Familieneinheit. Dieser wurde für subsidiär Schutzberechtigte nach § 104 Abs. 13 AufenthG für die Dauer von bis zu zwei Jahren ausgesetzt.[399] Der subsidiär Schutzberechtigte hat nach § 44 Abs. 1 Satz 1 Nr. 1 Buchst. c AufenthG einen Anspruch auf Teilnahme an einem **Integrationskurs**, darf nach § 25 Abs. 1 Satz 4, Abs. 2 Satz 1 AufenthG arbeiten, erhält wie ein Asylberechtigter reguläre **Sozialleistungen** und ist ebenso wenig zum Wohnen in der Erstaufnahmeeinrichtung verpflichtet, allerdings unterliegt er ebenso einer **Wohnsitzregelung** (Rn. 333). 372

IV. Die Feststellung von Abschiebungsverboten nach § 60 Abs. 5 und Abs. 7 AufenthG

Die **vierte Prüfungsstufe eines Asylantrags** nach § 13 Abs. 1, § 31 Abs. 3 Satz 1 AsylG stellen die **Abschiebungsverbote** nach § 60 Abs. 5 und Abs. 7 AufenthG dar, die rechtliche Abschiebungshindernisse erfassen (Rn. 216). Sie vermitteln jedoch anders als Art. 16a Abs. 1 GG, § 3 oder § 4 AsylG keinen positiven Schutzanspruch, sondern **hindern lediglich vorläufig eine Aufenthaltsbeendigung.** Wegen dieses nochmals schwächeren Status sind sie gegenüber den ersten drei Prüfungsstufen **nachrangig.** 373

1. Der Schutz vor sonstigen Verletzungen der EMRK nach § 60 Abs. 5 AufenthG

Nach § 60 Abs. 5 AufenthG darf ein Ausländer nicht abgeschoben werden, soweit sich aus der Anwendung der im deutschen Recht im Rang eines Bundesgesetzes[400] geltenden EMRK – auch des bereits zum subsidiären Schutz geprüften Art. 3 EMRK – ergibt, dass die Abschiebung unzulässig ist. Allerdings erstreckt sich die Prüfbefugnis des BAMF nur auf zielstaatsbezogene Abschiebungsverbote und Abschiebungshindernisse.[401] Inlandsbezogene Abschiebungsverbote und Abschiebungshindernisse hingegen liegen in der Prüf- und Entscheidungskompetenz der Ausländerbehörden (Rn. 218). Damit sind für § 60 Abs. 5 AufenthG alle[402] **zielstaatsbezogenen Verbürgungen der EMRK** Prüfungsmaßstab. 374

Beispiel: Fürchtet ein Asylbewerber Folter im Fall seiner Rückführung in den Herkunftsstaat, ist vom BAMF ein zielstaatsbezogenes Abschiebungsverbot nach Art. 3 EMRK vor Erlass einer Ab-

399 BT-Drs. 18/7538, S. 1, 9, 20; dazu Daniel Thym, NVwZ 2016, 409/413 f.
400 Vgl. BVerfG, B.v. 14.10.2004, Az. 2 BvR 1481/04, BVerfGE 111, 307/317: Die EMRK ist wie andere Bundesgesetze von deutschen Gerichten im Rahmen methodisch vertretbarer Auslegung zu beachten.
401 Zu Art. 8 EMRK BVerwG, U.v. 7.12.2004, Az. 1 C 14.04, BVerwGE 122, 271/283 f.
402 Zur Rechtslage vor Einführung des § 4 AsylVfG BVerwG, U.v. 31.1.2013, Az. 10 C 15.12, BVerwGE 146, 12/27 Rn. 35.

schiebungsandrohung zu prüfen; fürchtet er hingegen die Trennung von seiner Familie im Bundesgebiet entgegen Art. 8 EMRK, ist ein inlandsbezogene Abschiebungsverbot durch die Ausländerbehörde vor Vollzug der Abschiebung zu prüfen.

2. Der Schutz vor sonstigen erheblichen Gefahren nach § 60 Abs. 7 AufenthG

375 Die letzte hier zu besprechende Schutznorm ist § 60 Abs. 7 Satz 1 AufenthG. Es handelt sich um eine nationale Norm ohne unionsrechtliches Vorbild zum **Schutz vor existenziellen Gefahren**, die durch eine Abschiebung in einen bestimmten Zielstaat ausgelöst würden.

376 Systematisch sieht § 60 Abs. 7 Satz 1 AufenthG ein Abschiebungsverbot für den Fall vor, dass für den Ausländer im Zielstaat eine erhebliche konkrete Gefahr für Leib, Leben oder Freiheit besteht. § 60 Abs. 7 Satz 5 AufenthG sperrt den Ausspruch eines Abschiebungsverbots aber für **Gefahren**, denen die Bevölkerung oder die Bevölkerungsgruppe, welcher der Ausländer angehört, **allgemein** ausgesetzt ist; solche sind bei Anordnungen nach § 60a Abs. 1 Satz 1 AufenthG zu berücksichtigen. Diese auf den ersten Blick seltsame Unterscheidung entspringt der in Art. 19 Abs. 4 und Art. 20 Abs. 3 GG verankerten Gewalten- und Aufgabenteilung zwischen Judikative und Exekutive: Politische Grundentscheidungen wie die Bewertung der Sicherheitslage in einem bestimmten Herkunftsland von Flüchtlingen trifft nicht die Gerichtsbarkeit, sondern die politische Staatsführung (Rn. 323). Sie kann einen generellen **Abschiebungsstopp** erlassen. Die Gerichte entscheiden hingegen nur den jeweiligen konkret-individuellen Einzelfall. Dem entsprechend können die Verwaltungsgerichte die Sperrwirkung des § 60 Abs. 7 Satz 5 AufenthG nur überwinden und **im Einzelfall ein Abschiebungsverbot** aussprechen, wenn sich für die Einzelperson auf Grund der Situation im Zielstaat aus Gründen, die in einer abstrakt generellen Leitentscheidung nicht berücksichtigt werden können, eine verfassungswidrige Lücke im Schutz auftut. Dazu muss sich entweder die generelle Gefahrenlage zu einer **Extremgefahr** gesteigert haben oder sonst eine **individuelle existenzielle Gefahr** bestehen:[403]

a) Die zur Extremgefahr gesteigerte generelle Gefahrenlage

377 Leidet ein Herkunftsland unter einer **generellen Gefahr** wie einer Naturkatastrophe mit Überschwemmungen und Hungersnot, ist es somit vorrangig Aufgabe der Bundesregierung und der Länderregierungen, nach § 60a Abs. 1 AufenthG einen generellen **Abschiebungsstopp** für abgelehnte Asylbewerber aus diesem Land zu erlassen. Diese Sperrwirkung darf nach Art. 1 Abs. 3 GG im Einzelfall nur zur Vermeidung einer verfassungswidrigen Schutzlücke durchbrochen werden. Die Grundrechtsbindung der öffentlichen Gewalt gebietet wegen der Menschenwürde, des Lebens und der Gesundheit des Betroffenen ausnahmsweise eine Schutzgewährung, wenn der Schutzsuchende sonst bei einer Rückkehr nicht bloß mit beachtlicher sondern mit

403 Vgl. BVerwG, U.v. 31.1.2013, Az. 10 C 15.12, BVerwGE 147, 12/28 Rn. 38; BVerwG, U.v. 13.6.2013, Az. 10 C 13.12, BVerwGE 147, 8/13 f. Rn. 13 ff.

hoher Wahrscheinlichkeit einer **extremen Gefahrenlage** ausgesetzt wäre.[404] Es genügt nicht, dass er wie jedermann im Herkunftsstaat gefährdet wäre, sondern er „gleichsam sehenden Auges dem sicheren Tod oder schwersten Verletzungen" ausgeliefert würde. Die Gefahr muss sich zwar nicht am Tag der Ankunft, aber „alsbald" nach der Rückkehr realisieren.[405]

Beispiel: Bei einer landesweiten klimabedingten Missernte liegt eine Extremgefahr vor, wenn der Betroffene bei seiner Rückführung mangels Lebensgrundlage dem baldigen sicheren Hungertod ausgeliefert würde.[406] Eine schlechte medizinische Versorgungslage ist hingegen nicht generell gefahrenerhöhend, sondern nur bei akut behandlungsbedürftigen lebensbedrohlichen (Vor-)Erkrankungen.[407]

Hinter dieser hart anmutenden Rechtsprechung steht der Grundgedanke, dass es in der Sache einen erheblichen Unterschied macht, ob ein Mensch **ohne jeden Ausweg** in eine Situation gebracht wird, in der er so gut wie keine Überlebensmöglichkeit hat, oder ob er bei allen – auch existenzbedrohenden – Schwierigkeiten nicht chancenlos ist, sondern **auf sein Schicksal noch Einfluss nehmen kann.**[408] Dies ist insoweit mit dem Menschenbild des Grundgesetzes vereinbar, als dieses vom selbst verantwortlichen Menschen ausgeht, der sein Schicksal selbst in die Hand nimmt und zwar Objekt der Verhältnisse sein mag, mit denen er sich konfrontiert sieht, aber nicht Opfer staatlichen Handelns werden soll.[409] Insofern kann von ihm erwartet werden, nach seinen Möglichkeiten etwaige Gefahren auch abzuwenden, z.B. angebotene Hilfe zur Selbsthilfe und – auch auf niedrigerem, aber die Lebensgefahr ausschließendem Niveau – verfügbare medizinische und therapeutische Angebote anzunehmen. Erst wenn er ohne **jede eigene Einflussmöglichkeit** in eine **ausweglose Situation** gebracht wird, wird ihm die Subjektseigenschaft als Mensch und damit seine **Menschenwürde** abgesprochen.[410] 378

b) Die zur Extremgefahr gesteigerte individuelle Gefahr

Demgegenüber sind die Anforderungen an eine **konkrete individuelle extreme Gefahr** für Leib, Leben oder Freiheit im Sinne des § 60 Abs. 7 Satz 1 AufenthG etwas niedriger anzusetzen.[411] Eine solche Gefahr kann z. B. bei einer **lebensbedrohlichen Krankheit** des Schutzsuchenden vorliegen, die sich alsbald nach seiner Rückführung erheblich verschlimmern und zu seinem Tod würde.[412] Die bloß bessere Behandelbarkeit im Bundesgebiet begründet eine solche Extremgefahr aber nicht: Nach § 60 379

404 Vgl. BVerwG, U.v. 24.6.2008, Az. 10 C 43.07, BVerwGE 131, 198/212 Rn. 32; BVerwG, U.v. 31.1.2013, Az. 10 C 15.12, BVerwGE 146, 12/28 Rn. 38.
405 Vgl. BVerwG, U.v. 31.1.2013, Az. 10 C 15.12, BVerwGE 146, 12/28 f. Rn. 38.
406 Vgl. BVerwG, U.v. 29.6.2010, Az. 10 C 10.09, NVwZ 2011, 48/50 Rn. 15.
407 Vgl. BVerwG, U.v. 31.1.2013, Az. 10 C 15.12, BVerwGE 146, 12/29 Rn. 39.
408 Vgl. BVerwG, U.v. 31.1.2013, Az. 10 C 15.12, BVerwGE 146, 12/30 Rn. 40 a.E.
409 Vgl. BVerfG, U.v. 15.12.1970, Az. 2 BvF 1/69 u.a., BVerfGE 30, 1/25 f.
410 Vgl. Walter Schmitt Glaeser, Der freiheitliche Staat des Grundgesetzes, S. 40 ff.
411 Differenzierend BVerwG, B.v. 24.5.2006, Az. 1 B 118.05, NVwZ 2007, 345/346.
412 Vgl. BVerwG, B.v. 24.5.2006, Az. 1 B 118.05, NVwZ 2007, 345/346 a. E.; BVerwG, U.v. 17.10.2006, Az. 1 C 18.05, BVerwGE 127, 33 ff.

Abs. 7 Satz 3 und 4 AufenthG[413] ist nicht erforderlich, dass die medizinische Versorgung im Zielstaat der Versorgung in der Bundesrepublik gleichwertig ist oder in allen Teilen des Zielstaats gewährleistet ist.

Beispiel: Ein Asylbewerber ist mit AIDS infiziert. Im Bundesgebiet wird er behandelt, so dass die Symptome noch nicht ausgebrochen sind. In seiner Heimat wäre die Behandlung aber nicht sichergestellt und würde die Krankheit in Kürze voll ausbrechen. Es kommt nicht darauf an, ob die Krankheit mangels eines entwickelten Gesundheitssystems objektiv nicht behandelbar ist oder ob der Einzelne subjektiv kein Geld für die nicht kostenlose Behandlung hat, denn das Ergebnis bleibt dasselbe: Die Krankheit würde zum baldigen Tod führen. Das wäre mit der staatlichen Schutzpflicht Deutschlands bei einer Abschiebung nicht vereinbar.

380 § 60 Abs. 7 Satz 1 AufenthG erfasst über Krankheiten hinaus auch andere Gefahren. Je nach Zielland kann die **besondere Verletzlichkeit** allein stehender Frauen, kleiner Kinder oder nicht mehr arbeitsfähiger Senioren vor dem Hintergrund der jeweiligen Gesellschaftsstruktur und der zu erwartenden oder verweigerten solidarischen Hilfe besondere Gefahren heraufbeschwören, würden sie dort durch eine Abschiebung schutzlos. Im Asylverfahren ist dazu das Vorbringen des Schutzsuchenden mit den vorhandenen Erkenntnismitteln sorgfältig abzugleichen und zu berücksichtigen, dass § 60 Abs. 7 Satz 1 AufenthG **keine allgemeine Auffangnorm** für Abschiebungsschutz darstellt.

3. Die prozessuale Durchsetzung der Feststellung von Abschiebungsverboten

381 Auch die Feststellung von Abschiebungsverboten erfolgt durch einen **konstitutiven begünstigenden Verwaltungsakt** nach § 35 Satz 1 VwVfG und kann ebenso im Weg der **Verpflichtungsklage** nach § 42 Abs. 1 2. Alt. VwGO gegenüber der Bundesrepublik Deutschland, vertreten durch das BAMF, erstritten werden. Ein Abschiebungsschutz kommt aber nicht in Betracht, wenn der Schutzsuchende schon aus anderen Gründen **gleichwertigen Schutz** erlangt hat, z.B. wegen seiner Minderjährigkeit nach § 58 Abs. 1a AufenthG (Rn. 210).[414]

4. Die Rechtsfolgen der Feststellung von Abschiebungsverboten

382 Der unter ein **Abschiebungsverbot** und damit unter ein rechtliches Abschiebungshindernis fallende Ausländer erhält **im Regelfall** – d.h. soweit kein Ausnahmefall vorliegt (Rn. 77)[415] – nach § 25 Abs. 3 Satz 1 i.V.m. § 26 Abs. 1 Satz 4 AufenthG eine **Aufenthaltserlaubnis** für ein Jahr.[416] Um erwerbstätig sein zu können, benötigt er nach § 18 Abs. 2 Satz 1 AufenthG einer Erlaubnis der Ausländerbehörde, aber keiner Zustimmung der Bundesagentur für Arbeit nach § 31 BeschV; unter den nä-

413 BT-Drs. 18/7538, S. 8, 18. Gerade die häufige Geltendmachung psychischer Erkrankungen wird als misslich empfunden; Posttraumatische Belastungsstörungen werden nicht als regelmäßiges Abschiebungshindernis eingestuft.

414 Vgl. BVerwG, U.v. 13.6.2013, Az. 10 C 13.12, BVerwGE 147, 8/13 ff. Rn. 16 ff.

415 Vgl. BVerwG, U.v. 22.11.2005, Az. 1 C 18.04, BVerwGE 124, 326/329 f.; BVerwG, U.v. 27.6.2006, Az. 1 C 14.05, BVerwGE 126, 192/195 Rn. 12.

416 Vgl. BVerwG, U.v. 22.11.2005, Az. 1 C 18.04, BVerwGE 124, 326/331.

her zu prüfenden Voraussetzungen des § 25 Abs. 3 Satz 2 und Satz 3 AufenthG kann sie ihm aber verweigert werden, wenn ihm die Ausreise in einen anderen Staat möglich und zumutbar ist oder er erheblich gegen Mitwirkungspflichten verstößt.

Ein nicht unter ein Abschiebungsverbot sondern nur unter ein **anderes rechtliches oder tatsächliches Abschiebungshindernis** fallender Ausländer erhält nach § 60a Abs. 2 Satz 1 AufenthG zunächst eine **Duldung** (Rn. 221 f.). Eine Aufenthaltserlaubnis wird im Ermessensweg nur unter den Voraussetzungen des § 25 Abs. 5 AufenthG erteilt, wenn sowohl die Abschiebung als auch die freiwillige Ausreise unmöglich sind, das Hindernis nicht selbst verschuldet ist und mit seinem Wegfall nicht absehbar gerechnet werden kann (Rn. 82). Im Bundesgebiet als Asylbewerber aufhältige Familienangehörige eines Geduldeten erhalten im Umkehrschluss aus § 26 AsylG keinen gleichwertigen Schutz, es sei denn, sie erfüllen in ihrer Person eigene Duldungsgründe, z.B. die Eltern eines geduldeten Minderjährigen nach Art. 6 Abs. 1 GG und Art. 8 Abs. 1 EMRK zur Wahrung der Familieneinheit im Bundesgebiet. Ein **Ehegatten- und Familiennachzug** ist mangels erlaubten Aufenthalts des nur geduldeten Stammberechtigten ausgeschlossen (Rn. 93). 383

Der Geduldete hat nach § 44 Abs. 4 Satz 2 Nr. 2 und Nr. 3 AufenthG **keinen Anspruch auf** Teilnahme an einem **Integrationskurs**, aber kann einen freien Platz wahrnehmen und sogar zur Teilnahme verpflichtet werden. Hinzu kommen Fördermöglichkeiten nach § 132 Abs. 2 SGB III für länger geduldete Ausländer, wenn deren Rückführung nicht unmittelbar bevorsteht.[417] Sie sollen frühzeitig durch Bildungs- und Beschäftigungsangebote sowie soziale Hilfen integriert werden. Ein Geduldeter erhält nach § 1 Abs. 1 Nr. 4 AsylbLG nur gegenüber normalen Sozialleistungen **reduzierte Leistungen** wie ein Asylbewerber (vgl. Übersicht nach Rn. 463). Die Schlechterstellung gegenüber Asylberechtigten oder anerkannten Flüchtlingen zeigt das Bestreben des Gesetzgebers, nach § 60a Abs. 3 AufenthG ausreisepflichtige Geduldete zur Rückkehr in ihren Herkunftsstaat oder zumindest zur Ausreise in einen Drittstaat zu bewegen. An ihrem Aufenthalt und an ihrer Integration im Bundesgebiet besteht kein vorrangiges öffentliches Interesse; die Kosten ihrer irregulären Zuwanderung sollen für die aufnehmende Gesellschaft finanziell und zeitlich möglichst gering gehalten werden.[418] 384

V. Die ablehnende Asylentscheidung und der Rechtsschutz hiergegen

Über den soeben dargestellten Asylantrag nach § 13 Abs. 1 AsylG entscheidet das BAMF nach § 31 Abs. 1 Satz 1 und Satz 2 AsylG durch schriftlichen, begründeten und mit Rechtsbehelfsbelehrung versehenen **Bescheid**. Dieser umfasst u.a. die vier Prüfungspunkte des Asylantrags i.w.S. nach Art. 16a Abs. 1 GG, §§ 3 ff. AsylG, § 4 AsylG sowie § 60 Abs. 5 und Abs. 7 AufenthG. 385

417 Näher zur Konzeption des Integrationsgesetzes BT-Drs. 18/8615 S. 35 f.
418 Vgl. zur Abgrenzung zur regulären Migration Winfried Kluth, DVBl 2016, 1081/1082.

1. Die vollständige Antragsablehnung

386 Wird dem **Asylantrag** i.w.S. gar nicht stattgegeben, werden die Anträge im Bescheid **abgelehnt**. Nach § 38 Abs. 1 AsylG wird der Ausländer **zur Ausreise** binnen einer Ausreisefrist von 30 Tagen **aufgefordert** und ihm wird nach § 34 Abs. 2 Satz 1 AsylG die **Abschiebung angedroht**. Die Tenorierung eines solchen regulären Ablehnungsbescheids kann lauten:

„1. Der Asylantrag wird abgelehnt.
2. Der Antrag auf Zuerkennung der Flüchtlingseigenschaft wird abgelehnt.
3. Der Antrag auf Zuerkennung von subsidiärem Schutz wird abgelehnt.
4. Es liegen keine Abschiebungsverbote hinsichtlich [Herkunftsstaat] vor.
5. Herr/Frau [Name] wird zur Ausreise binnen 30 Tagen, Im Falle der Klageerhebung binnen 30 Tagen nach unanfechtbarem Abschluss des Asylverfahrens,[419] aufgefordert.
6. Für den Fall, dass Herr/Frau [Name] nicht innerhalb der Ausreisefrist in den Herkunftsstaat oder einen anderen Staat ausreist, in den er/sie einreisen darf, wird ihm/ihr die Abschiebung nach [Herkunftsstaat] oder einen sonstigen zur Aufnahme bereiten Staat angedroht.“

387 Dieser Bescheid enthält in Ziffern 1 bis 4 die Versagung einer begehrten Begünstigung und in Ziffern 5 und 6 eine Belastung.[420] Eine Klage hiergegen beinhaltet also **sechs eigenständige Streitgegenstände**, deren erste vier durch eine **Versagungsgegenklage** und die letzten beiden durch eine **Anfechtungsklage** angegangen werden können und im Verhältnis einer **objektiven Klagehäufung** nach § 44 VwGO zueinander stehen. Hinzu kommen die Befristung des gesetzlichen und der Erlass eines gewillkürten Einreise- und Aufenthaltsverbots (Rn. 231 ff.). Im Folgenden wird eine vollständige Klageerhebung unterstellt:

a) Die Zulässigkeit der kombinierten Verpflichtungs- und Anfechtungsklage

388 Der **Verwaltungsrechtsweg** ist nach § 40 Abs. 1 VwGO eröffnet, da die Klage eine öffentlich-rechtliche Streitigkeit darstellt, weil die streitentscheidenden Normen nach § 13 Abs. 1 AsylG i.V.m. § 31, § 34 Abs. 2 Satz 1, § 38 Abs. 1 AsylG das BAMF als Träger hoheitlicher Gewalt berechtigen und verpflichten.

389 Die **örtliche Zuständigkeit** des Verwaltungsgerichts folgt aus § 52 Nr. 2 Satz 3 VwGO, denn maßgeblich ist der Sitz der Aufnahmeeinrichtung, welcher der Asylbewerber nach § 47 Abs. 1 und Abs. 1a AsylG (Erstaufnahmeeinrichtung) oder nach § 50 Abs. 4 bis Abs. 6, § 53 Abs. 1 AsylG (Gemeinschaftseinrichtung) als Wohnsitz **zugewiesen** ist. Das Verwaltungsgericht ist ebenfalls instanziell zuständig.

390 Die Klage auf Asylanerkennung oder sonst einen der Gegenstände des Asylantrags nach § 13 Abs. 1 und Abs. 2 AsylG ist als **kombinierte Verpflichtungs- und Anfechtungsklage** nach § 42 Abs. 1 Alt. 1 und Alt. 2 VwGO statthaft, weil die Erteilung eines begünstigenden versagten Verwaltungsakts unter Aufhebung der entgegenstehen-

419 Dies ist der Eintritt der Bestandskraft des Bescheids.
420 Eine Kostenentscheidung ist entbehrlich, weil keine Kosten für das Asylverfahren erhoben werden. Asylbewerber gelten als mittellos.

den Entscheidung begehrt wird. Die nach § 42 Abs. 2 VwGO erforderliche **Klagebefugnis** ergibt sich aus dem möglichen materiellen Anspruch sowie gegen die belastenden Entscheidungen aus der Adressatentheorie.

Ein **Vorverfahren** entfällt für alle Asylstreitigkeiten nach § 11 AsylG i.V.m. § 68 Abs. 1 Satz 2 1. Alt. VwGO. Die **Klagefrist** beträgt nach § 74 Abs. 1 Halbs. 1 AsylG als lex specialis zu § 74 VwGO nur **zwei Wochen** ab Zustellung des Bescheids. Ist die Rechtsbehelfsbelehrung zum Bescheid nicht oder nicht richtig erteilt, gilt nach § 58 Abs. 2 VwGO die Jahresfrist. Für die **Zustellung** sieht § 10 AsylG Sonderregelungen vor, die eine gesteigerte Sorgfaltspflicht des Asylbewerbers begründen: Zieht er weg und teilt seine neue Adresse nicht dem BAMF oder dem Verwaltungsgericht mit, muss er Zustellungen unter der bisherigen Adresse nach § 10 Abs. 1 und Abs. 2 AsylG gegen sich gelten lassen. Ebenso werden Zustellungen durch die Gemeinschaftseinrichtung, in der zu wohnen er verpflichtet ist, dadurch bewirkt, dass Post dorthin zentral angeliefert und zu bestimmten Postausgabezeiten auch ausgegeben wird – ist er nicht anwesend und holt die Post auch nicht ab, gilt eine Zustellung dennoch nach § 10 Abs. 4 Satz 4 AsylG spätestens am dritten Tag nach der Übergabe an die Aufnahmeeinrichtung als bewirkt. 391

b) Die Begründetheit der kombinierten Verpflichtungs- und Anfechtungsklage

Für die Begründetheit muss sich die Klage nach § 78 Abs. 1 VwGO gegen den richtigen **Klagegegner** richten, d.h. wegen der Tätigkeit des BAMF als Bundesbehörde gegen die Bundesrepublik. 392

Die Klage ist nach § 113 Abs. 5 VwGO **begründet**, wenn dem Ausländer der behauptete **Anspruch** auf Asylanerkennung etc. zusteht und deswegen auch die belastenden Entscheidungen nach § 113 Abs. 1 Satz 1 VwGO rechtswidrig sind und den Kläger in seinen Rechten verletzten. **Entscheidungserheblicher Zeitpunkt** ist nach § 77 Abs. 1 Satz 1 AsylG für alle asylrechtlichen Streitigkeiten jener der letzten mündlichen Verhandlung sowohl für seine Verpflichtungs- wie auch für seine Anfechtungsklage. Veränderungen der Sach- und Rechtslage sind bis dahin zu berücksichtigen wie unverschuldet erst jetzt vorgebrachte neue Tatsachen oder Beweismittel nach § 74 Abs. 2 Satz 4 AsylG. 393

Beispiel: Hat das BAMF den Antrag auf Zuerkennung der Flüchtlingseigenschaft wegen Unglaubwürdigkeit abgelehnt, erhält der Asylbewerber aber erst nach Klageerhebung eine Abschrift eines Haftbefehls seines Herkunftsstaats, der seinen Sachvortrag bestätigt, kann er diesen noch vorlegen und muss ihn das Verwaltungsgericht prüfen und bewerten.

Im Prozess hat das Verwaltungsgericht nach § 86 Abs. 1 Satz 1 VwGO den Sachverhalt soweit aufzuklären, dass es die streitgegenständlichen Rechtsfragen beantworten und ein Urteil erlassen kann. Auch hier stehen die gerichtliche **Amtsermittlungspflicht** und die im Asylverfahren gesteigerte **Mitwirkungspflicht** des Asylbewerbers in einem Ergänzungsverhältnis. In seiner Sphäre liegende entscheidungserhebliche Umstände hat er vorzutragen, in seinem Besitz befindliche entscheidungserhebliche 394

Urkunden hat er vorzulegen. Für das BAMF manifestiert sich dies in der umfassenden **Aktenvorlagepflicht** nach § 99 VwGO, so dass es die gesamten Asylakten und etwa beigezogene weitere Akten (z.B. Akten aus früheren Asylverfahren) dem Verwaltungsgericht vorzulegen hat, das diese umfassend prüft und soweit erforderlich zur Entscheidungsfindung heranzieht. Für die Beweiserhebung und Beweiswürdigung gilt das Gesagte entsprechend (Rn. 128).

395 Von besonderer Bedeutung für das Asylgerichtsverfahren ist die **richterliche Überzeugungsbildung** nach § 108 Abs. 1 Satz 1 VwGO, weil sich die Beurteilung eines Asylbegehrens wesentlich auf das Vorbringen des Asylbewerbers und den persönlichen Eindruck seiner **Glaubwürdigkeit** stützen muss. Das Verwaltungsgericht kann sich für die Einschätzung der politischen und sozialen Situation im Herkunftsstaat des Asylbewerbers zwar auf **amtliche Auskünfte** des Auswärtigen Amts (turnusgemäß aktualisierte Lageberichte zu einzelnen Ländern, einzelfallbezogene Auskünfte) sowie auf Stellungnahmen und Gutachten von Organisationen wie Amnesty International, UNHCR usw. stützen. Aber es kann selbst keine Ermittlungen im Herkunftsstaat unternehmen, sondern allenfalls über das Auswärtige Amt und einen von diesem beauftragten **Vertrauensanwalt** vor Ort einzelne Punkte aufklären oder Recherchen in Archiven durchführen (z.B. Auskünfte aus Geburtsregistern), ggf. auch vorgelegte Urkunden auf ihre Echtheit überprüfen lassen. Doch die Biographie des Asylbewerbers lässt sich von Deutschland aus nur begrenzt aufklären.[421] In vielen Fällen kommt es entscheidend auf seine Angaben in der mündlichen Verhandlung, ihre Plausibilität und Glaubwürdigkeit an.

Beispiel: Behauptet ein Muslim, sich wegen der Radikalität ihn verfolgender anderer Muslime vom Islam gelöst zu haben und in Deutschland zum Christentum konvertiert zu sein, wozu er eine von einer deutschen Gemeinde ausgestellte Taufbescheinigung vorlegt, genügt dies für den Nachweis seiner drohenden Verfolgung aus religiösen Gründen nicht. Der bloß formale Taufakt reicht regelmäßig nicht, dem Verwaltungsgericht seine religiöse Zwangslage im Herkunftsstaat zur vollen gerichtlichen Überzeugung nachzuweisen. Auch die Empfehlung des örtlichen Geistlichen ersetzt nicht die gerichtliche Einschätzung der Ernsthaftigkeit des Religionswechsels auf Grund persönlicher Schilderung und biographischer Motive des Ausländers.[422]

c) Das Kostenrisiko der kombinierten Verpflichtungs- und Anfechtungsklage

396 Die nach § 154 Abs. 1 VwGO dem unterliegenden Beteiligten zur Last fallenden Kosten bestehen **in Asylstreitigkeiten nur** aus **außergerichtlichen Kosten**. Nach § 83b AsylG werden **keine Gerichtskosten** erhoben und wird daher auch **kein Streitwert** festgesetzt. Vor den Verwaltungsgerichten besteht auch in Asylstreitigkeiten **kein Anwaltszwang** (§ 67 Abs. 1 VwGO), so dass Asylbewerber ihr Gerichtsverfahren in ers-

421 Das gilt auch für seinen Herkunftsstaat, so dass der Asylbewerber bei fehlenden Angaben und Unterlagen trotz seiner Mitwirkungsverweigerung zumindest persönlich zu hören und erst dann ein Antrag auf subsidiären Schutz und auf Feststellung von Abschiebungshindernissen ggf. abzulehnen ist, vgl. BVerwG, U.v. 13.2.2014, Az. 10 C 6.13, NVwZ-RR 2014, 487/489 f. Rn. 18 ff.

422 Vgl. BayVGH, B.v. 9.4.2015, Az. 14 ZB 14.30444, NVwZ-RR 2015, 677 Rn. 5; BVerwG, B.v. 25.8.2015, Az. 1 B 40/15, NVwZ 2015, 1678 f. Rn. 9 ff.; dazu Uwe Berlit, NVwZ-Extra 12/2015, 1/4 f.

ter Instanz selbst führen können. Bedienen sie sich eines Rechtsanwalts, berechnen sich dessen Gebühren nach § 2 i.V.m. § 30 Abs. 1 Satz 1 RVG nach dem **Gegenstandswert** von 5.000 Euro pauschalierend für alle Asylstreitigkeiten, grundsätzlich auch für eingeschränkte Klagen (z.B. nur auf Feststellung von Abschiebungshindernissen), um die Handhabung zu erleichtern.[423] Eine Herabsetzung des Gegenstandswerts kommt allerdings nach § 30 Abs. 2 RVG für Klagen in Betracht, die – wie Untätigkeits- im Vergleich zu Verpflichtungsklagen – keine Argumentation zur Sache sondern lediglich die Rüge einer verzögerten Sachentscheidung durch das BAMF zum Gegenstand haben. Für die detaillierte Gebührenberechnung wie auch für die Prozesskostenhilfe gilt das Gesagte (Rn. 129 ff.) entsprechend.

d) Der Klageantrag der kombinierten Verpflichtungs- und Anfechtungsklage

> „I. Die Bundesrepublik Deutschland, vertreten durch das Bundesamt für Migration und Flüchtlinge, wird verpflichtet,
> 1. den Kläger als Asylberechtigten anzuerkennen,
> 2. hilfsweise dem Kläger die Flüchtlingseigenschaft zuzuerkennen,
> 3. hilfsweise dem Kläger subsidiären Schutz zuzuerkennen,
> 4. hilfsweise für den Kläger Abschiebungsverbote hinsichtlich [Herkunftsstaat] festzustellen.
> II. Der Bescheid des Bundesamts [Aktenzeichen] vom [Datum] wird aufgehoben, soweit er der o.g. Verpflichtung entgegensteht."

Ein Antrag zur Kostenentscheidung ist entbehrlich, da das Verwaltungsgericht auch 397
in Asylverfahren von Amts wegen nach § 161 VwGO eine **Kostengrundentscheidung** trifft.

e) Das Rechtsmittel und der Eilrechtsschutz

Gegen ein verwaltungsgerichtliches Urteil ist das Rechtsmittel des **Antrags auf Zu-** 398
lassung der Berufung nach § 78 Abs. 2 und Abs. 3 AsylG als lex specialis zu §§ 124 ff. VwGO statthaft (Rn. 518 f.). Mit der Ablehnung des Zulassungsantrags wird das erstinstanzliche Urteil nach § 78 Abs. 5 Satz 2 AsylG rechtskräftig und der ablehnende Bescheid des BAMF bestandskräftig. Lässt das Oberverwaltungsgericht bzw. der Verwaltungsgerichtshof die Berufung zu, findet ein reguläres Berufungsverfahren statt. Gegen ein darin ergangenes Berufungsurteil ist das Rechtsmittel (des Antrags auf Zulassung) der **Revision** nach §§ 132 ff. VwGO statthaft. Auf diese Weise ist nicht nur der von Art. 19 Abs. 4 GG garantierte Rechtsschutz durch den Richter (gegen eine behördliche Entscheidung des BAMF) sondern auch der Rechtsschutz vor dem Richter (durch das Rechtsmittelgericht) gewährleistet.

Eines Eilverfahrens gegen die reguläre Ablehnung des Asylantrags bedarf es nicht, 399
weil die Klage hiergegen nach § 38 Abs. 1 i.V.m. § 75 Abs. 1 AsylG hinsichtlich der belastenden Entscheidungen (Ausreiseaufforderung, Abschiebungsandrohung) **auf-**

423 Vgl. BT-Drs. 17/11471 S. 268 f. m.w.N.

schiebende Wirkung im Sinne von § 80 Abs. 1 Satz 1 VwGO hat und hinsichtlich der Versagung für einen Antrag nach § 123 VwGO kein Rechtsschutzbedürfnis besteht.

2. Die Ablehnung als offensichtlich unzulässig oder als offensichtlich unbegründet

400 Eine Sonderform der Ablehnung des Asylantrags i.w.S. ist die **Ablehnung als offensichtlich unzulässig** oder als **offensichtlich unbegründet**. Sie betrifft besonders aussichtslose Asylanträge, in denen die Zuständigkeit der Bundesrepublik für das Asylverfahren offensichtlich nicht besteht oder der Asylbewerber bereits anderweitig ein gesichertes Bleiberecht[424] und damit kein Bescheidungsinteresse mehr hat[425] oder die insbesondere aus asylfremden Motiven gestellt werden oder in denen der Asylbewerber aus einem sicheren Herkunftsstaat stammt oder durch Manipulation ein ihm nicht zustehendes Asylrecht anstrebt (§ 29, § 29a Abs. 1, § 30 AsylG).[426] In diesen Fällen überwiegt regelmäßig das öffentliche Interesse an einer beschleunigten Rückführung des Asylbewerbers sein Interesse am weiteren Verbleib im Bundesgebiet bis zum Eintritt der Bestandskraft seiner Antragsablehnung.[427] Sein verfahrensabhängiges Aufenthaltsrecht wird also gegenüber dem regulären Asylverfahren reduziert, um den **offensichtlichen Missbrauch** zeitnah zu beenden.[428] Zwecks Verfahrensbeschleunigung sind daher die Ausreise- und die Rechtsbehelfsfristen kürzer sowie die Rechtsmittel begrenzt. Auf nach § 29 AsylG unzulässige Asylanträge wird im Zusammenhang mit dem Dublin-III-System gesondert eingegangen (Rn. 469), so dass hier nur die Antragsablehnung als **offensichtlich unbegründet** erläutert wird:

401 Im Bescheid über eine **Antragsablehnung als offensichtlich unbegründet** müssen deren Voraussetzungen nach § 30 Abs. 1 AsylG sowohl für den Asylantrag i.e.S. als auch für den Antrag auf Flüchtlingsschutz und für subsidiären Schutz vorliegen, so dass nur die übrigen Anträge aus dem Asylantrag i.w.S. als (einfach) unbegründet abgelehnt werden.[429] In diesem Fall wird der Ausländer nach § 36 Abs. 1 AsylG zur

---

424 Selbst wenn mangels seiner Mitwirkung offen ist, ob der Asylbewerber woanders als Flüchtling anerkannt ist, muss das BAMF über seinen Antrag entscheiden, BVerwG, U.v. 13.2.2014, Az. 10 C 6.13, NVwZ-RR 2014, 487 ff.

425 So bei der Zuerkennung der Flüchtlingseigenschaft in einem anderen Staat BVerwG, U.v. 13.2.2014, Az. 10 C 6.13, NVwZ-RR 2014, 487/489 Rn. 16; BVerwG, U.v. 17.6.2014, Az. 10 C 7.13, BVerwGE 150, 29/40 ff. Rn. 28 ff.

426 In § 29 AsylG sind zur Beseitigung einer durch divergierende Rechtsprechung entstandenen Unsicherheit betreffend Fälle anderweitiger Schutzgewährung nun alle Fälle unzulässiger Asylanträge zusammengefasst, insbesondere wenn ein anderer Staat für das Schutzgesuch zuständig ist oder gar bereits Schutz gewährt hat, vgl. BT-Drs. 18/8615 S. 51.

427 Nicht nur objektiv offensichtliche missbräuchliche Anträge können auch noch längere Zeit nach der Anhörung entsprechend abgelehnt werden; auch nachvollziehbar protokollierte Einschätzungen des Asylbewerbers durch den Anhörenden, so sie hinreichend protokolliert sind, tragen eine spätere Ablehnung, selbst wenn Anhörender und Entscheider personenverschieden sind, vgl. Uwe Berlit, NVwZ-Extra 4/2017, 1/8.

428 Vgl. BVerfG, B.v. 2.5.1984, Az. 2 BvR 1413/83, BVerfGE 67, 43/56; BVerfG, U.v. 14.5.1996, Az. 2 BvR 1516/93, BVerfGE 94, 166/190.

429 § 30 Abs. 1 AsylG setzt neuerdings voraus, dass auch die Voraussetzungen für subsidiären Schutz offensichtlich nicht vorliegen, denn er spricht nunmehr die Voraussetzungen für eine Anerkennung als Asylberechtigter und für internationalen Schutz (Flüchtlingseigenschaft und subsidiärer Schutz) an, vgl. Art. 6 Nr. 9 des Integrationsgesetzes vom 31.7.2016, BGBl 2016 II, 1939/1947.

Ausreise binnen einer Ausreisefrist von einer Woche aufgefordert und ihm nach § 34 Abs. 2 Satz 1 AsylG die Abschiebung angedroht (zum Einreise- und Aufenthaltsverbot Rn. 236):

> „1. Der Asylantrag wird als offensichtlich unbegründet abgelehnt.
> 2. Der Antrag auf Zuerkennung der Flüchtlingseigenschaft wird als offensichtlich unbegründet abgelehnt.
> 3. Der Antrag auf Zuerkennung von subsidiärem Schutz wird als offensichtlich unbegründet abgelehnt.
> 4. Es liegen keine Abschiebungsverbote hinsichtlich [Herkunftsstaat] vor.
> 5. Herr/Frau [Name] wird zur Ausreise binnen einer Woche aufgefordert.
> 6. Für den Fall, Herr/Frau [Name] nicht innerhalb der Ausreisefrist in den Herkunftsstaat oder einen anderen Staat ausreist, in den er/sie einreisen darf, wird ihm/ihr die Abschiebung nach [Herkunftsstaat] oder einen sonstigen zur Aufnahme bereiten Staat angedroht."

Dieser Bescheid enthält in Ziffern 1 bis 4 die Versagung einer begehrten Begünstigung und in Ziffern 5 und 6 eine Belastung, so dass die ersten vier durch eine **Versagungsgegenklage** und die letzten beiden durch eine Anfechtungsklage angegangen werden können (Rn. 390). Allerdings ergeben sich **Besonderheiten** aus der Antragsablehnung als **offensichtlich unbegründet:** 402

Für die Zulässigkeit dieser kombinierten Verpflichtungs- und Anfechtungsklage ist auf die nochmals **verkürzte Klagefrist** nach § 74 Abs. 1 Halbs. 2 i.V.m. § 36 Abs. 3 Satz 1 AsylG von **einer Woche** hinzuweisen. 403

In der Begründetheit obliegt dem Verwaltungsgericht grundsätzlich dieselbe Sachaufklärungspflicht wie im regulären Asylklageverfahren. Allerdings hat es **zusätzlich** die Rechtmäßigkeit der Antragsablehnung als **offensichtlich unbegründet** am Maßstab des § 30 AsylG zu überprüfen. Die Prüfung ist unabhängig von der Voreinschätzung durch das BAMF, so dass das Verwaltungsgericht der Klage (teilweise) stattgeben, sie als (einfach) unbegründet oder ebenfalls als offensichtlich unbegründet abweisen kann. Letzteres führt zum **Rechtsmittelausschluss** nach § 78 Abs. 1 AsylG, selbst wenn nur die Klage auf Asylanerkennung i.e.S. als offensichtlich unbegründet abgewiesen wird. 404

Von gesteigerter Bedeutung ist der **Eilrechtsschutz** neben der Klage, um eine **Abschiebung** des Ausländers noch vor einer Entscheidung des Verwaltungsgerichts über die Klage zu verhindern. Die Klage gegen eine Antragsablehnung als offensichtlich unbegründet hat nach § 36 Abs. 3 i.V.m. § 75 Abs. 1 AsylG und § 80 Abs. 2 Satz 1 Nr. 3 VwGO hinsichtlich der belastenden Entscheidungen (Ausreiseaufforderung, Abschiebungsandrohung, Einreiseverbot) **keine aufschiebende Wirkung**, d.h. die Ausländerbehörde darf den Ausländer unverzüglich abschieben, es sei denn, der **Antrag** ist rechtzeitig in der Wochenfrist gestellt worden und sperrt die Abschiebung nach § 36 Abs. 3 Satz 1 und Satz 8 AsylG, wovon allerdings die Vollziehbarkeit der Abschiebungsandrohung nach § 36 Abs. 3 Satz 11 AsylG unberührt bleibt. 405

406 Der Eilantrag lautet also:

> „Die aufschiebende Wirkung der Klage vom [Datum, Az.] gegen Ziffer 6 des Bescheids des Bundesamts vom [Datum] wird angeordnet.“[430]

407 Im Rahmen seiner Prüfung nach § 80 Abs. 5 VwGO ist die **Prüfungskompetenz des Verwaltungsgerichts** nach § 36 Abs. 4 AsylG darauf beschränkt, **ob ernstliche Zweifel an der Rechtmäßigkeit** der Abschiebungsandrohung und damit an der zu Grunde liegenden Entscheidung zum Asylbegehren bestehen.[431] Ebenfalls um der Beschleunigung willen wartet das BAMF nicht die Zustellung der Klage ab, sondern sendet nach § 36 Abs. 2 Satz 2 AsylG die Akten des Asylverfahrens im Vorgriff auf seine **Aktenvorlagepflicht** nach § 99 VwGO dem Verwaltungsgericht zu, selbst wenn dort noch kein Verfahren anhängig ist. Auf diese Weise kann das Verwaltungsgericht in der Wochenfrist des § 36 Abs. 3 Satz 5 VwGO unverzüglich entscheiden. Neu vorgetragene Tatsachen und Beweismittel braucht es aus Beschleunigungsgründen nur zu berücksichtigen, wenn sie offenkundig oder gerichtsbekannt sind. **Ernstliche Zweifel** bestehen, wenn erhebliche Gründe dafür sprechen, dass die Abschiebungsandrohung einer gerichtlichen Prüfung nicht standhält, die sich inzident auf die als offensichtlich unbegründet abgelehnten Anträge nach Art. 16a Abs. 1 GG und § 3 AsylG sowie § 4 AsylG (Rn. 401) bezieht, sondern wegen der von Art. 103 Abs. 1 GG verbürgten Gewährung rechtlichen Gehörs auch die weiteren Anträge nach § 60 Abs. 5 und Abs. 7 AufenthG einschließt.[432] Umstritten ist, ob das Verwaltungsgericht schon die aufschiebende Wirkung anzuordnen hat, wenn das BAMF in der Übergangszeit nach Inkrafttreten des Integrationsgesetzes den Antrag nach § 4 AsylG noch nicht als offensichtlich sondern nur als einfach unbegründet abgelehnt hat. Rechtfertigt die im Bescheid zu Grunde gelegte Sachlage aber die Ablehnung als offensichtlich unbegründet, fehlt es insoweit an ernstlichen Zweifeln, die erst das Verwaltungsgericht befugen, Eilrechtsschutz zu gewähren. Gegen den Beschluss des Verwaltungsgerichts, der nach § 36 Abs. 3 Satz 4 AsylG ohne mündliche Verhandlung zu ergehen hat, ist nach § 80 AsylG durch den **Beschwerdeausschluss kein Rechtsmittel** gegeben.[433] Das führt dazu, dass das Eilverfahren hier faktisch die Funktion des Hauptsacheverfahrens übernimmt und das Verwaltungsgericht rechtlich – wie im Fall seiner Klageabweisung als offensichtlich unbegründet – nach § 78 Abs. 1 AsylG erst- und zugleich letztinstanzlich entscheidet.

---

430 Wegen ihres gesetzlichen Ausschlusses kann die aufschiebende Wirkung nur (erstmals) angeordnet, nicht aber (erneut) wiederhergestellt werden.

431 Zur Anfechtung der Befristung des Einreise- und Aufenthaltsverbots gilt für den Eilrechtsschutz die Wochenfrist des § 36 Abs. 3 Satz 10 AsylG.

432 Vgl. BVerfG, B.v. 2.5.1984, Az. 2 BvR 1413/83, BVerfGE 67, 43/61; BVerfG, U.v. 14.5.1996, Az. 2 BvR 1516/93, BVerfGE 94, 166/194 ff.

433 Der Beschwerdeausschluss gilt für alle Beschlüsse nach dem AsylG, also auch für Eilbeschlüsse wegen Umverteilungen nach § 50 AsylG oder einer Beschäftigungserlaubnis nach § 61 AsylG, vgl. Uwe Berlit, NVwZ-Extra 4/2017, 1/19.

3. Die teilweise Antragsablehnung

408 Wird dem Asylbegehren i.w.S. vom BAMF (teilweise) stattgegeben, wird die **Teilstattgabe** im Bescheid ausgesprochen und der Antrag im Übrigen abgelehnt: Ist der Asylbewerber z.B. **auf dem Landweg** nach Deutschland **eingereist**, aber politisch verfolgt, wird der Asylantrag abgelehnt, ihm aber die Flüchtlingseigenschaft nach § 3 AsylG zuerkannt und über subsidiären Schutz und Abschiebungsverbote nach § 31 Abs. 2 Satz 1, Abs. 3 Satz 2, Abs. 5 AsylG nicht mehr entschieden. Die Tenorierung einer **Teilablehnung** lautet:

> „1. Der Asylantrag wird abgelehnt.
> 2. Herrn/Frau [Name] wird die Flüchtlingseigenschaft nach § 3 AsylG zuerkannt."

409 Dieser Bescheid enthält in Ziffer 1 die Versagung einer begehrten Begünstigung, aber in Ziffer 2 eine andere Begünstigung. Will der Asylbewerber seine Asylablehnung gerichtlich überprüfen lassen, kann er hierzu eine **beschränkte Versagungsgegenklage** erheben,[434] muss aber für ein Rechtsschutzbedürfnis darlegen, welche Vorteile ihm die begehrte Asylanerkennung gegenüber der erfolgten Flüchtlingszuerkennung noch bringen kann.[435] Der Klageantrag lautet:

> „I. Die Bundesrepublik Deutschland, vertreten durch das Bundesamt für Migration und Flüchtlinge, wird verpflichtet, den Kläger als Asylberechtigten anzuerkennen.
> II. Der Bescheid des Bundesamts [Az.] vom [Datum] wird in Nr. 1 aufgehoben."

VI. Die Berücksichtigung von Veränderungen der Sach- oder Rechtslage

410 Das BAMF stellt für die **Beurteilung der Sach- und Rechtslage** im Asylverfahren sachnotwendig auf den Zeitpunkt seiner Entscheidung ab; auch das Verwaltungsgericht stellt im etwa nachfolgenden Klageverfahren nach § 77 Abs. 1 AsylG auf den **Zeitpunkt seiner letzten mündlichen Verhandlung** bzw. Entscheidung ab. Auf diese Weise ist eine möglichst aktuelle Beurteilung gewährleistet. Doch auch danach können sich noch die Sachlage durch Änderungen der äußeren Umstände oder die Rechtslage durch obergerichtliche Entscheidungen und Gesetzgebung ändern. Dann muss ggf. die bestandskräftige Entscheidung des BAMF durch **Erlöschen, Rücknahme, Widerruf oder Folgeantrag** angepasst werden.

411 Das **Erlöschen** hat der Betroffene als eine erhebliche Änderung der Sachlage selbst herbeigeführt. Auch der **Widerruf** setzt eine erhebliche Änderung der objektiven Sachlage im Vergleich zum Zeitpunkt der früheren Entscheidung voraus; die **Rücknahme** aber ergeht auf Grund besserer Erkenntnisse des BAMF. Beim **Folgeantrag** begehrt der Betroffene eine Neubewertung seines Schutzbegehrens auf Grund einer erheblichen Änderung der Sachlage oder besserer Beweislage.

434 Damit ist das Asylverfahren aber nicht vollständig beendet und greift – auch hinsichtlich der ausgesprochenen asylrechtlichen Begünstigung – noch die ausländerrechtliche Titelerteilungssperre nach § 10 AufenthG (Rn. 75), so dass noch keine Aufenthaltserlaubnis erteilt werden darf.

435 Vgl. BVerwG, U.v. 28.4.1998, Az. 9 C 1.97, BVerwGE 106, 339/340 f.

412 Wichtig ist auch hier die **Aufgaben- und Befugnistrennung zwischen BAMF und Ausländerbehörde:** Das BAMF ermittelt, bewertet und entscheidet alle Sachverhalte mit Bezug zum Zielstaat; seine Entscheidung ist nach § 42 AsylG verbindlich für die Ausländerbehörde. Nur außerhalb des Verfahrens beim BAMF liegt die Verfahrenshoheit bei der Ausländerbehörde:

Beispiel: Das Erlöschen einer Schutzberechtigung stellt nicht das BAMF fest sondern die Ausländerbehörde, denn für das von Gesetzes wegen eintretende Erlöschen bedarf es keiner behördlichen Entscheidung. Hingegen prüft und entscheidet das BAMF über Rücknahme, Widerruf und Folgeanträge, weil hierzu eine Bewertung zielstaatsbezogener Sachverhalte getroffen werden muss (Schutzbedürftigkeit des Ausländers im Zeitpunkt dieser Entscheidung).

1. Das Erlöschen der Schutzberechtigung nach § 72 und § 73a AsylG

413 Vom Ausländer (oft ungewollt) herbeigeführt ist das **Erlöschen** seiner Anerkennung als Asylberechtigter oder seiner Zuerkennung der Flüchtlingseigenschaft nach § 72 AsylG. Dieser Erlöschenstatbestand ist von seiner Funktion her dem Erlöschen eines Aufenthaltstitels nach § 51 Abs. 1 AufenthG vergleichbar, beseitigt allerdings wegen der **systematischen Trennung zwischen Asylrecht und Ausländerrecht** zunächst nicht den erteilten Aufenthaltstitel, sondern **nur** als dessen Voraussetzung die **Schutzberechtigung.** Im Gegensatz zu Rücknahme und Widerruf tritt das Erlöschen ohne Handeln der Behörde von Gesetzes wegen ein.

414 Die Schutzbedürftigkeit entfällt nach § 72 Abs. 1 Nr. 1 und Nr. 1a AsylG, wenn der Ausländer sich freiwillig durch Annahme oder Erneuerung eines Nationalpasses oder durch sonstige Handlungen erneut dem **Schutz des Herkunftsstaates,** dessen Staatsangehörigkeit er besitzt, unterstellt, oder freiwillig in das Land, das er aus Furcht vor Verfolgung verlassen hat oder außerhalb dessen er sich aus Furcht vor Verfolgung befindet, zurückgekehrt ist und sich dort niedergelassen hat. Wer sich dem **Schutz des Verfolgerstaats freiwillig unterstellt,** braucht vor diesem Staat nicht mehr geschützt zu werden.[436] Gleiches gilt nach § 72 Abs. 1 Nr. 2 und Nr. 3 AsylG, wenn der Ausländer sich freiwillig dem früheren oder einem anderen Staatsvolk angeschlossen hat, indem er **freiwillig eine Drittstaatsangehörigkeit erworben** hat, weil er dort keine Verfolgung befürchtet. Schließlich entfällt die Schutzbedürftigkeit eines in Deutschland anerkannten Flüchtlings nach § 73a Abs. 1 AsylG, wenn er von einem anderen Staat als Flüchtling anerkannt worden ist.

415 Da die Schutzberechtigung in diesen Fällen von Gesetzes wegen erlischt, bedarf es dazu **keines behördlichen Entzugsakts;** lediglich zur Beseitigung des Rechtsscheins verlangt die Ausländerbehörde vom Ausländer nach § 72 Abs. 2 AsylG die Rückgabe der Anerkennungsurkunde und des auf seine frühere Flüchtlingseigenschaft hin erteilten Reiseausweises. Ein eher seltener feststellender Verwaltungsakt des BAMF

436 Eine vergleichbare Systematik liegt § 33 Abs. 3 AsylG zu Grunde, wenn der Asylbewerber noch im laufenden Asylverfahren in seinen Herkunftsstaat gereist ist.

kann mit einer Anfechtungsklage angegriffen werden.[437] Der Betroffenen kann ansonsten eine **Feststellungsklage** auf Feststellung des **Fortbestands seiner Schutzberechtigung** nach § 43 Abs. 1 und Abs. 2 VwGO erheben. In den meisten Fällen wird das Erlöschen aber inzident mit geprüft, wenn es einer ausländerrechtlichen Begünstigung die Grundlage entzieht. Dann kann der Betroffene die dortige Entscheidung einer gerichtlichen Prüfung zuführen, z.B. den **Widerruf** einer ihm nach § 25 Abs. 1 oder Abs. 2 AufenthG erteilten **Aufenthaltserlaubnis** im Wege einer Anfechtungsklage oder die Verpflichtung zu deren versagter Verlängerung im Wege einer Versagungsgegenklage nach § 42 Abs. 1 VwGO.[438] Schließlich kann er auch gegen das auf § 72 Abs. 2 AsylG gestützte Rückgabeverlangen betreffend seine Anerkennungsurkunde und den auf seine Flüchtlingseigenschaft hin erteilten Reiseausweis vorgehen.

2. Die Rücknahme oder der Widerruf der Schutzberechtigung

Der **Widerruf** nach § 73 Abs. 1 AsylG und die **Rücknahme** nach § 73 Abs. 2 AsylG dienen der Korrektur früherer Asylentscheidungen **von Amts wegen**. Beide Normen sind jeweils lex specialis zu den allgemeinen Rücknahme- und Widerrufsbefugnissen nach § 48 und § 49 VwVfG. Ihnen liegen unterschiedliche Gewichtungen der berührten Interessen zu Grunde: Einerseits ist das öffentliche Interesse an einer materiell richtigen und rechtmäßigen Entscheidung des BAMF zu berücksichtigen, das ggf. auch nachträglich eine Korrektur verlangt, andererseits spricht das Prinzip der Rechtssicherheit nach bestandskräftigem Abschluss eines Asylverfahrens i.w.S. für die Beibehaltung des Rechtszustandes, soweit dieser sachlich noch vertretbar ist. Hinzu kommt der Vertrauensschutz des Betroffenen, der je nach seinem Vorverhalten mehr oder weniger Gewicht hat. 416

Wichtig ist auch hier die **systematische Trennung** zwischen der asylrechtlichen Schutzgewährung und ihrer ausländerrechtlichen Umsetzung nach § 25 AufenthG. Die §§ 72 ff. AsylG berühren nur die erste Ebene der Schutzberechtigung. Dementsprechend hat die Ausländerbehörde auf eine Mitteilung des BAMF hin nach § 52 Abs. 1 Satz 1 Nr. 4 AufenthG eigenständig zu prüfen, ob die Aufenthaltserlaubnis widerrufen werden soll. Aus dieser Trennung beider Ebenen folgen **zwei getrennte Verfahren und ein zweigleisiger Rechtsschutz**, wovon hier nur der asylrechtliche Teil behandelt und für den ausländerrechtlichen Teil auf die dortige Darstellung verwiesen wird (Rn. 162). Gleiches gilt für die nach § 73 Abs. 2c AsylG akzessorische Entscheidung über eine Einbürgerung. 417

a) Der Widerruf der Asylberechtigung oder der Flüchtlingseigenschaft

Nach § 73 Abs. 1 AsylG sind die Anerkennung als Asylberechtigter und die Zuerkennung der Flüchtlingseigenschaft unverzüglich zwingend zu **widerrufen**, wenn ihre Voraussetzungen nicht mehr vorliegen, insbesondere wenn der Ausländer nach Weg- 418

437 Zur vergleichbaren ausländerrechtlichen Situation nach § 51 Abs. 1 AufenthG Rn. 168.
438 Beispiele bei BVerwG, U.v. 2.12.1991, Az. 9 C 126.90, BVerwGE 89, 231/233 f.

fall der damals für ihn günstigen Umstände nicht mehr ablehnen kann, den Schutz des Staates in Anspruch zu nehmen, dessen Staatsangehörigkeit er besitzt, oder wenn er als Staatenloser in der Lage ist, in das Land zurückzukehren, in dem er seinen gewöhnlichen Aufenthalt hatte. Damit ist die Situation umschrieben, dass sich die objektive Sachlage gegenüber dem Asylerstverfahren und dem für den Antragsteller günstigen Bescheid[439] so geändert hat, dass die **Verfolgungsgefahr entfallen** ist.[440]

Beispiel: Die erfolgreiche Revolution in Tunesien hat zum Regimewechsel geführt. Vom Regime früher Verfolgten droht heute keine Gefahr mehr. Etwaige Asylanerkennungen sind daher zu widerrufen.

419 Mit Blick auf die Rechtssicherheit und den Vertrauensschutz hat die Prüfung der Voraussetzungen für einen Widerruf in einer ersten Prüfungsstufe des BAMF spätestens nach Ablauf von **drei Jahren** nach Unanfechtbarkeit der Entscheidung zu erfolgen.[441] Das BAMF muss also in dieser Frist seine Prüfung beginnen; es muss noch nicht zur Widerrufsentscheidung gelangen, sondern den Betroffenen nach § 73 Abs. 4 AsylG vorher anhören. Liegen die Voraussetzungen für einen Widerruf ohne andere, die Zuerkennung der Flüchtlingseigenschaft sonst rechtfertigende Umstände, teilt das BAMF dieses Ergebnis der Ausländerbehörde spätestens innerhalb eines Monats nach dreijähriger Unanfechtbarkeit der begünstigenden Entscheidung mit und ebenso, ob ein akzessorisch gewährtes Familienasyl i.w.S. nach § 73 Abs. 2b AsylG zurückgenommen werden soll. Erfolgt kein zwingender Widerruf, kann dieser später nur noch im Ermessensweg erfolgen, d.h. das BAMF muss dazu Für und Wider eines Widerrufs sorgfältig abwägen und nach pflichtgemäßem Ermessen entscheiden.

420 Zum Schutz des Betroffenen müssen nach § 73 Abs. 3 AsylG über den Widerruf hinaus die Voraussetzungen für subsidiären Schutz oder von Abschiebungsverboten geprüft werden, weil über diese in der ursprünglichen Schutzentscheidung nach § 31 Abs. 2 und Abs. 3 AsylG wegen des Vorrangs der Anerkennung als Asylberechtigter und der Zuerkennung der Flüchtlingseigenschaft nicht entschieden zu werden brauchte. Der **Wegfall des vorrangigen Schutzes** lässt aber einen **nachrangigen Schutzanspruch** – bezogen auf den Zeitpunkt des Widerrufs – **wieder aufleben**: Kein Schutzbedürftiger soll in den Herkunftsstaat abgeschoben werden, wenn zwar seine

439 Anders als im allgemeinen Widerrufsverfahren nach § 49 VwVfG kommt es nicht auf die Rechtmäßigkeit oder Rechtswidrigkeit des Bescheids sondern lediglich auf die Änderung der objektiven Sachlage an, vgl. BVerwG, U.v. 19.11.2013, Az. 10 C 27.12, BVerwGE 148, 254/258 Rn. 11.

440 Dies erfordert eine deutliche Änderung der Prognose unter Wegfall der beachtlichen Wahrscheinlichkeit einer Verfolgung, vgl. BVerwG, U.v. 1.6.2011, Az. 10 C 25.10, BVerwGE 140, 22/28 ff. Rn. 17 ff. Eine Änderung für alle Zeiten kann aber nicht verlangt werden (ebenda Rn. 24 a.E.). Ein Widerrufsgrund für der Flüchtlingsanerkennung nicht Würdige ist ihre erst im Nachhinein aufgedeckte Verstrickung in terroristische Aktivitäten oder Kriegsverbrechen, vgl. BVerwG, U.v. 31.3.2011, Az. 10 C 2.10, BVerwGE 139, 272/278 ff. Rn. 19 ff.

441 Diese Frist geht der Jahresfrist des § 48 Abs. 4, § 49 Abs. 1 Satz 2 VwVfG vor, vgl. BVerwG, U.v. 5.6.2012, Az. 10 C 4.11, BVerwGE 143, 183/189 Rn. 17 f.; BVerwG, U.v. 29.6.2015, Az. 1 C 2.15, NVwZ-RR 2015, 790 Rn. 11 m.w.N.

Asyl- oder Flüchtlingseigenschaft nachträglich entfällt, er aber aus anderen Rechtsgründen nicht dorthin zurückkehren kann.

b) Die Rücknahme der Asylberechtigung oder der Flüchtlingseigenschaft

Die Anerkennung als Asylberechtigter oder die Zuerkennung der Flüchtlingseigenschaft sind nach § 73 Abs. 2 AsylG **zwingend zurückzunehmen**, wenn sie auf Grund unrichtiger Angaben oder infolge Verschweigens wesentlicher Tatsachen[442] erteilt worden sind und der Ausländer die Schutzberechtigung auch aus anderen Gründen nicht erhalten könnte. Es handelt sich um eine von den allgemeinen Rücknahmegründen des § 48 Abs. 1 und Abs. 2 VwVfG abweichende Gewichtung des Vertrauensschutzes des Begünstigten. Von ihm nicht beeinflusste Rechtsfehler des BAMF sollen seine Schutzberechtigung nicht beseitigen. Für die **Rücknahmefrist**[443] und den nachrangig zu prüfenden subsidiären Schutz etc. gilt das zum Widerruf nach § 73 Abs. 1 AsylG Gesagte entsprechend (Rn. 419 f.). 421

c) Der Widerruf und die Rücknahme des subsidiären Schutzes

Eine Neuregelung haben in § 73b AsylG der **Widerruf und die Rücknahme des subsidiären Schutzes** erhalten. Sie setzen grundsätzlich eine wesentliche Änderung der für ihre frühere Feststellung maßgeblichen Sachlage oder ihrer Bewertung voraus. Für die **Rücknahme** kommt dies bereits nach § 73b Abs. 3 AsylG u.a. in Betracht, wenn der Ausländer nach § 4 Abs. 2 AsylG von der Gewährung subsidiären Schutzes hätte ausgeschlossen werden müssen oder eine falsche Darstellung oder das Verschweigen von Tatsachen oder die Verwendung gefälschter Dokumente für die Zuerkennung des subsidiären Schutzes ausschlaggebend gewesen war. Dann ist die frühere Fehlbewertung (auch) auf sein Verhalten zurückzuführen. Nicht die objektive Sachlage im Zeitpunkt der früheren Feststellung hat sich geändert, aber der Kenntnisstand des BAMF. Ein **Widerruf** setzt nach § 73b Abs. 1 AsylG eine objektive Änderung der Sachlage dahin voraus, dass die zur Gewährung des subsidiären Schutzes führenden Umstände nicht mehr bestehen oder sich in einem Maß verändert haben, dass ein solcher Schutz nicht mehr erforderlich ist. Dies mündet in eine wertende Vergleichsbetrachtung der Umstände zum Zeitpunkt der Schutzgewährung mit jenen zum Zeitpunkt des Widerrufs. Diese müssen sich so wesentlich und nicht nur vorübergehend verändert haben, dass der Ausländer nicht länger Gefahr läuft, einen ernsthaften Schaden im Sinne des § 4 Abs. 1 AsylG zu erleiden. 422

Beispiel: Wird im Jahr 2015 einem Asylbewerber, der auf dem Landweg aus Österreich eingereist ist und einen syrischen Pass vorzeigt, subsidiärer Schutz zuerkannt, bis sich im Jahr 2016 herausstellt, dass er aus dem Irak stammt und der Pass verfälscht war, kann die Zuerkennung

---

442 In Extremfällen einer Täuschung kann sogar die Rechtskraft eines zur Flüchtlingsanerkennung verpflichtenden Urteils durchbrochen werden, vgl. BVerwG, U.v. 19.11.2013, Az. 10 C 27.12, BVerwGE 148, 254/261 ff. Rn. 18 ff.

443 Auch hier gilt nicht die Jahresfrist des § 48 Abs. 4 VwVfG, vgl. BVerwG, U.v. 19.11.2013, Az. 10 C 27.12, BVerwGE 148, 254/260 Rn. 15; BVerwG, U.v. 29.6.2015, Az. 1 C 2.15, NVwZ-RR 2015, 790 Rn. 11 m.w.N.

subsidiären Schutzes widerrufen werden, da er nicht in den bewaffneten Konflikt in Syrien zurückkehren wird. So bleibt dem BAMF nur, Abschiebungsverbote nach § 60 Abs. 5 und Abs. 7 AufenthG hinsichtlich des Irak zu prüfen.

d) Der Widerruf und die Rücknahme der Feststellung von Abschiebungsverboten

423 Ebenfalls eine Sonderregelung haben der **Widerruf** und die **Rücknahme** der Feststellung von **Abschiebungsverboten** nach § 60 Abs. 5 und Abs. 7 AufenthG in § 73c AsylG gefunden. Ihre Feststellung ist nach § 73c Abs. 1 AsylG **zurückzunehmen**, wenn sie fehlerhaft ist; sie ist nach § 73c Abs. 2 AsylG zu **widerrufen**, wenn ihre Voraussetzungen nicht mehr vorliegen. Das Verwaltungsgericht hat den Bescheid auch darauf zu prüfen, ob entweder vom Ausländer nicht geltend gemachte Anfechtungsgründe oder vom BAMF nicht angeführte Widerrufs- oder Rücknahmegründe vorliegen, weil der frühere begünstigende Bescheid nur beseitigt werden darf, wenn er **objektiv rechtswidrig** ist.[444] Den ausländerrechtlichen Widerruf regelt § 51 Abs. 1 Satz 1 Nr. 5 AufenthG (Rn. 162).

e) Die Widerrufs- oder Rücknahmeentscheidung des BAMF

Die Tenorierung eines solchen Bescheids am Beispiel der Flüchtlingszuerkennung kann lauten:

> „1. Die mit Bescheid vom [Datum] erfolgte Zuerkennung der Flüchtlingseigenschaft wird widerrufen.
> 2. Die Voraussetzungen für die Zuerkennung von subsidiärem Schutz liegen nicht vor.
> 3. Es liegen keine Abschiebungsverbote hinsichtlich [Herkunftsstaat] vor."

424 Dieser Bescheid enthält in Ziffer 1 eine Belastung und in Ziffern 2 bis 3 die Versagung einer Begünstigung. Eine Klage hiergegen beinhaltet also drei Streitgegenstände, deren erster durch eine **Anfechtungsklage** und die beiden weiteren durch eine **Versagungsgegenklage** angegangen werden können.

425 In Zulässigkeit, Begründetheit,[445] Kostenrisiko und Klageantrag unterscheidet sich diese Klage nicht von der kombinierten Verpflichtungs- und Anfechtungsklage gegen eine einfache Antragsablehnung (Rn. 386 ff.). Keine Bedeutung hat hier der Eilrechtsschutz, da die Klage gegen Entscheidungen nach § 73, § 73b und § 73c AsylG nach § 75 Abs. 1 AsylG regelmäßig **aufschiebende Wirkung** hat. Das bedeutet auch, dass die Ausländerbehörde aus der Entscheidung des BAMF vorläufig keine ausländerrechtlichen Folgerungen ziehen, insbesondere (noch) nicht ihrerseits erteilte Aufenthaltserlaubnisse zurücknehmen oder widerrufen darf, mithin der Ausländer noch nicht zur Ausreise aufgefordert oder ihm die Abschiebung angedroht werden darf.

---

444 Vgl. BVerwG, U.v. 29.6.2015, Az. 1 C 2.15, NVwZ-RR 2015, 790/791 Rn. 14.

445 Der maßgebliche Beurteilungszeitpunkt folgt aus § 77 Abs. 1 Satz 1 AsylG, BVerwG, U.v. 29.6.2015, Az. 1 C 2.15, NVwZ-RR 2015, 790/790 f. Rn. 11, 15.

3. Der Folgeantrag nach § 71 AsylG

426 Dem Betroffenen steht für eine Neubewertung seines Schutzbegehrens das **Asylfolgeverfahren nach § 71 AsylG** zur Verfügung. Es ist eine **Mischform** aus Elementen des Asylerstverfahrens und des in § 51 VwVfG verankerten **Wiederaufnahmeverfahrens.** Wie dort kann der Betroffene **Änderungen der Sach- und Rechtslage** oder **neue Beweise** vorbringen und darauf seinen Antrag auf Abänderung des früheren Bescheids stützen.[446] Das Asylfolgeverfahren sieht nach § 71 Abs. 3 Satz 3 AsylG anders als das Asylerstverfahren eine persönliche Anhörung nicht zwingend vor, sondern räumt dem Betroffenen eine schriftlichen Geltendmachung seiner Belange ein. Er kann zu allen Verfahrensgegenständen des Asylerstverfahrens, zu Art. 16a GG ebenso wie zu § 3, § 4 AsylG und § 60 Abs. 5 und Abs. 7 AufenthG vortragen. Teilweise wird ein Folgeantrag beschränkt auf Abschiebungsschutz nach § 60 Abs. 5 oder Abs. 7 Satz 1 AufenthG auch als „Wiederaufnahmeantrag" oder „Folgeschutzantrag" bezeichnet und soll mangels Asylbegehrens im Sinne von § 13 AsylG nicht nach § 71 AsylG sondern direkt nach § 51 VwVfG behandelt werden. Dies überzeugt jedoch aus zwei Gründen nicht: Zum Einen hat der Gesetzgeber mit § 71 AsylG eine umfassende Sonderregelung für das Asylverfahren geschaffen, die als Brückennorm ins allgemeine Verwaltungsrecht ohnehin § 51 VwVfG zur Anwendung bringt – also zum selben Prüfungsmaßstab führt. Zum Anderen kann nur so eine Rechtsschutzlücke vermieden werden, denn nur nach § 71 Abs. 5 AsylG besteht für den Asylfolgeantragsteller zunächst ein gesetzliches Abschiebeverbot und kann das BAMF über seine Mitteilung auch Einfluss auf eine drohende Abschiebung durch die Ausländerbehörde nehmen (Rn. 431), anderenfalls müsste auf die Gewährleistung effektiven Rechtsschutzes nach Art. 19 Abs. 4 GG zurückgegriffen werden. Stattdessen bietet § 71 AsylG hier ausreichenden Schutz und ist daher für jeden Folgeantrag gleich welchen Umfangs anzuwenden.

427 Das BAMF prüft, ob die Voraussetzungen einer **Wiederaufnahme** nach § 71 Abs. 1 AsylG i. V. m. § 51 VwVfG vorliegen. Dafür muss sich die Sach- oder Rechtslage z.B. durch neue Beweismittel zu Gunsten des Antragstellers geändert haben, welche den alten Bescheid rechtswidrig erscheinen lassen. Der Antrag muss allerdings innerhalb von **drei Monaten** ab Kenntnis vom Grund gestellt werden und der Betroffene darf nicht schuldhaft versäumt haben, ihn im Asylerstverfahren geltend zu machen. Letzteres dient vor allem der Verfahrenskonzentration – was im **Asylerstverfahren** bis zum entscheidungserheblichen Zeitpunkt nach § 77 Abs. 1, § 74 Abs. 2 AsylG vorgetragen werden konnte oder hätte vorgetragen werden können, soll **nicht erneut aufgearbeitet** werden.

Beispiel: Ein Asylbewerber weist nach dem Abschluss eines erfolglosen Asylerstverfahrens auf einen Regimewechsel in seinem Herkunftsstaat hin. Die neuen Machthaber wollen ihn verhaf-

446 Vgl. BVerwG, U.v. 20.2.2013, Az. 10 C 23.12, BVerwGE 146, 67/71 Rn. 14.

ten und als lästigen Zeugen ihrer Machenschaften „verschwinden" lassen. Es handelt sich um neue Tatsachen, weil der Regimewechsel nach der Bestandskraft des Bescheides stattfand.

428 Im Asylfolgeverfahren prüft das BAMF den Vortrag darauf, ob Wiederaufnahmegründe als Grundlage für eine **verpflichtende Durchführung** eines neuen Asylverfahrens vorliegen und deshalb ein neues Asylverfahren durchgeführt, der Asylfolgeantragsteller als Flüchtling anerkannt oder sonst eine der Feststellungen geändert wird. Selbst wenn diese Voraussetzung nicht vorliegt, prüft es, ob die Bestandskraft des Asylerstbescheides im **Ermessenswege** durchbrochen werden soll, weil der erste Bescheid offensichtlich fehlerhaft oder nicht mehr vertretbar ist. Sein Ermessen kann sich hierbei auf Null reduzieren, wenn die Schutzgebote des Art. 1 Abs. 1 und Art. 2 Abs. 2 GG dies erfordern.

Beispiel: Für den abgelehnten Asylbewerber liegen nach dem Abschluss seines erfolglosen Asylerstverfahrens zwar keine politischen Veränderungen vor. Aber eine Krankheit, an welcher er schon länger litt, hat sich lebensbedrohlich verschlechtert. Im Falle einer Rückkehr könnte er in seinem Heimatland keine Behandlung erhalten und geriete in akute Lebensgefahr. Hier hat das BAMF zwar kein neues Asylverfahren durchzuführen, aber mit Blick auf Art. 1 Abs. 1, Art. 2 Abs. 2 GG anders als im Erstverfahren ein Abschiebungshindernis nach § 60 Abs. 7 Satz 1 AufenthG festzustellen. Der alte Bescheid wird nur soweit geändert; der Asylfolgeantrag im Übrigen abgelehnt.

429 Entspricht das Bundesamt dem Antrag ganz oder teilweise, erlässt es einen Änderungs-, sonst einen **Ablehnungsbescheid.** Dieser lautet regelmäßig:[447]

> „Der Antrag auf Durchführung eines weiteren Asylverfahrens wird abgelehnt."

430 Hiergegen steht dem Betroffenen als Rechtsbehelf eine **Versagungsgegenklage** nach § 42 Abs. 1 VwGO auf Durchführung eines neuen Asylverfahrens und auf Änderung des Asylerstbescheides zu. Je nach Schutzbegehren kann der Klageantrag lauten:

> „Unter Aufhebung des entgegenstehenden Bescheides [Aktenzeichen] vom [Datum] wird die Bundesrepublik Deutschland, vertreten durch das BAMF, verpflichtet, für Herrn/Frau [Name] ein weiteres Asylverfahren durchzuführen,
> hilfsweise ihm/ihr die Flüchtlingseigenschaft zuzuerkennen,
> weiter hilfsweise für ihn/sie die Voraussetzungen für die Zuerkennung von subsidiärem Schutz festzustellen,
> weiter hilfsweise für ihn/sie Abschiebungsverbote hinsichtlich [Herkunftsstaat] festzustellen. "

431 Diese Klage hat allerdings mangels einer belastenden Entscheidung des BAMF – die Ablehnung des Folgeantrags ist lediglich die Versagung einer Begünstigung – nach § 80 Abs. 1 VwGO **keine aufschiebende Wirkung.**[448] Damit bleibt die **Abschiebungsandrohung** aus dem ablehnenden bestandskräftigen Asylerstbescheid **weiterhin**

447 Alternativ kann das BAMF auch nach § 71 Abs. 4 AsylG entscheiden und eine Ausreiseaufforderung mit Abschiebungsandrohung erlassen, gegen welche als Rechtsbehelfe eine Anfechtungsklage und ein Antrag nach § 80 Abs. 5 VwGO ergriffen werden können.

448 Dies ist europarechtlich unbedenklich, vgl. EuGH, U.v. 17.12.2015, Az. C-239/14, NVwZ 2016, 452 ff. 49, 54 ff.

vollziehbar.[449] Die Ausländerbehörde kann die Abschiebung trotz offenen Asylfolgeverfahrens oder Verwaltungsgerichtsverfahrens durchführen, wenn das BAMF ihr nach § 71 Abs. 5 AsylG mitteilt, dass kein weiteres Asylverfahren durchgeführt wird. Um dennoch den Ausgang des Hauptsacheverfahrens im Inland abwarten zu können, bleibt systematisch nur der zur Verpflichtungsklage passende **Antrag** nach § 123 Abs. 1, Abs. 5 VwGO **auf Mitteilung des BAMF** an die Ausländerbehörde, dass vorläufig nicht abgeschoben werden dürfe.[450] Ein solcher Antrag könnte lauten:

> „Die Bundesrepublik Deutschland, vertreten durch das BAMF, wird verpflichtet, der Ausländerbehörde [Name, Sitz] mitzuteilen, dass von seiner Mitteilung nach § 71 Abs. 5 AsylG vom [Datum der ersten Mitteilung] vorläufig bis zum Abschluss des Klageverfahrens [Az.] kein Gebrauch gemacht werden darf."

Dieser Antrag genügt im Regelfall, eingeleitete Abschiebungsmaßnahmen rechtzeitig 432 zu stoppen. Steht die **Abschiebung** jedoch unmittelbar bevor, kann ein solcher Beschluss auf dem Umweg über eine erneute Mitteilung durch das BAMF möglicherweise zu spät kommen. Dann kann auch ein **Antrag** auf vorläufige Untersagung der Abschiebung nach § 123 Abs. 1 VwGO direkt gegen die am Asylfolgeverfahren nicht beteiligte Ausländerbehörde gerichtet werden.[451] Dies gebietet der in Art. 19 Abs. 4 GG verankerte Grundsatz effektiven Rechtsschutzes. Ein solcher Antrag könnte lauten:

> „Dem/Der [Bezeichnung des Rechtsträgers bzw. der Ausländerbehörde] wird vorläufig bis zum Abschluss des Klageverfahrens [Az. des Verwaltungsgerichts] auf Verpflichtung der Bundesrepublik Deutschland, vertreten durch das BAMF, zur Durchführung eines weiteren Asylverfahrens untersagt, Herrn/Frau [Name] nach [Zielland der Abschiebungsandrohung] abzuschieben."

Entspricht das Verwaltungsgericht dem Antrag, wird die Abschiebung notfalls noch 433 am Flughafen gestoppt. Kostspielige und vergebliche Vorbereitungen der Abschiebung fallen gegenüber dem Rechtsgüterschutz nicht maßgeblich ins Gewicht.

§ 10 Das formelle Asylverfahren

Der **Ablauf des Asylerstverfahrens** orientiert sich am tatsächlichen Geschehen und 434 der systematischen Trennung von Ausländer- und Asylrecht: Reist ein Ausländer in die Bundesrepublik ein, unterfällt er zunächst dem allgemeinen Ausländerrecht. Begehrt er aber Schutz nach § 13 Abs. 1 und Abs. 2 AsylG, greift als lex specialis das

449 Gegen die Abschiebungsandrohung im bestandskräftigen und damit unanfechtbaren Asylerstbescheid ist ein Antrag nach § 80 Abs. 5 VwGO unzulässig. Im neuen Bescheid ist keine neue Abschiebungsandrohung enthalten, außer das BAMF entscheidet nach § 71 Abs. 4 AsylG i.V.m. § 36 Abs. 1 AsylG und erlässt eine neue Abschiebungsandrohung.

450 Es handelt sich um eine asylrechtliche Streitigkeit aus § 71 Abs. 5 AsylG, d. h. Antragsgegner ist die Bundesrepublik Deutschland, vertreten durch das BAMF.

451 Es handelt sich um eine aus § 60a AufenthG resultierende ausländerrechtliche Streitigkeit, d. h. Antragsgegner ist das Land als Rechtsträger der Ausländerbehörde bzw. je nach Bundesland auch diese selbst.

Asylrecht. Dazu wird sein Begehren vom BAMF geprüft und beschieden, je nach Ausgang des Asylverfahrens klagt er hiergegen und schließlich gelangt das Asylverfahren zu seinem bestandskräftigen Abschluss. Anschließend fällt das Verfahren wieder an die Ausländerbehörde zurück, die aus seinem Ausgang die Konsequenzen – im Fall der Schutzgewährung die Erteilung einer Aufenthaltserlaubnis oder Duldung bzw. im Fall der Schutzversagung die Aufforderung zur freiwilligen Ausreise, notfalls die Abschiebung – zu ziehen hat. An diesem Ablauf orientiert sich die folgende Darstellung.

I. Die Einreise und der Aufenthalt zum Asylverfahren

435 Die **Einreise und der Aufenthalt** eines Asylbewerbers folgen grundsätzlich den allgemeinen **ausländerrechtlichen Regelungen**, d.h. er bedarf als Ausländer nach § 4 Abs. 1 AufenthG eines Aufenthaltstitels in Gestalt eines Visums (und danach einer Aufenthaltserlaubnis). Da er jedoch kein Visum besitzt – regelmäßig kann ein Schutzsuchender vor seiner Flucht kein Visum des Zielstaats mehr einholen –, würde dieses Erfordernis seine Einreise verhindern und seinen Schutzanspruch unterlaufen. Daher wird aus der unerlaubten Einreise keine Konsequenz gezogen, wenn er danach unverzüglich Asyl beantragt. Dies führt zu Besonderheiten auch in seinem Aufenthaltsrecht:

1. Die Einreise auf dem Land- oder Luftweg

436 Wie die Flüchtlingswelle des Jahres 2015 gezeigt hat, reisen die allermeisten Asylbewerber gezielt und **auf dem Landweg** in die Bundesrepublik ein. Allerdings gibt es **kein Recht des Asylbewerbers auf Auswahl** des ihm genehmen **Aufnahmestaats**. Nimmt er jedoch faktisch eine solche Auswahl vor,[452] indem er in von ihm durchquerten schutzfähigen und schutzwilligen Drittstaaten keinen Schutz begehrt, braucht der Zielstaat sich dem nicht zu beugen, sondern kann ihn auf den anderweitigen Schutz verweisen. Dies ist der Sinn der **Drittstaatenregelung** nach § 26a Abs. 1 Satz 1 AsylG (Rn. 324),[453] die einem Ausländer im Einklang mit Art. 16a Abs. 2 Satz 1 GG allerdings nur die materielle Schutzberechtigung abspricht,[454] nicht den förmlichen **Verfahrensanspruch**, so dass sein Schutzbegehren zunächst als Asylantrag gewertet, geprüft und entschieden werden muss. Für diese Prüfung genießt er grundsätzlich Schutz vor Zurückweisung und ein **verfahrensabhängiges Aufenthaltsrecht**

452 Motive zur Auswahl Deutschlands als Zielstaat zeigen Antonie Scholz, in: BAMF (Hrsg.), Warum Deutschland? – Einflussfaktoren bei der Zielstaatssuche von Asylbewerbern, 2013, www.bamf.de; Herbert Brückner/Nina Rother/Jürgen Schupp, IAB-BAMF-SOEP-Befragung von Geflüchteten, Forschungsbericht Nr. 29, S. 25 f., www.bamf.de, Abfrage vom 20.1.2017.

453 Vgl. BVerfG, B.v. 2.5.1984, Az. 2 BvR 1413/83, BVerfGE 67, 43/45.

454 Soweit OVG NRW, U.v. 27.4.2015, Az. 9 A 1380/12 A, DVBl 2015, 1543 f. aus der Rückausnahme des § 26a Abs. 1 Satz 3 Nr. 2 AsylG auf einen einfachgesetzlichen Asylanspruch geschlossen hat, widerspricht dies Art. 16a Abs. 1 und Abs. 2 GG, wonach der Asylanspruch nur grundgesetzlich gewährleistet und wegen einer Einreise aus einem sicheren Drittstaat umfassend ausgeschlossen wird. § 26a AsylG ist insofern verfassungskonform auszulegen und beinhaltet daher keine positive Anspruchsgrundlage.

(dazu a)). Daraus ergeben sich Besonderheiten einer Einreise auf dem Land- oder Luftweg (dazu b) und c)).

a) Der verfahrensabhängige Aufenthalt

Jedenfalls **ab der förmlichen Asylantragstellung** genießt ein Asylbewerber für die Durchführung und die Dauer eines Asylverfahrens i.w.S. aus Art. 16a Abs. 1 GG ein **verfahrensabhängiges** und vorläufiges **Recht auf Einreise und Aufenthalt.**[455] Bis dahin kann er nur einen vorläufigen Prüfanspruch geltend machen, wenn er ein Schutzgesuch gegenüber einer deutschen Behörde formuliert hat. Dem entsprechend erlangt er eine Aufenthaltsgestattung ab der Ausstellung des Ankunftsnachweises nach § 55 Abs. 1 Satz 1 AsylG. Dies gilt neuerdings auch für Asylbewerber **aus einem sicheren Drittstaat.** [456] Stellt der Asylbewerber einen **Folgeantrag**, greift das verfahrensabhängige Einreise- und Aufenthaltsrecht erst, wenn das BAMF ein **neues Asylverfahren** nach § 71 Abs. 1 Satz 1 AsylG einleitet – bis dahin kann die bestandskräftige Abschiebungsandrohung des Erstbescheids vollzogen werden (Rn. 431). Vorher erhält er keine Aufenthaltsgestattung nach § 55 Abs. 1 i.V.m. § 71 Abs. 1 Satz 1 AsylG. Strittig ist allerdings der **Aufenthaltsstatus des Folgeantragstellers** bis zur Entscheidung des BAMF, ob ein neues Asylverfahren eingeleitet wird. Da er bis zur Mitteilung des BAMF an die Ausländerbehörde nach § 71 Abs. 5 Satz 2 AsylG, dass kein neues Asylverfahren durchgeführt wird, nicht abgeschoben werden darf, handelt es sich um ein vorläufiges rechtliches Abschiebungshindernis. Konsequenter Weise ist damit seine Abschiebung ausgesetzt und ihm ist auf Antrag eine Duldung nach § 60a Abs. 2 Satz 1, Abs. 4 AufenthG zu bescheinigen. Diese kann aber mit der auflösenden Bedingung des Eingangs der Mitteilung des BAMF bei der Ausländerbehörde nach § 61 Abs. 1e AufenthG i.V.m. § 71 Abs. 5 Satz 2 AsylG verbunden werden. Da diese Mitteilung aber dem Ausländer nicht bekannt wird, sollte die Ausländerbehörde ihn hierüber in Kenntnis setzen, da seine Abschiebung nun durchsetzbar ist. 437

Dies gilt auch für das sich aus Art. 31 Abs. 1 und Art. 33 Abs. 1 GFK ergebende ebenfalls **verfahrensabhängige und vorläufige Recht auf Einreise und Aufenthalt.**[457] Die Zurückweisung eines Flüchtlings an der Grenze ist nach Art. 33 Abs. 1 GFK nur ausgeschlossen, wenn er jenseits der Grenze bedroht ist. Bei einem Drittstaat, der die Genfer Flüchtlingskonvention rechtlich und tatsächlich achtet, ist das aber gerade nicht der Fall. Ebenso binden Art. 20 Abs. 1 und Art. 21 Abs. 1 RL 2011/95/EG die 438

455 Vgl. BVerfG, B.v. 2.5.1984, Az. 2 BvR 1413/83, BVerfGE 67, 43/59; BVerfG, U.v. 14.5.1996, Az. 2 BvR 1938/93 u.a., BVerfGE 94, 49/87; BVerwG, U.v. 7.10.1975, Az. 1 C 46.69, BVerwGE 49, 202/205 f.: Schutz vor Zurückweisung an der Grenze und vor einer Abschiebung in den Verfolgerstaat oder einen dorthin abschiebenden Drittstaat.

456 Für sie entstand die Aufenthaltsgestattung nach § 55 Abs. 1 Satz 3 AsylG erst durch die förmliche Asylantragstellung. Dies ist nun durch das Integrationsgesetz vereinheitlicht und um eine Fiktion in § 87c AsylG erweitert, vgl. BT-Drs. 18/8615 S. 52 f, 54.

457 Vgl. BVerfG, B.v. 6.6.1989, Az. 2 BvL 6/89, BVerfGE 80, 182/187 f. Erst für den Aufenthaltsstatus nach Zuerkennung der Flüchtlingseigenschaft gilt über Art. 26 GFK allgemeines Ausländerrecht, z.B. § 25 Abs. 2 AufenthG.

Mitgliedstaaten der Europäischen Union nur im Rahmen ihrer völkerrechtlichen Verpflichtungen an den Grundsatz der Nichtzurückweisung, reichen also nicht weiter als Art. 31 Abs. 1 und Art. 33 Abs. 1 GFK. Auch Art. 3 Abs. 1 RL 2013/33/EU enthält nur ein verfahrensabhängiges Aufenthaltsrecht für ein Antragsverfahren auf internationalen Schutz. Schließlich gewährt auch Art. 3 EMRK **kein Recht auf Aufenthalt zwecks** Erlangung weiterer sozialer, medizinischer oder wirtschaftlicher **Unterstützung.**[458]

439 Im Ergebnis ist Deutschland also verpflichtet, Asylanträge entgegenzunehmen und zu prüfen. Es ist aber nicht verpflichtet, einem abgelehnten Asylbewerber die Einreise in das oder gar den weiteren Aufenthalt im Bundesgebiet zu ermöglichen. Daraus ziehen § 18 und § 18a AsylG Folgerungen.

b) Die Einreise auf dem Landweg

440 Erreicht ein Ausländer die deutsche Grenze **auf dem Landweg**, unterliegt er – obwohl Drittstaatsangehöriger – wegen des Schengen-Abkommens grundsätzlich keinen **Grenzkontrollen** mehr. Im Zuge der Flüchtlingswelle im Jahr 2015 wurden allerdings wieder vorübergehend Grenzkontrollen u.a. an der deutsch-österreichischen Grenze eingeführt, um den Strom der Schutzsuchenden zu kanalisieren, sie zu registrieren und im Bundesgebiet vorläufig zu verteilen.

441 Die Aufgaben der **Grenzbehörden**, insbesondere der Bundespolizei, richten sich landseitig nach § 18 AsylG. Danach hat ein Ausländer, der bei einer mit der polizeilichen Kontrolle des grenzüberschreitenden Verkehrs beauftragten Behörde (Grenzbehörde) um Asyl nach § 13 Abs. 3 Satz 1 AsylG nachsucht, **dort den Antrag** zu stellen. Er soll nach § 18 Abs. 5 AsylG **registriert und identifiziert** sowie sein Einreiseweg dokumentiert werden.[459] Nach § 18 Abs. 2 AsylG ist einem einreisewilligen Ausländer u.a. die **Einreise zu verweigern**, wenn er entweder **aus einem sicheren Drittstaat** im Sinne von § 26a AsylG einreist oder Anhaltspunkte dafür vorliegen, dass ein anderer Staat auf Grund von Rechtsvorschriften der Europäischen Gemeinschaft oder eines völkerrechtlichen Vertrages für die Durchführung des Asylverfahrens zuständig ist und ein Auf- oder Wiederaufnahmeverfahren eingeleitet wird. Nur ein **bereits illegal eingereister Ausländer** wird unverzüglich an die zuständige oder nächstgelegene Aufnahmeeinrichtung zur Meldung nach § 13 Abs. 3 Satz 2 AsylG **weitergeleitet**, es sei denn, er wird diesseits der Grenze in unmittelbarem zeitlichem Zusammenhang mit seiner unerlaubten Einreise noch grenznah angetroffen und nach § 18 Abs. 3 AsylG zurückgeschoben. Danach hätte die Bundesrepublik also die Hunderttausende Schutzsuchende, die über die deutsch-österreichische Grenze einzureisen suchten, daran hindern und der **Republik Österreich** rücküberstellen können, denn Österreich ist ein **sicherer Drittstaat** und zeitlich bereits vor Deutschland für eine etwaige

458 Vgl. BVerwG, U.v. 31.1.2013, Az. 10 C 15.12, BVerwGE 146, 12/20 f. Rn. 23.

459 Deswegen hat die Bundespolizei an der deutsch-österreichischen Grenze Kontroll- und Registrierstellen für die ankommenden Flüchtlinge eingerichtet.

Schutzgewährung zuständig. Österreich wiederum hätte die Schutzsuchenden nicht – wie geschehen – an seiner Süd-Ost-Grenze sammeln und per Bus und Bahn an die deutsch-österreichische Grenze transportieren dürfen,[460] sondern hätte seinerseits ihre Einreise unterbinden und sie dem ersten Einreisestaat in die Europäische Union rücküberstellen müssen.

Soweit die Theorie. Tatsächlich aber hatte die deutsche Bundesregierung in vollem Bewusstsein der **Unzuständigkeit Deutschlands** für die Schutzgesuche sinngemäß verlauten lassen, niemanden zurückzuschicken, der Schutz begehrte – ein wesentlicher Faktor für die **Flüchtlingswelle im Herbst 2015**. Wie weit humanitäre und politische Gründe rechtfertigten, die Nachbarstaaten und europäischen Partner aus ihren völkerrechtlichen und europarechtlichen Verpflichtungen faktisch zu entlassen, werden eines Tages Historiker im Rückblick auf den dadurch ausgelösten **Konkurs des Dublin-III-Systems**[461] bewerten müssen. Momentan maßgeblich ist, dass **Deutschland** aus humanitären Gründen im Sinne von § 18 Abs. 4 Nr. 2 AsylG Hunderttausende Flüchtlinge ins Land gelassen und aufgenommen hat, zu deren Aufnahme es national- und europarechtlich **nicht verpflichtet** war.[462] Die deutschen Grenzbehörden waren mit der Registrierung überfordert, als große Gruppen Schutzsuchender unkoordiniert an der deutsch-österreichischen Grenze anlangten und Einlass begehrten.[463] Um ihre Versorgung mit Nahrung, Kleidung und Obdach sicherzustellen, wurden sie eingelassen und unter Verstoß gegen § 18 Abs. 5 AsylG vielfach **nicht registriert bzw. erkennungsdienstlich erfasst.**[464] Erst als Absprachen mit der österreichischen Seite über eine zahlenmäßige Begrenzung der innerösterreichischen Transporte griffen, gelang wieder eine Registrierung. Insgesamt aber ist das Konzept des § 18 Abs. 2 AsylG dauerhaft ausgehebelt worden: Es hat sich weltweit herumgesprochen, dass Deutschland alle Schutzsuchenden einlässt ohne Unterscheidung danach, ob sie überhaupt schutzbedürftig sind[465] und ob sie es im Moment des Grenzübertritts noch sind, weil sie in einem sicheren Drittstaat Schutz erhalten könnten. 442

c) Die Einreise auf dem Luftweg

Wegen der großen Zahl ohne Aussicht auf Asyl, insbesondere aus wirtschaftlichen und sozialen Motiven Schutzsuchender wurde auch das nach Art. 7 Abs. 2 und 443

460 Zur Situation an der slowenisch-österreichischen Grenze und zur Verantwortung Österreichs für die Durchschleusung bis an die deutsch-österreichische Grenze anschaulich Rainer Meyer, FAZ online v. 30.11.2015.

461 Wie hier auch Uwe Berlit, NVwZ-Extra 4/2017, 1/2.

462 Vgl. Harald Dörig/Christine Langenfeld, NJW 2016, 1/3.

463 Wohl wollte die Bundesregierung Negativbilder wie an der ungarischen Grenze vermeiden, wo Schutzsuchende mit Gewalt von einem illegalen Grenzübertritt abgehalten werden mussten, den sie gewaltsam zu erzwingen suchten.

464 Vgl. BT-Drs. 18/6467 S. 3. Die zuvor durchreisten europäischen Staaten hatten sie ebenfalls nicht registriert, vgl. Kay Hailbronner, FAZ online v. 12.10.2015.

465 Auf eine **Einzelfallprüfung** wurde bei als Syrer eingereisten Schutzsuchenden **zu Unrecht verzichtet**; sie brauchten lediglich einen Fragebogen beantworten, der ebenso wenig wie ihre Identität näher geprüft wurde, vgl. Daniel Thym, NVwZ 2015, 1625/1632; ders., NVwZ 2016, 409/413.

Abs. 3, RL 2013/33/EU jedenfalls nicht ausgeschlossene Modell von „Transitzonen“ oder „Einreisezentren“ diskutiert.[466] Dahinter scheint das verkürzte Verfahren bei einer – im Vergleich zur Einreise auf dem Landweg seltenen – **Einreise auf dem Luftweg** auf:

444 Grundsätzlich werden Ausländer im Fall einer versuchten unerlaubten Einreise nach § 15 Abs. 1 AufenthG an der Grenze zurückgewiesen. Dies ist an der **Landgrenze** unproblematisch, weil der Ausländer tatsächlich auf der anderen Seite der Grenze bleiben kann. Für die **Staatsgrenze in der Luft** gilt das nicht: Reist ein Ausländer über einen Flughafen ein, erreicht er zwar rechtlich erst an der dortigen Grenzkontrolle die Grenze, hat aber geographisch schon in der Luft die Staatsgrenze überquert. Er kann zwar rechtlich zurückgewiesen werden, doch tatsächlich nicht einfach umkehren, da er üblicherweise nur ein Ticket für den Herflug hatte. Für diesen Fall sieht § 15 Abs. 6 AufenthG vor, dass ein zurückgewiesener Ausländer in den **Transitbereich des Flughafens** oder in eine Unterkunft[467] verbracht wird, von wo aus seine Ausreise aus dem Bundesgebiet möglich ist. Dieser Aufenthalt dient seiner Festhaltung, beschränkt seine räumliche Bewegungsfreiheit und bedarf spätestens 30 Tage nach seiner Ankunft am Flughafen der richterlichen Anordnung (**Zurückweisungshaft**). Während dieser Zeitspanne ermittelt die Grenzbehörde die Herkunft und Identität des Ausländers sowie mit welchem Luftverkehrsunternehmen er gekommen ist, da dieses ihn auf eigene Kosten nach § 63 Abs. 1 i.V.m. § 64 Abs. 1 und Abs. 3 sowie § 66 Abs. 3 AufenthG wieder außer Landes zu bringen hat.[468]

445 Für Schutzsuchende kann dieses ausländerrechtliche Verfahren nur mit Einschränkungen angewandt werden, denn sie haben grundsätzlich den verfahrensabhängigen Anspruch auf Einreise zur Prüfung ihres Begehrens.[469] Nach § 18a Abs. 1 AsylG wird allerdings für auf dem Luftweg einreisende Asylbewerber aus einem sicheren Herkunftsstaat (§ 29a AsylG) oder ohne gültigen Pass das Asylverfahren als sogenanntes **Flughafenverfahren** bereits vor der Entscheidung über die Einreise durchgeführt. Dazu ist der Grenzkontrollstelle eine Außenstelle des BAMF zugeordnet, die den Asylantrag entgegennimmt, prüft und den Asylbewerber anhört. Wird der Asylantrag als offensichtlich unbegründet abgelehnt, wird die **Einreise** nach § 18a Abs. 3 Satz 1 AsylG **verweigert**. Die Einreise wird ihm nach § 18a Abs. 6 AsylG nur gestattet, wenn nicht kurzfristig über seinen Asylantrag oder seinen darauf bezogenen Eilantrag entschieden werden kann. Dieses Flughafenverfahren soll zwischen von vornherein aussichtslosen Asylanträgen, über die sofort entschieden werden kann und auf die hin eine Einreise versagt wird,[470] sowie von nicht kurzfristig entscheidbaren Asylanträgen mit der Gestattung einer Einreise zwecks näherer Prüfung

466 BT-Drs. 18/7538, S. 6, 11, 16 zu § 5 Abs. 5, § 30a AsylG. Kritik bei Uwe Berlit, Flüchtlingsrecht, S. 91 f.
467 Diese ist vom Flughafenunternehmen nach § 65 AufenthG zu stellen.
468 Vgl. BT-Drs. 18/6467 S. 3.
469 Zum Ganzen auch Uwe Berlit, Flüchtlingsrecht, S. 91 f.
470 Dies ist mit Art. 16a Abs. 1 GG vereinbar, vgl. BVerfG, U.v. 14.5.1996, Az. 2 BvR 1938/93 u.a., BVerfGE 94, 49/87.

unterscheiden. Gegen die Asylantragsablehnung als offensichtlich unbegründet, die Zurückschiebungsentscheidung und die Einreiseverweigerung als **zwei Verwaltungsakte** kann der Ausländer nach § 18a Abs. 4 AsylG eine kombinierte **Verpflichtungs- und Anfechtungsklage** mit verkürzten Fristen erheben und parallel die vorläufige Gestattung der Einreise durch Antrag nach § 123 Abs. 1 und Abs. 5 VwGO begehren. Der Klageantrag kann lauten:

> „I. Die Bundesrepublik Deutschland, vertreten durch das Bundesamt für Migration und Flüchtlinge sowie durch den Leiter der Bundespolizei am Flughafen, wird unter Gestattung der Einreise und Fortführung des Asylverfahrens verpflichtet,
> 1. den Kläger als Asylberechtigten anzuerkennen,
> 2. hilfsweise dem Kläger die Flüchtlingseigenschaft zuzuerkennen,
> 3. hilfsweise dem Kläger subsidiären Schutz zuzuerkennen,
> 4. hilfsweise für den Kläger Abschiebungsverbote hinsichtlich [Herkunftsstaat] festzustellen.
> II. Der Bescheid des Bundesamts [Aktenzeichen] vom [Datum] wird aufgehoben, soweit er der o.g. Verpflichtung entgegensteht.

Im Herbst 2015 wurde diskutiert, dieses **Flughafenverfahren** auch auf Einreisen auf dem Landweg anzuwenden, Asylbewerber **im grenznahen Raum** oder in speziellen Aufnahmelagern unterzubringen, kurzfristig über ihren Asylantrag zu entscheiden und jeden längeren Aufenthalt zu unterbinden, um sie zeitnah zurückzuführen.[471] Anders als im eigentlichen Flughafenverfahren lässt sich jedoch für die **Zurückweisung zu Lande** kein Beförderungsunternehmer in Haftung nehmen: Insbesondere die Schleusung durch Österreich von Aufnahmelagern an der slowenischen Grenze hin zu den deutsch-österreichischen Grenzübergängen in Bayern erfolgte zwar durch Busunternehmen, die allerdings ihre menschliche Fracht noch auf österreichischem Gebiet abluden – für den Grenzübertritt der Schutzsuchenden konnten sie nicht in Haftung genommen werden. Die Verantwortung trägt vielmehr die Republik Österreich. Entweder nimmt Deutschland Österreich in Haftung – auch auf die Gefahr außenpolitischer Verstimmungen dort und in den weiteren Durchreisestaaten der Balkanroute hin – oder es schiebt die abgelehnten Asylbewerber auf dem Luftweg in ihre Heimat ab – das wäre schon wegen der Passbeschaffung deutlich aufwendiger und wegen der Flugtransportkosten wesentlich kostspieliger. Im Fall einer direkten Rücküberstellung an Österreich müsste zudem die deutsche Landgrenze geschützt werden, um zu verhindern, dass die Zurückgeschobenen kurzerhand kehrt machen und für ein weiteres Asylverfahren wieder nach Deutschland einreisen – ihr Ziel ist langfristig Deutschland, nicht Österreich.[472] Zudem dürfte die schiere Zahl der Schutzsuchenden einer auch nur vorläufigen grenznahen Unterbringung entgegenstehen – bei Tausenden Einreisen pro Tag müssten riesige Lager errichtet und unterhal- 446

471 Vgl. Daniel Thym, NVwZ 2015, 1625/1626 f.; zu § 30a AsylG Daniel Thym, NVwZ 2016, 409/410.
472 Zur Situation an der slowenisch-österreichischen Grenze und zur Verantwortung Österreichs für die Durchschleusung bis an die deutsch-österreichische Grenze anschaulich Rainer Meyer, FAZ online v. 30.11.2015.

ten werden. Daher sind „**Transitzonen**" oder „**Einreisezentren**" so nicht umsetzbar. Praktikabel erscheinen jedoch **Ausreisezentren**, in denen abgelehnte und ausreisepflichtige Asylbewerber nach Herkunftsländern zusammengefasst und konzentriert mit Sammelflügen oder Sammelzügen abgeschoben werden. Solche Ausreisezentren hat der Freistaat Bayern mittlerweile für Ausländer aus sicheren Herkunftsstaaten eingerichtet, deren Asylanträge als offensichtlich unbegründet abgelehnt worden sind.

2. Der Aufenthalt während des Asylverfahrens

447 Ein **Asylbewerber** genießt mangels erlaubten Aufenthalts **keine Freizügigkeit** im Bundesgebiet, sondern ihm wird ein **Wohnsitz zugewiesen** und ihm werden je nach Verfahrensstand weitere **Aufenthaltsbeschränkungen** auferlegt: Zunächst wird er einer **Erstaufnahmeeinrichtung** zugewiesen, später auf eine **Gemeinschaftsunterkunft** verteilt. Erst nach Erfolg seines Asylantrags i.w.S. kann er eine private Wohnung beziehen. Damit soll der Asylbewerber während des Asylverfahrens für das BAMF und die Ausländerbehörden greifbar sein, seine Unterbringung kostensparend sein und eine Verfestigung seines vorläufigen Aufenthalts verhindert werden. Zudem gelten dort besondere Zustellungsvorschriften nach § 10 Abs. 4 AsylG (Rn. 391).

a) Die Unterbringung in einer Aufnahmeeinrichtung

448 Begehrt ein eingereister Ausländer Schutz vor politischer Verfolgung oder in sonstiger Weise nach § 13 Abs. 1 AsylG, wird er zur Stellung des Asylantrags nach § 14 Abs. 1 Satz 1 AsylG und § 20 AsylG an eine **Erstaufnahmeeinrichtung** weitergeleitet, der nach § 5 Abs. 3 AsylG eine **Außenstelle des BAMF** zugeordnet ist. Ihre Zuständigkeit ergibt sich aus § 46 AsylG. Diese Außenstelle prüft im Rahmen der **Identifizierung des Asylbewerbers**, ob er sich schon einmal – eventuell unter anderem Namen oder anderer Herkunft – in Deutschland aufgehalten hat oder ob ein anderer europäischer Staat nach dem Dublin-III-System für die Durchführung des Asylverfahrens zuständig sein könnte. Zur Identitätssicherung nach § 16 AsylG werden u.a. Fingerabdrücke des Asylbewerbers in der europaweiten Datenbank **EURODAC** gespeichert, so dass die dort vorhandenen Datensätze jederzeit mit den genommenen Fingerabdrücken abgeglichen werden können. Ergibt sich ein Treffer in der Datenbank,[473] leitet das BAMF das Verfahren zur Zuständigkeitsbestimmung des für die Prüfung des Schutzgesuchs nach der Dublin-III-Verordnung zuständigen Staates ein (Rn. 465 ff.). In der Erstaufnahmeeinrichtung lebt der Asylbewerber im Wohntrakt und ist dem in unmittelbarer Nähe tätigen BAMF auch für alle erkennungsdienstli-

473 Im Jahr 2013 ergaben sich 18.002 EURODAC-Treffer für bei illegalem Aufenthalt in Deutschland aufgegriffene Ausländer und 49.573 EURODAC-Treffer für Asylbewerber, vgl. BAMF (Hrsg.), Das Bundesamt in Zahlen 2013, S. 34, www.bamf.de, Abruf v. 25.7.2014; im Jahr 2015 wurden 44.892 Rücknahmeersuchen Deutschlands bei 441.899 Asylerstanträgen gestellt, vgl. BAMF (Hrsg.), Das Bundesamt in Zahlen 2015, S. 42, www.bamf.de, Abruf v. 14.12.2016.

chen, gesundheitsprophylaktischen[474] und anderen Maßnahmen greifbar. Solche Erstaufnahmeeinrichtung zu schaffen und zu unterhalten, ist nach § 44 AsylG Aufgabe der Bundesländer, auf welche die Asylbewerber nach einem auf § 45 AsylG beruhenden quotalen Verteilungsschlüssel (**Königsteiner Schlüssel**) zwecks gleichmäßiger Verteilung der sozialen und finanziellen Lasten verteilt werden.

In der **Erstaufnahmeeinrichtung** verbringt der Asylbewerber verpflichtend nach § 47 449
Abs. 1 AsylG die ersten **sechs Wochen bis sechs Monate** im Bundesgebiet.[475] Nur Asylbewerber aus sicheren Herkunftsstaaten oder für die ein anderer Staat nach dem Dublin-III-System zuständig ist, sind nach § 47 Abs. 1a AsylG **dauerhaft** in der Erstaufnahmeeinrichtung wohnsitzpflichtig, um ihre Rückführung zu beschleunigen.[476] Nach § 5 Abs. 5 und § 30a Abs. 1 und Abs. 3 AsylG[477] sollen sie und Asylbewerber, die über ihre Herkunft täuschen, ein Identitätsdokument mutwillig vernichtet oder beseitigt haben oder einen Folgeantrag gestellt oder einen Asylantrag nur zum Hinauszögern ihrer Abschiebung gestellt haben oder ihrer Verpflichtung zur Abnahme von Fingerabdrücken nicht nachkommen, in besonderen Aufnahmeeinrichtungen zur Durchführung eines beschleunigten Asylverfahrens untergebracht werden. Dort sollen ihre Verfahren rasch durchgeführt und entschieden werden und zugleich soll ihnen diese Unterbringung keinen Anreiz bieten, ihren Aufenthalt in Deutschland sonst zu verlängern. Anders formuliert: Ein „Spiel auf Zeit“ soll von Anfang an unterbunden werden. Alle anderen Asylbewerber werden anschließend durch eine Zuweisungsentscheidung nach § 50 Abs. 4 AsylG auf dezentrale **Gemeinschaftsunterkünfte** weiter verteilt. Ihre **Verpflichtung zur Wohnung** in der Erstaufnahmeeinrichtung endet nach § 48 und § 49 AsylG vorzeitig insbesondere mit Abschluss ihres Asylverfahrens in Gestalt einer Asylanerkennung oder Zuerkennung der Flüchtlingseigenschaft oder durch anderweitige Zuweisung. Weiter endet ihre Verpflichtung nach § 50 Abs. 1 AsylG, wenn sie landesintern weiterverteilt werden, weil über ihren Asylantrag nicht kurzfristig entschieden werden kann oder nach negativem Abschluss ihres Asylverfahrens das Verwaltungsgericht die aufschiebende Wirkung ihrer Klage gegen den Bescheid des BAMF angeordnet hat.

Diese landesinterne **Verteilung** erfolgt durch eine **Zuweisungsentscheidung** nach § 50 450
Abs. 4 AsylG als belastender **Verwaltungsakt**, wogegen eine **Anfechtungsklage** nach § 42 Abs. 1 VwGO statthaft ist. Die nach § 83b AsylG gerichtskostenfreie Klage hat nach § 75 Abs. 1 AsylG **keine aufschiebende Wirkung**; diese kann ggf. mit einem Antrag nach § 80 Abs. 5 VwGO beim Verwaltungsgericht beantragt werden. Da bei der Zuweisung aber familiäre Belange berücksichtigt werden und sonstige Belange des Asylbewerbers (z.B. Interesse am Leben in einer Großstadt statt auf dem Land) ge-

474 Untersuchungen auf ansteckende Krankheiten und Schutzimpfungen dienen der Verhütung ansteckender Krankheiten unter den beengt lebenden Asylbewerbern und damit auch ihrem eigenen Schutz.
475 Die Residenzpflicht ist mit Art. 7 Abs. 2 RL 2013/33/EU vereinbar, so auch Daniel Thym, NVwZ 2015, 1625/1626.
476 BT-Drs. 18/6185, S. 48; Daniel Thym, NVwZ 2015, 1625/1626.
477 BT-Drs. 18/7538, S. 5 f.

genüber dem öffentlichen Interesse an einer gleichmäßigen Verteilung regelmäßig nachrangig sein werden, haben Klagen gegen solche Zuweisungsentscheidungen – zumal bei der großen Zahl der Unterzubringenden im Vergleich zur knappen Kapazität der Unterkünfte – wenig Aussicht auf Erfolg.

451 Für die weitere Dauer seines Asylverfahrens wird der Asylbewerber nach § 53 Abs. 1 AsylG regelmäßig in **Gemeinschaftsunterkünften** untergebracht, wobei das öffentliche Interesse und Belange des Ausländers zu berücksichtigen sind. Die Residenzpflicht dort endet mit positivem Ausgang des Asylverfahrens.

b) Die Änderung der räumlichen Zuweisung durch Umverteilung

452 Nachträglich kann eine Zuweisung wegen schwerwiegender familiärer und persönlicher Belange nach § 51 AsylG auch durch **länderübergreifende Umverteilung** geändert werden, wenn der Asylbewerber nicht mehr verpflichtet ist, in einer Erstaufnahmeeinrichtung zu wohnen. Dabei findet ein länderübergreifender Ausgleich der Asylbewerberzahlen entsprechend dem Königsteiner Schlüssel statt. Gründe für eine Umverteilung sind die Zusammenführung von Familienangehörigen oder sonstige humanitäre Gründe von vergleichbarem Gewicht, die der Asylbewerber in seinem **Umverteilungsantrag** geltend zu machen hat.

Beispiel: Ehegatten wurden auf der Flucht getrennt und erreichten voneinander unabhängig Deutschland. Er wurde Bayern zu gewiesen und lebt in einer Gemeinschaftsunterkunft in München; sie wurde Hessen zugewiesen und lebt in einer Gemeinschaftsunterkunft in Frankfurt. Erst im laufenden Asylverfahren erfahren sie voneinander. Er beantragt die Umverteilung nach Frankfurt bei der hierfür nach § 51 Abs. 2 AsylG zuständigen hessischen Behörde. Lehnt die Behörde ab, kann er eine Versagungsgegenklage nach § 42 Abs. 1 2. Alt. VwGO beim Verwaltungsgericht München erheben.[478]

c) Die räumliche Beschränkung während des Asylverfahrens

453 Während der Dauer des Aufenthalts gilt die **räumliche Beschränkung** auf den **Bezirk der Ausländerbehörde** nach § 56 Abs. 1 i.V.m. § 59a Abs. 1 AsylG, in deren Bezirk die dem Asylbewerber zugewiesene Erstaufnahmeeinrichtung liegt. Sein privates Interesse, diesen Bezirk zu verlassen, wird von Gesetzes wegen als nachrangig angesehen gegenüber dem öffentlichen Interesse an seiner behördlichen Greifbarkeit für die ersten drei Monate seines ausschließlich der Durchführung des Asylverfahrens dienenden Aufenthalts.

454 Will der Asylbewerber den **Aufenthaltsbereich** seiner Aufnahmeeinrichtung verlassen, bedarf er dazu **grundsätzlich der Erlaubnis** nach § 57 Abs. 1 AsylG, die ihm u.a. für **Termine** mit Bevollmächtigten und mit Organisationen, die sich mit der Betreuung von Flüchtlingen befassen, nach § 57 Abs. 2 AsylG erteilt werden soll. Behördliche oder gerichtliche Termine, bei denen sein persönliches Erscheinen erforderlich

478 Dieses und nicht das Verwaltungsgericht Frankfurt ist wegen § 52 Nr. 2 Satz 3 VwGO örtlich zuständig, weil eine Streitigkeit nach dem AsylG vorliegt. Deswegen ist das Verfahren nach § 83b AsylG auch gerichtskostenfrei.

ist, darf er nach § 57 Abs. 3 AsylG ohne Erlaubnis wahrnehmen, muss die Termine aber der Aufnahmeeinrichtung und dem Bundesamt anzeigen.

Ist ein Asylbewerber nicht (mehr) verpflichtet, in einer Aufnahmeeinrichtung zu wohnen, kann ihm die Ausländerbehörde nach § 58 Abs. 1 AsylG **erlauben**, sich allgemein in dem **Bezirk einer anderen Ausländerbehörde** aufzuhalten. Gründe hierfür können in der Ausübung einer erlaubten Beschäftigung, im Schulbesuch, in einer betrieblichen Aus- und Weiterbildung, im Studium liegen. 455

Wird der Ausländer in einem Teil des Bundesgebiets angetroffen, in dem er sich nicht aufhalten darf, hat er diesen nach § 12 Abs. 3 AufenthG unverzüglich zu verlassen. Um **Binnenwanderungen** und damit eine ungleiche Belastung der Ballungsräume mit Leistungsberechtigten **zu vermeiden**, begrenzt § 11 Abs. 2 AsylbLG die Sozialleistungen für ihrer räumlichen Beschränkung zuwider aufhältige Asylbewerber auf eine **reine Reisebeihilfe** für die Rückkehr an den zugewiesenen Aufenthaltsort. Kommt der Ausländer seiner Verlassenspflicht nicht nach, kann sie nach § 59 Abs. 1 AsylG auch ohne vorherige Androhung durch Anwendung unmittelbaren Zwangs durchgesetzt werden, d.h. der Asylbewerber wird notfalls unter Anwendung körperlicher Gewalt in einen Bus oder Zug zum erlaubten Aufenthaltsbereich verfrachtet. Er kann zur Durchsetzung der Verlassenspflicht verhaftet und auf richterliche Anordnung in Haft genommen werden. 456

Die gesetzliche **räumliche Beschränkung** erlischt zwar grundsätzlich nach § 59a Abs. 1 AsylG, wenn sich der Ausländer seit drei Monaten ununterbrochen erlaubt, geduldet oder gestattet im Bundesgebiet aufhält. Sie bleibt aber ausnahmsweise bestehen, solange er noch verpflichtet ist, in der Aufnahmeeinrichtung zu wohnen – insbesondere also für Asylbewerber aus sicheren Herkunftsstaaten. Darüber hinaus kann der Aufenthaltsgestattung eine gesonderte gewillkürte **räumliche Beschränkung** nach § 59b AsylG beigefügt werden, wenn der Ausländer wegen einer allgemeinen Straftat[479] rechtskräftig verurteilt worden ist oder ein Drogendelikt begangen hat oder konkrete Maßnahmen zur Aufenthaltsbeendigung bevorstehen. In diesen Fällen überwiegt das öffentliche Interesse an der Fortdauer der räumlichen Beschränkung das gegenläufige private Interesse des Ausländers. Dagegen kann nach § 42 Abs. 1 VwGO eine **Anfechtungsklage** erhoben werden, die allerdings wegen § 75 Abs. 1 AsylG **keine aufschiebende Wirkung** hat, so dass der Ausländer der räumlichen Beschränkung zunächst Folge zu leisten hat, bis ein Verwaltungsgericht auf einen Antrag nach § 80 Abs. 5 VwGO hin die aufschiebende Wirkung angeordnet hat. § 60 AsylG sieht schließlich für nicht mehr in einer Aufnahmeeinrichtung zu wohnen verpflichtete, aber sozialhilfebedürftige Asylbewerber eine **Wohnsitzauflage** vor. Sie dient einer möglichst gleichmäßigen Verteilung der finanziellen Lasten durch die öffentliche Unterbringung. 457

479 D.h. eine Verurteilung nicht wegen eines asylspezifischen Delikts.

3. Der Lebensunterhalt während des Asylverfahrens

458 **Asylbewerber** sind grundsätzlich per definitionem Schutzsuchende und **keine Arbeitnehmer**. Ihr Aufenthalt dient der Prüfung ihres Schutzbegehrens, nicht ihrer Beschäftigung. Daher sollen sie **grundsätzlich nicht erwerbstätig** sein. Allerdings muss ihr Unterhalt dann durch Sozialleistungen sichergestellt werden, um dem aus Menschenwürde und Sozialstaatsprinzip nach Art. 1 Abs. 1 GG i.V.m. Art. 20 Abs. 2 GG abgeleiteten Anspruch auf ein Existenzminimum gerecht zu werden.[480]

a) Das general-präventive Erwerbstätigkeitsverbot für Asylbewerber

459 Um Deutschland als Zielstaat für Asylbewerber nicht noch attraktiver zu machen,[481] insbesondere nicht vorwiegend Personen anzulocken, die aus wirtschaftlichen Gründen das Asylverfahren missbrauchen, um einen sonst für sie über §§ 18 ff. AufenthG unerreichbaren Aufenthalt zu Zwecken der Erwerbstätigkeit zu erlangen, besteht für Asylbewerber nach § 47 i.V.m. § 61 Abs. 1 AsylG ein **generelles Arbeitsverbot**. Vor Ablauf dieser Zeit kann einem Asylbewerber, der sich seit drei Monaten nach § 55 AsylG gestattet im Bundesgebiet aufhält, nach § 61 Abs. 2 AsylG unter weiteren Voraussetzungen ausnahmsweise die Ausübung einer Beschäftigung erlaubt werden (vgl. Übersicht nach Rn. 463). Seine Beschäftigung ist aber für die ersten 15 Monate seines Aufenthalts im Bundesgebiet **arbeitsmarktpolitisch nachrangig** gegenüber der Beschäftigung sich hier erlaubt aufhaltender Ausländer (**Vorrangprüfung**). Diese Vorrangprüfung wird nun für drei Jahre regional ausgesetzt, um Asylbewerbern und Geduldeten eine Beschäftigung bereits nach drei bzw. sechs Monaten zu eröffnen.[482] **Ausgeschlossen** hiervon sind **Asylbewerber aus sicheren Herkunftsstaaten**, die nach dem 31. August 2015 einen Asylantrag gestellt haben. Gerade sie stehen im Verdacht, das Asylverfahren zu wirtschaftlichen Zwecken zu missbrauchen und sollen daher generalpräventiv keine Beschäftigung aufnehmen dürfen. Dass Asylbewerber damit auf den Bezug von Sozialhilfe angewiesen sind, wird migrationspolitisch bewusst in Kauf genommen.[483] Auch dass sie so zu weitgehender Untätigkeit in den Erstaufnahme- und Gemeinschaftseinrichtungen verurteilt sind – außer der Haushaltsführung dort – und sich Langeweile und Aggressionen durch die Enge und erzwungene Unterbeschäftigung aufstauen können, soll nicht verhehlt werden. Dies ist aber kein spezifisches Phänomen der Asylbewerber, sondern überall zu beobachten, wo Menschen auf engem Raum zu einer Notgemeinschaft gezwungen sind. Dem sollen verstärkt gemeinnützige ehrenamtliche Tätigkeit nach § 5a AsylbLG als bloße

---

480 Vgl. BVerfG, U.v. 18.7.2012, Az. 1 BvL 10/10, BVerfGE 132, 134/169 ff.; kritisch zur konkreten verfassungsrechtlichen Herleitung Andreas Dietz, DÖV 2015, 727 ff.

481 Auf die Vielzahl der Faktoren weist Daniel Thym, NVwZ 2015, 1625 hin. Für eine Öffnung des Arbeitsmarkts plädiert Christoph von Planta, NVwZ 2016, 18, 20.

482 Näher zu § 32 Abs. 5 BeschV Frederik von Harbou, NVwZ 2016, 1193 f.; ders., NJW 2016, 2700/2701 f.; zu Maßnahmen der Ausbildungsförderung NVwZ, 2016, 1193/1195; NJW 2016, 2700 f.

483 § 61 Abs. 2 Satz 4 AsylG verstößt auch nicht gegen Art. 15 Abs. 1 RL 2013/33/EU, der diese Personengruppe nach neun Monaten Verfahrensdauer zum Arbeitsmarkt zulässt (so aber Daniel Thym, NVwZ 2015, 1625/1627), denn selbst dann haben Asylberechtigte und anerkannte Flüchtlinge Vorrang, vgl. VG Augsburg, U.v. 15.2.2016, Az. 6 K 16.58, juris; auch Christoph von Planta, NVwZ 2016, 18 f.

Beschäftigung und die Verpflichtung zur Teilnahme an einem Integrationskurs nach § 44a Abs. 1 Satz 1 Nr. 4 AufenthG i.V.m. § 5b AsylbLG abhelfen.[484]

b) Die Leistungen nach dem AsylbLG

Anders als im Bundesgebiet aufenthaltsberechtigte Ausländer erhalten Asylbewerber 460
keine Sozialhilfe i.e.S. („Hartz IV"), sondern dem Prinzip nach vergleichbare, **deutlich reduzierte Leistungen**: Nach § 1 Abs. 1 Nr. 1, § 3 und § 4 AsylbLG erhalten sie Nahrung, Kleidung und Obdach **vorrangig als Sachleistungen** wie Essenspaketen, Kleidungsgutscheinen, auf akute Erkrankungen und Schmerzzustände **begrenzte ärztliche Behandlung**[485] sowie kostenfreie **Unterbringung** in Erstaufnahmeeinrichtungen und Gemeinschaftsunterkünften. Entgegen mancher Vorurteile handelt es sich auch im medizinischen Bereich nur um eine Elementarversorgung.

Daneben erhalten sie nach § 3 Abs. 1 Satz 8 AsylbLG ein Taschengeld zur Befriedi- 461
gung persönlicher Bedürfnisse des täglichen Lebens, die nicht durch Sachleistungen gedeckt oder Gutscheine pauschaliert werden können (**Barbetrag**). Dieses macht Deutschland als Zielstaat für ein Asylverfahren so attraktiv, dass es in den vergangenen Jahren zahlreiche Menschen aus den Balkanstaaten erst bewogen hat, ihre Heimat zu verlassen.[486] In einer Befragung nannten sie als zentrale Fluchtgründe u.a. schlechte persönliche Lebensbedingungen (62 %) und die schlechte wirtschaftliche Situation im Herkunftsland (52 %); ihr Nettoverdienst vor der Flucht war das vergleichsweise geringste mit 191 Euro monatlich.[487] Gerade in den Wintermonaten reicht ihr Einkommen im Herkunftsstaat oft nicht zum Leben aus, während sie in Deutschland für die Dauer des Aufenthalts eine Grundversorgung und zusätzlich das Taschengeld erhalten, das ihr in der Heimat durch Erwerbstätigkeit erzielbares Einkommen erreicht bzw. sogar übersteigt. Deswegen wurden die drei Jahre zuvor angehobenen **Leistungen** im Herbst 2015 **radikal reduziert** und der **Vorrang von Sachleistungen und Wertgutscheinen** in § 3 Abs. 1 AsylbLG während einer Unterbringung in Erstaufnahme- und Gemeinschaftseinrichtungen betont. Auch zur Deckung persönlicher Bedürfnisse sollen vorrangig Sachleistungen und Wertgutscheine und erst nachrangig Bargeld eingesetzt werden. Dieses **Sachleistungsprinzip** soll ein Asylverfahren in Deutschland nicht finanziell zusätzlich attraktiv zu machen, sondern einem Missbrauch des Asylrechts vorbeugen. Wer wirklich Schutz sucht, wird die – alles andere als großzügigen – Lebensumstände bis zum Abschluss seines Asylverfahrens hinneh-

484 Vgl. zum Anliegen des Integrationsgesetzes BT-Drs. 18/8615 S. 35 ff., 47.

485 Zu der wegen Überforderung der medizinischen Behandlungskapazitäten auch ärztlich ausgebildeten Asylbewerber nach § 90 AsylG herangezogen werden können. Die Ausgabe einer elektronischen Gesundheitskarte ist nach § 264 Abs. 1 Satz 3 SGB V als Ersatz für die bisherigen Behandlungsscheine möglich. Näher dazu Stephan Rixen, NVwZ 2015, 1640 ff. Die Behandlung erstreckt sich grundsätzlich nicht auf chronische Erkrankungen, vgl. Kathleen Neundorf, NJW 2016, 5/10.

486 So erhält ein Alleinstehender statt zuvor 40,90 Euro/mtl. nach § 3 Abs. 1 AsylbLG derzeit 143,00 Euro/mtl. Zur Diskussion um die Höhe der Barbeträge und ihre verfassungsrechtliche sowie migrationspolitische Bewertung bei Andreas Dietz, DÖV 2015, 727/727 f.; Daniel Thym, NVwZ 2015, 1625/1629 ff.

487 Vgl. Herbert Brückner/Nina Rother/Jürgen Schupp, IAB-BAMF-SOEP-Befragung von Geflüchteten, Forschungsbericht Nr. 29, S. 24, 50, www.bamf.de, Abfrage vom 20.1.2017.

men, so die rechtspolitische Vermutung. Wer aber aus anderen Motiven gekommen oder falschen Versprechungen der Menschenhändler über Deutschland aufgesessen ist, eher nicht – soweit die Theorie.

462 Dass diese **Grundversorgung** Härten aufwirft, wenn sich das Asylverfahren ohne Zutun des Betroffenen durch die Überforderung des BAMF in die Länge zieht, dieser sich gar noch nicht als asylsuchend registrieren lassen konnte[488] oder die Unterbringungssituation für psychisch Verletzte oder Verletzliche auch dadurch zur Belastung wird, dass sie keinen finanziellen Spielraum haben, zeigt die praktische Erfahrung.[489] Dies zu mildern war Motiv der **Entscheidung des Bundesverfassungsgerichts**, die Barbeträge der allgemeinen Preisentwicklung anzupassen und damit nach 20 Jahren Untätigkeit des Normgebers deutlich zu erhöhen.[490] Gleichwohl darf auch nicht aus dem Blick geraten, dass viele Flüchtlinge bei den Schleusern, die sie nach Deutschland gebracht haben, noch Schulden haben.[491] Ihnen durch ein höheres Taschengeld oder gar eine früher erteilte Erlaubnis zur Erwerbstätigkeit mehr Geld zur Verfügung zu stellen, wenn sie es erfahrungsgemäß nur zu einem geringen Teil hier für sich verwenden, sondern entweder ihren Schleusern zahlen oder in die Heimat schicken, würde den Menschenhandel für seine kriminellen Profiteure im Ausland noch lukrativer machen, statt die **Lebensverhältnisse der Betroffenen im Inland zu verbessern.** Eine einfache Lösung für dieses Dilemma gibt es nicht; allenfalls auf Euro bezifferte, **nur im Inland einlösbare Wertgutscheine oder Guthabenkarten** könnten helfen, dass die Flüchtlinge das Geld im Inland nur für sich verwenden.

463 Ob die Leistungskürzung[492] aus dem Herbst 2015 auf dem Prüfstand des Bundesverfassungsgerichts bestehen wird, ist zu bezweifeln. Es hatte migrationspolitischen Erwägungen, die Leistungen an Asylbewerber und Flüchtlinge niedrig zu halten, um Anreize für Wanderungsbewegungen durch ein im internationalen Vergleich eventuell hohes Leistungsniveau zu vermeiden, eine klare Absage erteilt; die in Art. 1 Abs. 1 GG garantierte Menschenwürde sei „migrationspolitisch nicht zu relativieren".[493] Weniger einschneidend aber zielführend wären gruppenspezifische Leistungskürzungen für **Asylbewerber aus sicheren Herkunftsstaaten**, da bei ihnen ein Verfolgungsschicksal mit hoher Wahrscheinlichkeit ausgeschlossen[494] und ein Missbrauch

488 Als Beispiele zu § 11 Abs. 2a AsylbLG bei BT-Drs. 18/7538, S. 24.

489 Die Langeweile und Untätigkeit abmildern sollen auch die durch das Integrationsgesetz weiter geöffneten Arbeitsgelegenheiten nach § 5 AsylbLG, vgl. BT-Drs. 18/8615 S. 35 ff.

490 Vgl. BVerfG, U.v. 18.7.2012, Az. 1 BvL 10/10, BVerfGE 132, 134 ff.

491 Die Kosten für die Flucht liegen je nach Herkunftsregion zwischen etwa 1.700 Euro für Schutzsuchende vom Westbalkan und über 12.000 Euro für Schutzsuchende aus Afghanistan, vgl. Herbert Brückner/Nina Rother/Jürgen Schupp, IAB-BAMF-SOEP-Befragung von Geflüchteten, Forschungsbericht Nr. 29, S. 26, www.bamf.de, Abfrage vom 20.1.2017.

492 Für Streitigkeiten wegen Leistungen ist nach § 51 Abs. 1 Nr. 6a SGG (Sozialgerichtsgesetz v. 23.9.1975 i.d.F. v. 15.4.2015, BGBl. I S. 583) der Rechtsweg zu den Sozialgerichten eröffnet.

493 Vgl. BVerfG, U.v. 18.7.2012, Az. 1 BvL 10/10, BVerfGE 132, 134 ff. Näher zur Urteilsbegründung Andreas Dietz, DÖV 2015, 727/731 ff./173 Rn. 95. Der Anreiz liegt neben der absoluten Höhe des Barbetrags auch in seinem verfassungsgerichtlich ausgeschlossen (teilweisen) Ersatz durch Sachleistungen.

494 Vgl. nur BAMF (Hrsg.), Migrationsbericht 2015, S. 127, www.bamf.de.

des Asylverfahrens zwecks Sozialhilfebezug vermutet werden kann, wie auch § 1a Abs. 1 und § 14 AsylG zeigen.[495]

Beschäftigung und Sozialleistungen im und nach dem Asylverfahren

Status	Arbeitsmarktzugang	Sozialleistungen
I. Asylbewerber im Asylverfahren:		
1.–3. Monat des Asylverfahrens mit Gestattung	nach § 61 Abs. 1 AsylG Erwerbstätigkeitsverbot (Rn. 459)	Leistungen nach § 1 Abs. 1 Nr. 1 AsylbLG (Rn. 460 ff.), dabei 1.–15. Monat Basisversorgung nach § 3 und § 4 AsylbLG ab 16. Monat Hilfe zu Lebensunterhalt und Krankheitsversorgung nach § 2 Abs. 1 AsylbLG i.V.m. § 23 Abs. 1 und Abs. 2 SGB XII, aber Kürzungsmöglichkeiten u.a. wegen mangelnder Mitwirkung im Asylverfahren nach § 1a AsylbLG
ab 4. Monat des Asylverfahrens mit Gestattung	nach § 61 Abs. 2 AsylG grundsätzlich möglich mit Zustimmung der Bundesagentur, außer bei Herkunft aus sicherem Drittstaat und Antragstellung nach 31.8.2015 oder fortdauernder Zuweisung in Erstaufnahmeeinrichtung (Rn. 459) Zustimmung entbehrlich u.a. bei Aufenthalt von mehr als vier Jahren oder für Praktikum oder Berufsausbildung nach § 32 Abs. 2 und Abs. 4 BeschV	
II. Asyl- oder Schutzberechtigter:		
Aufenthaltserlaubnis nach § 25 Abs. 1 bis Abs. 3 AufenthG	unselbständige Beschäftigung erlaubt nach § 25 Abs. 1 Satz 4 AufenthG (Rn. 333, 348, 372)	Hilfe zum Lebensunterhalt und Krankheitsversorgung wie für Inländer
III. Ausreisepflichtiger nach erfolglosem Asylverfahren:		
ausreisepflichtig mit allgemeiner Duldung (Rn. 382 f.)	Erlaubnis zur Beschäftigung nach § 60a Abs. 2 AufenthG i.V.m. § 32 BeschV, ggf. Ausschluss nach § 60a Abs. 6 AufenthG (Rn. 225) Legalisierung des Aufenthalts hochqualifizierter Geduldeter nach § 18a AufenthG	Leistungen nach § 1 Abs. 1 Nr. 4 AsylbLG unter Ausschluss regulärer Sozialhilfe nach § 23 Abs. 2 SGB XII (Rn. 384) wie für Asylbewerber mit Kürzungsmöglichkeit nach § 1a Abs. 3 AsylbLG, wenn aus von ihnen selbst zu vertretenden Gründen aufenthaltsbeendende Maßnahmen nicht vollzogen werden können

495 Vgl. Andreas Dietz, DÖV 2015, 727/731 ff.

Status	Arbeitsmarktzugang	Sozialleistungen
ausreisepflichtig aber Duldung zu Ausbildungszwecken	ausbildungsplatzbezogene Duldung für drei Jahre Ausbildung mit anschließender Aufenthaltserlaubnis für zwei Jahre nach § 60a Abs. 2 Satz 4 ff. i.V.m. § 18a Abs. 1a AufenthG (Rn. 225)	wie andere Geduldete mit Modifikationen durch die Erwerbstätigkeit (z.B. Krankenversicherung als Arbeitnehmer)

II. Der Ablauf des Asylverfahrens

464 Im Asylerstverfahren[496] prüft das BAMF nacheinander die Person, den Reiseweg und die Biografie des Asylbewerbers mit unterschiedlichen Zwischenentscheidungen:

Ablauf eines Asylverfahrens

Ereignis	Verfahrensschritte BAMF	Folgen
(unerlaubte) Einreise in die Bundesrepublik und hier Schutzgesuch (Rn. 435)	Entgegennahme des Schutzgesuchs, Erstregistrierung (Rn. 441)	Weiterleitung an Erstaufnahmeeinrichtung (Rn. 448), Ausstellung eines Ankunftsnachweises (Rn. 487)
	Identifizierung des Asylbewerbers und Prüfung der Zuständigkeit eines anderen EU-Mitgliedstaats (Rn. 448)	sonst ggf. Übernahmeersuchen im Dublin-III-System (Rn. 465) und Rücküberstellung
förmliche Asylantragstellung	Entgegennahme des Antrags, Anhörung mit Niederschrift (Rn. 482 ff.)	Ausstellung einer Bescheinigung über Aufenthaltsgestattung (Rn. 488)
	Amtsermittlung zum Vorbringen, Entscheidung über Antrag	
Erlass eines förmlichen Bescheids des BAMF	Entscheidung über den Asylantrag i.w.S. (Rn. 385) 1. Variante bei (teilweiser) Schutzgewährung 2. Variante bei vollständiger Antragsablehnung (Rn. 386)	soweit Bescheid unangefochten und bestandskräftig wird: erteilt Ausländerbehörde Aufenthaltserlaubnis (Rn. 333, 348, 372, 382) oder Duldung (Rn. 383) setzt Ausländerbehörde die Ausreisepflicht notfalls durch Abschiebung durch

496 Daneben gibt es das Asylfolgeverfahren nach § 71 AsylG (Rn. 426, 483) und den Asylzweitantrag nach § 71a AsylG; zum Begriff BayVGH, U.v. 3.12.2015, Az. 13a B 15.50069, NVwZ 2016, 625 ff. Rn. 21,24; zu den vom BAMF dazulegenden Voraussetzungen eines in einem anderen EU-Mitgliedstaat abgeschlossenen Asylerstverfahrens BVerwG, U.v. 14.12.2016, Az. 1 C 4.16 (Pressemitteilung Nr. 104/2016, www.bverwg.de).

1. Die Vorprüfung der Zuständigkeit Deutschlands im Dublin-III-Verfahren

Die **erste Prüfungsstufe** bei der Entgegennahme des Asylantrags ist die Zuständigkeitsprüfung, denn ist Deutschland unzuständig, bedarf es keiner Sachentscheidung. Daher steht die **zwischenstaatliche Zuständigkeit** nach dem **Dublin-III-System** an erster Stelle in der Prüfungsfolge. Sie setzt die – aus darstellerischen Gründen zurückgestellte – Identitätsprüfung des Asylbewerbers (Rn. 475 ff.) voraus. 465

a) Die Funktionsprinzipien des Dublin-III-Systems

Die **Dublin-III-Verordnung** regelt die staatliche Zuständigkeit für die Schutzsuchenden in Europa nach drei Haupt-Prinzipien. **Erstens** gilt das **Einheits-Prinzip**: ein Antragsteller – ein prüfender Staat.[497] Nur dieser soll nach Art. 3 Abs. 1 Satz 2 VO 604/2013/EU für die Prüfung eines internationalen Schutzgesuchs zuständig sein,[498] um einen „Asyltourismus“ der Schutzsuchenden in den ihnen jeweils genehmen Staat und eine Mehrfachprüfung durch verschiedene Staaten zu verhindern. Auch ein erneuter Antrag in einem anderen Staat soll zur Zuständigkeit des ersten Staats zurückführen. Antragsteller und Staat bilden verfahrensmäßig eine Einheit. **Zweitens** gilt das **Prioritätsprinzip**: erste Einreise – erste Zuständigkeit. Der Dublin-III-Staat, in den der Antragsteller erstmals aus einem Drittstaat kommend illegal eingereist ist, ist ab diesem Zeitpunkt nach Art. 13 Abs. 1 VO 604/2013/EU für zwölf Monate zuständig. **Drittens** gilt das **Überstellungsprinzip**: Keine Sachprüfung im Zweitstaat – statt dessen Überstellung in den zuständigen Staat nach Art. 21 ff. VO 604/2013/EU. 466

Diese Prinzipien werden **durch Schutzregelungen** für besondere Personengruppen oder besondere Beziehungen zu bestimmten Staaten **überlagert**. Für **unbegleitete minderjährige Flüchtlinge** gilt um des Wohls des Kindes willen nach Art. 8 Abs. 1 bis Abs. 3 VO 604/2013/EU vorrangig das **Prinzip der Familieneinheit**, d.h. der Mitgliedstaat, in dem sich ein Familienangehöriger rechtmäßig aufhält, ist zuständig. Fehlt jeglicher Familienangehöriger, so bleibt der unbegleitete minderjährige Flüchtling nach Art. 8 Abs. 4 VO 604/2013/EU von einer Rücküberstellung in seinen Einreisestaat ausgespart und wird der Staat zuständig, in dem er sein Schutzgesuch gestellt hat, selbst wenn er bereits in einem anderen Mitgliedstaat einen Asylantrag gestellt hat.[499] Auch im Übrigen und für andere Schutzsuchende gilt um des Wohls der Familie willen nach Art. 9, Art. 10 und Art. 11 VO 604/2013/EU das **Prinzip der Familieneinheit**, d.h. der Mitgliedstaat, in dem sich ein Familienangehöriger rechtmäßig aufhält oder in dem dessen Schutzgesuch bereits geprüft wird, ist zuständig. Schließlich gilt nach Art. 12 Abs. 1 und Abs. 2 sowie Art. 14 VO 604/2013/EU ebenfalls vorrangig vor den allgemeinen Prinzipien das **Prinzip des legalen Aufenthalts**, 467

497 Das sind die Mitgliedstaaten der Europäischen Union sowie Norwegen, Island, die Schweiz und Liechtenstein.

498 Zur Vorläufernorm des Art. 3 Abs. 1 VO 343/2003/EG EuGH, U.v. 6.6.2013, Az. C-648/11, NVwZ-RR 2013, 735 Rn. 43.

499 Zur Vorgängerregelung des Art. 6 Abs. 2 VO 343/2003/EG EuGH, U.v. 6.6.2013, Az. C-648/11, NVwZ-RR 2013, 735 f.; BVerwG, U.v. 16.11.2015, Az. 1 C 4.15, Asylmagazin 2016, 178 f.

d.h. der Staat ist zuständig, der die legale Einreise des Ausländers in den Dublin-III-Raum u.a. durch Erteilung eines Aufenthaltstitels oder Visums oder durch den Verzicht darauf ermöglicht hat. Die **Pflichten des zuständigen Staats** ergeben sich aus Art. 18 VO 604/2013/EU und umfassen u.a. die Aufnahme des Antragstellers, seine Wiederaufnahme bei einer Rücküberstellung, die Prüfung des Schutzgesuchs und die Einräumung effektiven Rechtsschutzes.

468 Für den tatsächlichen Aufenthaltsstaat ergibt sich aus Art. 20 ff. VO 604/2013/EU die Befugnis, den Antragsteller in den zuständigen Staat **rückzuüberstellen.** Dazu muss er den potentiell zuständigen Staat aber fristgerecht um Rückübernahme ersuchen. Der ersuchte Staat muss seinerseits fristgerecht auf das Aufnahmegesuch antworten; lehnt er es nicht ab, gilt er im Wege einer **Fiktion als zuständig** und zur Rücknahme verpflichtet. Sowohl das Verfahren als auch die zu beachtenden Fristen für die Zuständigkeitsbestimmung differenzieren nach dem Rechtsstatus des Antragstellers, dessen Voraufenthalt im ersuchten Staat sich indiziell insbesondere aus einem **EURODAC**-Treffer ergibt:

Erste Variante: Der Antragsteller ist zwar in den ersuchten Staat **illegal eingereist,** hat dort aber weder einen Schutzantrag im Sinne von Art. 2 Buchst. b) VO 604/2013/EU gestellt, noch ist er sonst dort registriert worden, sondern hat erst im ersuchenden Staat um Schutz nachgesucht. Hier gilt für den ersuchenden Staat ab Stellung des Schutzgesuchs eine Frist zur Anfrage nach Art. 20 Abs. 1 i.V.m. Art. 21 Abs. 1 Unterabs. 1 VO 604/2013/EU von drei Monaten ab Stellung des Schutzgesuchs, sonst ist er nach Art. 21 Abs. 1 Unterabs. 3 VO 604/2013/EU für das Schutzgesuch des Antragstellers zuständig geworden. Mangels EURODAC-Treffermeldung gelten die in Art. 22 Abs. 2 bis Abs. 5 VO 604/2013/EU aufgestellten Beweisregeln. Der ersuchte Staat hat auf das Ersuchen nach Art. 22 Abs. 1 VO 604/2013/EU innerhalb von zwei Monaten zu antworten, ansonsten wird seine Zustimmung zur Rücknahme nach Art. 22 Abs. 7 VO 604/2013/EU fingiert.

Zweite Variante: Der Antragsteller ist in den ersuchten Staat **illegal eingereist,** hat dort ebenfalls keinen Schutzantrag gestellt, doch ist er **erkennungsdienstlich behandelt** worden, bevor er in den ersuchenden Staat weitergereist ist und dort einen ersten Schutzantrag gestellt hat. Indiz hierfür ist ein EURODAC-Treffer der Kategorie 2 (z.B. „IT2..." bei einer Erfassung in Italien). Hier gilt für den ersuchenden Staat ab Stellung des Schutzgesuchs eine Frist zur Anfrage nach Art. 20 Abs. 1 i.V.m. Art. 21 Abs. 1 Unterabs. 2 VO 604/2013/EU von zwei Monaten ab der EURODAC-Treffermeldung, sonst ist er nach Art. 21 Abs. 1 Unterabs. 3 VO 604/2013/EU für das Schutzgesuch des Antragstellers zuständig geworden. Der ersuchte Staat hat auf das Ersuchen nach Art. 22 Abs. 1 VO 604/2013/EU innerhalb von zwei Monaten zu antworten, ansonsten wird seine Zustimmung zur Rücknahme nach Art. 22 Abs. 7 VO 604/2013/EU fingiert.

Dritte Variante: Der Antragsteller ist in den ersuchten Staat **illegal eingereist,** hat im ersuchten Staat einen ersten **Schutzantrag gestellt** und ist dafür **erkennungsdienstlich**

behandelt worden. Indiz hierfür ist ein EURODAC-Treffer der Kategorie 1 (z.B. „IT1...“ bei einer Erfassung in Italien). Danach ist er in den ersuchenden Staat weitergereist und hat dort einen zweiten Schutzantrag gestellt. In diesem Fall gilt für den ersuchenden Staat ab Stellung des Schutzgesuchs eine Frist zur Anfrage nach Art. 20 Abs. 1 und Abs. 5 i.V.m. Art. 23 Abs. 2 Unterabs. 1 VO 604/2013/EU von zwei Monaten ab der EURODAC-Treffermeldung, sonst ist er nach Art. 23 Abs. 3 VO 604/2013/EU für das Schutzgesuch des Antragstellers zuständig geworden. Der ersuchte Staat hat auf das Ersuchen nach Art. 25 Abs. 1 Satz 2 VO 604/2013/EU innerhalb von zwei Wochen zu antworten, ansonsten wird seine Zustimmung zur Rücknahme nach Art. 25 Abs. 2 VO 604/2013/EU fingiert.

Vierte Variante: Hat der Ausländer hingegen im ersuchenden Staat **keinen Schutzantrag gestellt** (oder ist dieser nach Art. 24 Abs. 4 VO 604/2013/EU bestandskräftig abgeschlossen), hält er sich also illegal auf, findet das Dublin-III-System dennoch Anwendung. Dann hat der ersuchende Staat ab Erlangung von Beweismitteln für den **Voraufenthalt im ersuchten Staat** innerhalb von drei Monaten bzw. ab einer EURODAC-Treffermeldung innerhalb von zwei Monaten nach Art. 24 Abs. 1 und Abs. 2 Unterabs. 2 VO 604/2013/EU das Rücknahmeersuchen zu stellen, sonst hat er dem Ausländer nach Art. 24 Abs. 3 VO 604/2013/EU Gelegenheit zu einem Schutzgesuch zu geben. Der ersuchte Staat hat auf das Ersuchen nach Art. 25 Abs. 1 Satz 2 VO 604/2013/EU innerhalb von zwei Wochen zu antworten, ansonsten wird seine Zustimmung zur Rücknahme nach Art. 25 Abs. 2 VO 604/2013/EU fingiert.

Um das Verfahren zur Zuständigkeitsbestimmung zeitlich weiter zu begrenzen, gilt bei Asylbewerbern, die – wie meist – in den ersuchten Staat illegal eingereist sind, was sich z.B. aus einem EURODAC-Treffer der Kategorie 2 ergibt, eine **maximale Zuständigkeitsfrist** des Art. 13 Abs. 1 Satz 2 VO 604/2013/EU von **zwölf Monaten**; danach ist der ersuchte Staat nicht mehr zuständig. Auf den Ablauf der soeben dargestellten Fristen zur Zuständigkeitsklärung kann sich der Asylbewerber berufen. Es handelt sich letztlich zwar um administrative zwischenstaatlich geltende Fristen, die nach der früheren Dublin-II-Verordnung nicht drittschützend waren, nun aber im Dublin-III-System **drittschützend** sind:[500] Erteilt der ersuchte Staat seine Zustimmung, so entfaltet diese konstitutive und rechtsgestaltende Wirkung auch insoweit, dass selbst eine nachträgliche **Rücknahme des Asylantrags** bzw. Schutzgesuchs die Zuständigkeit des ersuchten Staats nicht mehr entfallen lässt.[501] Offene Punkte: Gegenstand einer Vorlage zum Europäischen Gerichtshof ist die Frage, ob die Dublin-III-Regelungen noch anwendbar sind, wenn ein nach diesen Regelungen z.B. nach Italien zurücküberstellter Ausländer anschließend erneut illegal nach Deutschland

500 Vgl. zum Dublin-II-System BVerwG, U.v. 17.9.2015, Az. 1 C 26.14, NVwZ 2016, 67/70 Rn. 31; auch SächsOVG, B.v. 5.10.2015, Az. 5 B 259/15.A, Asylmagazin 2016, 35 ff.; nun zum Dublin-III-System EuGH, U.v. 7.6.2016, Az. C-63/15, NVwZ 2016, 1157 ff. Rn. 34, 51, 54 f.; EuGH, U.v. 7.6.2016, Az. C-155/15, NVwZ 2016, 1155 ff. Rn. 22, 2634, 51, 54 f.; BVerwG, U.v. 9.8.2016, Az. 1 C 6.16, NVwZ 2016, 1492/1494 f. Rn. 22; dazu Uwe Berlit, NVwZ-Extra 4/2017, 1/3 f

501 Vgl. BVerwG, U.v. 22.3.2016, Az. 1 C 10/15, NVwZ-RR 2016, 515/516 f. Rn. 19 ff.

einreist, ob er erneut rücküberstellt werden darf und auf welcher Grundlage sein erneuter Asylantrag zu behandeln ist.[502]

Ist nach o.g. Verfahrensvarianten der ersuchte Staat zuständig (geworden), besteht für ihn die **Verpflichtung zur Rückübernahme** aber nach Art. 29 Abs. 2 VO 604/2013/EU **nur bis zum Ablauf von sechs Monaten** ab seiner positiven oder fingierten Antwort, von zwölf Monaten im Fall der Inhaftierung und von achtzehn Monaten im Fall des „flüchtigen" Untertauchens des Antragstellers. Strittig ist, ob die **Überstellungsfristen** für den Asylbewerber zumindest soweit **subjektive Rechte** begründen,[503] als er zwar nach ihrem Ablauf nicht mehr gegen den Willen des ersuchten Staats rücküberstellt werden darf,[504] andererseits aber der ersuchte Staat ihn noch zurücknehmen kann. Vermieden werden soll nur eine Ungeklärtheit der Zuständigkeit, wenn der ersuchte Staat ihn nicht mehr zurückzunehmen braucht und zurücknehmen will, der ersuchende Staat aber die Prüfung des Schutzgesuchs (ggf. im Wege des Selbsteintritts nach Art. 3 Abs. 2 VO 604/2013/EU) verweigert.[505]

b) Der Rechtsschutz gegen eine Überstellungsentscheidung

469 Das **Ergebnis der Zuständigkeitsprüfung** wird dem Schutzsuchenden durch den vorläufig prüfenden Staat nach Art. 26 Abs. 1 604/2013/EU durch Bescheid **förmlich mitgeteilt**, wogegen er einen fristgebundenen Rechtsbehelf nach Art. 27 Abs. 1 bis Abs. 3 VO 604/2013/EU einlegen und vorläufig bis zur Entscheidung darüber noch in diesem Staat bleiben darf: Das BAMF informiert den Asylbewerber sowohl darüber, dass ein Dublin-Verfahren geprüft wird, als auch über das Ergebnis der Zuständigkeitsprüfung und befragt ihn zu Gründen, die gegen eine Überstellung in den zuständigen Mitgliedstaat sprechen. Ansonsten erlässt es nach § 29 Abs. 1 Nr. 1 i.V.m. § 31 Abs. 1 Satz 5 und Abs. 6 AsylG einen Bescheid, in dem es den **Asylantrag als unzulässig ablehnt,**[506] den zuständigen Staat mitteilt und nach § 34a Abs. 1

502 Näher dazu Uwe Berlit, NVwZ-Extra 4/2017, 1/4.

503 Vielfach versuchen rückzuüberstellende Antragsteller, den Ablauf dieser Frist im Bundesgebiet (z.B. in einem „**Kirchenasyl**") abzuwarten, damit danach die Rücküberstellung nicht mehr stattfinden kann. Diese Überstellungsfrist war nach der Dublin-II-VO nicht drittschützend, da sie nur für die Staaten untereinander galt, vgl. BVerwG, U.v. 17.9.2015, Az. 1 C 26.14, NVwZ 2016, 67/70 Rn. 31; ist es aber nun nach Art. 20 Abs. 2 VO 343/2003/EG (Dublin-III-VO), so BVerwG, U.v. 9.8.2016, Az. 1 C 6.16, NVwZ 2016, 1492/1494 f. Rn. 22 m.w.N.

504 Verneinend für den Fall der erklärten (nicht fingierten) Zustimmung des zuständigen Staats BVerwG, B.v. 27.10.2015, Az. 1 C 32.14 u.a., Asylmagazin 2016, 34 f., so dass sich ein Asylbewerber seiner Rücküberstellung nur mit dem Einwand systemischer Mängel und unzureichender Aufnahmebedingungen widersetzen kann. Bejahend für den Fall, dass der ersuchende Staat zuständig (geworden) und der ersuchte Staat nicht (mehr) aufnahmebereit ist SächsOVG, B.v. 5.10.2015, Az. 5 B 259/15.A, Asylmagazin 2016, 35/37.

505 BVerwG, U.v. 27.4.2016, Az. 1 C 24.15, NVwZ 2016, 1495/1497 Rn. 20: Der Schutzsuchende soll nicht „zwischen den Stühlen" sitzen, sondern effektiven Zugang zu einem Überprüfungsverfahren seines Schutzgesuchs durch einen Staat erhalten.

506 Zu § 29 Abs. 1 AsylG n.F. BVerwG, U.v. 9.8.2016, Az. 1 C 6.16, NVwZ 2016, 1492 Rn. 8 m.w.N. auf das „Integrationsgesetz".

AsylG eine sofort vollziehbare **Abschiebungsanordnung**[507] in den zuständigen Staat erlässt,[508] sowie über die Dauer des Wiedereinreiseverbots nach § 11 Abs. 1 AufenthG entscheidet. Dieser Bescheid muss dem Asylbewerber nach § 31 Abs. 1 Satz 3 und 4 AsylG **persönlich zugestellt** werden, d.h. auch wenn er einen Empfangsbevollmächtigten hat, muss ihm selbst das Schriftstück im Original oder in Kopie vorliegen und er mit Willen des BAMF Kenntnis von seinem Inhalt erlangen können – ggf. auch erst durch Aushändigung durch die abschiebende Behörde nach § 31 Abs. 1 Satz 6 AsylG am Flughafen.[509] Dieser Bescheid kann im Wege einer **kombinierten Verpflichtungs- und Anfechtungsklage** auf Fortführung des Asylverfahrens im nationalen Rahmen unter Aufhebung der Ablehnung des Asylantrags als unzulässig und der Abschiebungsanordnung sowie der Befristung angegriffen werden.[510] Gegen die **sofort vollziehbare Abschiebungsanordnung** kann in Wochenfrist ein **Antrag** nach § 80 Abs. 5 VwGO gestellt werden:[511]

> „Die aufschiebende Wirkung der Klage gegen den Bescheid des BAMF vom [Datum] wird angeordnet."

Das **Verwaltungsgericht** hat eine an den Erfolgsaussichten der Hauptsacheklage gegen die Abschiebungsanordnung orientierte **Interessenabwägung** nach § 80 Abs. 5 VwGO vorzunehmen. Da § 34a Abs. 2 AsylG nicht auf § 36 Abs. 4 AsylG verweist, kann das Gericht bereits die aufschiebende Wirkung der parallelen Klage wegen systemischer Mängel im Zielstaat oder dafür geltender Abschiebungsverbote anordnen und die Rücküberstellung stoppen, ohne dass (als gesteigerte Form) ernstliche Zweifel an der Rechtmäßigkeit der Abschiebungsanordnung vorzuliegen brauchen. Allerdings besteht eine **Vermutung für die Einhaltung** der im Dublin-III-System verbindlichen **Mindeststandards** für den materiellen Schutz vor Obdachlosigkeit, Mittellosigkeit, Hunger und Krankheit. Diese ist erst widerlegt durch **systemische Mängel**, nicht unterhalb dieser Schwelle liegende vereinzelte unmenschliche oder erniedri- 470

507 Nach § 34a Abs. 1 Satz 3 AsylG ist das BAMF befugt, eine Abschiebung anzuordnen statt nur anzudrohen, wenn der Asylbewerber in einem anderen Staat bereits Schutz erlangt hat, vgl. zur Änderung durch das Integrationsgesetz BT-Drs. 18/8615 S. 52.

508 Die Verhältnismäßigkeit der Abschiebungsanordnung wird von der zu ihrer Umsetzung befugten Ausländerbehörde dadurch gewahrt, dass zwar im Regelfall die Rückführung durch Abschiebung des Asylbewerbers vollzogen wird, aber ausnahmsweise auch eine freiwillige Ausreise ermöglicht wird, vgl. BVerwG, U.v. 17.9.2015, Az. 1 C 26.14, NVwZ 2016, 67/68 f. Rn. 15 ff.

509 Vgl. OVG Schleswig, B.v. 8.4.2015, Az. 2 LA 20/15, NVwZ-RR 2015, 717.

510 Zur Anfechtungsklage gegen die Unzulässigkeitsentscheidung BVerwG, U.v. 9.8.2016, Az. 1 C 6.16, NVwZ 2016, 1492 Rn. 9 ff.: Dabei ist nach § 113 Abs. 1 Satz 1 VwGO im Dublin-III-Verfahren gerichtlich zu prüfen, ob die Zuständigkeitskriterien richtig angewandt worden sind (Rn. 468).

511 Solange das Verwaltungsgericht über den Antrag noch nicht entschieden oder ihm stattgegeben hat, wird der Ablauf der Überstellungsfrist unterbrochen und erst mit Ablehnung des Eilantrags bzw. Eintritt der Bestandskraft der Abschiebungsanordnung nach § 34a Abs. 2 Satz 2 AsylG neu in voller Länge in Gang gesetzt, so BVerwG, U.v. 26.5.2016, Az. 1 C 15.15, InfAuslR 2016, 354/355 Rn. 11. Aus Sicht des Betroffenen empfiehlt es sich daher, keinen Eilantrag zu stellen, sondern zu hoffen, dass die Überstellungsfrist wegen Überlastung der Behörden abläuft, bevor die Überstellung durchgeführt werden kann.

gende Behandlungen,[512] und nur, wenn die unmenschliche oder erniedrigende Behandlung auch mit von Art. 3 EMRK vorausgesetzter beachtlicher Wahrscheinlichkeit droht.[513] Die Grenze zwischen behördlichem Versagen im Einzelfall und generell pflichtwidriger Behördenpraxis im Sinne systemischen Versagens dürfte bei Rücküberstellungen nach Griechenland allerdings erreicht sein.[514]

Beispiel: So hat das Bundesverfassungsgericht in mehreren Eilentscheidungen Rücküberstellungen nach Griechenland[515] und besonders schutzbedürftiger Personen auch nach Italien vorläufig untersagt.[516] Zu Hauptsacheverfahren zwecks Klärung, an Hand welcher Anhaltspunkte und in welchen Zeiträumen Organe der der Europäischen Union Mängel im Dublin-III-System festzustellen und zu beheben haben, ist es bislang nicht gekommen. Ebenso wenig wurde die Drittstaatenklausel im Konzept der normativen Vergewisserung bezüglich Griechenlands überprüft.[517] Darüber hinaus prüft das Verwaltungsgericht im Eilverfahren, ob sonst – bezogen auf den Dublin-III-Staat – **zielstaats- oder inlandsbezogene Abschiebungsverbote** vorliegen.[518] Verneint es diese ebenso wie systemische Mängel, wird es den Antrag nach § 80 Abs. 5 VwGO ablehnen.

c) Die Funktionsgrenzen des Dublin-III-Systems

471 Das **Dublin-III-System** soll die Asylbewerber in Europa so verteilen, dass auf dem Landweg anlangende Schutzsuchende bereits in den geographisch am Rand der Europäischen Union gelegenen Staaten wie Griechenland, Italien und Spanien bei ihrer Ankunft erfasst, registriert und ihre Schutzgesuche entschieden werden. Eine **Weiterwanderung nach Norden** in die Kernstaaten der Europäischen Union soll **vermieden** werden. Doch dieses System erodierte bereits in den letzten Jahren,[519] bevor es im

512 Vgl. BVerwG, B.v. 6.6.2014, Az. 10 B 35.14, NVwZ 2014, 1677/1678 f. Rn. 5 f. Dagegen hat der EGMR, U.v. 4.11.2014, Az. 29217/12, NVwZ 2015, 127/131 Rn. 120-122, auf individuelle Versorgungsdefizite für Rückführungsfälle nach der Dublin-II-VO abgestellt, was nach Italien rücküberstellte Schutzsuchende besser stellte als Erstantragsteller dort, vgl. Paul Tiedemann, Rückführung von Asylbewerbern nach Italien, NVwZ 2015, 121/124; kritisch auch Mattias Wendel, Menschenrechtliche Überstellungsverbote, DVBl 2015, 731/732 ff. Verneint ein Verwaltungsgericht systemische Mängel, obwohl eine Vielzahl anderer Verwaltungsgerichte diese bejaht haben, bedarf die Entscheidung einer besonders sorgfältigen Prüfung und Würdigung der aktuellen Auskunftslage, vgl. BVerfG, B.v. 21.4.2016, Az. 2 BvR 273/16, Asylmagazin 2016, 175.

513 Vgl. Uwe Berlit, NVwZ-Extra 12/2015, 1/6 f.

514 Vgl. Rügen des EGMR, U.v. 21.1.2011, Az. 30696/09, NVwZ 2011, 413 ff. und des Europäischen Komitees zur Verhütung von Folter u.a. (CPT) v. 15.3.2011, EuGRZ 2011, 337 ff. Dazu Mattias Wendel, DVBl 2015, 731 ff.

515 Vgl. z.B. BVerfG, B.v. 8.9.2009, Az. 2 BvQ 56/09, NVwZ 2009, 1281.

516 Vgl. BVerfG, B.v. 17.4.2015, Az. 2 BvR 602/15, NVwZ 2015, 810 f.: Für die Rückführung einer Familie mit Kleinstkindern nach Italien muss das BAMF vorher eine verbindliche Zusicherung Italiens einholen, dass die Familie dort eine gesicherte Unterkunft für alle Familienmitglieder erhält.

517 Vgl. BVerwG, B.v. 6.6.2014, Az. 10 B 35.14, NVwZ 2014, 1677/1678 f. Daher macht das BAMF bei problematischen Rücküberstellungen von seinem **Selbsteintrittsrecht** nach Art. 17 Abs. 1 VO 604/2013/EU Gebrauch und entscheidet im regulären Asylverfahren statt nach § 29 AsylG. Ob es hierzu aus dem auch in Art. 3 GRCh gewährleisteten Grundrecht auf körperliche Unversehrtheit verpflichtet ist, wenn keine systemischen Mängel im Zielstaat bestehen, der Asylbewerber aber erkrankt ist, ist Gegenstand einer Revision zum BVerwG, vgl. Uwe Berlit, NVwZ-Extra 4/2017, 1/6.

518 Dies folgt – abweichend zur sonst auf zielstaatsbezogene Abschiebungsverbote beschränkten Zuständigkeit des BAMF (Rn. 216) – aus Art. 29 Abs. 1 VO 604/2013/EU, wonach die Überstellung auch praktisch möglich sein muss, um zulässig zu sein, vgl. BVerfG, B.v. 17.9.2014, Az. 2 BvR 1795/14, juris Rn. 9 ff. m.w.N.

519 Funktionsmängel bestätigt auch Uwe Berlit, NVwZ-Extra 4/2017, 1/2.

Jahr 2015 vollständig kollabierte: So stieg die Zahl der Asylbewerber in den Mitgliedstaaten der Europäischen Union in den Jahren 2010 bis 2013 von 266.395 auf 436.695 Personen, also um 64 %, während die **Zahl der Asylerstanträge** in Deutschland im gleichen Zeitraum von 41.332 auf 109.580 Personen stieg, also um 165 %. Die Zahl der Asylanträge in Deutschland stieg also deutlich stärker als ihre Zahl in Europa, weil die meisten Schutzsuchenden nach Norden drängten. Die Zahl der von Deutschland gestellten Übernahmeersuchen stieg im gleichen Zeitraum von 9.432 auf 35.280, also um 274 %, jene der Zustimmungen ersuchter Staaten von 7.308 auf 21.942, also um 200 %. Gleichwohl stieg die Zahl der tatsächlichen Überstellungen nur von 2.847 auf 4.741, also um 66 %.[520] Im Jahr 2015 schließlich ersuchte Deutschland andere Staaten in 44.892 Fällen um Rückübernahme, erhielt hierzu 29.699 Zustimmungen, aber überstellte tatsächlich nur 3.597 Personen.[521] Die Zahl der Übernahmeersuchen und der Zustimmungen stiegen also ebenfalls stärker, die tatsächliche Rückführungsquote aber nicht – sie entsprach nur dem Anstieg der Asylbewerberzahl in Europa. Rund ein Drittel der Asylerstantragsteller hatten einen solchen Auslandsbezug, für rund ein Fünftel wurde das von anderen Staaten akzeptiert, aber nur bei jedem 25. Antragsteller auch vollzogen.[522] Alle anderen Asylverfahren musste Deutschland also selbst durchführen. Das lag sowohl an systemischen Mängeln Griechenlands und später Italiens, die in der Praxis viele Rücküberstellungen hinderten, als auch am **mangelnden Vollzug der Dublin-Pflichten** durch diese Staaten insbesondere bei der Registrierung und Antragsentgegennahme. Das **Dublin-System erodierte** also von innen heraus; Kernstaaten wie Deutschland wurden im europäischen Vergleich überdurchschnittlich belastet, obgleich sie nur für einen Bruchteil der Schutzsuchenden überhaupt zuständig gewesen wären.

Endgültig ist das **Dublin-III-System** durch die Flüchtlingswelle des Jahres 2015 **kollabiert.**[523] Die an griechischen und italienischen Küsten strandenden Flüchtlinge haben kein Interesse, dort ein Asylverfahren zu durchlaufen. Ihr Ziel sind die mittel- und nordeuropäischen Staaten. Vor allem der deutsche Rechts- und Sozialstaat ist in ihren Augen deutlich attraktiver als z. B. Griechenland. Hinzu kommen Empfehlungen durch Schleuser, kulturelle Affinitäten oder verwandtschaftliche Beziehungen zu bereits hier lebenden (ehemaligen) Asylbewerbern.[524] 472

Beispiel: So strebten bis etwa in das Jahr 2013 die meisten der aus Nordafrika in Italien landenden Bootsflüchtlinge nach Frankreich als ehemaliger Kolonialmacht der Maghreb-Staaten, während auf der Balkan-Route kommende Flüchtlinge aus Indien und Pakistan eher nach Groß-

520 Alle Daten aus BAMF (Hrsg.), Das Bundesamt in Zahlen 2013, S. 11, 26, 39, www.bamf.de, Abruf v. 25.7.2014.
521 Vgl. BAMF (Hrsg.), Das Bundesamt in Zahlen 2015, S. 43, www.bamf.de, Abruf v. 14.12.2016.
522 Die geringe Vollzugsquote kritisiert Kay Hailbronner, FAZ online v. 12.10.2015.
523 Zur Kritik auch Uwe Berlit, Flüchtlingsrecht, S. 44 ff.
524 Vgl. Herbert Brückner/Nina Rother/Jürgen Schupp, IAB-BAMF-SOEP-Befragung von Geflüchteten, Forschungsbericht Nr. 29, S. 26, www.bamf.de, Abfrage vom 20.1.2017.

britannien, Flüchtlinge aus Afghanistan aber eher nach Deutschland tendierten.[525] Im Jahr 2015 aber strebten die allermeisten Schutzsuchenden nach Deutschland und wurden hierin von den Anrainerstaaten der „Balkanroute", insbesondere Österreich, tatkräftig unterstützt.[526]

d) Die innerstaatliche Zuständigkeit des BAMF

473 In Deutschland ist für die Entgegennahme und Prüfung von **Asylanträgen** i.w.S. ausschließlich das **BAMF** nach § 5 Abs. 1 Satz 1 AsylG **zuständig.** Seine Entscheidung über einen Asylantrag i.e.S. und einen Antrag auf internationalen Schutz ist nach § 6 Satz 1 AsylG für alle anderen Behörden verbindlich, denn nur so kann eine einheitliche Entscheidungspraxis im gesamten Bundesgebiet sichergestellt werden.[527] Die Kompetenz zur Einrichtung dieses Bundesamts ergibt sich aus Art. 74 Abs. 1 Nr. 6, Art. 86 i.V.m. Art. 87 Abs. 3 Satz 1 GG.

2. Die sachliche Prüfung des Asylantrags im Asylverfahren

474 Die zweite Prüfungsstufe des Asylverfahrens nach der Klärung der staatlichen Zuständigkeit ist die **förmliche Asylantragstellung** mit Anhörung als Kern der **Sachprüfung** und anschließender **Sachentscheidung.** Wegen des Sachzusammenhangs wird aber die für die Zuständigkeitsklärung vorausgesetzte Identifizierung und Registrierung des Asylbewerbers ebenfalls erst hier erläutert:

a) Die Identitätsprüfung nach §§ 15 f. AsylG

475 Wer ein Asylbewerber wirklich ist, woher und warum er gekommen ist, lässt sich ohne seine Mithilfe kaum aufklären. Daher sieht das Asylverfahren ein Zusammenspiel von persönlicher **Mitwirkungspflicht** des Asylbewerbers nach § 15 Abs. 1 AsylG und behördlicher **Amtsermittlungspflicht** nach § 24 Abs. 1 Satz 1 AsylG (als lex specialis zu § 24 und § 26 VwVfG) vor: Höchstpersönliche und biografische Angaben kann nur der Asylbewerber selbst machen, also liegt es an ihm, dazu glaubhafte Tatsachen und Indizien zu liefern. Ihre Richtigkeitsprüfung und ihr Abgleich an Hand ermittelbarer Tatsachen und Wertungen hingegen obliegen dem BAMF.

476 Zu den **vom Asylbewerber geforderten Angaben** gehören nach § 15 Abs. 2 Nrn. 1, 4–6 AsylG zunächst mündliche und ggf. schriftliche Auskünfte zu seiner **Identität**[528] und **Herkunft** sowie zu seinem **Reiseweg,**[529] wozu er auch seinen Reisepass oder Passersatz vorzulegen, auszuhändigen und zu überlassen[530] bzw. **an der Beschaffung eines neuen Identitätsnachweises mitzuwirken** hat.[531] Ebenso hat er alle erforderlichen

---

525 Vgl. Antonie Scholz, in: BAMF (Hrsg.), Warum Deutschland? – Einflussfaktoren bei der Zielstaatssuche von Asylbewerbern, 2013, S. 41 ff., www.bamf.de.

526 Vgl. Rainer Meyer, FAZ online v. 30.11.2015.

527 Ihr dienen auch Weisungen im BAMF an die Entscheider zu Asylanträgen bestimmter Herkunftsländer.

528 Die Identitätsfeststellung Minderjähriger folgt § 49 Abs. 8 und Abs. 9 AufenthG.

529 Aus dem Reiseweg folgt die (Un-)Zuständigkeit Deutschlands im Dublin-III-System. Zur Bedeutung BVerwG, U.v. 17.6.2014, Az. 10 C 7.13, BVerwGE 150, 29/37 Rn. 22.

530 Der Reisepass wird vorläufig in amtliche Verwahrung genommen und unter den Voraussetzungen des § 65 AsylG herausgegeben, anderenfalls ggf. bis zur Abschiebung verwahrt, die er ermöglichen soll.

531 Für Ausländer außerhalb des Asylverfahrens ergibt sich die Passvorlage- und Passbeschaffungspflicht aus § 48 Abs. 1 und Abs. 3 AufenthG.

Urkunden und sonstigen Unterlagen im Sinne von § 15 Abs. 3 AsylG, die in seinem Besitz sind, vorzulegen, auszuhändigen und zu überlassen. Notfalls kann er sogar nach § 15 Abs. 4 AsylG durchsucht werden, um Unterlagen zu sichern. Eine mangelnde Mitwirkung kann durch eine Reduzierung der Sozialleistungen nach dem Asylbewerberleistungsgesetz nach § 1a Abs. 5 AsylbLG sanktioniert werden.[532]

Beispiel: Ein Asylbewerber behauptet, auf dem Luftweg eingereist zu sein, ohne seine Bordkarte und sein Flugticket vorzulegen, deren Besitz er behauptet. Da er seiner Mitwirkungspflicht nicht nachkommt, wirkt gegen ihn die Vermutung der Einreise auf dem Landweg (Rn. 327), so dass die Drittstaatenregelung angewandt und sein Asylantrag i.e.S. nach § 26a Abs. 1 Satz 1 AsylG abgelehnt wird.

Täuscht der Asylbewerber über seine Identität und Herkunft oder legt er gefälschte Beweismittel oder Dokumente vor, kann das BAMF seinen Asylantrag nach § 30 Abs. 3 Nr. 1, Nr. 2 und Nr. 5 AsylG als **offensichtlich unbegründet** ablehnen (Rn. 400). Darüber hinaus soll das BAMF nach § 30a Abs. 2 AsylG[533] über die Asylanträge solcher Asylbewerber künftig innerhalb einer Woche entscheiden. 477

Beispiel: Ein Asylbewerber behauptet, syrischer Staatsangehöriger zu sein, spricht aber keinen syrischen sondern einen irakischen Dialekt. Zum Beweis für seine Behauptung legt er einen syrischen Pass vor, der sich als verfälscht herausstellt, d.h. es handelt sich um eine echte syrische Urkunde mit unwahren Daten.[534] Das Asylbegehren erweist sich damit als offensichtlich unbegründet.

Ein Asylbewerber ist insbesondere nach § 15 Abs. 2 Nr. 7 AsylG verpflichtet, die nach § 16 AsylG vorgeschriebenen **erkennungsdienstlichen Maßnahmen** zu dulden. Die Duldungspflicht geht über ein passives Hinnehmen hinaus und schließt die Pflicht ein, alles zu unterlassen, was die erkennungsdienstliche Behandlung erschwert. Verletzt der Asylbewerber seine **Mitwirkungspflicht**, indem er seine Fingerkuppen mechanisch oder chemisch so bearbeitet, dass keine auswertbaren Fingerabdrücke mehr genommen werden können[535] (und eine Abfrage der EURODAC-Datenbank[536] unmöglich ist), kann ihn das Bundesamt im Wege der **behördlichen Betreibensaufforderung** unter Fristsetzung und Benennung der konkret geforderten und ihm auch gesetzlich auferlegten[537] Handlung und unter Beifügung einer bzgl. § 33 AsylG konkreten und in seine Sprache übersetzten Belehrung über die Folgen 478

532 Vgl. zum Integrationsgesetz BT-Drs. 18/8615 S. 35.
533 BT-Drs. 18/7538, S. 6.
534 Es gelang z.B. einem niederländischen Journalisten im Herbst 2015, einen echten syrischen Pass mit Fantasienamen und dem Bild des niederländischen Regierungschefs auf einem Schwarzmarkt in der Türkei auf Bestellung zu erhalten, vgl. N.N., 750 Euro machen niederländischen Premier zum Syrer, Die Welt online v. 16.9.2015, www.welt.de, Abfrage v. 08.12.2015.
535 Zu Fällen von Somaliern mit wiederholt manipulierten Fingerkuppen BVerwG, U.v. 5.9.2013, Az. 10 C 1.13, BVerwGE 147, 329/330 ff.; BVerwG, U.v. 17.6.2014, Az. 10 C 7.13, BVerwGE 150, 29/30 ff. Erst eine zufällige polizeiliche erkennungsdienstliche Behandlung ergab in einem Fall auswertbare Fingerabdrücke und der Nachweis, dass er bereits unter einer anderen Identität in Deutschland sowie in Schweden Asyl beantragt und sogar schon in Italien die Flüchtlingseigenschaft zuerkannt erhalten hatte.
536 Vgl. BVerwG, U.v. 5.9.2013, Az. 10 C 1.13, BVerwGE 147, 329/336 f. Rn. 21.
537 Vgl. BVerwG, U.v. 5.9.2013, Az. 10 C 1.13, BVerwGE 147, 329/341 f. Rn. 30 ff.

einer unterlassenen Mitwirkung[538] durch einen ersten Verwaltungsakt **zur Mitwirkung auffordern**, nach fruchtlosem Fristablaufs vom Nichtbetreiben des Verfahrens nach § 33 Abs. 1 AsylG ausgehen und den Asylantrag durch einen zweiten Verwaltungsakt **als zurückgenommen** behandeln. Ein Nichtbetreiben wird nach § 33 Abs. 2 AsylG[539] auch bei Vorenthalten wesentlicher Informationen, bei Untertauchen, Rückreise in den Herkunftsstaat u.a. vermutet, allerdings muss der Asylbewerber zuvor speziell über die Folgen einer fehlenden Mitwirkung belehrt worden sein. Rechtstechnisch kann das BAMF also bereits vom Vorliegen eines Katalogverhaltens, z.B. einem Untertauchen, ausgehen und auf ein Nichtbetreiben schließen. Allerdings hat der Asylbewerber die Möglichkeit, diese Vermutung dadurch zu widerlegen, dass er unverzüglich nachweist, dass die Handlung auf von ihm unbeeinflussbare Umstände zurückzuführen war.[540] Die Mitwirkungsaufforderung des BAMF kann lauten:

> „Herr/Frau [Name] wird aufgefordert, innerhalb eines Monats ab Zustellung dieses Bescheids die Abnahme von Fingerabdrücken zu dulden und im Vorfeld alles zu unterlassen, was deren Auswertbarkeit mindert. Anderenfalls wird der Asylantrag wegen Nichtbetreibens als zurückgenommen gewertet und das Asylverfahren eingestellt."

479 Der das Asylverfahren **einstellende Bescheid** nach § 32 Satz 1 i.V.m. § 33 Abs. 1 AsylG umfasst nur noch die Prüfung von Abschiebungsverboten und lautet:

> „I. Der Asylantrag vom [Datum] wird wegen Nichtbetreibens des Asylverfahrens als zurückgenommen gewertet und das Asylverfahren eingestellt.
> II. Abschiebungsverbote nach § 60 Abs. 5 und Abs. 7 AufenthG liegen für Herr/Frau hinsichtlich [mutmaßlicher Herkunftsstaat] nicht vor.
> III. Herr/Frau [Name] hat das Bundesgebiet innerhalb einer Woche ab Zustellung dieses Bescheids zu verlassen. Für den Fall der Nichterfüllung wird Herrn/Frau [Name] die Abschiebung in den Herkunftsstaat oder sonst einen aufnahmebereiten Staat oder einen Staat, in den er/sie einreisen darf, angedroht."

480 Beide Entscheidungen sind belastende **Verwaltungsakte**, gegen welche eine **Anfechtungsklage** nach § 42 Abs. 1 AufenthG statthaft ist.[541] Diese hat allerdings wegen § 75 Abs. 1 AsylG **keine aufschiebende Wirkung**, so dass im Fall drohender Vollziehung der Abschiebungsanordnung zusätzlich ein **Antrag** nach § 80 Abs. 5 AsylG innerhalb der zweiwöchigen Frist zu stellen ist.

481 Nach der Asylverfahrenseinstellung kann der Asylbewerber entweder den o.g. Nachweis von ihm unbeeinflusster Umstände nach § 33 Abs. 2 AsylG führen (Rn. 478) oder nach § 33 Abs. 5 AsylG durch persönliche Vorsprache die **Wiederaufnahme** be-

538 Näher dazu Uwe Berlit, NVwZ-Extra 4/2017, 1/9.

539 Die Regelung soll das BAMF von der Weiterführung eines Asylverfahrens bei fehlender Mitwirkungsbereitschaft des Asylbewerbers entlasten, BT-Drs. 18/7538, S. 16 f.

540 Soll sich der Asylbewerber termingerecht in einer Erstaufnahmeeinrichtung einfinden, versäumt dies aber, weil er unterwegs einen Unfall und solche Verletzungen erlitten hatte, dass er stationär für zwei Wochen im Krankenhaus behandelt werden musste, kann er die Vermutung seines Untertauchens durch Vorlage eines Attestes über seine Krankenhausbehandlung widerlegen. Dann führt das Bundesamt das Verfahren fort.

541 Vgl. BVerwG, U.v. 5.9.2013, Az. 10 C 1.13, BVerwGE 147, 329/333 Rn. 14.

antragen. Entspricht das BAMF dem Antrag, setzt es im ersten Fall das Verfahren auf dem früheren Stand fort oder nimmt es im zweiten Fall wieder auf. Das Rechtsschutzbedürfnis für eine gleichzeitig erhobene Klage mit Eilantrag (Rn. 480) ist dann entfallen, weil der Asylbewerber die Fortsetzung des Verfahrens auf einfacherem Weg als durch gerichtliche Entscheidung erlangt hat.[542] Hebt das BAMF den Einstellungsbescheid auf, können beide Seiten die Verwaltungsgerichtsverfahren für erledigt erklären und das Verwaltungsgericht wird sie einstellen. Lehnt das BAMF eine Wiederaufnahme aber ab, z.B. weil das Verfahren schon seit über neun Monaten eingestellt gewesen war, wird der Antrag nur als **Folgeantrag** mit den dortigen Einschränkungen der Sachprüfung behandelt (Rn. 427). Die Frist für eine Klage gegen diese Ablehnung beträgt nach § 33 Abs. 6 i.V.m. § 36 Abs. 3 AsylG und § 74 Abs. 1 AsylG nur eine Woche. Allerdings verschiebt auch eine alternativ neben der o.g. Verfahrenseinstellung mögliche[543] **Ablehnung des Asylantrags als offensichtlich unbegründet** nach § 30 Abs. 3 Nr. 2 AsylG das **Kernproblem** nur aus dem Asylverfahren in das ausländerrechtliche Verfahren: Bleibt die **Identität** des Ausländers **ungeklärt**, weiß die Bundesrepublik nicht, woher er kommt. So kann sie ihn auch nach Abschluss des Asylverfahrens nirgendwo hin zurückschicken. Anders formuliert: Legt es ein Ausländer darauf an, nicht erkannt zu werden, um faktisch zu bleiben, reichen die Instrumente deutscher Behörden im Regelfall nicht aus, ihn ohne seine Mitwirkung zu identifizieren und seinen Aufenthalt zu beenden. Auch die erkennungsdienstlichen Befugnisse des § 16 AsylG einschließlich der Möglichkeit zu **Sprachaufzeichnungen** zwecks Dialektabgleich lösen das Problem nicht immer, da die Sprachgrenzen, die Siedlungsgrenzen und die politischen Grenzen der Herkunftsstaaten oft nicht übereinstimmen.

Beispiel: U.a. in Schwarzafrika haben die Kolonialmächte einst die Grenzen ihrer Einflussgebiete willkürlich „mit dem Lineal" und ohne Rücksicht auf die eingeborene Bevölkerung gezogen. Die Sprach- und die Siedlungsgrenzen decken sich oft nicht, so dass der Sprecher eines bestimmten Dialekts aus mehr als einem Staat kommen kann. Die Behörden des mutmaßlichen Herkunftsstaats davon zu überzeugen, dass er gerade aus ihrem Staat stammt, ist schwierig.

b) Die Antragstellung nach § 23 AsylG

Das förmliche Asylverfahren beginnt grundsätzlich mit der **Asylantragstellung** in der 482
Außenstelle des BAMF nach § 23 Abs. 1 AsylG bzw. in einer anderen Behörde, auf welche dies nach § 24 Abs. 1a AsylG bei einem Massenzustrom von Asylbewerbern delegiert ist.[544] Dazu hat ein in der Aufnahmeeinrichtung aufgenommener Ausländer

542 Auch seine nach § 67 Abs. 1 Nr. 3 AsylG durch die Verfahrenseinstellung wegen fingierter Antragsrücknahme entfallene Aufenthaltsgestattung tritt dann nach § 67 Abs. 2 Nr. 1 AsylG wieder in Kraft. Bis zur Fortsetzung bzw. Wiederaufnahme des Verfahrens und zur Aufhebung des Einstellungsbescheids dürfte aber das Rechtsschutzbedürfnis für einen Antrag nach § 80 Abs. 5 VwGO gegen die sofort vollziehbare Abschiebungsandrohung bestehen, vgl. BVerfG, B.v. 20.7.2016, Az. 2 BvR 1385/16, Asylmagazin 2016, 350.

543 Vgl. BVerwG, U.v. 5.9.2013, Az. 10 C 1.13, BVerwGE 147, 329/339 Rn. 26.

544 Diese Änderung durch das Integrationsgesetz ist eine organisatorische Folgerung aus der großen Flüchtlingswelle 2015 und der kapazitätsmäßigen Überforderung des BAMF, vgl. BT-Drs. 18/8615 S. 5 f.

unverzüglich oder zu dem von der Aufnahmeeinrichtung genannten Termin zur Stellung seines Asylantrags persönlich zu erscheinen. Zu diesem **nicht öffentlichen Termin** zieht das BAMF nach § 17 AsylG einen **Dolmetscher** in der vom Ausländer angegebenen und ihm verständlichen Sprache hinzu und klärt ihn über seine Rechte und Pflichten innerhalb des Asylverfahrens schriftlich in seiner Sprache auf.[545] Die Antragstellung und die nachfolgende Anhörung gehen also ineinander über.

483 Versäumt der Ausländer die Antragstellung, kann ihm ein neuer Termin unter Androhung der Verfahrenseinstellung wegen Nichtbetreibens nach § 33 AsylG gesetzt werden (Rn. 478). Versäumt er auch diesen Termin und wird das Verfahren eingestellt, wird ein späterer Asylantrag nach § 23 Abs. 2 AsylG als **Folgeantrag** mit den dortigen Beschränkungen der Amtsermittlung (Rn. 427, 481) gewertet.

c) Die Anhörung nach § 25 AsylG

484 Die Anhörung dient der behördlichen Amtsermittlung und **Sachverhaltsaufklärung** nach § 24 Abs. 1 Satz 1 und Satz 3 AsylG unter **Mitwirkung** des Asylbewerbers. Dieser kann wie im allgemeinen Verwaltungsverfahren nach § 14 VwVfG auch einen **Rechtsanwalt** oder sonst eine Person seines Vertrauens als Beistand zur Anhörung zuziehen und einen Vertreter des Hohen Flüchtlingskommissars der Vereinten Nationen (UNHCR) an seiner Anhörung teilnehmen lassen. Weitere Personen können nach § 25 Abs. 6 AsylG nur teilnehmen, wenn der Asylbewerber und das Bundesamt zustimmen. Soweit Ehepaare und Familien einen Asylantrag stellen, werden sie wegen ihres zusammenhängenden Verfolgungsschicksals regelmäßig gemeinsam angehört.

485 Zu Beginn der **Anhörung** stellt der nicht zwingend mit dem späteren Entscheider identische Anhörende nach § 25 Abs. 1 Satz 2 AsylG **Fragen zu Person, Biografie und persönlichen Lebensumständen** des Antragstellers. Weiter fordert er den Asylbewerber auf, seine **Fluchtgründe** zu schildern, die seinen Schutzanspruch begründen können. Dazu zählen nach § 25 Abs. 1 Satz 1 und Abs. 2 AsylG alle Tatsachen und Umstände, die eine Furcht vor Verfolgung oder die Gefahr eines ihm drohenden ernsthaften Schadens begründen oder seiner Rückkehr in seinen Herkunftsstaat entgegenstehen. Der Asylbewerber hat die **Obliegenheit zu wahrheitsgemäßen Angaben**, denn stellt sich später die Unwahrheit seiner Angaben heraus, ist sein Vorbringen unglaubwürdig und kann das BAMF den Asylantrag nach § 31 Abs. 3 Nr. 1 und Nr. 2 AsylG als **offensichtlich unbegründet** ablehnen (Rn. 401). Um die Schilderung auf die asylrechtlich relevanten Gesichtspunkte zu lenken, stellt der anhörende Mitarbeiter des BAMF Fragen. Die Anhörung verläuft somit als **strukturiertes Gespräch**. Wie lange sie dauert, hängt maßgeblich vom individuellen Verfolgungsschicksal und der Qualität der sprachlichen Verständigung ab; Nach- und Rückfragen verlängern das Gespräch. Über die Anhörung wird zu Beweiszwecken nach § 25 Abs. 7 AsylG

545 Ist er Analphabet, wird ihm die Information auch mündlich erläutert.

eine **Niederschrift** gefertigt und dem Asylbewerber – spätestens mit dem BAMF-Bescheid – ausgehändigt bzw. zugestellt.

Asylbewerber, die nicht verpflichtet sind, in einer Aufnahmeeinrichtung zu wohnen, werden zur Anhörung nach § 25 Abs. 5 AsylG geladen. Versäumen sie den Termin, werden sie zur schriftlichen Äußerung in einer Frist aufgefordert. Versäumen sie auch diese, wird **nach Aktenlage** entschieden. 486

d) Die Aufenthaltsgestattung nach § 55 AsylG und die BÜMA nach § 63a Abs. 1 AsylG

Mit dem Asylgesuch, erst recht mit der förmlichen Antragstellung erlangt der Ausländer rechtlich den Status eines Asylbewerbers und erhält zum Nachweis die **Bescheinigung über die Aufenthaltsgestattung** mit Ausweiswert nach § 55 i.V.m. § 63 und § 64 Abs. 1 AsylG. Da die Flüchtlingswelle des Jahres 2015 zu einem Antragsstau beim BAMF geführt hat, konnte dieses jedoch gar nicht zeitnah alle Asylanträge entgegennehmen, sondern vertröstete Asylbewerber auf Termine in bis zu einem halben Jahr.[546] Für die Betroffenen war daran misslich, dass sie erst danach die Bescheinigung über die Aufenthaltsgestattung erhalten können. Um den Zwischenzeitraum zu überbrücken, wurde mit dem Rechtsinstitut der BÜMA (**Bescheinigung über die Meldung als Asylsuchender**) nach § 63a Abs. 1 AsylG eine einfachere Bestätigung eingeführt. Sie wird auch von den Ausländerbehörden ausgestellt und verlängert. Gleichwohl dient sie nur als Nachweis, dass der Inhaber als Asylsuchender registriert wurde und berechtigt ist, sich zu der im Dokument genannten Aufnahmeeinrichtung zu begeben, um dort bei der Außenstelle des Bundesamts einen Asylantrag zu stellen. Sie hat kaum Beweiswert, denn die Identitätsdaten beruhen ausschließlich auf den Angaben des Ausländers und sie kann ohne Fingerabdruck-Sicherung nicht seiner Identifizierung dienen. Sie gilt auch nicht als Passersatz. Mittlerweile wurde der **Ankunftsnachweis** als neue Bestätigung über die Meldung als Asylsuchender nach § 63a AsylG eingeführt, der erst nach einer erkennungsdienstlichen Behandlung aber vor der eigentlichen Asylantragstellung ausgestellt wird.[547] Wird dem Asylbewerber später eine Aufenthaltsgestattung ausgestellt, erlischt die BÜMA bzw. der Ankunftsnachweis automatisch nach § 63a Abs. 4 AsylG und wird eingezogen. Beides – die BÜMA wie der Ankunftsnachweis– vermitteln dem Ausländer zwar nur eine vorläufige Rechtsstellung und er behält seinen Anspruch, einen förmlichen Asylantrag nach § 13 AsylG stellen zu können. Einen Anspruch darauf, ihn innerhalb bestimmter Frist stellen zu können, verleiht ihm aber auch nicht Art. 6 Abs. 1 RL 2013/32/EU, denn ihm entsteht kein weiterer Rechtsnachteil aus der Verzögerung. 487

Die **Aufenthaltsgestattung** ist wegen der abschließenden Aufzählung der Aufenthaltstitel in § 4 AufenthG und im Umkehrschluss aus § 63 Abs. 1 Satz 1 AsylG ihrer 488

546 Andererseits erscheint ein Teil der Asylsuchenden gar nicht in den zugewiesenen Aufnahmeeinrichtungen, sondern reist weiter, vgl. Daniel Thym, NVwZ 2016, 409/411.

547 § 63a AsylG i.d.F. v. 2.2.2016, BGBl. I 130.

Rechtsnatur nach **kein Aufenthaltstitel**. Anders als jene entsteht sie kraft Gesetzes nur verfahrensabhängig für das Asylverfahren (Rn. 437), wird nicht durch behördliche Entscheidung „erteilt", sondern lediglich deklaratorisch bescheinigt[548] und zählt anders als ein Aufenthaltstitel nach § 55 Abs. 3 AsylG nicht von vornherein für die Berechnung eines erlaubten Aufenthalts mit.[549] Sie soll keinen Anreiz bieten, Asylverfahren um einer künftigen aufenthaltsrechtlichen Vergünstigung willen in die Länge zu ziehen.

3. Die Sonderregelungen für besonders Schutzbedürftige

489 Das Asylverfahren ist ein Massenverfahren, so dass es nur begrenzt auf individuelle Besonderheiten des Einzelfalls eingehen kann. Dennoch gibt es **Sonderregelungen für besonders Schutzbedürftige** wie Familien mit (minderjährigen) Kindern und für unbegleitete minderjährige Flüchtlinge.

a) Die besondere Problematik von Eheleuten und Familien

490 Ehe und Familie stehen nach Art. 6 Abs. 1 GG unter dem besonderen Schutz der staatlichen Ordnung. Im Asylverfahren sollen daher Eheleute sowie Eltern und ihre minderjährigen Kinder weder räumlich noch verfahrensmäßig oder gar sachlich getrennt werden, sondern dem **Grundsatz der Familieneinheit** folgend in jeder Hinsicht zusammengeführt werden. Dies gilt für die verfahrensmäßige Behandlung der Asylanträge als auch für die Sachentscheidung.

b) Die Handlungsfähigkeit und Vertretung Minderjähriger nach § 12 AsylG

491 **Verfahrenshandlungen** im Sinne des Asylgesetzes sind sowohl abzugebende Willenserklärungen wie z.B. ein Asylantrag als auch entgegenzunehmende Willenserklärungen wie z.B. ein Bescheid des BAMF.[550] Entgegen früherer Regelungen[551] muss der Ausländer in beiden Fällen nach § 12 Abs. 1 AsylG **volljährig** sein, damit er **zur Vornahme von Verfahrenshandlungen** in asylrechtlichen Angelegenheiten **handlungsfähig** ist. Dies entspricht allgemeinen verwaltungsrechtlichen Grundsätzen wie in § 12 VwVfG und dient dem **Schutz Minderjähriger.**[552] Daher bedarf er regelmäßig eines Vormundes, der auch das Jugendamt als Amtsvormund sein kann.[553]

492 Ob ein Ausländer als **minderjährig oder volljährig** anzusehen ist, richtet sich nach § 12 Abs. 2 AsylG i.V.m. § 2 BGB,[554] wobei seine Geschäftsfähigkeit oder sonstige rechtliche Handlungsfähigkeit nach dem Recht seines Heimatstaates unberührt

548 Vgl. Kathleen Neundorf, NJW 2016, 5/8.
549 Vgl. BVerwG, U.v. 13.2.2014, Az. 1 C 4.13, BVerwGE 149, 65/71 f. Rn. 14 f.
550 Gleiches gilt für verwaltungsgerichtliche Verfahren, in denen der Minderjährige nach § 62 VwGO prozessunfähig ist, so dass ggf. ein Prozesspfleger nach § 62 Abs. 3 VwGO i.V.m. § 57 ZPO zu bestellen ist.
551 § 12 Abs. 1 AsylVfG sah die Handlungsfähigkeit ab dem 16. Lebensjahr vor.
552 Vgl. BT-Drs. 18/5921 S. 16.
553 Vgl. Bertold Huber, NVwZ-Extra 17/2016, 1/2 f.
554 Für Ausländer richtet sie sich nach dem Recht des Heimatstaats, hilfsweise nach Art. 1 UN-Kinderrechtskonvention, Bek. vom 10.7.1992, BGBl. II S. 990; dazu auch OLG Karlsruhe, B.v. 26.8.2015 – 18 UF 92/15 – NJW 2016, 87/88 Rn. 20 m.w.N.: 18 Jahre.

bleibt. Nur in Deutschland gelten die hiesigen Regelungen entsprechend unserem ordre public.[555] Die **tatsächliche Minderjährigkeit** richtet sich zunächst nach dem vom Ausländer **angegebenen Alter**, ggf. aus Reisepass oder Geburtsurkunde entnehmbaren Geburtstag.[556] Allerdings kennen viele Staaten kein dem deutschen Geburtenregister vergleichbares Erfassungssystem, so dass die Eintragungen in Urkunden dort auf mündlichen Angaben oder Vermutungen beruhen, ihr Beweiswert also gleich Null ist. Besteht Streit, ob ein Asylbewerber minderjährig ist oder nicht, sind zunächst die als wahr unterstellten **Urkunden** auf ihre Echtheit und ihre Aussagekraft hin **zu überprüfen.**[557] Nötigenfalls ist eine **amtliche Altersfeststellung** mit ärztlicher Begutachtung vorzunehmen, die der Ausländer nach § 49 Abs. 3, Abs. 6 und Abs. 10 AufenthG zu dulden hat (Rn. 506 ff.).

Minderjährige Ausländer werden nach § 12 Abs. 3 AsylG im Asylverfahren durch einen im Bundesgebiet aufhältigen **Elternteil** allein vertreten, wenn sich der andere Elternteil nicht im Bundesgebiet aufhält oder sein Aufenthaltsort unbekannt ist. Dies ist eine verfahrensbedingte Abweichung zur regelmäßigen Gesamtvertretung durch beide Eltern nach § 1626 Abs. 1, § 1629 Abs. 1 Satz 1 BGB, die im Übrigen und für alle Rechtsgebiete auch außerhalb des Asylrechts gilt und nur bei Gefährdung des Kindeswohls nach § 1666 BGB entzogen werden kann.[558] Sonst werden sie durch einen vom Familiengericht allgemein bestellten **Vormund** oder für den asylrechtlichen Wirkungskreis bestellten **Pfleger** vertreten (Rn. 503). Wird der Minderjährige im laufenden Verfahren volljährig, kann er zuvor vorgenommene Willenserklärungen im Nachhinein genehmigen und ihnen rückwirkend zur Wirksamkeit verhelfen. 493

c) Die Wahrung der Familieneinheit nach § 14a AsylG

Das Anliegen des § 14a AsylG liegt darin, für Familien ein einheitliches Asylverfahren durchzuführen. Damit soll ebenso vermieden werden, dass Asylanträge zeitlich gestuft gestellt und der Verfahrensabschluss für die ganze Familie hinausgezögert wird, wie sonst vielleicht auch erfolgversprechende Anträge für Kinder aus Unkenntnis ihrer Eltern unterblieben. Dem entsprechend **fingiert** § 14a Abs. 1 AsylG eine 494

555 Das Verwaltungsgericht hat ausländisches Recht nach § 173 VwGO i.V.m. § 293 ZPO von Amts wegen zu ermitteln und sich ihm möglichst anzunähern, so BVerwG, U.v. 19.7.2012, Az. 10 C 2.12, BVerwGE 143, 369/373 f. Rn. 14.

556 Ist nur das Geburtsjahr bekannt, ist zum Schutz des Minderjährigen der spätest mögliche Geburtszeitpunkt anzunehmen, also der 31.12. des Geburtsjahres, vgl. BVerwG, U.v. 31.7.1984, Az. 9 C 156.83, NJW 1985, 576/577.

557 Vgl. BayVGH, B.v. 11.12.1981, Az. 10 CS 81 A/2341, NVwZ 1982, 322 f. Neuerdings sollen – zur amtlichen Altersprüfung – verpflichtende Zweifel an der Volljährigkeit im Sinne von § 42 f SGB VIII bereits bestehen, wenn die Möglichkeit der Minderjährigkeit gegeben ist, so BayVGH, U.v. 16.8.2016, Az. 12 CE 16.1550, Rn. 14 ff., so dass zuerst auf die – zumeist nicht vorhandenen – Ausweispapiere des möglicherweise Minderjährigen abzustellen sei, sodann auf seine Selbstauskunft, die nicht widerspruchsfrei zu sein brauche, schließlich solle er im Zweifel in Obhut genommen werden, um in diesem Rahmen eine amtliche Altersfeststellung vorzunehmen. Diesen hohen Anforderungen wird die Behördenpraxis wegen der großen Zahl unbegleiteter Minderjähriger und der Dauer dieses Prozedere kaum entsprechen können. In der Praxis werden eher alle möglicherweise Minderjährigen in Obhut genommen, um auf Basis des fiktiven Geburtstags den Eintritt ihrer Volljährigkeit abzuwarten.

558 Vgl. BT-Drs. 18/6603 S. 17.

Asylantragstellung für jedes minderjährige ledige und zu diesem Zeitpunkt im Bundesgebiet aufhältige **Kind eines Asylbewerbers.** Reist ein minderjähriges lediges Kind des Ausländers nach dessen Asylantragstellung ins Bundesgebiet ein oder wird es hier geboren, so ist dies dem BAMF unverzüglich anzuzeigen, wenn ein Elternteil eine Aufenthaltsgestattung besitzt oder sich nach Abschluss seines Asylverfahrens ohne Aufenthaltstitel oder mit einer Aufenthaltserlaubnis nach § 25 Abs. 5 AufenthG im Bundesgebiet aufhält, d.h. sein weiterer Aufenthalt im Bundesgebiet rechtlich nicht gesichert ist. Da seiner Aufenthaltsbeendigung aber die **familiäre Lebensgemeinschaft** mit dem Kind im Bundesgebiet nach Art. 6 Abs. 1 GG und Art. 8 EMRK entgegenstünde, wenn es sich seinerseits noch im Asylverfahren befände, soll auch hier eine Asylprüfung stattfinden. Auch die Ausländerbehörde ist zur Anzeige der Einreise bzw. Geburt verpflichtet. Mit Zugang der Anzeige beim Bundesamt **gilt ein Asylantrag** für das Kind als gestellt. Will der zur Vertretung des Kindes berechtigte Elternteil kein Asylverfahren, kann er nach § 14a Abs. 3 AsylG darauf für das Kind verzichten.[559]

d) Das Familienasyl und der Familienflüchtlingsschutz nach § 26 AsylG

495 Das **Ehegatten- und Familienasyl** ist ein gemischtes verfahrens- und materiell-rechtliches Rechtsinstitut, das in einem engen Beistandsverhältnis zueinander stehenden Personen einen einheitlichen Rechtsstatus verschaffen will. Nach § 26 Abs. 1 bis Abs. 3 AsylG werden der Ehegatte oder Lebenspartner sowie Angehörige der **Kernfamilie** (Eltern und Kinder, nicht: Geschwister und Enkel) eines unanfechtbar als Asylberechtigter anerkannten Ausländers (**Stammberechtigter**) selbst als Asylberechtigte anerkannt, wenn sie sein Verfolgungsschicksal teilen. Dahinter steht die Erfahrung, dass oft nicht nur die Hauptperson Zielscheibe einer Verfolgung wird, sondern auch Angehörige Repressalien ausgesetzt sind (z.B. „Sippenhaft"). Daher wird der **Schutz kraft gesetzlicher Vermutung** auch auf sie **erstreckt**, ohne dass es darauf ankommt, ob sie selbst tatsächlich Opfer von Verfolgung geworden sind. Die Fiktion greift insoweit über den Schutzbereich des Asylgrundrechts aus Art. 16a Abs. 1 GG hinaus, indem sie auf den Nachweis einer individuellen Verfolgung der Angehörigen verzichtet. Sie findet ihre Grundlage vielmehr im **Schutz von Ehe und Familie** nach Art. 6 Abs. 1 GG, weil davon ausgegangen wird, dass eine Nichtgewährung von Schutz für die Angehörigen diese zum Verlassen der Bundesrepublik zwingt, d.h. der geschützte Stammberechtigte den gewährten Schutz um des familiären Zusammenlebens willen aufgeben und mit ihnen das Bundesgebiet verlassen müsste. Das würde den Schutzzweck konterkarieren. § 26 Abs. 5 AsylG erweitert die Schutzerstreckung auch auf die Kernfamilie **international Schutzberechtigter**, denen die Flüchtlingseigenschaft zuerkannt oder subsidiärer Schutz zugesprochen worden ist.

---

559 Sind sich die – im Bundesgebiet anwesenden – Eltern uneins, gilt die allgemeine Gesamtvertretung durch beide Eltern nach § 1626 Abs. 1, § 1629 Abs. 1 Satz 1 BGB, so dass notfalls das Vormundschaftsgericht entscheiden muss.

Die **Schutzerstreckung** setzt voraus, dass die **eheliche oder familiäre Lebensgemeinschaft** rechtlich und tatsächlich entweder schon im Verfolgerstaat bestanden hat und unverzüglich nach der Einreise Schutz beantragt worden ist, oder die Verwandtschaft erst im Bundesgebiet durch Geburt entstanden ist. Das Familienasyl ist **streng akzessorisch** und wird daher versagt, wenn der Schutzberechtigte z.B. wegen seiner Einreise aus einem sicheren Drittstaat keines erhalten kann. § 26 Abs. 4 und Abs. 6 AsylG schließen die Schutzgewährung für Angehörige auch aus, wenn sie in ihrer Person einen Ausschlusstatbestand erfüllen. 496

Ob eine im Herkunftsstaat geschlossene **Ehe** nach unseren Maßstäben gültig ist, bestimmt sich wie bei § 27 Abs. 1 AufenthG zunächst nach dem Recht des Heimatstaats, allerdings ggf. korrigiert durch unser ordre public (Rn. 88). Abstriche von den im Bundesgebiet geltenden Ehevoraussetzungen (Einehe, Freiwilligkeit der Eheschließung, Volljährigkeit beider Ehegatten) dürfen nur gemacht werden, soweit dadurch nicht der Schutz des schwächeren Ehegatten und – je nach seinem Alter – auch das Wohl des Kindes bei Kinderehen ausgehöhlt würde.[560] 497

Über die positive Schutzgewährung des § 26 AsylG hinaus werden **Ehegatten und Familienangehörige** nach § 51 Abs. 1 AsylG durch eine **länderübergreifende Umverteilung** vor einem längeren Getrenntsein im Bundesgebiet und im Fall der Rückführung nach § 43 Abs. 3 AsylG auch vor einer getrennten Abschiebung bewahrt, indem diese vorübergehend ausgesetzt wird, um die gemeinsame Ausreise zu ermöglichen. Die Begünstigten erhalten für die Dauer der Aussetzung eine Duldung. 498

e) Die Rechtsstellung unbegleiteter minderjähriger Flüchtlinge

Unbegleitete minderjährige Flüchtlinge gehören zu den schutzbedürftigsten Personen und sind deshalb getrennt von Minderjährigen in Familien zu betrachten. 499

aa) Das Phänomen unbegleiteter minderjähriger Flüchtlinge

Unbegleitete minderjährige Flüchtlinge sind Kinder und Jugendliche, die ohne elterliche Begleitung nach Deutschland gekommen sind und hier Schutz begehren. Ihre Zahl ist in den vergangenen Jahren sprunghaft gestiegen, was nicht nur an der allgemein gestiegenen Flüchtlingszahl liegt,[561] sondern frappierenderweise auch an dem **besonderen Schutz Minderjähriger in Deutschland**. Unter den unbegleiteten minderjährigen Flüchtlingen sind sowohl **Kriegs- und Fluchtwaisen**, die ihre Eltern im Herkunftsstaat oder unterwegs verloren haben, als auch Minderjährige, die von ihren Eltern aus dem Herkunfts- oder einem vorübergehenden Zufluchtsstaat allein nach Europa geschickt wurden, entweder um dort in Sicherheit zu sein oder um den El- 500

560 Je jünger der minderjährige Ehegatte ist, desto wichtiger wird das Wohl des Kindes gegenüber seiner Ehe und er/sie ist in amtliche Obhut zu nehmen (Rn. 502). Das Gewicht der Kinderehe tritt nach unserem ordre public gegenüber dem Wohl des (regelmäßig gegen bzw. wegen Unmündigkeit ohne seinen Willen) verheirateten Kindes zurück.

561 Die Zahl der amtlich in Obhut genommenen unbegleiteten minderjährigen Flüchtlinge stieg von 2.822 Personen im Jahr 2010 auf 35.939 Personen im Jahr 2016, vgl. BAMF (Hrsg.), Zugangszahlen zu Unbegleiteten Minderjährigen, www.bamf.de, Abruf v. 2.2.2017; auch BT-Drs. 18/5921 S. 1 f., 14 f.

tern eine legale Einreise im Weg des Familiennachzugs über § 36 Abs. 1 AufenthG[562] zu eröffnen, sobald ihr Kind einen gesicherten Aufenthaltsstatus erlangt hat („**Ankerkinder**", weil sie der Familie als Anker zum Nachzug dienen sollen, Rn. 97).[563] Allerdings durchläuft nur eine Minderheit von ihnen auch ein Asylverfahren, weil sie vielfach auf Grund ihres Alters bereits anderweitigen ausländerrechtlichen Schutz z.B. durch Duldungen und eine anschließende Aufenthaltserlaubnis (Rn. 210) erhalten.[564] Auch die Verteilung der Hauptherkunftsländer deutet nicht nur auf asylspezifische Motive hin: Während der Hauptherkunftsstaat aller Asylbewerber im Jahr 2014 Syrien gefolgt von Afghanistan war, war die Reihenfolge bei den unbegleiteten minderjährigen Flüchtlingen genau umgekehrt.[565] Gleichwohl sind Minderjährige auf dem Weg nach Europa **besonders verletzlich**, weil sie sich selbst gegen Übergriffe kaum wehren können und Dritte für sie einzustehen oft keinen Anlass sehen.[566]

bb) Die Sondersituation unbegleiteter minderjähriger Flüchtlinge

501 **Unbegleitete minderjährige Flüchtlinge** können anders als Volljährige **nicht in den Herkunftsstaat zurückgeschickt** werden,[567] außer dieser gewährt ihnen eine spezifische Aufnahme z.B. in **Jugendeinrichtungen**, soweit sie nicht mit ihren Eltern zusammengeführt werden können. Dies ist von der deutschen Ausländerbehörde nach § 58 Abs. 1a AufenthG vor Durchführung der Abschiebung sicherzustellen.[568] Da die Kernfamilien jedoch vielfach nicht im Herkunfts- sondern in einem anderen Zufluchtsstaat leben und in den Herkunftsstaaten besondere Jugendeinrichtungen – jedenfalls nach deutschen Standards – unbekannt sind, haben unbegleitete minderjährige Flüchtlinge im Ergebnis eine **deutlich bessere Bleibechance** als volljährige Flüchtlinge aus demselben Herkunftsstaat und zugleich einen stärkeren Schutz- und Förderbedarf. Diesem Bedarf begegnet Deutschland in ihrer rechtlichen Vertretung, tatsächlichen Unterbringung und sprachlichen sowie schulischen Förderung:

502 Erstens werden unbegleitete minderjährige Flüchtlinge von dem **Jugendamt**, in dessen Bereich sie sich aufhalten, nach § 42 Abs. 1 Satz 1 Nr. 3, § 42a Abs. 3 SGB VIII **von Amts wegen in Obhut genommen,**[569] um die fehlende elterliche Fürsorge zu ersetzen. Da diese ortsbezogene Regelung allerdings zu einer Überforderung der an Einreiseschwerpunkten gelegenen örtlichen Träger der öffentlichen Jugendhilfe z.B. an der bayerisch-österreichischen Grenze sowie in der Landeshauptstadt München als erstem großen deutschen Eisenbahnknoten auf der „Balkanroute" geführt hat,

562 Dazu auch Hubert Heinhold, Recht für Flüchtlinge, S. 376 f.

563 Vgl. Eckart Lohse, FAZ online v. 14.12.2015. Schon die Debatte, diesen Familiennachzug einzuschränken, lenkte Tausende junge Afghanen statt nach Deutschland nach Österreich, vgl. Rainer Meyer, FAZ online v. 30.11.2015.

564 Vgl. Bertold Huber, NVwZ-Extra 17/2016, 1, 3 f. m.w.N. auf BT-Drs. 18/7621 S. 28: 38 %.

565 Vgl. Ursula Gräfin Praschma, Jugendhilfe 53 (2/2015), 105/106.

566 Wie hier auch Hubert Heinhold, Recht für Flüchtlinge, S. 463.

567 Auch ihre Rücküberstellung im Dublin-III-System ist für unbegleitete minderjährige Flüchtlinge nach Art. 8 Abs. 4 VO 604/2013/EU ausgeschlossen.

568 Vgl. BVerwG, U.v. 13.6.2013, Az. 10 C 13.12, BVerwGE 147, 8/14 Rn. 17 f.

569 Näher dazu Bertold Huber, NVwZ-Extra 17/2016, 1/3 f.

findet auch für sie eine Umverteilung statt. So soll trotz der rapide steigenden Zahl unbegleiteter minderjähriger Flüchtlinge noch eine dem Kindeswohl entsprechende Unterbringung, Versorgung und Betreuung gesichert werden.[570]

Zweitens wird für die **rechtliche Vertretung** wegen Verhinderung der abwesenden Eltern nach § 1626, § 1629 BGB ein **Vormund** nach § 1773 Abs. 1 i.V.m. § 1674 Abs. 1, § 1675 BGB bestellt, ggf. auch ein **Pfleger** (z.B. Rechtsanwalt als Verfahrenspfleger für ein Asylverfahren nach § 1909 Abs. 1 BGB).[571] Dieser bespricht im Abklärungs- oder „Clearingverfahren" die Situation des unbegleiteten Minderjährigen umfassend mit den beteiligten Ausländer- und Jugendhilfebehörden des Landes, um zu entscheiden, ob nach § 14 Abs. 2 Satz 1 Nr. 3 AsylG ein Asylantrag beim BAMF gestellt oder der Minderjährige anderweitig ausländerrechtlich in Schutz genommen wird. Künftig sollen Jugendämter nach § 42 Abs. 1 Satz 1 Nr. 3 SGB VIII-E verpflichtet sein, für einen in Obhut genommenen unbegleiteten Minderjährigen einen Asylantrag zu stellen, wenn internationaler Schutz in Betracht kommt. Auch das soll dem Wohl des Minderjährigen dienen.[572] Im Asylverfahren werden unbegleitete minderjährige Flüchtlinge vom BAMF nur **von gesondert geschulten Personen angehört.** 503

Drittens werden unbegleitete minderjährige Flüchtlinge von dem nach der Umverteilung für sie zuständigen Jugendamt nicht in den für Asylbewerber allgemein vorgesehenen Erstaufnahme- und Gemeinschafts- sondern in **speziellen Jugendhilfeeinrichtungen** (Heimen, Wohngruppen) oder bei **Pflegeeltern** untergebracht, um ihren altersgemäßen besonderen Bedürfnissen zu entsprechen und so die Weichen für ihre erfolgreiche Integration und damit für ein gutes Aufwachsen zu stellen.[573] Soweit sie der **Schulpflicht** unterliegen, werden sie eingeschult und erhalten Sprach- und Förderunterricht; soweit sie ausbildungsfähig sind, werden sie nach Möglichkeit in Ausbildungsstellen vermittelt und ebenfalls spezifisch gefördert. Nach Abschluss der **Ausbildung** – ggf. auf der Grundlage einer Duldung nach § 60a AufenthG – wird eine Aufenthaltserlaubnis nach § 18a AufenthG erteilt (Rn. 60), so dass selbst ohne Asylantrag oder Asylberechtigung ein legaler Aufenthalt erreichbar ist. 504

Auch **europarechtlich** genießen Minderjährige einen **besonderen Schutz.**[574] Bereits für das Antragsverfahren auf Schutzgewährung gelten für ihre Aufnahme besondere Bedingungen, so nach Art. 2 Buchst. d und Buchst. e, Art. 11 Abs. 2 und Abs. 3 RL 2013/33/EU besondere Anforderungen an ihre – möglichst zu vermeidende – Inhaftierung, nach Art. 14 Abs. 1 und Abs. 2 RL 2013/33/EU ist ihnen zeitnah Zugang 505

570 Vgl. BT-Drs. 18/5921 S. 14 ff. Dies gilt auch bei Kinderehen (Rn. 497).

571 Vgl. BT-Drs. 18/6603 S. 17.

572 Vgl. BR-Drs. 179/17 S. 14 f. Zudem dürften die Chancen eines Asylantrags größer sein, solange der Ausländer noch minderjährig ist. Bei einer späten Antragstellung wird der Minderjährige möglicherweise während des Asylverfahrens volljährig und als im für das BAMF entscheidungserheblichen Zeitpunkt Erwachsener nicht mehr schutzbedürftig.

573 Vgl. BT-Drs. 18/5921 S. 16; dort auch zur Einführung einer bundesweiten Aufnahmepflicht der Länder und eines bundesweiten Verteilungsverfahrens.

574 Zum Ganzen auch Bertold Huber, NVwZ-Extra 17/2016, 1/7 ff.

zur Bildung ähnlich den eigenen Staatsangehörigen des Aufnahmestaats zu gewähren und sind ihre besonderen Belange und das Kindeswohl nach Art. 21, Art. 23 und Art. 24 Abs. 1 und Abs. 2 RL 2013/33/EU besonders zu berücksichtigen, Familien zusammenzuführen, geeignete Vertreter beizuordnen sowie eine geeignete Unterbringung sicherzustellen. Ab der Zuerkennung subsidiären Schutzes nach Art. 2 Buchst. k und Buchst. l RL 2011/95/EU haben sie nach Art. 27 Abs. 1 RL 2011/95/EU Zugang zur Bildung wie eigene Staatsangehörige des Aufnahmestaats, nach Art. 30 Abs. 2 RL 2011/95/EU Zugang zu medizinischer Versorgung und stehen nach Art. 31 RL 2011/95/EU unter besonderem Schutz.

cc) Die amtliche Altersfeststellung bei Zweifeln an der Minderjährigkeit

506 Da minderjährige gegenüber volljährigen Asylbewerbern erhebliche Vergünstigungen genießen, liegt der Anreiz auf der Hand, sich ohne Identitätsnachweis für jünger auszugeben. Die **Altersfeststellung bei begründetem Verdacht** einer Volljährigkeit nach § 49 Abs. 3 und Abs. 6 AufenthG dient dazu, Zweifel an der Minderjährigkeit eines Ausländers auszuräumen.[575] Auch ein Asylbewerber ist nach § 49 Abs. 10 AufenthG zur Duldung entsprechender Maßnahmen verpflichtet, allerdings nicht unbegrenzt: Da körperliche Eingriffe wie röntgendiagnostische Untersuchungen die Einwilligung des Betroffenen erfordern, die ein Minderjähriger mangels ausländer- und asylrechtlicher Handlungsfähigkeit aber gar nicht erteilen kann, muss sein Vormund oder Verfahrenspfleger um **Einwilligung** ersucht werden. Ohne diese können nur Feststellungsmaßnahmen ohne körperliche Eingriffe durchgeführt werden.

507 Darüber hinaus unterliegt die **Altersfeststellung** einer aus dem Rechtstaatsprinzip nach Art. 20 Abs. 3 GG entspringenden **strengen Verhältnismäßigkeit**: Lässt sich das Alter anderweitig nichtmedizinisch ermitteln, in erster Linie durch Auskünfte des Asylbewerbers und Überprüfung von Urkunden sowie durch Inaugenscheinnahme erfahrener Amtsträger („Clearing-Verfahren"), sind medizinische Maßnahmen zur Altersfeststellung bereits ausgeschlossen. Ist doch eine medizinische Altersfeststellung erforderlich, gilt auch hier, dass zunächst möglichst schonende Maßnahmen zu ergreifen sind und intensivere Untersuchungen nur zulässig sind, wenn erstere nicht zum Erfolg führen.[576] Innerhalb dieser Stufenfolge unterscheiden sich ärztliche Untersuchungen wie die Sichtprüfung des Gebisses, die Feststellung der Zahnreife und die Einschätzung des körperlichen Entwicklungsstandes einerseits und ärztliche Maßnahmen wie röntgendiagnostische Untersuchungen der Zähne, Handwurzelknochen und Schlüsselbeine andererseits durch die Intensität des mit ihnen verbundenen Eingriffs in die körperliche Integrität des Asylbewerbers. Selbst der Einsatz der

575 Zur Beweislast des Asylbewerbers für seine behauptete Minderjährigkeit und zur Amtsermittlungspflicht bei bloß begründeten Zweifeln OLG Karlsruhe, B.v. 26.8.2015, Az. 18 UF 92/15, NJW 2016, 87 ff.

576 Zum Folgenden Eva Britting-Reimer, Jugendhilfe 53 (2/2015), 88/89 ff.; OLG Karlsruhe, B.v. 26.8.2015, Az. 18 UF 92/15, NJW 2016, 87/89 Rn. 34 f.

Strahlendiagnostik aber kann das Alter nicht exakt bestimmen; eine Fehlertoleranz bleibt und darf nicht zum Nachteil des Asylbewerbers ausschlagen.

Die **Duldungsanordnung von Untersuchungsmaßnahmen** gegenüber einem Ausländer ist ein **belastender Verwaltungsakt** und mangels asylrechtlicher Grundlage eine ausländerrechtliche Maßnahme nach § 49 Abs. 3, Abs. 6 und Abs. 10 AufenthG. Daher gelten für sie nicht die asylrechtlichen Verschärfungen des Gerichtsverfahrens sondern die allgemeinen verwaltungsprozessualen Vorgaben. So beträgt die Klagefrist für eine **Anfechtungsklage** gegen einen Duldungsbescheid nach § 74 Abs. 1 VwGO einen Monat und hat die Klage nach § 80 Abs. 1 Satz 1 VwGO **aufschiebende Wirkung**, da § 75 AsylG unanwendbar ist. Ordnet die Behörde nicht den Sofortvollzug ihrer Untersuchungs- und Duldungsanordnung an, muss sie im Klagefall mit deren Vollzug bis zur Bestandskraft warten. Für Kosten und Rechtsmittel gelten die erläuterten Grundsätze entsprechend (Rn. 137 ff.). 508

III. Die Besonderheiten des verwaltungsgerichtlichen Verfahrens in Asylsachen

Nicht nur das Verwaltungsverfahren vor dem BAMF sondern auch das **Verwaltungsgerichtsverfahren** kennt in asylrechtlichen „Streitigkeiten nach diesem Gesetz", d.h. für alle Maßnahmen mit einer Rechtsgrundlage im Asylgesetz wie Klagen auf Schutzgewährung, Umverteilung, Beschäftigungserlaubnis und dgl., zahlreiche **Vereinfachungen und Verschärfungen** gegenüber dem allgemeinen Verwaltungsprozessrecht zur **Verfahrensbeschleunigung**. Im Übrigen gilt reguläres Verwaltungsprozessrecht. Da viele Rechtsfragen z.B. in Dublin-III-Fällen nur noch im Eilrechtsschutz entschieden werden, für den jedoch eine Beschwerde ausgeschlossen ist, so dass keine obergerichtlichen oder gar bundesverwaltungsgerichtlichen Entscheidungen zu Hauptsacheverfahren hierzu ergehen können, wird teils für eine Beseitigung des besonderen Asylprozessrechts und für die generelle Geltung des allgemeinen Verwaltungsprozessrechts plädiert.[577] Wegen der rasanten Zunahme der Asylanträge und der Asylstreitigkeiten dürften dem jedoch bereits jene praktischen Erfordernisse entgegenstehen, die einst zur Schaffung des besonderen **Asylprozessrechts** geführt haben. 509

1. Die Abweichungen in Verfahren vor den Verwaltungsgerichten

Die Abweichungen im Verfahren erster Instanz betreffen in der Zulässigkeitsprüfung einer Klage vor allem die Klagefrist, in ihrer Begründetheitsprüfung den entscheidungserheblichen Zeitpunkt sowie daneben den Ausschluss der aufschiebenden Wirkung, die abweichende Gerichtsbesetzung sowie die Kostenfreiheit. 510

577 Vgl. Uwe Berlit, NVwZ-Extra 12/2015, 1/15 f.

a) Die verkürzte Klagefrist nach § 74 Abs. 1 AsylG

511 Nach § 74 Abs. 1 AsylG beträgt die **Klagefrist** gegen Entscheidungen nach diesem Gesetz **zwei Wochen** nach Zustellung der Entscheidung der Behörde; im Fall eines innerhalb einer Woche zu stellenden Antrags nach § 80 Abs. 5 VwGO gegen Entscheidungen nach § 34a Abs. 2 Satz 1 und Satz 3, § 36 Abs. 3 Satz 1 und Satz 10 AsylG ist auch die Klage **innerhalb einer Woche** zu erheben. Dies bedeutet eine wesentliche Verkürzung der Rechtsbehelfsfristen. Ist die Rechtsbehelfsbelehrung zum Bescheid nicht oder nicht richtig erteilt, gilt nach § 58 Abs. 2 VwGO die Jahresfrist. Hinzu tritt die im allgemeinen Verwaltungsprozessrecht nicht enthaltene **Begründungsfrist** für die Klage nach § 74 Abs. 2 AsylG. Danach hat ein Kläger die zur Begründung dienenden Tatsachen und Beweismittel binnen einer Frist von einem Monat nach Zustellung der Behördenentscheidung anzugeben; anderenfalls kann das Verwaltungsgericht verspätetes Vorbringen zurückweisen. Das Vorbringen neuer Tatsachen und Beweismittel bleibt aber zulässig.

Beispiel: Ein Asylbewerber erhebt Klage gegen den ablehnenden Bescheid des BAMF. Spätestens innerhalb von zwei Wochen nach dessen Zustellung muss er Klage erheben und diese innerhalb insgesamt eines Monats begründen. Will er geltend machen, vom Regime seines Heimatstaats verfolgt und inhaftiert worden zu sein, muss er dies in der Monatsfrist vorbringen, sonst kann dieser Vortrag als verspätet zurückgewiesen werden. Erlangt er später während des anhängigen Klageverfahrens das Original eines Steckbriefs, mit dem er in seinem Heimatstaat gesucht worden ist, ist dies ein neues Beweismittel, da es zum Zeitpunkt des Ablaufs der Frist zur Klagebegründung noch nicht vorgelegen hat. Es kann daher noch vorgelegt werden.

b) Der einheitliche entscheidungserhebliche Zeitpunkt nach § 77 Abs. 1 AsylG

512 Für seine Entscheidung stellt das Verwaltungsgericht in allen asylgesetzlichen Streitigkeiten nach § 77 Abs. 1 AsylG auf die Sach- und Rechtslage im Zeitpunkt der letzten mündlichen Verhandlung ab bzw. bei einer Entscheidung ohne mündliche Verhandlung auf deren Zeitpunkt. Anders als im regulären Verwaltungsprozessrecht gibt es im Asylrecht für alle Klagearten **nur einen einheitlichen entscheidungserheblichen Zeitpunkt.**

Beispiel: Erlangt der Asylbewerber den Steckbrief erst am Tag der mündlichen Verhandlung, kann er ihn nicht nur vorlegen, sondern muss das Verwaltungsgericht diesen Vortrag auch zur Kenntnis nehmen und würdigen, solange er noch vor Schluss der mündlichen Verhandlung vorgelegt wird. Unerheblich ist dabei, ob er mit einer Verpflichtungsklage z.B. seine Anerkennung als Asylberechtigter oder mit einer Anfechtungsklage die Aufhebung der Abschiebungsandrohung begehrt – für beide Klagearten gilt derselbe entscheidungserhebliche Zeitpunkt.

c) Der weitgehende Ausschluss der aufschiebenden Wirkung in § 75 AsylG

513 Abweichend vom Regelfall der **aufschiebenden Wirkung** einer Anfechtungsklage nach § 80 Abs. 1 Satz 1 VwGO schließt das Asylrecht über § 75 AsylG i.V.m. § 80 Abs. 2 Satz 1 Nr. 3 VwGO die aufschiebende Wirkung der Klage weitgehend aus. Auf diese Weise soll der zeitnahe Vollzug ablehnender oder belastender Entscheidungen gesichert und verhindert werden, dass Klagen nur um des Zeitgewinns willen erhoben werden. Es bedarf daher in solchen Fallkonstellationen eines zusätzlichen **An-**

trags auf Anordnung der aufschiebenden Wirkung nach § 80 Abs. 5 VwGO. Nur wenn das Verwaltungsgericht ihre aufschiebende Wirkung anordnet, führt die Klage zum zeitlichen Aufschub z.B. einer Abschiebung. Um Rechtsschutzanträge in Folge von Kommunikationsproblemen zwischen BAMF und Ausländerbehörde im wechselseitigen Informationsaustausch nach § 40 AsylG zu verhindern, ist das Verwaltungsgericht verpflichtet, in Verfahren über die Rechtmäßigkeit einer asylrechtlichen Abschiebungsandrohung oder Abschiebungsanordnung direkt die Ausländerbehörde nach § 83a AsylG über das Ergebnis des Verfahrens zu unterrichten.

Hat das BAMF den Asylantrag als **offensichtlich unbegründet** abgelehnt, hat die Klage hinsichtlich der belastenden Entscheidungen (Ausreiseaufforderung, Abschiebungsandrohung) nach § 36 Abs. 3 i.V.m. § 75 Abs. 1 AsylG und § 80 Abs. 2 Satz 1 Nr. 3 VwGO nicht nur keine aufschiebende Wirkung und muss ein Eilantrag in der Wochenfrist gestellt worden (Rn. 400 f.), sondern das Verwaltungsgericht hat über den Eilantrag nach § 36 Abs. 3 Satz 3 und Satz 4 AsylG sogar **in Wochenfrist zu entscheiden.** Da eine Entscheidung aber sinnvollerweise nur unter Würdigung der Akte des BAMF getroffen werden kann, welche dieses nach § 36 Abs. 2 AsylG mit seiner Entscheidung sowohl dem Asylbewerber (in Kopie) als auch dem Verwaltungsgericht (im Original) zuzuleiten hat, wird die Wochenfrist in der Praxis so gehandhabt, dass sie erst ab Eingang dieser Akten beim Verwaltungsgericht oder ab Eingang des Eilantrags zu laufen beginnt – je nachdem, welches Ereignis zuletzt eintritt. Dabei spielt die Beschränkung des anwaltlichen Akteneinsichtsrechts nach § 82 AsylG in Verfahren des vorläufigen Rechtsschutzes eine geringe Rolle, da er regelmäßig bereits vom BAMF zeitgleich mit dem Verwaltungsgericht die ablehnende Entscheidung und die Akten in Kopie erhält. 514

d) Der erweiterte Einsatz von Einzelrichtern nach § 76 Abs. 1 AsylG

Anders als im regulären verwaltungsgerichtlichen Verfahren, in dem die Kammer des Verwaltungsgerichts als Spruchkörper nach § 5 Abs. 3 VwGO in voller Besetzung von drei haupt- (und ggf.) zwei ehrenamtlichen Richtern über Klagen verhandelt und entscheidet, hingegen die Übertragung einfach gelagerter Streitsachen auf einen **gewillkürten Einzelrichter** nach § 6 VwGO die Ausnahme ist, macht § 76 Abs. 1 AsylG diese Übertragung zum **gesetzlichen Regelfall für Asylstreitigkeiten.** Auf diese Weise sollen die Spruchkörper eine mehrfache Fallzahl bei gleicher Besetzung erledigen können (jeder Richter für sich statt immer nur alle drei Richter gemeinsam), um die Laufzeiten der Verfahren zu verkürzen und zu beschleunigen. Nach § 76 Abs. 5 AsylG darf allerdings ein **Richter auf Probe,** also ein Jurist frisch vom Assessorexamen, in den ersten sechs Monaten nach seiner Ernennung noch nicht Einzelrichter sein. Damit soll seiner noch fehlenden richterlichen Erfahrung Rechnung getragen werden.[578] 515

578 Für den Richter auf Zeit nach § 17 Nr. 3 und § 18 VwGO gilt diese Einschränkung nicht.

516 In Verfahren des vorläufigen Rechtsschutzes wird der Richter, dem das Verfahren zur Bearbeitung zugeteilt ist (Berichterstatter), nach § 76 Abs. 4 AsylG zum **gesetzlichen Einzelrichter.** Das umfasst alle Verfahren nach § 80 und nach § 123 VwGO. Der Einzelrichter trägt daher eine besondere Verantwortung für die Richtigkeit seiner Sachentscheidung. Hat die Rechtssache grundsätzliche Bedeutung oder will er von der Rechtsprechung der Kammer abweichen, überträgt er den Rechtsstreit aber auf diese.

2. Die Beschränkungen der Rechtsmittel im Asylrecht

517 Ebenfalls der Verfahrensbeschleunigung dient der **teilweise Ausschluss der regulären Rechtsmittel.** Dies ist mit Art. 19 Abs. 4 GG vereinbar, der nur den Rechtsschutz durch den Richter, nicht aber auch den Rechtsschutz gegen den Richter und damit keinen Instanzenzug gewährleistet.[579]

a) Der Ausschluss der Berufung nach § 78 Abs. 1 AsylG

518 Um in aussichtslosen Asylstreitigkeiten die Rechtsmittelgerichte zu entlasten und die Einlegung von Rechtsmitteln allein um eines etwaigen Zeitgewinns willen zu unterbinden, ist ein Urteil des Verwaltungsgerichts, durch das die asylrechtliche **Klage** nach § 29a Abs. 1, § 30 AsylG als **offensichtlich unzulässig** oder als **offensichtlich unbegründet** abgewiesen wird (Rn. 464), **unanfechtbar.** Das gilt auch, wenn nur das Klagebegehren gegen die Entscheidung über den Asylantrag als offensichtlich unzulässig oder offensichtlich unbegründet, das Klagebegehren im Übrigen hingegen als unzulässig oder unbegründet abgewiesen worden ist. Das Verwaltungsgericht ist damit die einzige Gerichtsinstanz und allein für die Gewährleistung eines Art. 19 Abs. 4 GG genügenden Rechtsschutzes verantwortlich. Umso höher sind die Anforderungen an eine solche Klageabweisung in Bezug auf die **richterliche Überzeugungsbildung** vom Vorliegen der besonderen Tatbestandsmerkmale des § 30 AsylG i.V.m. § 108 Abs. 1 VwGO.

b) Die Beschränkung der Berufungszulassungsgründe nach § 78 Abs. 3 AsylG

519 In allen anderen Fällen der Klageabweisung steht den Beteiligten gegen ein Urteil des Verwaltungsgerichts der **Antrag auf Zulassung der Berufung** nach §§ 124 ff. VwGO i.V.m. § 78 Abs. 2 AsylG zu. Allerdings kann die Berufung anders als nach § 124a VwGO nicht vom Verwaltungsgericht sondern **nur vom Oberverwaltungsgericht/ Verwaltungsgerichtshof** und auch statt aus fünf **nur aus drei** in § 78 Abs. 3 AsylG enumerativ genannten **Gründen zugelassen** werden. Ausgeschlossen ist die Zulassung wegen ernstlicher Zweifel an der Ergebnisrichtigkeit des verwaltungsgerichtlichen Urteils oder wegen tatsächlicher oder rechtlicher Schwierigkeiten der Rechtssa-

579 Zur Kritik Friedhelm Hufen, Verwaltungsprozessrecht, § 40 Rn. 2 m.w.N.

che.[580] Sie ist beschränkt auf eine grundsätzliche Bedeutung der Rechtssache (**Grundsatzrüge**), eine Abweichung des Urteils von einer Entscheidung eines im Instanzenzug übergeordneten Gerichts oder des Bundesverfassungsgerichts (**Divergenzrüge**) oder die Geltendmachung eines Verfahrensmangels (**Verfahrensrüge**). Für den Zulassungsantrag gilt die § 124a Abs. 4 Satz 1 VwGO entsprechende **Monatsfrist** des § 78 Abs. 4 AsylG; allerdings wird sie auch auf die **Begründung** des Zulassungsantrags erstreckt, für den sonst § 124a Abs. 4 Satz 4 VwGO eine Zwei-Monatsfrist gilt. Schließlich entbindet § 78 Abs. 5 Satz 1 AsylG das Berufungsgericht in Abweichung von § 124a Abs. 5 Satz 3 VwGO auch von der Pflicht zur Begründung des Beschlusses, mit dem es die Zulassung ablehnt. Wird die Berufung zugelassen, greifen die Beschleunigungsmaßnahmen nach § 79 AsylG. Schließlich ist auch die **Sprungrevision** gegen ein Urteil des Verwaltungsgerichts nach § 78 Abs. 2 Satz 1 AsylG **ausgeschlossen.** Lediglich gegen ein Urteil des Oberverwaltungsgerichts/Verwaltungsgerichtshofs kommt ein **Antrag auf Zulassung der Revision** nach §§ 132 ff. VwGO in Betracht.

c) Der Ausschluss der Beschwerde nach § 80 AsylG

Charakteristisch für das Beschleunigungsziel ist auch der **generelle Ausschluss der** 520
Beschwerde nach § 80 AsylG bis auf die Beschwerde gegen die Nichtzulassung der Revision nach § 133 Abs. 1 VwGO, da deren Gegenstand kein Beschluss sondern ein Urteil des Oberverwaltungsgerichts/Verwaltungsgerichtshofs ist. Damit sind **alle Beschlüsse des Verwaltungsgerichts unanfechtbar**, insbesondere jene über Anträge nach § 80 Abs. 5 VwGO oder nach § 123 VwGO, gegen die sonst nach § 146 Abs. 1 VwGO eine Beschwerde statthaft wäre.

3. Das Beschleunigungsinstrument der Betreibensaufforderung nach § 81 AsylG

Entsprechend der im Asylverfahren nach § 33 Abs. 1 AsylG möglichen behördlichen 521
Betreibensaufforderung (Rn. 478) gegen einen Asylbewerber, der seiner verfahrensrechtlichen Mitwirkungspflicht nicht nachkommt, kann auch das Verwaltungsgericht den klagenden Asylbewerber unter Fristsetzung und Benennung der konkret geforderten Handlung zur Mitwirkung am verwaltungsgerichtlichen Verfahren auffordern, nach fruchtlosem Fristablauf vom Nichtbetreiben des Verfahrens ausgehen, die Klage als zurückgenommen behandeln und das Klageverfahren durch unanfechtbaren Beschluss einstellen. Die **gerichtliche Betreibensaufforderung** muss allerdings ebenfalls eine konkrete, tatsächlich geschuldete Handlung zum Gegenstand haben, zu welcher der Asylbewerber auch tatsächlich verpflichtet ist.[581]

Beispiel: „Herr/Frau [Name] wird aufgefordert, innerhalb eines Monats ab Zustellung dieser Aufforderung das Strafurteil des Gerichts seines Herkunftsstaats im Original vorzulegen, des-

580 Zu den regulären Zulassungsgründen und zum Zulassungsverfahren Andreas Dietz, in: Klaus F. Gärditz (Hrsg.), VwGO, 2017, § 124 Rn. 24 ff.; zur Vorgängernorm Klaus F. Gärditz/Johannes Orth, ebenda, § 78 AsylVfG Rn. 3.

581 Vgl. BVerwG, U.v. 5.9.2013, Az. 10 C 1.13, BVerwGE 147, 329/335 Rn. 17.

sen Besitz er behauptet und von dem er seiner Klagebegründung lediglich eine Kopie beigefügt hat. damit das Urteil auf seine Echtheit überprüft werden kann. Anderenfalls gilt die Klage als zurückgenommen und wird das Klageverfahren eingestellt, wobei der Kläger die Kosten des Verfahrens zu tragen hat. Die Pflicht zur Vorlage folgt aus § 15 Abs. 2 Nr. 5 und Abs. 3 Nr. 5 AsylG i.V.m. § 86 Abs. 1 Halbs. 2 VwGO. [folgt Belehrung nach § 81 AsylG]."

4. Der Ablauf eines asylrechtlichen Verfahrens vor dem Verwaltungsgericht

522 Grundsätzlich folgt das verwaltungsgerichtliche Verfahren in Asylsachen den §§ 81 ff. VwGO, da es ebenso vom **Amtsermittlungsgrundsatz** des § 86 Abs. 1 Satz 1 VwGO und vom **Ziel der richterlichen Überzeugungsbildung** nach § 108 Abs. 1 Satz 1 VwGO geprägt ist. Zwar besteht eine Dispositionsfreiheit der Beteiligten über den Streitgegenstand in der Weise, dass nur das vom Kläger gestellte Klagebegehren nach § 82 Abs. 1 Satz 2 i.V.m. § 88 VwGO auch den **Streitgegenstand** (nach Antrag und Lebenssachverhalt[582]) bestimmt und umgekehrt eine Abhilfe des BAMF z.B. durch ein inhaltliches Nachgeben in Gestalt einer versagten Asylanerkennung dem Begehren abhelfen kann, ohne dass noch eine gerichtliche Entscheidung zur Sache nötig ist. Dennoch ist das verwaltungsgerichtliche Verfahren zentral durch den Amtsermittlungs- und nicht durch den zivilrechtlichen Beibringungsgrundsatz geprägt.[583] Ausgangspunkt ist im Folgenden ein Bescheid des BAMF, mit dem es den Asylantrag des Klägers nach § 13 AsylG vollständig abgelehnt hat (Rn. 386).

a) Die Vorbereitung

523 Die **Klageerhebung** nach § 81, § 55 VwGO i.V.m. § 184 GVG[584] muss **schriftlich und in deutscher Sprache** erfolgen. Der Kläger kann die Klage auch zur **Niederschrift des Urkundsbeamten** des Verwaltungsgerichts erheben, der bei der Antragsformulierung nach § 82 Abs. 1 Satz 1 und Satz 2 VwGO hilft. Die eigentliche **Klagebegründung** nach § 82 Abs. 1 Satz 3 VwGO erfordert einen detaillierten Vortrag, wobei der Kläger zur Bezeichnung des Klagegegenstands auch eine Kopie des angefochtenen Bescheids des BAMF beifügen kann. Weiter muss er darlegen, weshalb aus seiner Sicht der Bescheid rechtswidrig ist. Dazu benötigt ein Kläger regelmäßig fachliche Hilfe und sprachliche Übersetzung. Hierfür allerdings wird ihm vorab kein Dolmetscher seitens des Gerichts gestellt. Ein **Rechtsanwalt** hingegen kann bereits beratend tätig werden und für den meist mittellosen Kläger Prozesskostenhilfe beantragen (Rn. 133, 396).

524 Ist die **Klage** beim Verwaltungsgericht eingegangen, wird sie nach § 85 VwGO dem BAMF als Vertretungsbehörde der beklagten Bundesrepublik Deutschland **zugestellt** mit der Aufforderung, sich zu äußern. Wegen der großen Zahl an Verfahren äußert sich das BAMF – wenn überhaupt – meist nur knapp, stellt einen Antrag auf Klageabweisung und übersendet die **Akten** nach § 99 VwGO an das Verwaltungsgericht,

582 Vgl. Wolf-Rüdiger Schenke, Verwaltungsprozessrecht, Rn. 604.
583 Vgl. Wolf-Rüdiger Schenke, Verwaltungsprozessrecht, Rn. 20.
584 Gerichtsverfassungsgesetz vom 9.5.1975 i.d.F.v. 30.5.2016, BGBl. I S. 1254.

wo sie von den Beteiligten nach § 100 VwGO im Wege der **Akteneinsicht** eingesehen werden können. In asylrechtlichen Streitigkeiten verfügt der Kläger bzw. sein Rechtsanwalt vielfach bereits über die Akten in Kopie.

Die Kammer des Verwaltungsgerichts teilt die Streitsache einem Kammermitglied als **Berichterstatter** nach § 87 Abs. 3 VwGO zu. Dieser sichtet die Akten, vergleicht Klagebegehren, BAMF-Bescheid und Anhörungsniederschrift mit den bereits bekannten Informationen über den Herkunftsstaat (z.B. des Auswärtigen Amts, des UNHCR, von Amnesty International usw.) und stuft den Fall von seiner tatsächlichen und rechtlichen Schwierigkeit her ein. Anschließend unterbreitet er der Kammer einen Vorschlag, ob sie den Fall verhandeln und entscheiden soll oder ob eine **Einzelrichterübertragung** nach § 76 Abs. 1 AsylG geboten ist, weil das Verfahren keine besonderen Schwierigkeiten tatsächlicher oder rechtlicher Art aufweist und auch keine grundsätzliche Bedeutung hat. Wird ihm die Streitsache **als Einzelrichter übertragen**, führt er das Verfahren nun selbständig. Ergeben sich für ihn Fragen aus der Vorbereitung, kann er die Beteiligten nach § 86 Abs. 1 und Abs. 4 i.V.m. § 87 Abs. 1 und Abs. 3 VwGO entweder vorab **zur Äußerung auffordern** oder sich die **Fragen für die mündliche Verhandlung** notieren. Hat er seine Vorbereitungen beendet, lädt er die Streitsache zur mündlichen Verhandlung[585] mindestens zwei Wochen vor dem **Termin** nach § 102 Abs. 1 VwGO[586] und dazu einen **Dolmetscher** in der vom Kläger angegebenen Sprache. Meist wird bei der Terminierung zur Zeit- und Kostenersparnis darauf geachtet, mehrere Streitsachen an einem Tag zu laden, in denen derselbe Dolmetscher und nach Möglichkeit auch derselbe Rechtsanwalt auftreten.[587] Mit der **Ladung** wird den Beteiligten die Liste der vom Verwaltungsgericht für das Verfahren herangezogenen Auskünfte übersandt; speziell zum Verfahren herangezogene Unterlagen werden zur Wahrung rechtlichen Gehörs in Kopie meist vorab übersandt, sonst in der mündlichen Verhandlung ausgehändigt, soweit nicht die Beteiligten schon auf sie hingewiesen und sie damit in das Verfahren eingeführt haben.[588] 525

Um sich vom Kläger einen persönlichen Eindruck zu verschaffen, kann der Einzelrichter das **persönliche Erscheinen des Klägers** durch Beschluss nach § 95 Abs. 1 Satz 1 VwGO anordnen. Hat er dieses angeordnet, erscheint der Kläger aber nicht, kann der Einzelrichter zwar zur Sache entscheiden, muss aber nachvollziehbar erläutern, weshalb er sich die Überzeugungsgewissheit anderweitig so verschaffen kann, 526

585 Sind bloße Rechtsfragen zu entscheiden, kann er die Beteiligten auch schriftlich fragen, ob sie auf eine mündliche Verhandlung nach § 101 Abs. 2 VwGO verzichten, so dass eine Ladung entbehrlich wird.

586 Die gesetzliche **Ladungsfrist** beträgt beim Verwaltungsgericht **zwei Wochen**. Da die Zustellung durch die Post aber einige Tage in Anspruch nimmt, sollte die Ladung möglichst deutlich früher als zwei Wochen die Post erreichen.

587 Praktisch sinnvoll ist die vorherige telefonische Terminabstimmung mit dem Rechtsanwalt. Hat er eine längere Anfahrt und vertritt er zahlreiche Klagen von Asylbewerbern aus demselben Herkunftsstaat, bietet sich für das Verwaltungsgericht ein kompletter Verhandlungstag mit ihm an, auf den die verschiedenen Kammermitglieder ihre Einzelrichtersachen nacheinander laden, so dass der Rechtsanwalt nur eine Anreise hat und enorm Zeit sparen kann.

588 Dazu auch Uwe Berlit, NVwZ-Extra 4/2017, 1/21 m.w.N.

dass der persönliche Eindruck des Klägers entgegen der Landung entbehrlich geworden ist. Wegen dieser Schwierigkeiten verzichten die meisten Einzelrichter auf die Anordnung des persönlichen Erscheinens und belassen es beim allgemeinen Hinweis in der Ladung nach § 102 Abs. 2 VwGO, dass beim **Ausbleiben eines Beteiligten** auch ohne ihn verhandelt und entschieden werden kann. Kommt der Kläger nicht, vergibt er die Chance, das Gericht persönlich zu überzeugen.

b) Die mündliche Verhandlung

527 Die **mündliche Verhandlung** beginnt mit dem **Aufruf der Streitsache** nach § 103 Abs. 2 VwGO, leitet über in die **Feststellung der Anwesenheit** der Beteiligten bzw. der Feststellung ihrer ordnungsgemäßen Ladung und in den **Vortrag des wesentlichen Akteninhalts**. Üblicherweise stellt der Einzelrichter kurz seine aus den Akten gewonnene Sicht der Sach- und Rechtslage nach § 104 Abs. 1 VwGO dar, um anschließend die **persönliche Anhörung** des Klägers vorzunehmen. Sie ist einerseits **Amtsermittlung** nach § 86 Abs. 1 VwGO, andererseits aber dient sie auch dem **rechtlichen Gehör** der Beteiligten nach § 108 Abs. 2 VwGO. Soweit erforderlich findet zusätzlich eine **Beweisaufnahme** statt, z.B. die Vernehmung eines Sachverständigen zu Umständen in einem bestimmten Herkunftsstaat. Neben dem Einzelrichter können auch die Beteiligten, insbesondere der Rechtsanwalt des Klägers, Fragen an diesen und zur Beweiserhebung stellen.[589] Parallel führt der Einzelrichter das Protokoll und diktiert die **Niederschrift der mündlichen Verhandlung** nach § 105 VwGO. Schließlich erfolgt die **Antragstellung mit Begründung** nach § 103 Abs. 3 VwGO. Wünscht niemand mehr das Wort, schließt der Einzelrichter die Verhandlung nach § 104 Abs. 3 Satz 1 VwGO und zieht sich entweder zur Entscheidungsfindung zurück, um anschließend das Urteil nach § 116 VwGO zu **verkünden** (Tenor mit kurzer Begründung), oder er erlässt einen Beschluss, dass den Beteiligten das Urteil **zugestellt** wird. In erstem Fall erfahren sie unverzüglich die Entscheidung; im zweiten Fall wird der Tenor innerhalb von zwei Wochen der Geschäftsstelle des Verwaltungsgerichts übergeben, wo ihn die Beteiligten abfragen können.[590]

c) Die Nacharbeit

528 Liegt ihm die Niederschrift der mündlichen Verhandlung geschrieben vor, setzt der Einzelrichter sein **Urteil** nach § 117 VwGO ab, das anschließend von der Geschäftsstelle den Beteiligten mit der Niederschrift zugestellt wird. Beantragen die Beteiligten innerhalb der Rechtsbehelfsfrist die **Zulassung der Berufung** (Rn. 519), wird die

589 Auch unter der Geltung des Amtsermittlungsprinzips ist das Verwaltungsgericht aber nicht zu allen erdenklichen Ermittlungen insbesondere mit Auslandsbezug verpflichtet, sondern nur zu solchen, die sachdienliche und entscheidungserhebliche Erkenntnisse erwarten lassen; vgl. BVerfG, B.v. 14.9.2015, Az. 1 BvR 1321/13, NJW 2016, 626 ff. Auf unzulässige, unerreichbare oder völlig ungeeignete Beweismittel gerichteten Beweisanträgen braucht es nicht nachzugehen.

590 Bis zur Niederlegung in der Geschäftsstelle muss neuer Sachvortrag der Beteiligten auch nach Schluss der mündlichen Verhandlung noch berücksichtigt werden, worauf Uwe Berlit, NVwZ-Extra 4/2017, 1/19 m.w.N., hinweist.

Rechtsmittelschrift mit den Gerichts- und Behördenakten des Falles dem im Instanzenzug übergeordneten Oberverwaltungsgericht/Verwaltungsgerichtshof vorgelegt. Anderenfalls erlangt das Urteil **Rechtskraft** nach § 121 VwGO.

Ist das Urteil rechtskräftig geworden, ist die Arbeit der Judikative nach Art. 19 529
Abs. 4, Art. 92 GG beendet und entsprechend der **Gewaltenteilung** nach Art. 20 Abs. 3 GG ist wieder die Exekutive am Zug: Im Fall des (teilweise) stattgebenden Urteils hat das **BAMF** einen entsprechenden Bescheid zu erlassen und dem Kläger im Umfang seiner gerichtlichen Verpflichtung z.B. die Flüchtlingseigenschaft zuzuerkennen. Diesen Bescheid reicht es nach § 24 Abs. 3 AsylG an die **Ausländerbehörde** weiter, die ihn daraufhin nach § 25 AufenthG in die Erteilung eines ausländerrechtlichen Aufenthaltstitels umsetzt. Hier schließt sich der Kreis in der eingangs dargestellten Verzahnung von Asyl- und Ausländerrecht (Rn. 19, 293). Gleiches gilt, wenn das Verwaltungsgericht den vollständig ablehnenden Bescheid des BAMF bestätigt: Auch dann setzt die Ausländerbehörde den Bescheid des BAMF mit der darin enthaltenen Ausreiseaufforderung und Abschiebungsandrohung ausländerrechtlich um, indem sie den Ausländer zur freiwilligen fristgerechten Ausreise nach § 50 Abs. 2 AufenthG bewegt oder ihn notfalls nach § 58 Abs. 2 AufenthG **abschiebt** (Rn. 12, 19, 294).

§ 11 Die Perspektiven des deutschen und europäischen Asylsystems

Ohne eine tiefgreifende Änderung in Ansatz und Ausführung werden das deutsche 530
und das europäische Asylsystem nach ihrem Kollaps im Jahr 2015 nicht fortbestehen können. Ob die politische Führung auf deutscher und europäischer Ebene allerdings dazu willens und fähig ist, mag bezweifelt werden. Folgende Thesen sollen skizzenhaft einige Konsequenzen aufzeigen:

I. These: Die Zeiten nationaler Alleingänge sind vorbei.

Deutschland zog seit dem Jahr 2013 auch deswegen so viele Asylbewerber an, weil 531
es auf Grund einer unseligen Entscheidung des Bundesverfassungsgerichts, das migrationspolitische Zielsetzungen ausdrücklich ignoriert hatte, die Bargeldleistungen für Asylbewerber deutlich angehoben hatte. Ein Taschengeld oberhalb des durch Arbeit erzielbaren Durchschnittseinkommens im Herkunftsstaat zog besonders Menschen an, die vor Armut und wirtschaftlicher Perspektivlosigkeit flohen, aber nicht vor politischer Verfolgung. Dass Deutschland zudem im Spätsommer 2015 eigenmächtig das Dublin-III-System außer Kraft setzte, indem es versprach, niemanden abzuweisen, als die Flüchtlingswelle die Außengrenzen der Europäischen Union erreichte, steigerte die Anziehungskraft Deutschlands als Sehnsuchtsort in bislang un-

erreichtem Umfang.[591] Beide nationalen Alleingänge brachten das innereuropäische Gefüge durcheinander, verprellten die europäischen Partner und hinderten eine gesamteuropäische Lösung, weil der Zuzugsdruck sich in demselben Maße auf Deutschland konzentrierte, wie er andere europäische Länder verschonte. So schwand dort der Problemlösungsdruck. Zugleich hat diese ungeregelte Zuwanderung populistischen Parteien in vielen europäischen Staaten Auftrieb gegeben, die nationale Alleingänge bis hin zum Austritt aus der Europäischen Union anstreben („Brexit") und gesamteuropäische Lösungen ablehnen. Nur wenn die Europäische Union aber ein neues zukunftsfähiges Konzept für Asyl und Einwanderung schafft, kann sie verlorenes Vertrauen ihrer Bürger zurückgewinnen.

II. These: Die Europäische Union muss die Sozialleistungen für Schutzsuchende vereinheitlichen.

532 Es genügt nicht, die formellen Verfahrensweisen und materiellen Zuerkennungskriterien für internationalen Schutz in der Europäischen Union durch europäische Verordnungen und Richtlinien zu vereinheitlichen, die Sozialleistungen für Schutzsuchende aber der nationalen Hoheit zu überlassen. Solange hier ein enormes Gefälle zwischen den Mitgliedstaaten besteht, werden Wanderungsbewegungen indirekt aber effektiv dorthin gelenkt, wo die Leistungen vergleichsweise hoch sind. Zwar darf nicht außer Acht gelassen werden, dass auch bei den regulären Sozialleistungen ein enormes Gefälle besteht und sich die Leistungen für Schutzsuchende schon deswegen am jeweils länderspezifischen Leistungsniveau orientieren müssen, um nicht innerstaatlich Spannungen zwischen Einwohnern und Schutzsuchenden zu schüren. Umso mehr aber sollten Bargeldzahlungen auf (weitgehende) Gutscheinleistungen oder Guthabenkarten umgestellt werden.

III. These: Um das Schengen-System zu retten, muss das Dublin-System reformiert werden.

533 Dass das europäische Asylsystem in der bisherigen Kombination aus Binnenreisefreiheit nach dem Schengen-System und Konzentration des europäischen Flüchtlingsschutzes in den Mitgliedstaaten mit Außengrenzen nach dem Dublin-III-System Defizite hatte, lag auf der Hand. Die in Sonntagsreden – insbesondere in der Euro- und Staatsschuldenkrise – hoch gehaltene europäische Solidarität war jedenfalls im europäischen Asylsystem längst beidseitig aufgekündigt: Für die Mitgliedstaaten im geographischen Zentrum Europas war es nützlich, über das Schengen-System leicht erreichbar und über das Dublin-III-System vor illegaler Zuwanderung von außen geschützt zu sein. Die realen Lasten waren von den Mitgliedstaaten mit Außengrenzen zu tragen, während die zentralen Staaten sich weitgehend auf finanzielle Hilfen be-

591 Auf diese Faktoren weisen auch Harald Dörig/Christine Langenfeld, NJW 2016,1/4, hin.

schränkten. Auch der Einsatz der europäischen Grenzschutzagentur Frontex änderte daran wenig, da die aufgegriffenen Zuwanderer an den Küsten der südlichen Mitgliedstaaten mit Außengrenzen wie Griechenland, Italien und Spanien angelandet wurden. Diese aber sahen sich mit einer Zuwanderungswelle über das Mittelmeer konfrontiert und steigerten ihre administrativen und karitativen Kapazitäten nicht entsprechend dem Anstieg. Eine immer größere Zahl an Zuwanderern wurde daher weder registriert noch durch ein ordnungsgemäßes, europäischen Standards entsprechendes Prüfungssystem für Schutzgesuche geführt, sondern auf den Weg nach Norden entlassen und später sogar gewiesen. Als die Flüchtlingswelle Deutschland erreichte, suchte dieses sich noch auf das europäische Dublin-III-System zu berufen und versuchte die Rücküberstellung von Schutzsuchenden. Das scheiterte jedoch immer häufiger an der fehlenden Aufnahmebereitschaft der südlichen Mitgliedstaaten, unter denen besonders Griechenland wegen festgestellter systemischer Mängel eine traurige Rolle spielt.

Auch wegen der deutlich angehobenen sozialen Leistungen in Deutschland für Asyl- 534
bewerber zogen es diese vor, nicht in den Mitgliedstaaten an der Peripherie zu bleiben, sondern nach Norden weiterzuziehen und dort einen Asylantrag zu stellen, wo sie sich besten Schutz, beste Versorgung und baldige Arbeitsmöglichkeiten versprachen, die ihnen gerade die von einer Finanz- und Wirtschaftskrise gebeutelten südeuropäischen Staaten nicht bieten können und wollen. Dass Deutschland einerseits im Spätsommer 2015 eigenmächtig das Dublin-III-System außer Kraft setzte, andererseits aber im Winter 2015 dessen Wiederinkraftsetzung verlangte, erscheint nicht nur den europäischen Partnern widersinnig. Umso mehr gilt dies, als Ungarn seiner Pflicht zur Sicherung der Außengrenze der Europäischen Union nachkam, dafür aber gescholten wurde, während umgekehrt Österreich wenig kritisiert sein Verhalten an jenes der südeuropäischen Staaten anglich und die Schutzsuchenden nicht nur nach Norden weiterwandern ließ, sondern gleich an der österreichisch-deutschen Grenze ablud. Im Ergebnis ist das Schengen-System nur zu retten, wenn auch das Dublin-III-System wieder in Kraft gesetzt wird. Allerdings bedarf dieses tief greifender Reformen:[592]

Es erscheint widersinnig, Millionen Menschen erst in den Schengenraum einreisen zu 535
lassen, um danach wieder eine erhebliche Zahl von ihnen mühsam aus dem Schengenraum hinauszubefördern, wenn sich ihr Schutzgesuch als unbegründet erwiesen hat. Sinnvoller wäre eine Prüfung in grenznahen Aufnahmezentren insbesondere in den südeuropäischen Staaten, allerdings unter Verantwortung der Europäischen Union[593] und mit finanzieller und organisatorischer Sicherung der gebotenen sozialen und rechtstaatlichen Mindeststandards.

592 Reformvorschläge auch bei Uwe Berlit, Flüchtlingsrecht, S. 43 ff.
593 In diese Richtung auch Kay Hailbronner, FAZ online v. 12.10.2015; Harald Dörig/Christine Langenfeld, NJW 2016, 1/4; Uwe Berlit, Flüchtlingsrecht, S. 50 ff.

536 Überlegenswert sind europäische Prüfzentren für Schutzanträge z.B. in den Mittelmeer-Anrainerstaaten und im Nahen Osten, so dass die Menschen von dort aus Schutzbegehren stellen könnten und nicht gezwungen wären, sich Schleusern auf dem gefahrvollen Land- und Seeweg nach Europa anzuvertrauen.[594] Wird den Anträgen – ggf. unter Beteiligung des UNHCR – stattgegeben, werden die Schutzberechtigten nach einem innereuropäischen Quotensystem auf die Mitgliedstaaten der Europäischen Union verteilt und erhalten zur Einreise ein Visum sowie anschließend einen entsprechenden Aufenthaltstitel, der allerdings für einige Jahre nur im jeweiligen Aufnahmestaat gültig ist, bis die Schutzberechtigten dort sesshaft geworden sind, um eine Binnenwanderung und damit ein Unterlaufen der quotalen Verteilung auszuschließen. Sonst besteht die Gefahr, dass einige europäische Staaten alles tun, um für die Aufgenommenen so unattraktiv zu sein, dass diese rasch in attraktivere Staaten wie Deutschland weiterwandern.

IV. These: Das deutsche Asylrecht i.w.S. muss vereinfacht werden.

537 Die Überlagerung der nationalen Regelungen durch europäisches Recht ist kaum zu vermeiden, will die Europäische Union einheitliche Schutz- und Verfahrensstandards durchsetzen. Aber das nationale Recht könne deutlich vereinfacht werden. Mit Blick auf die geringe Gesamtschutzquote in Folge der Regelungen über sichere Herkunftsstaaten und sichere Drittstaaten sowie die in § 25 AufenthG bereits angeglichenen Rechtsfolgen einer Zuerkennung des Flüchtlingsschutzes an jene einer Asylanerkennung sollte das Asylgrundrecht des Art. 16a Abs. 1 GG wenn nicht abgeschafft, so doch jedenfalls in seinem Anwendungsbereich derart eingeschränkt werden, dass es keine Anwendung mehr auf Schutzgesuche findet, mit denen internationaler Schutz begehrt wird. Für eine Doppelprüfung mit nahezu identischem ausländerrechtlichem Ergebnis ist angesichts der hohen Asylbewerberzahlen keine Zeit mehr.

V. These: Das deutsche und europäische Asylsystem behandelt nur Symptome

538 Die internationalen Krisen in Nordafrika, im Nahen Osten und anderswo in der Welt haben ihre Ursachen außerhalb Europas, wirken aber über die Flüchtlingsströme auf das deutsche und europäische Asylsystem ein. Die Krisen wurzeln in politischen Umbrüchen, schwierigen wirtschaftlichen Verhältnissen und anlässlich anderer Konflikte auflodernder ethnischer, religiöser und sozialer Spannungen. Auch Demokratie europäischer Prägung scheint jedenfalls für viele Gesellschaften Afrikas und Asiens kein gangbarer Weg zu sein, denn der Sturz der Diktatoren z.B. in Afghanistan, im Irak und in Libyen hat keineswegs zur Heranbildung demokratischer und republikanischer Strukturen geführt, sondern zu Bürgerkriegen und neuem Blutvergießen. Der einzige erfolgversprechende Ansatz scheint eine Kombination aus Diploma-

594 Fluchtrisiken beleuchten Herbert Brückner/Nina Rother/Jürgen Schupp, IAB-BAMF-SOEP-Befragung von Geflüchteten, Forschungsbericht Nr. 29, S. 27, www.bamf.de, Abfrage vom 20.1.2017.

tie, Entwicklungshilfe und technischer sowie organisatorischer Unterstützung zu sein,[595] freilich gekoppelt an die Erfüllung der Grundregeln einer guten Regierungsführung (good governance), an Korruptionsbekämpfung und Rechtstaatlichkeit. Eine solche Politik mag des Neokolonialismus geziehen werden, aber die fragilen Staatsgebilde sich selbst zu überlassen, die sich nach der Dekolonisation Afrikas und Asiens gebildet haben, ist auch keine Alternative. Wollen wir die Fluchtursachen bekämpfen und den Menschen in ihren Herkunftsstaaten zu besseren Lebensbedingungen verhelfen, kann das nur dort geschehen. Ihre und Europas Zukunft entscheidet sich dort, nicht hier.

595 Vgl. auch Kay Hailbronner, FAZ online v. 12.10.2015.

Literaturverzeichnis

Bauer, Ina/Beichel-Benedetti, Stephan, Das neue Ausweisungsrecht, NVwZ 2016, 416.

Berlit, Uwe: Aktuelle Entwicklungen im Ausländerrecht, NVwZ 2013, 327 ff.

–: Ausländerrecht im Wandel – neuere Rechtsprechung zum Ausländerrecht, BDVR-Rundschreiben 3/2014, 123 ff.

–: Aktuelle Rechtsprechung des BVerwG zum Asyl- und Flüchtlingsrecht, NVwZ-Extra 12/2015, 1 ff.

–: Aktuelle Rechtsprechung zum Flüchtlingsrecht, NVwZ-Extra 4/2017, 1 ff.

–: Flüchtlingsrecht in Zeiten der Krise, 1. Aufl. 2017.

Britting-Reimer, Eva: Altersbestimmung in Deutschland und im Europäischen Vergleich, Jugendhilfe 53 (2/2015), 88 ff.

Crolly, Hannelore u.a.: Mit diesen Tricks werden Abschiebungen verhindert, Die Welt online v. 1.9.2015, www.welt.de, Abruf v. 1.9.2015.

Dietz, Andreas: „Ehrenmord“ als Ausweisungsgrund, NJW 2006, 1385 ff.

–: Das Primat der Politik in kaiserlicher Armee, Reichswehr, Wehrmacht und Bundeswehr – Rechtliche Sicherungen der Entscheidungsgewalt über Krieg und Frieden zwischen Politik und Militär, 2011.

–: Die Reichweite ausländerrechtlicher Mitwirkungspflichten am Beispiel der Passbeschaffung, EuGRZ 2011, S. 365 ff.

–: Der Krieg der Zukunft und das Völkerrecht der Vergangenheit?, DÖV 2011, 465 ff.

–: Subsidiärer Schutz in bewaffneten Konflikten – Die qualitative Bestimmung der Gefahrendichte bei Art. 15 Buchst. c RL 2011/95/EU und § 4 AsylG, NVwZ-Extra 12/2014, 1 ff.

–: Leistungseinschränkungen nach § 1a AsylbLG für Asylbewerber aus sicheren Herkunftsstaaten, DÖV 2015, 727 ff.

Dölemeyer, Barbara: Die Hugenotten, 2006.

Dörig, Harald: Auf dem Weg in ein gemeinsames Europäisches Asylsystem, NVwZ 2014, 106 ff.

Dörig Harald/Langenfeld, Christine: Vollharmonisierung des Flüchtlingsrechts in Europa, NJW 2016, 1 ff.

Groß, Thomas: Das Ausländerrecht zwischen obrigkeitsstaatlicher Tradition und menschenrechtlicher Herausforderung, AöR 139 (2014), 420 ff.

Gutmann, Rolf: Neues Ausweisungsrecht und Stand Still, InfAuslR 2016, 129 ff.

Hailbronner, Kay: Asyl- und Ausländerrecht, 4. Aufl. 2016.

–: Asyl in Europa – wenn, wie, wann, wo?, FAZ online v. 12.10.2015, www.faz.net, Abruf v. 12.10.2015.

Harbou, Frederik von: Das Integrationsgesetz, NVwZ 2016, 1193 ff.

–: Unterstützen und Strafen: Das Integrationsgesetz, NJW 2016, 2700 ff.

Heinhold, Hubert: Recht für Flüchtlinge, 7. Auflage 2015.

Huber, Bertold: Umsetzung ausländer- und flüchtlingsrechtlicher Richtlinien der EU und die neue Dublin-III-VO, NVwZ 2014, 548 ff.

–: Das Gesetz zur Neubestimmung des Bleiberechts und der Aufenthaltsbeendigung, NVwZ 2015, 1178 ff.

–: Unbegleitete minderjährige Flüchtlinge im Migrationsrecht, NVwZ-Extra 17/2016, 1 ff.

Hufen, Friedhelm: Verwaltungsprozessrecht, 10. Auflage 2016.

–: Staatsrecht II, Grundrechte, 5. Auflage 2016.

Isensee, Josef: Die staatsrechtliche Stellung der Ausländer in der Bundesrepublik Deutschland, VVDStRL 32 (1974), 49 ff.

Kluth, Winfried: Grundlagen und Strukturen eines Migrationsfolgenrechts, DVBl 2016, 1081 ff.

Lohse, Eckart: Ankerkinder allein auf der Flucht, FAZ online v. 14.12.2015, www.faz.net, Abruf v. 14.12.2015.

Marx, Reinhard: Zur Reform des Ausweisungsrechts, ZAR 2015, 245 ff.

–: Neuregelung krankheitsbedingter Abschiebungsverbote (§ 60 Abs. 7 und § 60a Abs. 2c und Abs. 2d AufenthG), InfAuslR 2016, 261 ff.

Meyer, Rainer: Der europäische Gedanke stirbt in Spielfeld, FAZ online v. 30.11.2015, www.faz.de, Abruf v. 1.12.2015.

Neundorf, Kathleen, Neuerungen im Aufenthalts- und Asylrecht durch das Asylverfahrensbeschleunigungsgesetz, NJW 2016, 5 ff.

Pieroth, Bodo/Schlink, Bernhard/Kingreen, Thorsten/Poscher, Ralf: Grundrechte, Staatsrecht II, 32. Auflage 2016.

Planta, Christoph von: Vereinfachung der Arbeitsmarktintegration von Asylsuchenden, NVwZ 2016, 18 ff.

Praschma, Ursula Gräfin: Aufenthaltssicherung für unbegleitete Minderjährige, Jugendhilfe 53 (2/2015), 105 ff.

Rixen, Stephan, Zwischen Hilfe, Abschreckung und Pragmatismus: Gesundheitsrecht in der Flüchtlingskrise, NVwZ 2015, 1640 ff.

Sautter, Udo: Deutsche Geschichte seit 1815, Band I, 2003.

Schenke, Wolf-Rüdiger: Verwaltungsprozessrecht, 14. Auflage 2014.

Schmitt Glaeser, Walter: Der freiheitliche Staat des Grundgesetzes, 3. Auflage 2016.

Schulze, Hagen: Kleine deutsche Geschichte, 8. Auflage 2006.

Streinz, Rudolf: Europarecht, 10. Auflage 2016.

Thym, Daniel: Schnellere und strengere Asylverfahren, NVwZ 2015, 1625 ff.

–: Die Auswirkungen des Asylpakets II, NVwZ 2016, 409 ff.

Tiedemann, Paul: Flüchtlingsrecht, 2014.

Wendel, Mattias, Menschenrechtliche Überstellungsverbote, DVBl 2015, 731 ff.

Zabel, Matthias, Zulässigkeit ausländerrechtlicher Wohnsitzauflagen, NJW 2016, 1057 ff.

Stichwortverzeichnis

Die folgenden Ziffern beziehen sich auf die Randnummern zum Text:

Abschiebestopp 377
Abschiebung
- Abschiebungshindernis *siehe dort*
- Ausreisepflicht *siehe dort*
- Begriff 202, nach 204
- Zielstaat 213, 352 f.
- Zusicherung des Zielstaats 352

Abschiebungsandrohung 202, 386
Abschiebungsanordnung 211, 328, 330, 469
Abschiebungshaft 227 f.
Abschiebungshindernis
- Begriff 202, 215
- behördliche Prüfungskompetenz 220, 237
- Beweiswert ärztlicher Atteste 219
- Duldung *siehe dort*
- inlands-/zielstaatsbezogenes 214, 218, 374
- objektives/subjektives 217
- rechtliches/tatsächliches 216

Abschiebungsverbot
- Begriff siehe rechtliches Abschiebungshindernis
- Schutz vor existenziellen Gefahren 375
- generelle Gefahr 376 ff.
- individuelle Gefahr 376, 379 f.
- lebensbedrohliche Krankheit 379
- Rücknahme der Feststellung 422
- Widerruf der Feststellung 422

Adressatentheorie 138
Altersfeststellung 156, 506 ff.
Altfallregelung 83 ff.
Aktenvorlagepflicht 127, 395
Amtsermittlungspflicht
- Ausländerbehörde 110, 112
- BAMF 475, 484
- Verwaltungsgericht 127, 394 f., 522,

Amtssprache Deutsch 116
Anfechtungsklage
- Aufbau 137 ff.
- gegen Abschiebungsandrohung im Asylverfahren 387, 401 f., 479
- gegen Abschiebungsanordnung im Dublin-III-Verfahren 469
- gegen abtrennbare Nebenbestimmung 36, 136 ff.
- gegen Ausweisung mit Abschiebungsandrohung 237 ff. 290
- gegen belastende Überwachungsmaßnahmen 198
- gegen Duldungsanordnung zur Altersfeststellung 508
- gegen gewillkürtes Einreise- und Aufenthaltsverbot 236, 387
- gegen feststellenden Verwaltungsakt 169, 268
- gegen Feststellung des Verlusts der Freizügigkeit 268 ff.
- gegen räumliche Beschränkung 457
- gegen Rücknahme/Widerruf der Schutzberechtigung 417, 424 f.
- gegen Wohnsitzregelung an Asylberechtigte, Flüchtlinge u.a. 333, 348, 372
- gegen Wohnsitzzuweisung im Asylverfahren 450

Anhörungspflicht 114
„Ankerkinder" 97, 500
Ankunftsnachweis 487
Antrag auf Anordnung/Wiederherstellung der aufschiebenden Wirkung gegen
- Abschiebungsandrohung 251, 399, 405 ff., 479
- Abschiebungsanordnung 330, 469
- sofort vollziehbare Ausweisung
- sofort vollziehbare Anordnung 144
- gegen räumliche Beschränkung 457
- Wegfall der Fiktionswirkung 206
- Wirksamkeits-/Vollziehbarkeitstheorie 208

Antrag auf einstweilige Anordnung
- auf Abschiebungsschutz im Wiederaufnahmeverfahren 431 ff.
- auf Einreisegestattung 445
- auf Visum oder Aufenthaltserlaubnis 135
- auf vorläufige Sicherung 174

Anwaltszwang 130
Anwerbestopp 9
Assoziationsberechtigte
- Arbeitnehmer 281 ff.
- Aufenthaltsverfestigung 281 ff.
- Ausweisung 185, 194, 289 f.
- Begriff nach 20, 277
- Familienangehörige 284 ff.
- Geltung des allgemeinen Ausländerrechts 278 ff.
- „Stand-Still" 287 f.
- Verlust des Aufenthaltsrechts 291

Asyl
- Ableitung aus Menschenwürde 304
- Drittstaat, sicherer 322, 324 ff., 408, 436, 441

– Familienasyl *siehe dort*
– forum externum/internum 309
– Grundrecht auf 305 ff.
– Gruppenverfolgung 320
– Herkunftsstaat, sicherer 322, 331 f.
– innerstaatliche Fluchtalternative 319
– „Kirchenasyl" 306, 468
– Konzept der normativen Vergewisserung 323
– Nachfluchtgründe 318
– Schutzbereich 309
– verfahrensabhängiges Recht auf Einreise und Aufenthalt 307, 436 ff., 445
– Verfolger 315 f.
– Verfolgung, politische 7, 308, 312 ff.
– Verfolgungshandlung 308 f., 311
– Verfolgungswahrscheinlichkeit 309, 317
– Verfolgungszeitpunkt 317
– Vorverfolgung 317
Asylantrag
– Begriff i.e.S. und i.w.S. 301, 303, 385
– Ablehnung als unzulässig nach 303, 328
– Ablehnung als unbegründet nach 303, 386
– Ablehnung als offensichtlich unbegründet 236, nach 303, 331, 400 f., 477, 481
– Ablehnung als offensichtlich unzulässig 400
– persönliche Stellung 482
– Rücknahme 468
Asylberechtigung
– Anerkennung als Asylberechtigter 307, 333
– Arbeitsaufnahme 333
– Ausweisung eines Asylberechtigten 155
– Begriff 300
– Erlöschen 411, 413 ff.
– Erteilung eines Aufenthaltstitels 529
– Integrationskursteilnahme 333
– Rücknahme 411, 421 ff.
– Widerruf 411, 418 ff.
– Wohnsitzregelung 333
Asylbewerber
– Ankunftsnachweis nach 464, 487
– Aufenthaltsgestattung nach 20, nach 464, 487 f.
– Ausweisung 155 f.
– Begriff 300
– Bescheinigung über die Meldung als 487
– Dublin-III-Verfahren *siehe dort*
– Einreise auf dem Landweg 440 ff.
– Einreise auf dem Luftweg 443 ff.
– Einreiseverweigerung 445
– Erwerbstätigkeit/-verbot 458 ff.
– Flughafenverfahren 444, 446
– Identifizierung und Registrierung 441 f., 448, nach 464, 475 ff.
– Transitverfahren/-zone 443 f.
– Unterbringung siehe Asylverfahren
– Zahl 10, 325
Asylbewerberleistungen siehe Asylverfahren
Asylgesuch 300
Asylrecht
– Asylmotive 295
– Begriff i.w.S. 12, nach 12, 19, 292, 294, 302
– Schutzdauer 295 f.
– sichere Herkunftsstaaten 186
– Verhältnis zum allgemeinen Ausländerrecht 293
Asylverfahren
– Ablauf 434, nach 464
– Asylbewerberleistungen 460 ff., nach 463
– Aufenthaltsgestattung nach 20, 487
– Aufnahmeeinrichtung 448 f.
– Einreise und Aufenthalt zum 335, 435 ff., 487 ff.
– Einstellung wegen mangelnder Mitwirkung nach 303, 478 ff.
– Einstellung wegen Nichtbetreibens 482 f.
– Gemeinschaftsunterkunft 449
– Lebensunterhalt 458 ff., nach 463
– Mitwirkungspflicht des Asylbewerbers 475 ff., 484 ff.
– räumliche Beschränkung 453 ff.
– Umverteilung im 452
– Verwaltungsgerichtsverfahren *siehe dort*
– Zuweisung zur Gemeinschaftsunterkunft im 447, 450
Asyl(folge)verfahren siehe Folgeverfahren
Aufenthaltsbeendigung 157 ff.
Aufenthaltserlaubnis
– Abschiebungsverbot 77, 382
– Antragserfordernis 108
– Asylberechtigter 75 f., 333, 417, 529
– Ausreisepflichtiger 82
– Ausweisung *siehe dort*
– Bedingung 35
– Befristung 34
– Begriff nach 20, 28 f.
– Bindung an Aufenthaltszweck 45
– deklaratorische 286
– Duldung nach 20, 81, 83 ff., 383
– Erledigung 166
– Erlöschen 160 ff.
– Fiktion *siehe dort*
– Flüchtling, zuerkannter 76, 185, 194, 348
– Klage auf Erteilung siehe Verpflichtungsklage
– Nebenbestimmung 35 ff., 161, 163
– Niederlassungserlaubnis nach 20, 34, 75, 149

- Rücknahme 162 f., 207
- Schriftform 115
- soziale Ansprüche nach 463
- subsidiär Schutzberechtigter 76, 194, 372
- Widerruf 162 f., 207

Aufenthaltsgesetz
- Aufbau 23
- Geltungsbereich 24 ff.

Aufenthaltsgestattung siehe Asylbewerber

Aufenthaltstitel
- Begriff 38, nach 20
- Titelerteilungssperre 75, 409
- Versagung 206

Aufenthaltszwecke
- Anerkennung einer Vorqualifikation 55
- Ausbildung und Studium 46 ff.
- Berufspraxis nach geduldeter Ausbildung 61
- Ehegatten- und Familiennachzug 86 ff., 333, 348, 372, 383
- Erwerbstätigkeit 50 f., 56 ff., 68 f.
- Forschung 67
- Funktion 27, 45
- humanitäre 70 ff., 78 f., 83 ff.
- Nachqualifizierung 53

Aufnahmeeinrichtung siehe Asyl(erst)verfahren

Aufschiebende Wirkung siehe Antrag auf Anordnung

Ausländer
- Begriff 26
- Drittstaater 254
- Erlaubnisvorbehalt für Einreise und Aufenthalt 16, 28, 86, 278
- „faktischer Inländer“ 192, 194 f.
- Status 16
- Zahl 11

Ausländerrecht
- Begriff 12, nach 12, 21
- Verwaltungsverfahren 100 ff.
- Verwaltungsverfahrensgesetze 103

Ausreise
- Ausreiseaufforderung und Ausreisefrist 204, 386
- Ausreisegewahrsam 229
- Ausreisepflicht 157, 159, 176
- Durchsetzung durch Abschiebung 199, 202 ff.
- Durchsetzung durch Zurückschiebung 199 ff.
- Erlöschen des Aufenthaltstitels 164 f., 167 ff.
- Überwachung 196 ff.
- überwachte 199
- vollziehbare Ausreisepflicht 202, 205 ff.

Außergerichtliche Kosten 130

Aussiedler und Spätaussiedler 9

Auswanderung 2

Ausweisung
- Abwägung 179 f., 182, 187 f.,
- Asylberechtigter 185, 194
- Ausweisungsanlass 181
- Ausweisungsbeschränkungen 185
- Ausweisungsinteresse 182 ff., 189 ff.
- Begriff 175, nach 180
- Betäubungsmittelkriminalität 190
- Ehe 194
- „Ehrenmord“ 191
- Familie 194
- Flüchtling, anerkannter 185, 194
- Strafurteil 181
- Systemwechsel 178 f.
- Terrorismus 190
- Verbleibeinteresse 182, 193 ff.
- Wiederholungsgefahr 181, 192
- Zweck 176 f.

Barbetrag siehe Asylbewerberleistungen

Beweiserhebung
- Darlegungslast und Günstigkeitsprinzip 128, 172, 327
- im Verwaltungsgerichtsverfahren 128

Blaue Karte EU nach 20, 37, 65 f.

Daueraufenthaltserlaubnis EU nach 20, 37

Deutscher
- Begriff 15
- Recht auf Einreise und Aufenthalt 15

Drittstaat, sicherer siehe Asyl

Drittstaater siehe Ausländer

Dublin-III-Verfahren
- Abschiebungsanordnung 469
- Einheits-Prinzip 466
- faktischer Kollaps 442, 471 f.
- Prinzip der Familieneinheit 467
- Prioritätsprinzip 466
- Rückübernahmepflicht 468
- Selbsteintrittsrecht des BAMF 470
- System 465 ff.
- systemische Mängel 470
- Überstellungsprinzip 466

Duldung
- Ausbildungsduldung 225
- Befristung 223
- Begriff nach 20, 80, 221 f.
- Bewährungsduldung 225
- Erwerbstätigkeit 60 ff.
- Nebenbestimmungen 226
- räumliche Beschränkung 226
- Wohnsitzauflage 226

Edikt von Potsdam 4

Ehe
- Begriff 88

– Einehe und Mehrehe 88
– Kinderehe und Minderjährigenehe 88
– Lebensgemeinschaft 88, 194, 496 f.
– Mindestbestandszeit 94, 288
– nachehelicher Aufenthalt 94
– Scheinehe 88, 91
– Zwangsehe 88, 165, 191, 355
Ehegatten- und Familiennachzug
– Akzessorietät 94
– Alterserfordernis 93
– Elternnachzug 94
– Kindesnachzug 95 f.
– Spracherfordernis 93, 147, 288
– zu Asylberechtigten 333
– zu Ausländern 92, 97 ff.
– zu Deutschen 90
– zu Flüchtling 348
– zu minderjährigen Flüchtlingen 97 f.
– zu subsidiär Schutzberechtigten 372
Eilantrag siehe Antrag
Einwanderung 2
Einreise- und Aufenthaltsverbot
– Befristung 231 ff.
– gesetzliches 230 ff.
– gewillkürtes 235 f.
Entscheidungserheblicher Zeitpunkt siehe jeweilige Klageart
Erstaufnahmeeinrichtung 447 ff.
Erwerbstätigkeit
– Assoziationsberechtigte 281 ff., 285
– Duldung 60 ff.
– Ehegatten und Familienangehörige 89
EURODAC 448
Fachkräfte 64
Familie
– Begriff 88
– Lebensgemeinschaft 88, 194
Familienasyl 495 ff.
Familienflüchtlingsschutz 495 ff.
Feststellungsklage
– auf Fortbestehen des Aufenthaltstitels 170 ff.
– auf Fortbestehen der Asylberechtigung 415
– auf Fortbestehen der Flüchtlingseigenschaft 415
– feststellungsfähiges Rechtsverhältnis 171
– Feststellungsinteresse 171
– wegen Wohnsitzverpflichtung 333
Fiktion
– eines Aufenthaltstitels 206
– Fiktionsbescheinigung 109
Flüchtling
– Begriff 300, 335
– Bürgerkriegs-/Kriegs-/Klima-/Wirtschaftsflüchtling 300
– Arbeitsaufnahme nach Zuerkennung 348
– unbegleiteter minderjähriger *siehe dort*
– Zuerkennung der Eigenschaft als 348
– Erlöschen der Zuerkennung 411, 413 ff.
– Rücknahme der Zuerkennung 411, 416, 421 ff.
– Widerruf der Zuerkennung 411, 416, 418 ff.
– Wohnsitzregelung 348
Flüchtlingsschutz
– Ableitung aus Genfer Flüchtlingskonvention 335
– forum externum/internum 339
– Gruppenverfolgung 342
– innerstaatliche Fluchtalternative 346
– Nachfluchtgründe 341
– verfahrensabhängiges Recht auf Einreise und Aufenthalt 335, 436 ff., 445
– Verfolger 344
– Verfolgung 336 f.
– Verfolgungsgrund 338
– Verfolgungsintensität 339, 343
– Verfolgungswahrscheinlichkeit 340
– Verfolgungszeitpunkt 340 f.
Flughafenverfahren siehe Asylbewerber
Folgeverfahren
– Einreise und Aufenthalt 437 f.
– Folgeantrag 426, 482 f.
Freizügigkeit
– Deutscher 15
– Unionsbürger nach 20, 252 ff.
„Gastarbeiter“ 8
Gemeinschaftsunterkunft siehe Asyl(erstverfahren)
Genfer Flüchtlingskonvention 300, 325
Gerichtskosten 129
Gesetzgebungskompetenz
– für Asylrecht 18
– für Ausländerrecht 17 f.
Härte
– außergewöhnliche 78
– besondere 94
Härtefallkommission 73 f.
Herkunftsstaat, sicherer siehe Asyl
Hochqualifizierte 63
Identität
– Altersfeststellung 156
– Angabe 41
– Sicherung 151 ff., 156 ff.
Integration
– Begriff 25
– Integrationskurs 146 ff., 333, 348, 372, 383

– Probleme 145, 287 f.
Internationaler Schutz
– Flüchtlingsschutz *siehe dort*
– subsidiärer Schutz *siehe dort*
Klagebefugnis siehe jeweilige Klageart
Klagefrist siehe jeweilige Klageart
Klagegegner siehe jeweilige Klageart
Kontakt- und Kommunikationsverbot 197
Lebensunterhalt
– Sicherung 40, 90
– Verpflichtungserklärung 40
Menschenhandel, Opfer von 79
Minderjähriger
– Altersfeststellung 156, 492, 506 ff.
– „Ankerkinder“ 97, 500
– Familieneinheit 225, 494
– Handlungsfähigkeit 491 ff.
– Inobhutnahme 502, 504
– Kinderehe und Wohl des Kindes 497
– unbegleiteter Flüchtling *siehe dort*
– Vertretung 493, 503
Mitwirkungspflicht des Ausländers
– Asylverfahren 475 ff., 482 ff.
– ausländerbehördliches Verfahren 111, 113
– Verwaltungsgerichtsverfahren 127
– Vorsprachepflicht bei Botschaft 111
Mobiltelefon 155
Nationalsozialistisches Regime 7
Niederlassungserlaubnis siehe Aufenthaltserlaubnis
Personalausweis 41
Passlosigkeit siehe Reisepass
Prozesskostenhilfe 133
Rechtsmittel
– Antrag auf Zulassung der Berufung 134, 143, 398
– Antrag auf Zulassung der Revision 134, 143, 398
– Ausschluss bei Asylablehnung als offensichtlich unbegründet 404, 518
– Ausschluss im asylrechtlichen Eilverfahren 407
Rechtsträgerprinzip 125
Reisepass
– Begriff 41
– Passlosigkeit und Passbeschaffung 152 ff., 229
Sachleistungsprinzip siehe Asylbewerberleistungen
Staat
– dreigliedriger Begriff 13
– failing/failed state 316
– Friedenspflicht 314 f., 319
Staatsangehörigkeit 15, 41
– Staatsgewalt 13
– Staatsgebiet 13
– Staatsvolk 13
Statthaftigkeit siehe jeweilige Klageart
Streitwert siehe jeweilige Klageart
Subsidiärer Schutz
– Ableitung aus EMRK 349
– Arbeitsaufnahme nach Zuerkennung 372
– Aufenthaltsrecht 359
– Behandlung erniedrigende/unmenschliche 355
– ernsthafter Schaden 350
– Folter 353
– Gefahrenlage 363 ff.
– Gewalt, kriminelle/willkürliche 367 ff.
– Konflikt international/nicht-international/ innerstaatlich 361 f.
– medizinische Unterstützung 359
– Misshandlung 354
– Rücknahme 422
– staatliche Zurechenbarkeit 356 ff.
– Todesstrafe 351
– Widerruf 422
– Wohnsitzregelung 348, 372
– Zuerkennung 372
Transitverfahren/zone siehe Asylbewerber 443 f.
Unbegleiteter minderjähriger Flüchtling 156, 499 ff.
Unionsbürger
– Aufenthaltserlaubnis 286
– Aufenthaltskarte 261, 266
– Begriff 252
– Daueraufenthalt 258, 263 f.
– Familienangehörige 259 ff.
– Feststellung des Verlusts der Freizügigkeit 265 ff., 274 ff.
– Freizügigkeit 254 ff.
– Passpflicht 256
– Rückkehrfälle 255, 262
– Sozialhilfeanspruch 267
– Visum nach 20, 261
Verfolgung siehe Asyl
Verhältnismäßigkeit 162
Verpflichtungserklärung 40
Verpflichtungsklage
– Aufbau 118 ff.
– auf Änderung einer Wohnsitzregelung 333
– auf Anerkennung als Asylberechtigter 321, 387 ff., 401, 408
– auf Aufenthaltserlaubnis ohne Nebenbestimmung 36

– auf Ausnahme von räumlicher Beschränkung 198
– auf Befristung des gesetzlichen Einreise- und Aufenthaltsverbots 236, 238, 245 ff.
– auf deklaratorische Aufenthaltserlaubnis 286
– auf Duldung 225
– auf Durchführung eines nationalen Asylverfahrens 469 ff.
– auf Einreisegestattung 445
– auf Feststellung von Abschiebungsverboten 381
– auf Fortführung des Asylverfahrens 329
– auf Visum oder Aufenthaltserlaubnis 36, 118 ff., 206 f.
– auf Wiederaufnahme des Asylverfahrens 430 ff.
– auf Zuerkennung der Flüchtlingseigenschaft 347
Verwaltungsakt
– Begriff 29
– begünstigend 29
– belastend 138, 162
– deklaratorisch 168, 286, 347
– feststellend 167, 268, 275 f.
– konstitutiv 371
– Schriftform 115, 275
Verwaltungsrechtsweg 119
Verwaltungsgerichtsverfahren in Asylsachen
– Ablauf 522 ff.
– Akteneinsicht 524
– asylgesetzliche Streitigkeit 512
– Ausschluss der aufschiebenden Wirkung 513
– Ausschluss der Berufung 517 f.
– Ausschluss der Beschwerde 520
– Begründungsfrist 511
– Betreibensaufforderung 521
– Einschränkung der Berufungszulassungsgründe 519
– Einzelrichter 515 f., 525
– entscheidungserheblicher Zeitpunkt 512
– Klageerhebung/-begründung 523
– kürzere Antragsfrist 514
– kürzere Klagefrist 511
– Prozesskostenhilfe 523
– Verhandlung 527
– Verschärfungen gegenüber VwGO 509 f.
Visum
– Antragserfordernis 108
– Begriff 30
– Einreisezwecke siehe Aufenthaltszwecke
– Erteilung 43, 102 ff.
– Funktion 32
– Klage auf Erteilung siehe Verpflichtungsklage
– nationales Visum 32
– Nebenbestimmung 34 ff.
– Schengen-Visum 33
Völkerwanderung 3
Wehrpflicht 165
Widerspruchsverfahren siehe jeweilige Klageart
Wiederaufnahmeverfahren
– Abschiebung nach Ablehnung 431
– Begriff 427 f.
Wohnsitzregelung für Asylberechtigte, anerkannte Flüchtlinge oder subsidiär Schutzberechtigte 333, 348, 372
Zurückweisungshaft 444
Zuständigkeit
– Ausländerbehörde im Inland 102, 104 ff.
– Auslandsvertretung 102, 104
– BAMF im Asylverfahren 473
– BAMF für zielstaatsbezogene Entscheidungen 412
– Verwaltungsgericht 102
Zwangsprostitution 79
Zwangsverheiratung 165, 191, 355
Zweitantrag 466